城市与区域空间研究前沿丛书
江苏高校优势学科建设工程资助项目，第三期
国家自然科学基金重点资助项目(51878142,51178097,50708017)
"十三五"国家重点研发计划项目(2019YFD1100801)

个体择居与结构变迁

——进城务工人员居住空间演化研究

强欢欢 吴 晓 著

东南大学出版社
SOUTHEAST UNIVERSITY PRESS
·南京·

内 容 提 要

本书以南京市主城区为实证研究案例,从宏观的居住空间集聚和居住空间分异、微观的个体居住迁移和居住条件演化,两个层面四个要素出发对南京市主城区进城务工人员居住空间的演化进行实证分析。

本书还对南京市主城区进城务工人员居住空间优化策略进行了探讨,通过分析总结南京市主城区进城务工人员在上述居住空间演化中存在的问题和制约因素,在遵循进城务工人员居住空间演化客观规律的基础上,提出有针对性的、切实可行的引导建议和优化策略。

本书的研究具有一定的实践价值和理论价值,为未来城市发展进程中针对进城务工人员的相关政策制定起到支撑作用,也为该群体融入城市并实现市民化提供参考。

图书在版编目(CIP)数据

个体择居与结构变迁:进城务工人员居住空间演化研究/强欢欢,吴晓著. —南京:东南大学出版社,2020.10

(城市与区域空间研究前沿丛书)

ISBN 978-7-5641-9149-8

Ⅰ.①个… Ⅱ.①强… ②吴… Ⅲ.①民工-住宅问题-研究-中国 Ⅳ.①D669.3

中国版本图书馆 CIP 数据核字(2020)第 197761 号

个体择居与结构变迁——进城务工人员居住空间演化研究

著　　者	强欢欢　吴　晓
责任编辑	宋华莉
编辑邮箱	52145104@qq.com
出版发行	东南大学出版社
出 版 人	江建中
社　　址	南京市四牌楼 2 号(邮编:210096)
网　　址	http://www.seupress.com
电子邮箱	press@seupress.com
印　　刷	江苏扬中印刷有限公司
开　　本	787 mm×1092 mm　1/16
印　　张	18
字　　数	399 千字
印版次	2020 年 10 月第 1 次印刷　2020 年 10 月第 1 次印刷
书　　号	ISBN 978-7-5641-9149-8
定　　价	68.00 元
经　　销	全国各地新华书店
发行热线	025-83790519　83791830

(本社图书若有印装质量问题,请直接与营销部联系。电话:025-83791830)

前　言

数以万计的进城务工人员在向城市大规模集聚的过程中，往往会通过寻求非农化就业岗位和选择临时居所，而侵入和占据城市现有的各类空间资源。这也就意味着，该群体职住空间的集聚、分异和关联流转，势必会成为引发城市空间演进与重构的关键动因和重要变量之一，并对城市的空间结构、开发建设、就业和住房市场等产生一系列的连锁影响。因此，将"流动人口空间"作为课题组长期以来研究的核心领域，正是希望通过发掘这一特殊社群的职住空间规律，来完善进城务工人员居住就业的外在环境、消减进城务工人员安居乐业的固有障碍、提升进城务工人员择居择业的个体条件。

其中，"居住空间"作为进城务工人员生活图景和职住空间中不可分割的重要构成，无疑是党的十八大以来社会化转型和新型城镇化推进的重点和难点之一，有其创新性和战略性诉求；而另一方面，我国仍处于社会经济转型和各项政策制度重构的关键期，不但以往城乡二元结构的制度性桎梏若隐若现，改革深水区和攻坚期的各类制约和障碍也在不断浮现。在此背景下审视进城务工人员，就会发现：其居住空间的形成和演化其实是一个在城市空间排斥和剥夺效应、个体择居因素的综合作用下，同城市整体空间不断竞争和融合的动态过程，一个因不同职业、不同居住方式而日益分化的复杂过程。这也正是本课题组要持续探究"流动人口空间"乃至"流动人口居住空间"的初衷所在。

如果说2010年出版的《我国大城市流动人口居住空间解析》和2015年出版的《我国大城市流动人口就业空间解析》，是初步构建了"流动人口空间"（居住空间＋就业空间）研究框架的话，那么2019年出版的《大城市外来务工人员就业空间演变》和如今成稿的《个体择居与结构变迁：进城务工人员居住空间演化研究》，则可视为课题组在动态视角下、分别从该群体常态生活图景中关联互动的两端——"就业＋居住"对前者做进一步的充实和深化。这不但延续和追踪了课题组对弱势群体空间的长期关注，同时也希望借助于"居住空间动态演变"的新视角和科学方法的组合运用，为我们解析新型城镇化背景下的城市空间提供又一条关键路径。

本书共设9章，兼顾了理论建构与实证分析两大板块：在理论建构上，通过"3层次＋2过程"的理论框架诠释和揭示了大城市进城务工人员居住空间的演变机理，并以此为基础对进城务工人员的居住空间进行阶段性划分和演变特征推演；在实证分析上，则以南京市主城区为实证案例，依循"从宏观把握到微观解析，从总体结构到个体迁居"的研究序列，分别从空间集聚、空间生态、个体迁居、居住条件等方面入手,解析和探讨了进城务工人员居住空间的演变特征和基本规律——尽管实证研究地域锁定的是南京市,但还是希望能在方法和观点方面提供更具普遍意义的启示和参考,从而建构一个更为完整的、兼顾普适性与特殊性的"流动人口空间"研究框架。

此外需要一提的是,书稿的最终成型是以课题组多年来累积的数据成果和阶段进展为依托,是以本人指导博士生强欢欢完成的博士学位论文为基础,经梳理和充实而成。这一工作也得到了江苏高校优势学科建设工程资助项目(第三期)、国家自然科学基金重点资助项目(51878142,51178097,50708017)和"十三五"国家重点研发计划项目(2019YFD1100801)的大力支持与资助。

撰于东南大学建筑学院

目　　录

1 绪　　论 … 1
  1.1 研究背景 … 1
  1.2 相关概念界定 … 4
    1.2.1 进城务工人员 … 4
    1.2.2 居住空间 … 5
    1.2.3 择居 … 6
    1.2.4 变迁 … 7
  1.3 国内外研究进展 … 8
    1.3.1 国内进城务工人员居住空间相关研究 … 8
    1.3.2 国外进城务工人员居住空间相关研究 … 17
    1.3.3 总体评述 … 27
  1.4 研究目的与意义 … 28
    1.4.1 研究目的 … 28
    1.4.2 研究意义 … 28
  1.5 研究内容和方法 … 29
    1.5.1 研究内容 … 29
    1.5.2 研究数据 … 30
    1.5.3 研究方法 … 31
    1.5.4 技术路线 … 31
  1.6 研究特色与创新点 … 33

2 南京市进城务工人员居住空间演化理论的建构 … 34
  2.1 国内外相关理论引介与梳理 … 34
    2.1.1 城市社会空间结构相关理论 … 34
    2.1.2 城市居住空间演化相关理论 … 37
    2.1.3 进城务工人员居住相关理论 … 40
    2.1.4 小结 … 47
  2.2 理论框架的建构：进城务工人员居住空间的演化机理 … 48
    2.2.1 层次架构过程 … 48
    2.2.2 空间转换过程 … 50

  2.2.3 个体择居过程 ··· 52
 2.3 理论框架的诠释：进城务工人员居住空间的演化阶段及其主要特征 ······ 55
  2.3.1 阶段一：初始阶段(1992年以前) ··· 55
  2.3.2 阶段二：分异阶段(1992—2008年) ·· 57
  2.3.3 阶段三：分化阶段(2008年以后) ··· 59
 2.4 本章小结 ·· 62

3 南京市进城务工人员居住空间概况 64
 3.1 案例城市选取及其概况 ··· 64
  3.1.1 案例城市选取——南京 ·· 64
  3.1.2 案例城市(南京)居住空间概述 ··· 65
 3.2 研究思路 ·· 70
  3.2.1 研究范围界定 ·· 70
  3.2.2 数据采集方式 ·· 72
 3.3 案例城市(南京)进城务工人员概述 ·· 74
  3.3.1 进城务工人员的社会结构演化 ·· 74
  3.3.2 进城务工人员的经济结构演化 ·· 76
 3.4 案例城市(南京)进城务工人员居住空间概述 ······························· 77
  3.4.1 进城务工人员的居住空间演化 ·· 78
  3.4.2 进城务工人员的居住条件演化 ·· 80
  3.4.3 进城务工人员的居住迁移趋势 ·· 82
 3.5 本章小结 ·· 83

4 空间集聚演化：南京市主城区进城务工人员居住结构变迁 85
 4.1 研究思路与空间单元转换 ·· 85
  4.1.1 研究思路 ·· 85
  4.1.2 文献梳理 ·· 86
  4.1.3 空间单元转换 ·· 87
 4.2 进城务工人员居住集聚度判别 ··· 92
  4.2.1 进城务工人员居住集聚度判别方法 ······································ 92
  4.2.2 进城务工人员居住集聚度判别 ·· 93
  4.2.3 进城务工人员居住集聚度的演化特征 ·································· 95
 4.3 进城务工人员居住集聚分区 ·· 96
  4.3.1 进城务工人员居住集聚分区方法 ··· 96
  4.3.2 进城务工人员居住集聚分区 ··· 98
  4.3.3 进城务工人员居住集聚分区的演化特征 ······························ 100
 4.4 进城务工人员居住中心识别 ·· 102
  4.4.1 进城务工人员居住中心识别的方法 ···································· 102

4.4.2 进城务工人员居住中心识别 …………………………………… 104
　　4.4.3 进城务工人员居住中心的演化特征 …………………………… 117
4.5 本章小结 …………………………………………………………………… 118

5 空间分异演化:南京市主城区进城务工人员居住结构变迁 ………………… 120
5.1 研究思路与指标因子遴选 ………………………………………………… 120
　　5.1.1 研究思路与技术路线 …………………………………………… 120
　　5.1.2 指标因子遴选 …………………………………………………… 120
5.2 进城务工人员居住空间的单因子分析 …………………………………… 122
　　5.2.1 居住单因子分析的方法 ………………………………………… 122
　　5.2.2 2009 年进城务工人员居住的单因子分析 ……………………… 124
　　5.2.3 2015 年进城务工人员居住的单因子分析 ……………………… 126
　　5.2.4 进城务工人员居住的单因子演化特征 ………………………… 129
5.3 进城务工人员居住空间的主因子分析 …………………………………… 141
　　5.3.1 居住主因子分析的方法 ………………………………………… 141
　　5.3.2 2009 年进城务工人员居住的主因子分析 ……………………… 142
　　5.3.3 2015 年进城务工人员居住的主因子分析 ……………………… 145
　　5.3.4 进城务工人员居住的主因子演化特征 ………………………… 148
5.4 进城务工人员居住的社会区分析 ………………………………………… 153
　　5.4.1 居住社会区分析的方法 ………………………………………… 153
　　5.4.2 2009 年进城务工人员居住的社会区分析 ……………………… 153
　　5.4.3 2015 年进城务工人员居住的社会区分析 ……………………… 154
　　5.4.4 进城务工人员居住的社会区演化特征 ………………………… 156
5.5 本章小结 …………………………………………………………………… 159

6 居住时空轨迹:南京市主城区进城务工人员的个体择居效应 ……………… 161
6.1 研究思路与时空维度建构 ………………………………………………… 162
　　6.1.1 居住迁移时空维度建构 ………………………………………… 162
　　6.1.2 居住迁移时空研究思路 ………………………………………… 164
6.2 进城务工人员居住迁移数据和基本概况 ………………………………… 165
　　6.2.1 进城务工人员居住迁移数据 …………………………………… 165
　　6.2.2 进城务工人员居住迁移的基本概况 …………………………… 166
6.3 进城务工人员居住迁移的时空轨迹 ……………………………………… 169
　　6.3.1 时间维度的居住迁移特征 ……………………………………… 170
　　6.3.2 空间维度的居住迁移特征 ……………………………………… 180
　　6.3.3 时空维度的居住迁移轨迹 ……………………………………… 190
6.4 本章小结 …………………………………………………………………… 202

7 居住条件演化:南京市主城区进城务工人员的个体择居效应 ... 205
7.1 居住条件演化的研究思路 ... 205
7.1.1 数据来源 ... 205
7.1.2 研究方法 ... 206
7.2 居住权属演化 ... 207
7.2.1 居住权属演化特征 ... 207
7.2.2 居住权属演化解析 ... 210
7.3 空间布局演化 ... 210
7.3.1 空间布局演化特征 ... 210
7.3.2 空间布局演化解析 ... 213
7.4 户型条件的演化 ... 214
7.4.1 户型条件的演化特征 ... 214
7.4.2 户型条件的演化解析 ... 218
7.5 配套设施的演化 ... 219
7.5.1 配套设施演化特征 ... 219
7.5.2 配套设施的演化解析 ... 224
7.6 本章小结 ... 224

8 南京市主城区进城务工人员居住空间优化策略探讨 ... 227
8.1 南京市主城区进城务工人员居住空间的现存问题 ... 227
8.1.1 问题一:进城务工人员居住空间不断被排斥与剥夺 ... 227
8.1.2 问题二:进城务工人员居住空间与自身需求不匹配 ... 229
8.1.3 问题三:进城务工人员居住条件与环境相对较差 ... 231
8.2 南京市主城区进城务工人员居住空间引导优化策略 ... 232
8.2.1 打破城乡结构与提升个体能力相结合,以保障进城务工人员必要的居住空间 ... 232
8.2.2 完善住房保障与改善住房供给并存,以匹配进城务工人员的居住需求 ... 234
8.2.3 提升居住标准与各类居住要求,以提供符合进城务工人员特点的居住条件 ... 238
8.3 本章小结 ... 242

9 结论与展望 ... 244
9.1 主要结论 ... 244
9.1.1 理论研究结论 ... 244
9.1.2 实证研究结论 ... 247
9.2 未来展望 ... 251

参考文献 ... 252

附录1 ... 261

附录 2	262
附录 3	263
附录 4	265
附录 5	267
后　记	275

1 绪　　论

1.1 研究背景

（1）改革开放为我国相对发达地区的城市带来了规模庞大的进城务工人员

改革开放后，随着农村体制改革、乡镇企业转型、农民观念变化和城乡壁垒的逐步打破，成千上万的农村剩余劳动力开始源源不断地流入城市和非农产业，逐渐汇成了规模宏大、势不可挡的中国"民工潮"。据相关数据统计，1982—2014年的32年时间，我国以进城农民为主体的流动人口数量已从0.07亿迅速扩张至2.53亿，占全国总人数的18.6%，之后流动人口数逐渐降低；城市化进程则从原来的不足20%快速达到2017年的58.5%（图1-1）。

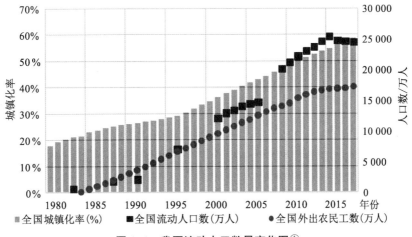

图 1-1　我国流动人口数量变化图①

* 资料来源：笔者自制

---

① 相关数据来源分别如下：
全国流动人口数：(a)1982—2005年：1982—2000年历次全国人口普查数据、2005年全国人口1%抽样调查数据；(b)2008—2009年：国家人口和计划生育委员会流动人口服务管理司.中国流动人口发展报告（2010）[M].北京：中国人口出版社，2010：129-135；(c)2010年：国家人口和计划生育委员会流动人口服务管理司.中国流动人口发展报告（2011）[M].北京：中国人口出版社，2011；(d)2012年：国家卫生和计划生育委员会流动人口司.中国流动人口发展报告（2013）[M].北京：中国人口出版社，2013；(e) http://www.chinaldrk.org.cn/wjw/#/data/classify/exist 流动人口数据平台：1978—2017年常住人口、流动人口、农民工统计数据表。

进城务工人员作为我国流动人口中规模最大的一类群体,往往是向经济水平相对发达地区的城镇和非农产业集聚①,如粤、浙、沪、京、苏、闽6省(市)的流动人口就占了全国流动人口总数的86%以上②。以位于长三角地区的南京市为例,1980年代初的南京市流动人口仅有10万左右,但2013年却达到了207.8万人,等于每年以9万~10万人的平均速度呈现出爆炸式增长之势③。这一群体在为这些城市发展注入活力和动力的同时,也给城市的经济、社会、文化和空间等带来了多方面的影响。

(2) 农民进城后的多元择居方式影响着自身乃至城市空间的总体结构

当前,大多数进城务工人员在城市滞留的时间已呈现出日益延长之态势,故其首先要考虑的问题就是如何选择相对长久的临时住所。相关研究表明④,我国规模庞大的务工人员在居住方式及场所选择上已呈现出多元化趋向(图1-2):从居住主体的择居意愿来说,个体工商户、散工、私人老板等务工人员或散居于宾馆旅店,或寄居于亲友家中,或选择在房租相对低廉的城市地段,往往采取的是主动择居方式;而政府和企业或统一提供集体宿舍,或暂时安排在工地现场,则采取的是一种被动择居方式。

上述进城务工人员在单元层面上的不同居住选择,往往会集成投射在城市层面上而带来不同的空间布局和结构特征。因此就城市总体空间而言,无论聚居或散居,进城务工人员的多元择居方式均会对城市居住空间的总体结构造成影响,其在大尺度空间上形成不同集聚态的同时,更是在社会属性、经济属性和空间属性上表现出了较为明显的分异特征。

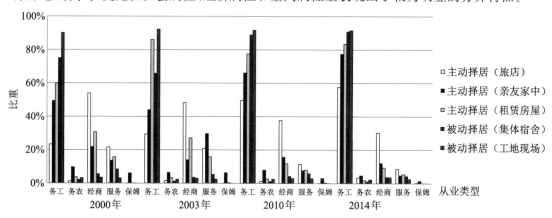

图1-2 2000—2014年全国不同从业人员暂住人口居住状况百分比
(以务工、务农、经商、服务、保姆为例)

*资料来源:笔者自制

---

① 段成荣,杨舸,马学阳.中国流动人口研究[M].北京:中国人口出版社,2012:118.
② 李晓宏.怎样服务2.3亿流动人口[EB/OL].[2012-04-16].http://society.people.com.cn/GB/17659668.html
③ 以登记的暂住人口为统计口径,相关数据来源分别如下:
1980年代到1990年:南京《流动人口综合研究》课题组.流动人口对南京城市发展的影响与对策研究[J].现代城市研究,1991(6):47-52;
2005—2007年:《南京市城市总体规划(2007—2020)》;
2010年:http://njrb.njdaily.cn/njrb/html/2012-07/11/content_20550.html;
2013年:http://www.chinadaily.com.cn/hqgj/jryw/2014-05-21/content_11722155.html。
④ 吴晓,等.我国大城市流动人口居住空间解析:面向农民工的实证研究[M].南京:东南大学出版社,2010:12.

（3）进城务工人员的居住空间已呈现出独特的演化视角和动态特征

目前城乡结合部、城中村、城市老旧住区等已成为承接进城务工人员居住的重要地段，其中城市边缘地带的保障房、安置房住区和城中村更是容纳进城务工人员居住的三大主流地区。当然，最终进城务工人员居住空间的生成和演替，往往还是受到了城市大环境和个体择居条件等诸多因素的复合影响。

其中，前者包括吸引进城务工人员居住的城市居住空间格局、产业布局、交通区位、城市建设等外在环境和排斥进城务工人员居住的政策制度、住房市场、社会关系等固有障碍；而后者则包括社会、经济、空间等个体条件的内在影响，尤其是不同职业与年龄的进城务工人员，其对于居住地点和居住方式的选择也不尽相同，即便是同一个体，其居住也会因时间流转而发生区位或是居住条件上的变化，这就在一定程度上决定了进城务工人员居住的空间结构和特征规律（表1-1）——随着进城务工人员在居住空间上的集聚、分异和转换，其必然会在宏观与微观层面上呈现出既不同于城市原有居住空间、彼此间又特征各异的多元空间模式和独特演化轨迹。

表1-1 流动人口居住空间的形式与分布比较

主要居住方式		空间形式	空间分布	备注
主动择居	宾馆旅店	散居	郊区为主,市区为辅	
	亲友家中	散居	同亲友居住地直接相关	具有一定的布点随机性
	租赁住房	主动聚居+散居	郊区为主,市区为辅	郊区:小聚居+大散居 市区:散居为主
被动择居	集体宿舍	被动聚居	郊区	这同企业的郊区化以及政府、集体提供的安置房区位有关
	工地现场	被动聚居	同建设项目布点直接相关	具有一定的布点随机性

* 资料来源：吴晓,等.我国大城市流动人口居住空间解析：面向农民工的实证研究[M].南京：东南大学出版社，2010：14.

（4）进城务工人员居住空间已成为新型城镇化背景下解析城市空间的典型变量和关键路径

近年来，进城务工人员已开始呈现出增速放缓、近域流动增强、新生代成为主体、举家迁移和长期居留趋势明显等新的动向和特点。但是在新型城镇化背景下，这一群体亟须改变的依然是其有别于城乡人口的异质性身份和游走于城乡之间的双重性、边缘性特征：进城务工人员作为城市弱势群体的一支，数量庞大却占据资源有限，成就城市经济却在社会文化生活方面遭遇排斥与疏离，久居城市、熟悉城市却难以跨越市民化的多重门槛……由此而伴生的各类空间不仅仅是进城务工人员社会身份与城市生活的重要载体，更代表了我国城市化进程中其他群体和空间类型所无法比拟和替代的一类边缘化、特殊性产物。其中，和进城务工人员日常生活休戚相关的"居住空间"更有理由成为新型城镇化背景下"城市空间解析"的典型变量和特色路径之一，而居住空间本身的集聚、分异和流转也成为引发城市空间演进与重构的一大动因，对城市的空间结构、居住布局、开发建设等产生了不可忽视的影响。

在此背景下，人们不禁要问：进城务工人员的居住空间到底拥有哪些结构特征？在居住流转中又会呈现出怎样的动态规律和时空轨迹？其背后的动因机制究竟是什么？又该如何改善其居住空间并推进农业转移人口的市民化进程？……而这一切都需要我们聚焦于中国城市化的主力群体——进城务工人员，并通过该研究达成如下两点初衷和愿景：

其一，研究主体：进城务工人员的居住空间。

"进城务工人员居住空间"作为我国城市化进程中萌生的一类弱势群体社会空间，不但在发掘本体空间的独特规律和结构特征方面具有显著的样本意义与典型价值，同时也是影响所在城市空间结构的核心变量之一，因此同时从宏观和微观层面而展开的演化特征发掘和空间引导优化是目前新型城镇化背景下备受关注、亟待解决的一项理论与实践难题。

其二，研究视角：动态演化中的居住空间。

本研究以GIS（地理信息系统）、SPSS（统计产品与服务解决方案软件）等数字技术为平台，以地理学和城市规划学科为依托，从居住结构和个体择居的动态演化视角，着重探讨城市层面与单元层面上进城务工人员居住空间的演化特征，即：围绕着南京市主城区这一实证案例，从进城务工人员整体居住空间的集聚特征、进城务工人员内部居住空间的分异特征、进城务工人员个体择居的时空轨迹及其居住条件等方面入手，定量和定性相结合地探讨进城务工人员居住空间的演化规律。

1.2 相关概念界定

1.2.1 进城务工人员

流动人口是一个中国特有的现象，与户籍制度有着密切的关系。而"进城务工人员"属于流动人口的范畴，其概念繁多，目前没有统一、明确的定义，不同学者从经济学（李荣时，1996[①]）、人口地理学（吴瑞君，1990[②]；张善余，1999[③]）、行政管理（段成荣，1999[④]）等不同研究角度，赋予了流动人口不同的含义。

根据流动人口相对于地理空间变化的特征，吴晓（2002）[⑤]将流动人口分为广义和狭义两个方面：广义的流动人口根据其在流入地停留时间的长短，一般可分为长久性迁移人口、临时性的暂住人口和差旅过往人口三类；狭义的流动人口则只包括那些在某一地域作短暂逗留的差旅过往人口。

根据流动人口的动因（性质）分类，王建民等（1995）[⑥]将流动人口分为劳务型流动人口，经营、服务性流动人口，公务型流动人口，文化型流动人口和社会型流动人口；以上五类流

[①] 李荣时.对当前我国流动人口的认识和思考[J].人口研究,1996(1):10-15.
[②] 吴瑞君.关于流动人口涵义的探索[J].人口与经济,1990(3):53-55.
[③] 张善余.人口地理学概论[M].上海:华东师范大学出版社,1999:376-379.
[④] 段成荣.关于当前人口流动和人口流动研究的几个问题[J].人口研究,1999(2):48-54.
[⑤] 吴晓.我国城市化背景下的流动人口聚居形态研究:以京、宁、深三市为例[D].南京:东南大学,2002:10-11.
[⑥] 王建民,胡琪.中国流动人口[M].上海:上海财经大学出版社,1996:12-13.

动人口还可概括地分为经济型流动人口和非经济型流动人口,其中经济型流动人口直接参与城市各种经济活动并获取收入,进城务工人员即属于这一范畴。

根据上述流动人口的来源划分,可将流动人口分为"进城农民"和"外来市民"两大群体(李强,2012①),即来自农村的流动人口与来自城市的流动人口。

根据流动人口不同类型的划分方式,本研究将进城务工人员定义为来自农村的经济型暂住人口,即以谋生营利为主要目的而进入城市从事非农业工作的拥有农业户口的人,这便在身份地位上同"外来市民""新就业大学生""同城人户分离人口""流动文艺工作者"等近似群体区分开来(图1-3)。

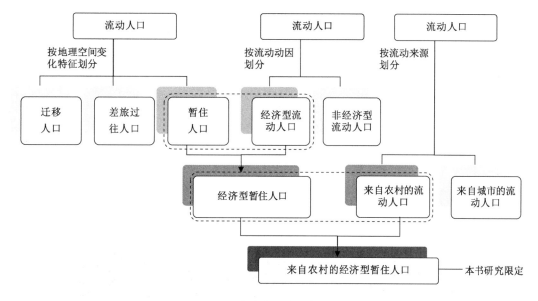

图1-3 流动人口的概念界定

* 资料来源:笔者自制

1.2.2 居住空间

沙里宁(E.Saarinen,1943)②认为:"居住空间不仅仅是只满足居住需求的建筑单体,还应当是推动和约束人们居住活动的一类有积极意义的场所。"顾朝林(2002)③认为,城市居住空间主要由物质空间、社会空间及两者相互作用构成;柴彦威(2000)④也认为居住空间包括两方面的内涵:其一是以居住用地为主的物质实体空间,包括住宅空间分布、样式特征、规模档次、组织形式、开发方式等外部空间表现;其二则是由居民的住房选择与居住社区功能空间组成的社会空间。通过借鉴以上学者的相关研究,我们可知居住空间作为城市空间

---

① 李强.农民工与中国社会分层[M].2版.北京:社会科学文献出版社,2012:1.
② 孙昊.低收入流动人口居住空间结构规划初探:以北京市为例[D].北京:中国城市规划设计研究院,2006:7-8.
③ 顾朝林.城市社会学[M].南京:东南大学出版社,2002.
④ 柴彦威.城市空间[M].北京:科学出版社,2000.

的重要组成部分,是一个物质空间与社会空间的统一体,既能反映城市空间中的特定地理位置,又能够反映各种社会关系组成的社会空间。因此本研究中居住空间的含义主要包含以下两个层面:其一是物质属性,主要指居住用地的地理位置、空间布局结构和居住建筑、居住环境、配套设施等空间的相互结合布局形式;其二是社会属性,主要指由居住活动整合而成的社会空间,包括居住空间内居民的社会经济特征(年龄、阶层、经济收入等)、邻里关系等。

本研究以进城务工人员居住空间演化的动态研究为主,从微观的个体择居效应(居住时空轨迹图解和居住条件演化分析)与宏观的居住结构变迁(空间集聚演化和空间分异演化)两方面进行系统研究,同时兼顾居住空间研究的物质属性与社会属性(图1-4)。

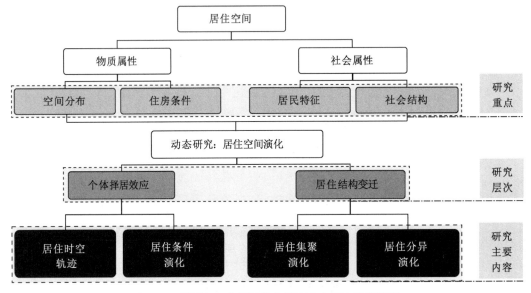

图1-4 进城务工人员居住空间研究主要内容及视角
* 资料来源:笔者自制

1.2.3 择居

根据国外相关研究,居住选择(Residential Choice)是指个人和家庭所进行的包括居住区位选择、住房权属选择、住房质量选择和居住流动等在内的与住房相关的决策行为[①],但在实际研究中,"居住选择"一词经常用于指代一种或几种居住选择,如指称居住流动或居住区位选择,或指居住流动和住房权属选择;而国内有关"择居"的研究则更加注重分析对象的居住形式和居住条件选择,如沈真(2013)[②]通过调查19市农民工的居住方式和居住条

---

① Mulder C H. The Family Context and Residential Choice: A Challenge for New Research[J]. Population, Space and Place,2007,13(4):265-278.
② 沈真.农民工的居住选择及其影响因素研究:基于19市农民工调查的实证分析[D].上海:华东理工大学,2014:13.

件,提出了改善其居住状况的策略;桂静(2015)①则重点关注了流动人口的居住方式、区位和居住面积等。

本研究所指的"择居"即为"居住选择"的一种简称,其所关注的是进城务工人员在城市中的动态居住选择,是个体在不同"时空"维度下做出的居住区位和居住条件(住宅权属、空间布局、户型条件和配套设施等)的选择,其最终目的在于研究进城务工人员的个体择居行为所带来的各类变化和影响(如时空轨迹和居住条件)。

1.2.4 变迁

学术界对"社会变迁"的说法不尽相同,参考学术界普遍认可的概念(黄柯可等,1998②;于惠芳,2006③;张应祥等,2006④),以及罗荣渠先生所总结的社会变迁的四种模式⑤,社会变迁是指社会动态发展的过程,是结构局部或全部因时间或相关因素的改变而发生的变化。该变化以结构性变迁为特征,如阶级结构、职业结构、组织机构、价值观念等,其动力既可来自外部环境,也可源于社会内部的整合与分化,基本形式可划分为渐进性微变、突发性微变、创新性巨变和传导性巨变。

而本研究中的"变迁"即属于"社会变迁"的范畴,主要着力于进城务工人员"宏观层面"的居住结构变迁和"微观层面"的个体择居变迁。具体而言,针对进城务工人员的居住变迁应侧重于如下四个方面:

(1) 集聚变迁特征:进城务工人员作为同一特殊弱势群体,其居住空间在城市空间范围内的分布与集聚演化状态。具体可从其总体分布、集聚特征和中心类型三方面进行对比分析,以考察其整体的空间分布演化特征。

(2) 分异变迁特征:进城务工人员作为异质化的不同人群,其居住空间在城市空间范围内的不同区位分布演化状态。具体可通过考察各类人群的因子特征分析(单因子—主因子—社会区),来探讨被因素共同作用下而分割形成的各类人群居住空间差异化分布的演化特征。

(3) 个体时空轨迹变迁特征:进城务工人员作为单独个体,其居住迁移行为在城市层面上表现出的时空轨迹特征。具体可结合个体迁移的时间和空间路径进行综合解析,以展示其居住迁移的时间和空间演化特征。

(4) 个体居住条件变迁特征:进城务工人员作为单独个体,其居住迁移行为伴随着居住条件的演化规程,从而在社区/单元层面上表现出的不同的居住条件演化特征。具体可通过发掘个体在不同迁居过程中的居住条件变化(区位、产权、布局、户型、配套等),来分析其居住迁移时的居住条件演化特征。

---

① 桂静.流动人口的分层因素与居住选择的相关研究:基于2013年我国七城市流动人口调查数据[D].上海:华东理工大学,2015:4.
② 王旭,黄柯可.城市社会的变迁[M].北京:中国社会科学出版社,1998.
③ 于惠芳,朱志勇.中国社会的运行与变迁[M].北京:北京大学出版社,2006.
④ 张应祥,蔡禾.资本主义与城市社会变迁:新马克思主义城市理论视角[J].城市发展研究,2006,13(1):105-110.
⑤ 罗荣渠.现代化新论:中国的现代化之路[M].上海:华东师范大学出版社,2013:95-97.

1.3 国内外研究进展

本研究所关注的"进城务工人员居住空间"实质上属于"特殊弱势群体居住空间"的研究范畴,考虑到文献检索的相对聚焦和不同学科及概念间的微妙差异,下文在探讨国内外的相关研究进展时将适当扩大,将主要围绕着"流动人口"一词,同时结合"农民工""外来人口""进城农民""外来工"等主要关键词,与"居住空间"进行交叉检索,以更具针对性地筛查、梳理和把握国内外直接关联的学术进展。

1.3.1 国内进城务工人员居住空间相关研究

以中国期刊网全文数据库(CNKI)和万方数据库收录的论文为文献来源,依以下检索条件选择分析文献:①考虑到与本书研究的直接相关性,检索项选择了"主题",检索词为"流动人口"并含"居住空间",匹配方式为"精确",并且包括与本书研究的"进城务工人员"存在内容交叉的其他概念词如"农民工""外来人口""进城农民""外来务工人员"和"外来工"等。②排除安全、法律、医疗、历史等领域中对于进城务工人员及相似人群的相关研究,将注意力集中在进城务工人员及其类似群体的"居住空间"研究上。③研究时间跨度定为:1997年至2015年[①]。检索结果显示:期刊论文共164篇,其中发表于中文核心期刊[②] 119篇;硕、博士学位论文分别为31篇和5篇[③]。考虑到研究的权威性、可靠性及深度,核心期刊论文和学位论文共151篇文献纳入本研究。

(1) 主要研究方向分析

就研究内容而言,可归纳为进城务工人员及其相似群体的居住空间分布与演化、居住现状研究、居住空间分异与隔离、社会融合、居住选择和居住空间优化策略研究等6个主要研究方向(表1-2):

表1-2 主要研究方向的统计数据　　　　　　　　（单位:篇）

文献信息		主要研究方向					
年代	数量	空间分布与演化	居住状况	居住分异与隔离	社会融合	居住选择	居住优化
1997—2000	7	4	2	0	0	0	1
2001—2005	28	14	8	4	0	0	2
2006—2010	53	14	12	9	5	3	10
2011—2015	67	13	8	10	21	9	6
总计	155	45	30	23	26	12	19

* 资料来源:依据文献整理

---

① 首篇文献的发表时间是1997年,2016年的文献尚不能全部检索到。
② 如果某期刊在1997年前尚不是中文核心期刊,而当前该期刊在CNKI上显示为中文核心期刊,那么本书将该期刊上所有以"进城务工人员"及其相似群体为题的论文视作"发表于中文核心期刊"。
③ 不排除存在一些学位论文由于某种原因未能公开的可能性。

① 空间分布与演化：此类文献主要依托于社会、人口、地理及规划学等学科领域，利用各种统计数据（普查或问卷调查），从宏观和中观层面对进城务工人员及其相似群体的规模、空间分布、结构特征及形成原因进行分析。其中，地理学与城乡规划学界更加关注空间分布方面的研究，有对全国层面流动人口规模、空间结构及影响因素的分析（顾朝林等，1999[1]；朱传耿等，2001[2]，2002[3]等）；有对单一省（市/区）内流动人口空间结构、分布和集聚模式的研究（宋迎昌等，1997[4]；宋菊芳等，2001[5]；鲁奇等，2005[6]；计兴月等，2015[7]等）；也有关于大城市外围流动人口分布、聚居类型和用地特征关系的研究（张敏等，2002[8]等）；还有对不同城市流动人口居住空间和其他空间子系统的关联研究，尤以职住空间的关联为主（张京祥等，2002[9]；周素红等，2005[10]；柴彦威等，2011[11]；胡娟等，2014[12]；王慧等，2015[13]等）。同时，随着我国大城市特殊弱势群体的空间集聚与扩散问题日益受到关注，有关其在城市中居住分布特征及其变化规律的研究成果也越来越多，部分学者从流动人口空间分布的时间序列为研究的切入点，对其在城市分布的变化特征及趋势进行了探讨（冯健，2002[14]；袁媛等，2007[15]；谌丽等，2012[16]等），发现流动人口的居住分布出现了由中心城区向近郊转移并继续向远郊扩展的趋势；还有部分学者对其影响因素进行了探讨，主要是从就业、住房、制度和其他因素等多角度进行了解析（李若建，2003[17]；罗仁朝，2009[18]；沈丹凤，2009[19]等）。

"流动人口空间分布与演化"类文献从研究方法来看，多是研究者根据大样本人口统计数据（普查数据、抽样数据等）或局部实地采集的数据同空间图形相耦合，来直观展示和分

---

[1] 顾朝林，蔡建明，张伟，等.中国大中城市流动人口迁移规律研究[J].地理学报，1999，54(3)：204-212.
[2] 朱传耿，顾朝林，马荣华，等.中国流动人口的影响要素与空间分布[J].地理学报，2001，56(5)：549-560.
[3] 朱传耿，马荣华，甄峰，等.中国城市流动人口的空间结构[J].人文地理，2002，17(1)：65-68.
[4] 宋迎昌，武伟.北京市外来人口空间集聚特点、形成机制及其调控对策[J].经济地理，1997，17(4)：71-75.
[5] 宋菊芳，杜宁睿，李志.武汉市流动人口空间聚集特征分析及对策研究[J].规划师，2001，17(2)：29-31.
[6] 鲁奇，黄英，孟健，等.流动人口在北京中心区和近远郊区分布差异的调查研究[J].地理科学，2005，25(6)：656-663.
[7] 计兴月，陈多长.杭州市主城区居住空间结构研究[J].浙江工业大学学报(社会科学版)，2015，14(1)：23-27.
[8] 张敏，石爱华，孙明洁，等.珠江三角洲大城市外围流动人口聚居与分布：以深圳市平湖镇为例[J].城市规划，2002，26(5)：63-65.
[9] 张京祥，崔功豪，朱喜钢.大都市空间集散的景观、机制与规律：南京大都市的实证研究[J].地理学与国土研究，2002(3)：48-51.
[10] 周素红，闫小培.广州城市空间结构与交通需求关系[J].地理学报，2005(1)：131-142.
[11] 柴彦威，张艳，刘志林.职住分离的空间差异性及其影响因素研究[J].地理学报，2011，66(2)：157-166.
[12] 胡娟，朱丽霞，罗静.武汉市职住空间特征及评价[J].人文地理，2014(3)：76-82.
[13] 王慧，吴晓，强欢欢.进城农民聚居空间和城市居住空间的关联研究：以南京市主城区为实证[J].城市规划，2015，39(5)：52-61.
[14] 冯健.1980年代以来杭州市暂住人口的空间分布及演化[J].城市规划，2002，26(5)：57-62.
[15] 袁媛，许学强，薛德升.广州市1990—2000年外来人口空间分布、演变和影响因素[J].经济地理，2007，27(2)：250-255.
[16] 谌丽，张文忠，党云晓，等.北京市低收入人群的居住空间分布、演变与聚居类型[J].地理研究，2012，31(4)：720-732.
[17] 李若建.广州市外来人口的空间分布分析[J].中山大学学报(社会科学版)，2003，43(3)：73-80.
[18] 罗仁朝.上海市流动人口聚居研究[D].上海：同济大学，2009.
[19] 沈丹凤.上海市外来人口的空间特征和影响机制[D].上海：同济大学，2009.

析流动人口的空间分布和结构特征,并通过收集地区层面的统计数据来构建解释或控制变量,以揭示人口流动及集聚模式的影响因素。但从研究内容来看,目前大多数成果以静态分析为主,而缺少对流动人口一段时间内空间演化的动态研究(仅限于广州、上海等特大城市);关于影响因素的研究也多趋于表象,而缺乏对深层次动因机制的全面、系统解析(表1-3)。

表1-3 "流动人口空间分布与演化"类文献的数量统计

研究内容	全国范围		地方(省、市)				空间关联	
	空间分布	空间结构	空间分布	空间结构	空间演化	集聚特征	职住关联	其他关联
篇数	4	2	8	3	7	5	13	3

* 资料来源:依据文献整理。

② 居住状况:此类文献以社会、建筑、城乡规划和管理学等学科的研究成果为主,多从微观层面出发,对某一地区或城市的流动人口居住现状进行描述性分析,如现有的流动人口居住地的建筑质量差、消防设备缺乏、电路老化、通风设施不好、缺乏安全保证等(丁富军等,2010[①];丁成日等,2011[②];陈云凡,2012[③]等);或对城市内某特定地区(城中村、流动人口聚居区、改造社区等)流动人口的居住生活环境、设施等方面进行较为细致的分析(蓝宇蕴,2007[④];申明锐等,2015[⑤];吴晓,2003[⑥]等),并就此类地区的改造对流动人口居住的影响进行了初步探讨(汪明峰等,2012[⑦];汪丽等,2014[⑧];张霁雪,2011[⑨]等)。也有部分学者从中观层面对不同地区的流动人口居住条件及其住房获取渠道进行了比较研究,比较经典的是吴维平等(2002)[⑩]对京沪两市的流动人口居住状况的调查研究,相关研究发现:流动人口在大城市通常会表现出明显的边缘化居住特征,居住地更换频繁、社区环境差、居民身份认同感缺乏(康雯琴等,2005[⑪]);集体户流动人口的住房条件相对更差,农业户口性质对贫民窟居住发生率有着显著的影响(蒋耒文等,2005[⑫]);流动人口的居住方式与城市居民的居

---

① 丁富军,吕萍.转型时期的农民工住房问题:一种政策过程的视角[J].公共管理学报,2010,7(1):58-66.
② 丁成日,邱爱军,王瑾.中国快速城市化时期农民工住房类型及其评价[J].城市发展研究,2011(6):49-54.
③ 陈云凡.新生代农民工住房状况影响因素分析:基于长沙市25个社区调查[J].南方人口,2012,27(1):17-24.
④ 蓝宇蕴.我国"类贫民窟"的形成逻辑:关于城中村流动人口聚居区的研究[J].吉林大学社会科学学报,2007,47(5):147-153.
⑤ 申明锐,张京祥,于涛."边缘化"与"游牧性":扬州拖砖人社区的社会空间研究[J].城市发展研究,2015,22(2):36-43.
⑥ 吴晓."边缘社区"探察:我国流动人口聚居区的现状特征透析[J].城市规划,2003,27(7):40-45.
⑦ 汪明峰,林小玲,宁越敏.外来人口、临时居所与城中村改造:来自上海的调查报告[J].城市规划,2012,36(7):73-80.
⑧ 汪丽,李九全.西安城中村改造中流动人口的空间剥夺:基于网络文本的分析[J].地域研究与开发,2014,33(4):148-152.
⑨ 张霁雪.城乡结合部的社会样态与空间实践:基于C市东村的调查研究[D].长春:吉林大学,2011.
⑩ 吴维平,王汉生.寄居大都市:京沪两地流动人口住房现状分析[J].社会学研究,2002(3):92-110.
⑪ 康雯琴,丁金宏.大城市开发区流动人口居住特征研究:以上海浦东新区为例[J].城市发展研究,2005,12(6):43-46.
⑫ 蒋耒文,庞丽华,张志明.中国城镇流动人口的住房状况研究[J].人口研究,2005(4):16-27.

住方式也有着重大差别(朱宝树,2003①;段成荣等,2006②),而且居住方式较为单一,租赁私房和雇主提供住房成为主要的房源供给方式(吴维平等,2002③),是非正规住房承担了为低收入流动人口提供廉价住房的重要功能(魏立华等,2005④);此外,流动人口的居住方式还同其就业性质有关(张子珩,2005⑤)。

"流动人口居住状况"类文献从研究方法来看,是研究者基于流动人口居住状况的实地调研和访谈,对其住房条件、公共服务设施、空间环境及住房来源等展开描述性分析,且以社区尺度下流动人口聚居区的定性研究居多;通过梳理流动人口居住空间的现状特征和现存问题,来寻求其居住状况的综合策略。可见,这一类成果注重一手数据之上的显示状态描摹,强调有限空间尺度下的深度探察,如果数据质量没有问题,实证研究的结果一般也不会有太大偏差,且描述性研究的一个重要功能即是为解释性研究提供可参照的基础信息。但这类研究仍需引入更多更新的定量分析技术,以进一步提升相关结论的说服力和合理性(表1-4)。

表1-4 "流动人口居住状况"类文献的数量统计

研究内容	特定集聚区				居住问题			影响因素
	聚居区	城中村	城乡接合部	改善办法	居住条件	居住质量	居住环境	
篇数	5	7	2	2	5	3	4	2

* 资料来源:依据文献整理

③ 居住分异与隔离:此类文献最初借鉴了国外芝加哥学派从生态学角度研究不同社会群体居住空间分异现象的方法,如国内早期对北京、广州、西安、南京等城市居住空间结构的实证研究(吴启焰等,1999⑥;冯健等,2001⑦;李志刚等,2006⑧;杨上广等,2006⑨;孙斌栋等,2008⑩);但近年来,随着流动人口在城市的大量集聚以及结构分化,对流动人口社会空间结构的研究也成为新热点,如赵渺希(2006)⑪将上海市中心城区外来人口的社会空间结构主要划分为4类,周文娜(2009)⑫也对上海郊区外来人口的社会空间结构进行了研究,只是这类群体的居住空间类型及其组成的空间结构常隐含于诸多流动人口社会空间结构的研究之中。关于流动人口居住空间隔离的研究,则是以探讨流动人口与本地人口在居住上的空间排斥特征及空间互动关系为主,内容涵盖了流动人口居住隔离的测度、空间特征、形

---

① 朱宝树.上海外来流动人口的分布特点和问题思考[J].社会,2003(11):31-33.
② 段成荣,王莹.流动人口的居住问题[J].北京行政学院学报,2006(6):4-7.
③ 吴维平,王汉生.寄居大都市:京沪两地流动人口住房现状分析[J].社会学研究,2002(3):92-110.
④ 魏立华,阎小培.中国经济发达地区城市非正式移民聚居区——"城中村"的形成与演进:以珠江三角洲诸城市为例[J].管理世界,2005(8):48-57.
⑤ 张子珩.中国流动人口居住问题研究[J].人口学刊,2005(2):16-20.
⑥ 吴启焰,崔功豪.南京市居住空间分异特征及其形成机制[J].城市规划,1999(12):23-26.
⑦ 冯健,周一星,程茂吉.南京市流动人口研究[J].城市规划,2001,25(1):16-22.
⑧ 李志刚,吴缚龙,薛德升."后社会主义城市"社会空间分异研究述评[J].人文地理,2006(5):1-5.
⑨ 杨上广,王春兰.上海城市居住空间分异的社会学研究[J].社会,2006,26(6):117-137.
⑩ 孙斌栋,吴雅菲.上海居住空间分异的实证分析与城市规划应对策略[J].上海经济研究,2008(12):3-10.
⑪ 赵渺希.上海市中心城区外来人口社会空间分布研究[J].地理信息世界,2006,4(1):31-38.
⑫ 周文娜.上海市郊区县外来人口社会空间结构及其演化的研究[J].现代城市研究,2009(8):76-82.

成原因等方面,比如说在宏观层面上,段成荣等(2006)①通过构造流动人口居住隔离指数,指出北京市流动人口与本地居民在居住空间上存在较高程度的隔离情况,还有黄靖等(2004)②从城乡二元结构角度探讨了东莞小城镇外来人口的居住空间隔离问题;而社区层面的成果则探讨了流动人口与城市社区的"二元关系",并对流动人口居住隔离与社会融合问题展开了研究(黄怡,2004③;雷敏等,2007④;罗仁朝等,2008⑤等)。

"流动人口居住分异与隔离"类文献从早期作为社会空间结构研究的附属体到逐步独立式发展,从简单借鉴西方的理论、研究框架与研究方法到立足于国内实际,逐步形成了较为鲜明的中国特色(表1-5)。但目前的研究仅局限在为数不多的一线和特大城市,实证研究的覆盖面有待扩大、系统与成熟的理论研究框架尚待成型;研究方法也以"自上而下"的因子生态分析和住宅价格分析为主,且研究尺度均是在同类空间单元的划分框架下展开(目前为止均是基于行政区划的空间框架来研究,而行政界线与经济社会界线并不完全吻合)。

表1-5 "流动人口居住分异与隔离"类文献的数量统计

研究内容	居住分异			居住隔离		
	分异特征	分异程度	分异机制	隔离测度	隔离状况	形成原因
篇数	3	1	2	3	8	6

* 资料来源:依据文献整理

④ 社会融合:此类文献以"农民工"这类典型流动人口的市民化研究居多。有的研究者从空间视角出发,对农民工的城市融入进行了分析,如钟志平(2013)⑥应用城市地理学、城市社会地理学的理论和方法,通过空间和微观层面对农民工城市日常生活的行为特征进行分析,构建城市融入指标体系,反映农民工城市日常生活的行为特征;江立华等(2013)⑦试图将空间视角引入农民工的城市融合研究,提出农民工城市融合的新路径;也有研究者通过数据搜集与定量分析,测度了农民工城市融入的程度(张建丽等,2011⑧;刘传江等,2008⑨);还有很多学者采用不同的研究视角及方法,在研究流动人口社会融合的影响及制约因素的基础上,提出了改善或促进该类群体融入社会的路径,如雷敏等(2007)⑩就从社会学角度指出差异和隔离是造成流动人口城市融入困难的重要原因,需采取改革二元户籍制度、将流动人口纳入城镇住房保障体系、实现混合居住等措施解决流动人口的住房问题,促

---

① 段成荣,王莹.流动人口的居住问题[J].北京行政学院学报,2006(6):4-7.
② 黄靖,王先文.东莞小城镇外来人口居住空间隔离与整合问题研究[J].华中建筑,2004,22(3):90-92.
③ 黄怡.城市社会分层与居住隔离[D].上海:同济大学,2004.
④ 雷敏,张子珩,杨莉.流动人口的居住状态与社会融合[J].南京人口管理干部学院学报,2007(4):31-34.
⑤ 罗仁朝,王德.上海市流动人口不同聚居形态及其社会融合差异研究[J].城市规划学刊,2008(6):92-99.
⑥ 钟志平.基于城市社会生活空间视角下的农民工城市融入测度研究:以陕西省西安市为例[D].西安:西安外国语大学,2013.
⑦ 江立华,谷玉良.居住空间类型与农民工的城市融合途径:基于空间视角的探讨[J].社会科学研究,2013(6):94-99.
⑧ 张建丽,李雪铭,张力.新生代农民工市民化进程与空间分异研究[J].中国人口·资源与环境,2011,21(3):82-88.
⑨ 刘传江,程建林.第二代农民工市民化:现状分析与进程测度[J].人口研究,2008(5):48-57.
⑩ 同④.

进他们与城市居民的社会融合;王雪力(2015)[①]也通过分析阻碍社会融合的种种原因,提出改善流动人口居住状况可促进社会融合的科学性和可行性;张婷等(2015)[②]则通过调查研究新生代农民工,指出居住形态差异与隔离是其融入城市困难的重要原因,而改善其居住条件与居住环境是促进该群体城市融入的重要环节(表1-6)。

表1-6 "流动人口社会融合"类文献的数量统计

研究内容	空间融合			城市融入		
	混合社区	其他措施	制约因素	融入测度	融入路径	影响因素
篇数	4	2	3	3	9	5

* 资料来源:依据文献整理

"流动人口社会融合"类文献是通过一定的调查数据(调查问卷、人口抽样调查)来探讨、总结和对比思考如何能更好地促进此类群体与城市居民的融合。虽有不同角度切入的定性或定量分析,但其关注点仍然以物质空间的融入研究为主,且普查数据或人口抽样调查数据的采集多服务于人口统计分析的初始目的,而使结论无法完全适用于具有理论导向性的多元化社会学或经济学研究。

⑤ 择居行为:此类文献主要围绕着居住区位选择和择居影响因素两方面而展开。其中前一方面的研究成果表明,流动人口的居住区位选择具有明显的共性特征:居住区位相对集中,大部分选择居住在大城市的边缘地带或城乡结合部地区,形成相对独立的聚居区(千庆兰等,2003[③];付磊等,2008[④]),且居住区位有随城市扩张而继续向远郊扩散的趋势(张展新等,2009[⑤])。而后一方面的研究则主要是按照制度因素和非制度因素两个维度展开:如吴维平(2002)[⑥]、蒋耒文(2005)[⑦]等认为制度因素是影响城市流动人口住房选择的最根本因素;刘玉亭等(2008)[⑧]提出应该统筹考虑户籍制度、住房体制转型以及流动人口迁移模式等多种因素对流动人口住房选择的综合影响;而林李月等(2008)[⑨]通过对福建省流动人口住房状况的调查分析,提出城市流动人口的循环流动特性及其城市"过客心理"比制度因素对流动人口住房状况的影响更为显著;张斐等(2010)[⑩]则通过对北京市流动人口住房状况的研究,指出个人特征和家庭状况是影响在京居住状况的主要因素,其中经济收入、受教育程度、户口性质、居留意愿均对住房选择产生不同程度的影响;此外,刘涛等(2015)[⑪]也认为就业机会的空间分布对外来人口的居住区位决策和空间分布格局起到了决定性作用。

"流动人口择居行为"类文献研究起步较晚但视角较为清晰明确,从流动人口居住空间

---

① 王雪力.基于居住状况视角的流动人口社会融合研究[D].武汉:华中师范大学,2015.
② 张婷,张启瑞.新生代农民工居住形态与城市融入:基于城市社会学视角[J].建筑与文化,2015(10):171-173.
③ 千庆兰,陈颖彪.我国大城市流动人口聚居区初步研究[J].城市规划,2003(11):60-64.
④ 付磊,唐子来.上海市外来人口社会空间结构演化的特征与趋势[J].城市规划学刊,2008(1):69-76.
⑤ 张展新,侯亚非等.城市社区中的流动人口:北京等6城市调查[M].北京:社会科学文献出版社,2009.
⑥ 吴维平,王汉生.寄居大都市:京沪两地流动人口住房现状分析[J].社会学研究,2002(3):92-110.
⑦ 蒋耒文,庞丽华,张志明.中国城镇流动人口的住房状况研究[J].人口研究,2005(4):16-27.
⑧ 刘玉亭,何深静.中国大城市农村移民居住问题的国际研究进展[J].国际城市规划,2008,23(4):19-23.
⑨ 林李月,朱宇.两栖状态下流动人口的居住状态及其制约因素:以福建省为例[J].人口研究,2008(3):48-56.
⑩ 张斐,孙磊.大城市流动人口居住状况研究:以北京市为例[J].兰州学刊,2010(7):81-85.
⑪ 刘涛,曹广忠.大都市区外来人口居住地选择的区域差异与尺度效应:基于北京市村级数据的实证分析[J].管理世界,2015(1):30-40.

的主体角度出发,对其居住空间进行了深入解析,且主要集中在流动人口居住选择的共通性规律方面,而缺乏对其居住空间选择模式的差异化研究;同时对其影响因素的解析也多以就业因素、住房因素、制度因素等外在因素为主,而缺少基于流动人口个体属性的内部因素发掘(表1-7)。

表1-7 "流动人口居住选择"类文献的数量统计

研究内容	居住选择			影响因素	
	区位选择	居住行为	居住模式	制度因素	非制度因素
篇数	3	2	1	2	4

*资料来源:依据文献整理

⑥ 居住优化:此类文献以城乡规划学领域的研究成果为多(还包括部分建筑学和管理学的学者),研究者多是针对当前社会转型期我国城市中流动人口面临的居住问题,以某个城市或其内部特定地区(城中村、城乡结合部等)的流动人口居住空间为对象而展开研究,在深入分析流动人口居住现状及存在问题的前提下,提出相应的改善措施。如吴晓等(2002)①从流动人口聚居区的物质形态空间入手,对我国流动人口聚居区的物质性整合方案,从土地利用规划、形体规划、工程规划三方面进行了探讨;同时吴晓(2010)②还将租居型农民工作为研究重点,提出从管理调控、市场供给、规划设计等层面入手,大规模地扶持廉租住宅建设才能在一定程度上缓解租居型农民工的生活状况;龚红艳(2003)③通过分析流动人口的居住需求和居住模式,并参考了国内外公共住宅建设的经验,对解决低收入流动人口住居问题的对策,住居设计的原则、方法及相关问题进行了初步探讨;李甫等(1997)④从住宅层面提出了"可出租住宅"的设计方案,为解决流动人口的居住问题提供了有益的探索;雷敏等(2007)⑤则从政策和制度层面提出解决流动人口居住问题的相关政策建议。

"流动人口居住优化策略"类文献从研究内容来看,均遵循了"现状调查—发现问题—解决策略"的"常规向善"思路,重点从微观层面对流动人口的居住空间进行优化与改善,但因不同学科的研究视角与关注点的差异,往往在最后的策略和建议方面有所不同:规划与建筑学科更加关心流动人口居住空间中物质环境的改善(如住房质量、供给、居住区位、环境等),管理学则更加关注通过政策制度来改善流动人口的居住安全等问题。由此可看出,此类文献具有较强的实践应用性却缺乏学科间的融合,从而使得其策略的可行性有所制约(表1-8)。

表1-8 "流动人口行为研究"类文献的数量统计

研究内容	建筑层面	规划层面		管理层面
	住宅设计	居住改善	住房供给	政策建议
篇数	6	8	3	2

*资料来源:依据文献整理

---

① 吴晓,吴明伟.物质性手段:作为我国流动人口聚居区一种整合思路的探析[J].城市规划汇刊,2002(2):17-20.
② 吴晓.我国城市进城农民居住空间的微观探析及其对策研究:以南京市的租居型外来工为例[J].现代城市研究,2010(6):41-44.
③ 龚红艳.深圳低收入流动人口住居设计初探[D].重庆:重庆大学,2003.
④ 李甫,孙秉军.社会问题空间化:为流动人口提供可出租住宅[J].世界建筑,1997(5):80-83.
⑤ 雷敏,张子珩,杨莉.流动人口的居住状态和社会融合[J].南京人口管理干部学院学报,2007(4):31-34.

(2) 国内相关研究特点

① 文献数量方面。由图 1-5 可看出,成果数量整体呈波浪式上升趋势,表明对流动人口及其相似群体居住空间的关注度虽有起伏,但整体上在不断增加。相关研究文献从 1997 年到 2015 年总共出现连续增长的 5 次波峰和 4 次波谷,波峰文章数量从 8 篇增长到 33 篇(包括 2002 年、2007 年、2010 年、2013 年、2015 年),波谷文章则在 2006 年达到最低(仅有 4 篇),到 2008 年和 2011 年分别有 8 篇和 9 篇,到 2014 年有 15 篇。但就整体而言,此类论文的数量仍是在持续不断上升。因此,可初步判断:部分年限的论文数量下降概由研究的理性回归所致,实际上国内学术界对流动人口居住空间的关注度总体上是在持续增长的。

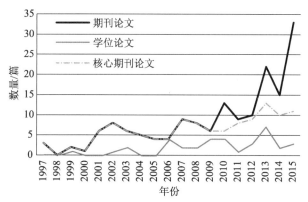

图 1-5 国内流动人口空间论文数量的年度变化

*资料来源:依据文献自制

② 研究取向方面。统计结果表明(表 1-9),高等院校或科研机构中具有高级职称或高学历的研究者,多注重借鉴国外相关研究的理论成果,对我国流动人口的居住空间结构和规律等进行研究,倾向于以量化的方式寻求该群体空间分布特征和规律,试图以数据化的实证研究来说明各种国外理论或假设在我国付诸应用的可能性与可行性,并尝试总结和建立适合我国国情的相关理论;而职称或学历低的研究者则倾向于现状分析与案例调研,侧重于经验总结、现状剖析并提出相应的解决办法。

表 1-9 研究者类别与研究取向的关系分析表

研究者类别	空间分布与演化		居住状况		居住分异与隔离		社会融合		居住选择		居住优化		总量/篇
	数量/篇	比重	数量/篇	比重	数量/篇	比重	数量/篇	比重	数量/篇	比重	数量/篇	比重	
教授/研究员	10	22%	3	10%	6	26%	6	23%	1	8%	2	11%	28
副教授/副研究员	10	22%	5	17%	6	26%	8	31%	1	8%	1	5%	31
高级工程师	0	0%	1	3%	0	0%	0	0%	0	0%	1	5%	2
讲师/助研	2	4%	2	7%	3	13%	2	8%	0	0%	1	5%	10
助教/实习研究员	1	2%	1	3%	0	0%	1	4%	0	0%	1	5%	4

（续表）

研究者类别	空间分布与演化		居住状况		居住分异与隔离		社会融合		居住选择		居住优化		总量/篇
	数量/篇	比重	数量/篇	比重	数量/篇	比重	数量/篇	比重	数量/篇	比重	数量/篇	比重	
博士	16	36%	7	23%	4	17%	4	15%	3	25%	0	0%	34
硕士	6	14%	9	30%	4	17%	5	19%	7	58%	13	69%	44
其他	0	0%	2	7%	0	0%	0	0%	0	0%	0	0%	2

＊资料来源：依据文献自制

③ 知识信息方面。这点体现在研究视角、研究方法和研究对象三个方面：

A. 研究视角多样化。人口学、社会学、地理学、城乡规划学、管理学等诸多学科都会涉足"流动人口居住空间"这一研究领域，并从不同视角对其进行全方位的研究，各类成果的积累较为丰厚，既包括以宏观大数据为基础的中国当代流动人口空间分布特征及其演变规律探讨，也包括以微观空间观察为主题的流动人口居住空间现状、居住选择因素以及居住优化策略的研究，这些又为切实解决当前中国流动人口的居住问题提供了可借鉴的思路和方法。

B. 研究方法多元化。相关研究论文的方法应用主要分为两部分，一部分是通过定量手段展开居住空间分布与结构、分异与隔离及其演变规律和形成机制的研究，如引用人类生态学、社会学的定量统计方法，对流动人口的空间分布及其类型进行划分；另一部分则是通过定性手段展开居住空间的现状观察、描述、文献梳理以及从实践出发提供改善建议，并会综合应用简单的数据统计、类型分析、比较等常规方法。近年来随着研究领域的不断深入与拓展，采用定量与定性相结合的分析手段已成为一种必然。

C. 研究对象单一化。在155篇文献中，除部分"居住选择"的研究成果是以社会主体——流动人口作为研究对象外（此类文献较少且研究起步较晚），绝大部分相关研究均以"空间"本体作为研究对象，尤其是宏观层面关注流动人口空间结构、分布、分异与隔离的文献占比较高，且大多数采用的是大尺度空间中的人口普查大数据；而微观层面的居住分析也是以"自上而下"的空间现存问题及优化策略为主，同样缺少立足于居住主体——流动人口而展开的研究。

(3) 研究中存在的问题与建议

① "流动人口"并含"居住空间"的研究重视宏观空间的结构剖析，而忽视微观个体的择居行为。其对流动人口整体空间特征（全国或省、市）、居住分异与隔离、形成机制等宏观议题的关注较多，但对该群体因个体择居行为而带来的时空轨迹、居住条件变化等微观规律却明显关注不足，能同时兼顾宏观和微观层面的研究更是寥寥无几。

② "流动人口"并含"居住空间"的研究是静态分析远于静态追踪。相关成果更专注的是流动人口在某一时间断面下、在不同空间尺度中的居住状态，而非流动人口在某一时间段落中空间演化的动态和规律。

③ "流动人口"并含"居住空间"的研究以定性描述研究为多，尤其是流动人口的居住实态和空间现状解析，但是缺乏以各类大小数据为基础的定量分析，容易造成研究结论在主观意识上的偏差。即使是有限的定量研究（多见于居住分异与隔离）也往往按照行政区划

的空间单元而展开,会由此带来单元统计的合理性和数据结论上的偏差。

④ "流动人口"并含"居住空间"的择居行为研究多以分析总结其居住共性特征为目的,既缺乏基于个体迁居效应的流动人口群体内部的差异化比较,也缺乏对该类群体的迁居择居行为动因机制的全面发掘,关注外部环境多于流动人口的个体因素分析。

⑤ "流动人口"并含"居住空间"的优化策略研究从不同的学科视角提出了各有侧重的策略和建议,但因学科间的交叉融合和相互引鉴不足,而导致居住空间的优化策略研究失于系统和综合。此外还需一提的是,国内现有研究多局限于北上广等一线特大城市,其实证研究的案例和范围有待进一步扩大。

1.3.2 国外进城务工人员居住空间相关研究

国外出现人口大规模流动现象较早(国外由于不存在中国这样以户籍管控为表征的城乡二元结构影响,流动人口与迁移人口是不加区分的,这也是国际上比较通行的观点),自列文斯坦(Ravenstein,1885)[①]的《人口迁移规律》奠定人口迁移研究的理论基础以来,西方学者主要围绕着人口流动规律、人口流动动因、国际移民等方向而展开研究,用以解释完全市场经济条件下的自发性或是自由自愿的迁移流动行为,且已在研究内容和方法上趋于成熟(如 Herberle,1938[②];Lewis,1954[③];Todaro,1969[④];Doeringer 和 Piore,1971[⑤];Clark,1986[⑥];Stark 和 Taylor,1991[⑦] 等)。如果仅仅是从社会学、人口学、地理学等与本研究联系较为密切的学科领域出发,截至 2015 年国外关于移民(Immigrant)的研究文献就多达 3 028 篇(Web of Science 数据库进行检索结果),因此下面将通过"移民"与"居住空间"两个关键词的交叉检索来把握国际上相关研究的进展。

以 Immigrant 或 Migration 等与流动人口相关的词和 Living Space 或 Residential 等与居住空间相关的词为检索词,检索项选择 Topic,限定在人口学、地理学、社会学及城市研究等领域,对 Web of Science 数据库进行检索,选取 1990 年至 2015 年期间发表的相关期刊论文共计 219 篇。同理,进一步以 Migration 和 Space 作为标题和摘要检索词对 ProQuest 学位论文检索平台进行检索,结果显示:1990 年至 2015 年期间,硕博士学位论文分别为 1 篇和 10 篇。

(1) 主要研究方向分析

首先,在划分和了解国外相关研究方面的进展之前,有必要对国际相关理论的脉络(人

---

① Ravenstein E G. The Law of Migration[J]. Journal of the Royal Statistical Society,1885,48(2):167-235.

② Herberle R. The Causes of Rural-urban Migration: A Survey of German Theories[J]. American Journal of Sociology,1938,43(6):932-950.

③ Lewis W A. Economic Development with Unlimited Supplies of Labor[J]. The Manchester School,1954,22(2):139-191.

④ Todaro M P. A Model of Labor Migration and Urban Uncmployment in Less Developed Countries[J]. The America Economic Review,1969,59(1):138-148.

⑤ Doeringer P, Piore M. Internal Labor Markets and Manpower Analysis[M]. Lexington, MA: D.C. Heath,1971.

⑥ Clark W A V. Human Migration[M]. London: Sage Publications,1986.

⑦ Stark O, Taylor J E. Migration Incentives, Migration Types: the Role of Relative Deprivation[J]. The Economic Journal,1991,101(408):1163-1178.

口迁移和居住空间)进行大体梳理,主要如下:

其一,人口迁移理论。

人口迁移与流动是国际上普遍存在的现象,长期以来国外学术界对人口迁移的规律、模型及理论的建构进行了深入的分析与研究,并取得了丰富成果。各学科从不同角度出发而催生了许多不同的人口迁移理论与观点(表1-10),其中从发展经济学角度出发的人口迁移理论分支众多且相对完整,主要的研究内容可分为两大部分:一部分是剖析关于人口迁移形成的动力机制,另一部分则是探究人口迁移对社会、个人及家庭的影响。

表1-10 人口迁移研究的主要理论

	理 论	理论基础	理论观点	代表学者
动因理论	人口经济学理论	人口迁移规律	迁移受距离影响,且流动呈现阶梯性趋势	拉文斯坦(1885)
	"推力—拉力"理论	拉文斯坦的"迁移定律"	人口迁移是由于迁出地的推力或排斥力和迁入地的拉力或吸引力共同作用的结果	博格(1969)
	新古典主义经济学理论	经济学中的供给与需求关系	迁移行为是个人的经济投资过程,可以使用成本与收益的比较来揭示人们的迁移行为	舒尔茨(1945)
			个人决策取决于个人对城乡间期望的实际收入差,与迁移成本之间的理性决定。	托达罗
	新家庭迁移理论	从新古典经济学理论中产生	个体的迁移决策由家庭成员共同决定,是一种最大化经济利益和最小化风险的家庭策略	斯塔克、布罗姆、泰勒
	双重劳动力市场理论	—	流入地对下层劳动力的市场需求是产生人口流动的原因;工资不仅反映劳动力的供需条件,也象征个人的社会地位	派尔、波特斯、巴赫
	世界体系理论	—	商品、资本、信息的国际流动,必然推动国际人口迁移,国际移民潮是市场经济全球化的直接结果	里克特斯、芬德利、萨森
影响理论	网络理论	—	移民网络是一系列人际关系的组合,其纽带可以是血缘、乡缘、情缘等。当大量迁移者在迁入地定居,就可能形成迁移者网络并给跨境迁移施加惯性,促使迁移不断进行且规模更大	May
	连锁因果说	—	由于迁移行为影响到迁出国和迁入国的社会经济结构,所以每次迁移均会改变后续的迁移决策,移民行为有其自身内在的延续性	布迪厄
	移民文化说	—	在某些地区、人群中,伴随着人口跨境迁移而逐渐演绎出一种新的文化,成长中的一代新人往往在不由自主中或在群体及个人均认为理所当然中追随其前辈走上移民道路	

* 资料来源:罗仁朝.上海市流动人口聚居研究[D].上海:同济大学,2009:17.

其二,居住空间理论。

居住空间作为城市生活的主要载体和城市结构的重要组成部分,长期受到地理学、经济学、社会学等学科领域的关注,尤其是国外学者从各自的学科领域出发,对城市的居住空间进行了大量理论与实证研究,从而形成了为数不多的理论学派。其经典理论主要集中在了城市居住空间结构、居住区位选择、择居决策行为等方面(表1-11)。

表1-11 城市居住空间研究的主要学派

学派	理论基础	研究特点	代表学者
生态学派	人类生态学	居住结构的空间模型	伯吉斯(1925),霍伊特(1939)
新古典学派	新古典经济学	效用最大化	阿朗索(1964)
		消费者区位优选	穆斯(1969)
	家庭生命周期	分析了生命周期变化与迁居的关系	罗西(1955)
行为学派	行为理论	住宅区位的选择和决策行为	布朗和摩尔(1970)
马克思主义学派	历史唯物主义	住宅区位与社会力量之间的相互作用	考斯托(1972),哈维(1973)
制度学派	韦伯社会学		
区位冲突学派		住宅区位与权力集团的冲突	弗蒙(1954)
城市管理学派		住房供给与分配的制约因素	帕尔(1975)

* 资料来源:刘旺,张文忠.国内外城市居住空间研究的回顾与展望[J].人文地理,2004,19(3):6-11.

其次,国外在人口迁移和居住空间方面的研究也起步较早且理论发展成熟,相关的实证研究也较为丰富。就研究内容而言,可归纳为国外人口迁移研究、移民聚居区、居住隔离、社会融合和择居行为5个主要研究方向(表1-12)。

表1-12 主要研究方向的统计数据 (单位:篇)

文献信息		主要研究方向				
年代	数量	人口迁移	移民聚居区	居住隔离	社会融合	择居行为
1990—2000	54	11	11	14	12	6
2001—2005	59	7	14	16	11	11
2006—2010	67	9	16	20	13	9
2011—2015	50	3	9	14	9	15
总计	230	30	50	64	45	41

* 资料来源:依据文献整理

① 人口迁移:国外在人口迁移问题的研究方面开展较早,不仅理论体系比较系统和成熟,相关的实证研究也非常丰富,形成了许多人口迁移的理论。近年来,随着世界社会经济的进一步发展,人口迁移的研究也发生了一定变化,在内容上大体可分为四个方面:第一,

人口迁移与城市化的关系研究,主要是分析迁移人口对城市发展的影响,如 Williamson(1988)[1]指出是城市化进程中城市内生增长的制约、城市环境的内部和外部事件推动了人口迁移和城市发展,而 Zhang 和 Song(2003)[2]认为来自农村迁往城市的移民对拉动中国城市化率起到了主导作用;第二,人口迁移的空间特征研究,如 Shen(1996)[3]采用移民的人口属性相关指标对人口的空间分布形态进行度量;第三,对人口迁移形成机制与影响因素的解析,如 Johnson(2003)[4]和 Fan(2005)[5]认为人口迁移的主要动因是地区经济差距的不断扩大,而 Liang 和 White(1996)[6]以及 Zhang 和 Song(2003)[7]研究指出区域所属的区位条件、产业结构和迁移政策等非经济因素也对人口迁移有较大影响;第四,人口迁移的相关政策研究,如 Shen(2002)[8]研究发现中国省内移民的三大因素是经商、学习培训和医疗活动,省际移民的基本特征是从事制造业和建筑业,并建议借鉴中国香港地区和新加坡的廉租房制度来改善我国迁移人口的生活状况。同时,随着学者们对发展中国家的研究不断拓展,发现基于发达国家的狭义迁移概念已难以涵盖许多发展中国家人口移动的主要特征(Bale 和 Drakakis,1993[9];Goldstein,1993[10];Hugo,1998[11]),于是提出了"非永久迁移"或"暂时迁移"的概念,并发现:早期的"推拉"理论没有将其纳入考虑范围(Spann,1999[12]),该类群体的规模及其重要性也没有得以充分反映(Skeldon,1990[13];Rowland,2003[14]),其实非永久性迁移对社会经济有着重要影响(Goldstein,1993[15];Guest,1999[16]),甚至 Hugo 认为暂时迁移的重要性在大部分发展中国家仍处于上升趋势(Hugo,1998[17]),且在迁出地和迁入地的性

---

[1] Williamson J G. Migrant Selectivity, Urbanization and Industrial Revolutions[J]. Population and Development Review,1988,14(2):287-314.

[2] Zhang D, Zhang Z, Song W. Optimizing Segregation Population Selection for Genetic Linkage Maps in Populus Tomentosa[J]. Journal of Beijing Forestry University,2003,25(4):21-24.

[3] Shen J. Internal Migration and Regional Population Dynamics in China[J]. Progress in Planning,1996,45(3):123.

[4] Johnson D G. Provincial Migration in China in the 1990s[J]. China Economic Review,2003(14):22-31.

[5] Fan C C. Interprovincial Migration, Population Redistribution and Regional Development in China:1990 and 2000 Census Comparisons[J]. The Professional Geographer,2005,57(2):295-311.

[6] Liang Z, White M J. Internal Migration in China,1950—1988[J]. Demography,1996,33(3):375-384.

[7] 同[2].

[8] Shen J. A Study of the Temporary Population in Chinese Cities[J]. Habitat International,2002,26(3):363-377.

[9] Bale J, Drakakis S. Population Movements and the Third World[M]. London:Routledge,1993.

[10] Goldstein S, Goldstein A. Censuses and Surveys as Sources of Information on Permanent and Temporary Migration in China[Z]. Population Studies and Training Center[PSTC],1993 Feb.37 (PSTC Working Paper Series No. 93-02).

[11] Hugo G J. Migration as a Survival Strategy:the Family Dimension of Migration[M]. New York:United Nations,1998:49-65.

[12] Spaan E. Labour Circulation And Socioeconomic Transformation:The Case of East Java,Indonesia [M]. The Hague:Netherlands Interdisciplinary Demographic Institute,1999.

[13] Skeldon R. Population Mobility in Developing Countries:A Reinterpretation[M]. London:Belhaven Press,1990.

[14] Rowland D. Demographic Methods and Concepts[M]. Oxford:Oxford University Press,2003.

[15] 同[10].

[16] Guest P. Mobility Transition within a Global System:Migration in the ESCAP Region[J]. Asia-Pacific Population Journal,1999,14(4):57-72.

[17] Hugo G J. Migration as a Survival Strategy:the Family Dimension of Migration[M]. New York:United Nations,1998:49-65.

质和程度上与永久迁移存在本质性差异,即其拥有双重归属(Goldstein,1993[①];Spann,1999[②];Rowland,2003[③])。

"人口迁移"类文献作为人口学、地理学、经济学和社会学等领域的经典议题关注热点,吸引了大量国际学者围绕着人口迁移的影响、机制和运动规律展开广泛而深入的研究和探讨,尤其是近年来对于许多发展中国家的拓展性研究,更是丰富和延展了人口迁移的研究体系(表1-13)。

表1-13 "人口迁移研究"类文献的数量统计

研究内容	城市化	空间特征		政策研究	非永久性迁移	
		空间分布	动因与影响		迁移特征	社会经济影响
篇数	3	5	9	3	6	4

* 资料来源:依据文献整理

② 移民聚居区:此类研究的文献较多,且以微观(社区)层面的类型化、跨学科研究为主。其最早可以追溯到美国1900年代的"芝加哥学派",Thomas和Znaniecki[④]对美国的波兰移民社区进行了一系列研究,随后该学派提出了经典的三大理论模型,均涉及移民空间的形成和分布。随着西方学者对移民及其聚居区的关注度越来越高,近年来的相关研究可分为两大部分:一是针对西方发达国家的跨国移民聚居区而展开的分析;另一部分则是针对发展中国家因大量进城农民涌入城市而催生的国内移民聚居区展开研究,主要涉及聚居区的空间分布、形成原因、社会影响及改造方式等内容。如发达国家的跨国移民聚居区可分为内城、同心环带和扇形聚居区三类(Li,2009[⑤]),其中俄克拉荷马的非裔美国人空间分布呈扇形(Knox,Pinch,2000[⑥]),其形成因素主要包括外部种族歧视政策和内部社会文化凝聚力(Massey,Denton,1993[⑦];Knox,Pinch,2000[⑧];Kaplan,Woodhouse,2004[⑨]等);学者们对于聚居区的认知和态度也存在争议和分歧,反之在促进移民的社会认同与文化适应

---

① Goldstein S, Goldstein A. Censuses and Surveys as Sources of Information on Permanent and Temporary Migration in China[Z].Population Studies and Training Center[PSTC],1993 Feb.37 (PSTC Working Paper Series No. 93-02).

② Spaan E. Labour Circulation And Socioeconomic Transformation: The Case of East Java, Indonesia [M]. The Hague: Netherlands Interdisciplinary Demographic Institute,1999.

③ Rowland D. Demographic Methods and Concepts[M]. Oxford: Oxford University Press,2003.

④ Thomas W I, Znaniecki F. The Polish Peasant in Europe and America[M].New York:Octagon Books,1974.

⑤ Li W. Ethnoburb: The New Ethnic Community in Urban America [M]. Honolulu, US: University of Hawaii Press,2009.

⑥ Paul Knox, Steven Pinch. Urban Social Geography: An Introduction four Edition[M]. Fourth Edition. Englewood Cliffs, NJ: Prentice Hall,2000.

⑦ Massey D S, Denton N A.American Apartheid: Segregation and the Making of the Underclass[M].Cambridge, US:Harvard University Press,1993.

⑧ 同⑥。

⑨ Kaplan D H, Woodhouse K. Research in Ethnic Segregation I: Causal Factors[J]. Urban Geography, 2004, 25(6):579-585.

方面就提出了同化论和多元论（Zelinsky 和 Lee，1998[①]；Entzinger 和 Biezeveld，2003[②] 等）等不同认知模式。而发展中国家的移民聚居区多集中于城市边缘区，主要源于拉美、非洲、印度等国家的"过度城市化"，且发展中国家学者对于乡村移民聚居区的普遍看法是"城市之癌"，其治理模式也经历了早期"驱逐＋清理"到"原地渐进式更新"的转变。

"移民聚居区"类文献就研究内容而言，偏重于微观层面对聚居区形成原因空间特征及其治理模式的探讨，大量文献研究表明：发达国家跨国移民的聚居可归因为国家制度、移民法、公共住房等外部环境因素而造成的限制与隔离，以及基于文化差异和心理作用的自我集聚，故大多数的治理措施也与政策制度息息相关；相对而言，发展中国家移民聚居的成因则是快速的城市化所致，因此更多的研究文献集中于聚居区的整治上。此外，这类研究也多限于某一时间断面下的静态剖析，而缺乏时间维度下的动态追踪和脉络梳理（表 1-14）。

表 1-14 "移民聚居区研究"类文献的数量统计

研究内容	跨国移民				国内移民			
	空间分布	成因分析	效应评价	治理模式	空间分布	成因分析	效应评价	治理模式
篇数	3	13	8	5	2	5	3	11

＊资料来源：依据文献整理

③ 社会融合：此类研究以 20 世纪初美国社会学家芝加哥学派的 Park(1921)[③]为代表，其将移民融合的过程描述为接触、竞争、和解与最后融合的 4 个阶段；到 1960 年代，Gordon(1961)[④]进一步发展了社会融合理论，将社会融合过程系统的划分为 7 个维度；后来的研究者又发展出一些其他的融合维度，包括社会经济融合、居住融合（或空间融合）和政治融合等。其中，居住融合研究始于 Massey(1985)[⑤]，且之后吸引了越来越多研究者的关注；Massey 和 Denton 等(1993)[⑥]对居住融合的研究最为系统，认为空间融合（移民群体与城市主体居民在居住空间上的关系）在经典理论和融合进程中是一个特别重要的现象，即新移民首先会在一些社区与飞地中集聚，然后随着时间的推移，移民对于流入地的文化、社会生活及经济的不断适应会带来社会与经济上的向上流动，并表现为居住地的流动，迁出

[①] Zelinsky W, Lee B A. Heterolocalism: An Alternative Model of the Sociospatial Behaviour of Immigrant Ethnic Communities[J]. International Journal of Population Geography, 1998, 4(4):281-298.

[②] Entzinger H, Biezeveld R. Benchmarking in Immigrant Integration[M]. Rotterdam, NL: European Research Centre on Migration and Ethnic Relations, 2003.

[③] Park R E. Sociology and the Social Sciences: The Social Organism and the Collective Mind[J]. American Journal of Sociology, 1921, 27(1):1-21.

[④] Gordon M M. Assimilation in America: Theory and Reality[J]. Daedalus, Ethnic Groups in American Life, 1961, 90(2):263-285.

[⑤] Massey D S. Ethnic residential Segregation: A Theoretical Synthesis and Empirical Review[J]. Sociology and Social Research, 1985, 69(3):315-350.

[⑥] Massey D S, Denton N A. American Apartheid: Segregation and the Making of the Underclass[M]. Cambridge, US: Harvard University Press, 1993.

以前种族集聚的区域,而迁入混居区域(Massey 和 Mullan,1984[①];Massey,1985[②];Rumbaut,1997[③];Alba 和 Nee,2003[④])。但因黑人以及拉丁裔移民(1980 年代以后)并没有完全实现社会融入,故区隔融合理论同样被提出,认为:东道主社会为不同种族移民提供的机会并不同,部分群体因受到歧视而得到的社会经济资源非常稀少,在经济竞争中失败而导致向下流动,如 Portes 和 Zhou(1993)[⑤]就提出美国是一个分层和不平等的社会,移民将融合到城市不同的部分中。与之相似的观点是,因各自民族与社会经济背景的不同,移民群体将会经历不同的居住流动状况,从而带来不同的空间融合模式(Farley 和 Alba,2002[⑥];Portes 和 Rumbaut,2001[⑦];Zhou,1997[⑧]),如来源于波多黎各的移民与来源于墨西哥的移民相比,更容易集聚于旧城内的贫困区域且更加隔离于白人(Santiago 和 Strauss,1992[⑨])。同时,上述两派理论在移民空间集聚/隔离对社会融合造成的影响方面亦有相反的综述,前者认为集聚会降低新移民在东道主社区融合的成本,并为之提供在迁入地的融入基础(Cutler 等,2008[⑩]);而后者为了诠释空间集聚对于移民就业与社会经济的影响,则提出了空间不匹配假设(Gobillon 和 Selod,2007[⑪])。

"移民社会融合"类文献从总体来看,从社会融合的定义、研究维度到模型建构均比较清晰、系统,且每个研究方向与维度都得到了研究者的长期跟踪和持续完善,形成了较为完整与全面的社会融合研究体系。同时,社会融合的研究涉及学科广泛,人类学、社会学、心理学和人口学的相关研究均各有所重,并各成体系、互为补鉴,为学界和政府部门认知和改善社会融合状态提供了理论依据(表 1-15)。

[①] Massey D S, Mullan B P. Process of Hispanic and Black Spatial Assimilation[J]. American Journal of Sociology,1984,89(4):265-287.

[②] Massey D S. Ethnic residential Segregation: A Theoretical Synthesis and Empirical Review[J]. Sociology and Social Research,1985,69(3):315-350.

[③] Rumbaut R G. Assimilation and its Discontents: Between Rhetoric and Reality[J]. International Migration Review. 1997;31:923-960.

[④] Alba R, Nee V. Remaking the American Mainstream: Assimilation and Contemporary Immigration[J]. Pharmacological Reviews,2003,55(3):509-520.

[⑤] Portes A, Zhou M. The New Second Generation: Segmented Assimilation and its Variants[J]. The Annals of the American Academy of Political and Social Science,1993,530(1):74-96.

[⑥] Farley R, Alba R. The New Second Generation in the United States[J]. International Migration Review,2002,36(36):669-701.

[⑦] Portes A, Rumbaut R G. Legacies: The Story of the Immigrant Second Generation[M]. Berkeley: University of California Press,2001:406.

[⑧] Zhou M. Segmented Assimilation: Issues, Controversies, and Resent Research on the New Second Generation[J]. The International Migration Review,1997,28(4):795-820.

[⑨] Santiago B X, Strauss M A. Large-scale Morphological Segregation in the Center for Astrophysics Redshift Survey[J]. Astrophysical Journal,1992,387(1):9-20.

[⑩] Cutler D M, Glaeser E L, Vigdor J L. When are ghettos bad? Lessons from Immigrant Segregation in the United States[J]. Journal of Urban Economics,2008,63(3):759-774.

[⑪] Gobillon L, Selod H. The Effects of Segregation and Spatial Mismatch on Unemployment: Evidence from France[Z]. General Information,2007.

表 1-15 "移民社会融合"类文献的数量统计

研究内容	空间融合		区隔融合		社会融合影响因素		移民居民网络
	融合模式	融合效应	融合模式	空间不匹配假设	个人层次	群体层次	
篇数	4	2	4	5	7	10	13

* 资料来源：依据文献整理

④ 居住隔离：此类研究最早可追溯到恩格斯(1872，1873)，旨在揭示城市内在的社会贫富差距。1940 年代以来，学者们开始对一些隔离指标展开研究，到 1980 年代末期，Massey 和 Denton(1988，1989)更是提出了隔离是一个多维度的概念，而到了 1990 年代基本形成了两派理论来主导城市居住隔离研究：一是西方资本主义城市由于经济重构所带来的空间转变，出现了诸如"二元城市"和社会空间分裂的趋势；二是通过引入福利分配机制干预社会经济隔离与社会空间分裂。之后居住隔离的研究又派生出许多理论学说，主要有人类生态学、都市人类学及空间经济学等学派。但因不同国家与地区的居住隔离背景与发展历程、社会与空间特征以及解决办法等存在差异，各界学者的关注点也存在着不同倾向。例如美国研究以种族文化的隔离为主导，关于种族隔离和阶层差异的相关性研究最为充分(Morrill,1995[1]；Massey 和 Denton,1993[2])；Krysan(2008)[3]的研究表明黑人倾向于选择混合居住的社区，而白人大多倾向于选择以白人为主的社区；Mendenhall 等(2006)[4]等发现生活在黑人邻居较少的、社区较高档的黑人妇女能获得较高的就业机会、拥有更多的资源；Dawkins(2005)[5]在随后关于种族、居住隔离与就业的研究中，也揭示了就业时间长短、获得机会的概率等均与居住隔离相关；Farley 和 Fery[6] 等人则在 1990 年代推进了种族隔离及种族融合的广泛研究。与之相比，欧洲国家更加关注社会极化、社会经济隔离及空间不平等问题，且在讨论社会不公平及其在空间上的投射时，福利制度(住房政策、住房补贴和住房分配制度等)的影响是其关注的重点：Musterd 和 Ostendorf(1994)[7]以阿姆斯特丹为例，对种族与荷兰福利状况进行了分析；Musterd 和 Deurloo(1997)[8]探讨了阿姆斯特丹

---

[1] Morrill R. Racial Segregation and Class in a Liberal Metropolis[J]. Geographical Analysis, 1995, 27(1):22-41.

[2] Massey D S, Denton N A. American Apartheid: Segregation and the Making of the Underclass[M]. Cambridge, US: Harvard University Press, 1993.

[3] Krysan M. Does Race Matter in the Search for Housing? An Exploratory Study of Search Strategies, Experiences, and Locations[J]. Social Science Research, 2008, 37(2):581-603.

[4] Mendenhall R, Deluca S, Duncan G. Neighborhood Resources, Racial Segregation, and Economic Mobility: Results from the Gautreaux Program[J]. Social Science Research, 2006, 35(4):892-923.

[5] Dawkins C J. Tiebout Choice and Residential Segregation by Race in US Metropolitan Areas, 1980-2000[J]. Regional Science and Urban Economics, 2005, 35(6):734-755.

[6] Farley R, Frey W H. Changes in the Segregation of Whites from Black during the 1980s: Small Steps Toward a More Integrated Society[J]. American Sociological Review, 1994(59):23-45.

[7] Musterd S, Ostendorf W. Affluence, Access to Jobs, and Ethnicity and the Dutch Welfare State: The Case of Amsterdam[J]. Built Environment, 1994, 20(3):242-253.

[8] Musterd S, Deurloo R. Ethnic Segregation and the Role of Public Housing in Amsterdam [J]. Tijdschrift voor Economische en Sociale Geografie. 1997, 88(2):158-168.

的种族隔离和公共住房角色;Musterd 和 Deurloo(1998)[①]通过对城市隔离和福利状况的研究,探讨了西方城市的不平等与排他性,并对阿姆斯特丹的种族集群(1994—1996)进行了微观分析;Musterd 和 Winter(1998)[②]则探讨了空间隔离的条件等。

"移民居住隔离"类文献普遍采用了人口普查资料与社会问卷调查相结合的方法来测度居住隔离,就研究内容而言,主要是对居住隔离在空间上的表现形式、居住隔离产生的原因及其带来的各种负面影响展开研究;而且国外的相关研究已经从20世纪初对居住隔离现象的描述分析阶段迈入了更为成熟的阶段,即探讨如何解决居住隔离问题的综合策略(表1-16)。

表1-16 "移民居住隔离"类文献的数量统计

研究内容	空间表现			产生原因			负面影响			解决措施
	美国	欧洲	发展中国家	美国	欧洲	发展中国家	美国	欧洲	发展中国家	
篇数	9	5	2	11	8	3	9	7	4	6

* 资料来源:依据文献整理

⑤ 择居行为:此类研究可谓由来已久,尤其是地理学、社会学、经济学和心理学家已经对人口择居行为的过程及其对城市结构变化的影响关系做出了大量研究。自1990年以来,择居行为的研究可分为欧洲学派和北美学派,前者主要从微观领域(如家庭等)进行研究并强调择居过程的复杂性,后者则把市场压力和经济模型放在首位。但就研究内容而言,早期多关注就业或家庭成员的决策以及住房偏好与择居行为的关系,如 David Clark(1996)[③]认为新的工作机会对原有的居住地形成了挑战;William Clark 和 Withers(1999)[④]认为城市地域范围内职业改变对居住改变起着触发器的作用,且比其他因素更容易影响到家庭的择居行为。其后,对于择居行为的研究开始转向心理学方面,认为择居的影响因素不仅包括外在物质条件的改变,还包括居住选择时的偏好、满意度、种族意识等心理方面的限制(Jansen S J T 2012[⑤];Golledge 和 Stimson,1997[⑥];William Clark 和 Fossett,2008[⑦];

[①] Musterd S, Deurloo R. Ethnic Clusters in Amsterdam, 1994-96: A Micro-area Analysis[J]. Urban Studies, 1998, 35(3):385-396.

[②] Musterd S, Winter M D. Towards Undivided Cities in Western Europe: New Challenges for Urban Policy: Part 5 Frankfurt[Z]. Otb Research Institute for the Built Environment, 1998.

[③] Clark D. Urban World/Global City[M]. London: Routledge,1996.

[④] Clark W A V, Withers S D. Changing Jobs and Changing Houses: Mobility Outcomes of Employment Transitions[J]. Journal of Regional Science, 1999, 39(4): 653-673.

[⑤] Jansen S J T. Why is Housing Always Satisfactory? A Study into the Impact of Preference 和 Experience on Housing Appreciation [J]. Social Indicators Research, 2012, 113(3):785-805.

[⑥] Golledge R G, Stimson R J. Spatial Behavior: A Geographic Perspective [J]. Economic Geography, 1997, 74(1):83-85.

[⑦] Clark W A V, Fossett M. Understanding the Social Context of the Schelling Segregation Model [J]. Proceedings of the National Academy of Sciences of the United States of America, 2008, 105(11):4109-4114.

Meen,2012①;Whitehead,1999② 等)。近年来,伴随着住房统计数据的较易获取且现代统计手段的出现,学者们开始普遍关注住房的选择机制。其中一些研究涉及欧洲和北美移民的住房条件:如 Bonvalet 等(1996)③即研究了巴黎整个住房区移民的居住经历,发现移民比本土的法国人更具有流动性;Kempen 等(2002)④对乌德勒支的土耳其人"延伸的家庭"做了研究;Bowes 等(2000)对英国的巴基斯坦人也观察到了类似的现象;同时,有越来越多的美国及欧洲学者开始关注择居行为对社会、人口、邻里等产生的影响(Ham 和 Feijten,2008⑤;Bolt 等,2008⑥;Cooke,2010⑦;Hedman,2011⑧ 等)。

"移民择居行为"类研究文献就研究视角而言,主要可分为择居行为产生的动因和择居行为对社会之影响两方面:前者以各种迁居理论和相关数据分析为基础,发现职业、收入、家庭社会经济地位、住宅区位等外在原因及居住偏好、种族属性等内在因素是催发移民择居行为的契机;后者则是通过城市社会空间结构、社区邻里关系等方面的变化,来解析移民迁入或迁出对社区造成的多重影响。这批成果要么从微观个体切入,要么从宏观结构切入,但是能兼顾两者的系统式研究目前尚不多见(表1-17)。

表1-17 "移民择居行为"类文献的数量统计

研究内容	择居行为产生动因		择居后的影响		
	外在原因	内在原因	人口分布	社区邻里	贫困和种族集聚
篇数	14	12	3	8	4

* 资料来源:依据文献整理

(2) 国外相关研究特点

与国内相比,国外"流动人口"并含"居住空间"的研究具有以下特点:

① 研究理论方面。关于人口迁移、聚居区、居住隔离与融合等的研究,西方学者已经从人口地理学、政治经济学、社会学等诸多学科出发,建构了一系列经典理论与方法模型,且在一个多世纪的发展中不断深化、拓展,延伸出更加丰富全面的理论体系。但由于西方主流学派所研究的"迁移人口"与我国的"流动人口"在定义、来源、制度背景及基本特征等方

---

① Meen G. The Adjustment of Housing Markets to Migration Change: Lessons from Modern History [J]. Scottish Journal of Political Economy,2012,59(5):500-522.

② Whitehead C M E. The Provision of Finance for Social Housing: The UK Experience [J]. Urban Studies,1999,36(4):657-672.

③ Bonvalet C, Arbonvilla D. Residential Itineraries in the Paris Region[J]. Netherlands Journal of Housing and the Built Environment,1996,11(3):233-252.

④ Kempen R V, Priemus H. Revolution in Social Housing in the Netherlands: Possible Effects of New Housing Policies[J]. Urban Studies,2002,39(2):237-253.

⑤ Ham V M, Feijten P. Who Wants to Leave the Neighbourhood? The Effect of being Different from the Neighbourhood Population on Wishes to Move[J]. Environment and Planning A,2008,40(5):1151-1170.

⑥ Bolt G S, Kempen R V, Ham M V. Minority Ethnic Groups in the Dutch Housing Market: Spatial Segregation, Relocation Dynamics and Housing Policy[J]. Urban Studies,2008,45(7):1359-1384.

⑦ Cooke T J. Residential Mobility of the Poor and the Growth of Poverty in Inner-Ring Suburbs [J]. Urban Geography,2010,31(2):179-193.

⑧ Hedman L. The Impact of Residential Mobility on Measurements of Neighborhood Effects[J]. Housing Studies,2011,26(4):501-519.

面存在较大差异,所以相关理论的借鉴仍具有一定的局限性;相对而言,反而是近年来部分学者对发展中国家"非永久性迁移"的分析,更具本土借鉴性。

② 研究内容方面。国外学者对"流动人口"并含"居住空间"的研究不仅包括物质空间分布及其成因,更加注重流动人口的社会空间公平与社会融合;同时,因迁移人口的规模扩张和发展中国家人口流动现象的日益凸显,当前的研究越来越聚焦于特定移民的群体(新生代移民、女性、老一代移民等)以及非永久性迁移对流入城市社会的不同需求和影响,而使相关的研究更加全面、细化且具有针对性。

③ 研究方法方面。国外对于"流动人口"并含"居住空间"的研究方法从最初的定性分析到定量化解析,再到当下多元化研究手段的建构,与学科间的不断融合及计算机技术的发展密不可分,例如 SPSS、GIS 等分析工具就确保了人口空间化分析更加成熟和便捷,而地理学、社会学、心理学、城市规划等学科理论与方法的相互借鉴也使分析技术更加多元。故探讨并应用不同的定量模型与定性分析相结合的技术手段,可为本书提供必要的方法支撑。

(3) 研究中存在的问题与建议

① 国外"流动人口"并含"居住空间"的研究无论在宏观还是微观层面,均有着丰厚的成果积累,并且有较为成熟的人口迁移与居住空间理论和方法做支撑,但研究中将这些特殊弱势群体的宏观总体结构与微观个体择居相结合的系统式剖析仍存不足。

② 国外针对"流动人口"并含"居住空间"的研究仍以静态分析为主,多停留在针对现状居住空间的分析之上,基于时间纵贯因素的探讨仍相对有限。

③ 国外以小见大的专题性研究居多,针对某一亚类人口的迁移研究较为深入细致,如经济型流动人口、性别视角的流动人口、族裔类流动人口等;而针对流动人口居住空间的研究则以聚居区探察(微观层面为主)或是职住关系研究(宏观层面为主)为主脉。

④ 国外对于"流动人口"的研究视角涉及地理学、社会学、经济学、人口学和心理学诸多学科领域,成果各具特色和各成体系,但是基于多学科交叉融合的综合性研究仍有较大拓展空间。

1.3.3 总体评述

"流动人口居住空间"作为我国城市化背景下普遍萌生的一类弱势群体聚居空间,其集聚和分异、流转和调控已成为引发城市空间演进与重构的一大动因,影响着流动人口自身发展的同时也关乎城市。然而国内对于其流转演化、问题影响和改善策略的认知却未达成普遍性的社会共识,无论是深度还是广度都同我国的现实需求相距较远,其问题在于:基于"流动人口"与"居住空间"的跨学科集成而积累的有关研究成果,目前尚处于起步阶段,尚不足以提供理论上的系统诠释和实践上的技术支撑。

其中,国内学者在流动人口居住空间的研究视角、范围、内容、方法上均有缺失,国外学者的同类研究虽相对完善和成熟,但同样缺乏宏观和微观相结合、多学科相交叉的动态研究;而且如何借鉴仍需立足本土国情,因为牵引亿万流动人口进城的中国城市化实质上"并非在复制既往的时代,而是在创造一个属于自己的时代"。

综上可见,特殊弱势群体空间研究在兼顾宏观结构和微观个体、案例城市扩充、空间形态把握、定量技术挖掘、多学科交叉等方面尚存在较大的挖掘空间。在此背景下,以"进城务工人员"(属于流动人口范畴)群体为特定研究对象,以南京市(主城区)为重点研究案例,基于学科交叉和定量定性技术的综合应用,兼顾进城务工人员居住空间的宏观(居住结构变迁)和微观(个体择居效应)动态规律及其动因机制,便成为本研究不同以往而又基于以往成果的拓展和转型方向所在。

1.4 研究目的与意义

1.4.1 研究目的

其一,提炼进城务工人员居住空间演化的特征和模式。进城务工人员居住空间的演化研究隶属于"进城务工人员"和"居住空间"的交叉范畴——

从"进城务工人员"的角度来看,其作为当前城市"居住者"中的一类"特殊的弱势群体",有限的相关研究或聚焦于该群体的"居住空间"特征(微观层面),或关注于"居住空间"的总体结构(宏观层面),而鲜有兼顾者;从"居住空间"角度来看,以往的研究多是将居住空间子系统隐含于城市空间结构或城市社会空间的整体研究之中,即使后来升格为独立的研究对象,能以动态视角聚焦于某一特殊群体居住空间的也不多见。

因此,本研究希望能通过"宏观结构变迁+微观个体择居"的视角,针对"进城务工人员"这一特殊弱势群体,在传统"静态特征"的基础上对其居住空间的"动态演化"特征和模式进行架构。

其二,发掘进城务工人员居住空间演化的动因机制,探讨其居住空间的优化策略。进城务工人员居住空间的形成与演化往往受到多方面的综合作用,这里有必要对影响居住空间演化的作用机制进行探究:在进城务工人员宏观居住结构的变迁(居住空间集聚、分异)和微观个体择居的流转(居住时空轨迹和居住条件演化)背后,到底隐藏着什么样的推动力?是政府、市场,还是社会机制主导着人们的迁居择居行为?这些作用的具体表现形式和过程又是什么?本研究期望能深入发掘进城务工人员居住空间演化的现存问题,并据此提出具有针对性的空间优化策略。

1.4.2 研究意义

本研究希望拓展城市化背景下进城务工人员研究的新视野,紧扣"进城务工人员居住空间"展开兼顾宏观和微观的系统解析与优化研究。其立足于城市规划领域的跨学科思路和动态思维,有望带来多方面的现实意义与学术价值。

(1) 城镇空间规划方面

进城务工人员在社会文化方面呈现出自我封闭和隔离一面,但在居住空间上已成为流入地空间彼此混杂而不可分离的一部分,并迭合于城市空间大系统而在不同尺度上产生丰富而多变的空间特性。这便为我们提供了城市化考量和城市居住空间解析的典型样本,以发掘城市居住空间背后的深层规律和特征;同时,考虑到进城务工人员居住空间可能还会同城市空间系统(服务空间、交通空间等)存在一定的错位关系,本研究还将立足于城镇建设的整体视角,为城镇空间大系统的良性整合提供必要的依据和借鉴。

(2) 居住布局引导方面

进城务工人员告别传统农村以农业生产为主的谋生手段而进入城市,在改变原有阶层构成和就业方式的同时,也与所在城市建立了多重联系。规模庞大的进城务工人员通过或主动或被动的个体择居方式,不但会在总体上形成"大散居、小聚居"的空间格局和较明显的集聚—分异现象,还会对城市的产业、居住布局等产生重要影响。因此,对流动人口居住空间的深入解析,也是对南京居住空间做出布局调整和优化的前提和基础之一。

(3) 社会生活融入方面

大规模流入城市的进城务工人员因其非工非农、游走于城乡文化之间的双重性和边缘性,而始终难以全面融入所在城市,在加剧城市空间分异的同时,也成为城市内部潜在的不稳定因素。在"新型城镇化"的大背景下,直接锁定"进城务工人员居住空间"这一群体最为基本的生活需求和空间,有助于引导进城务工人员的居住流向,完善进城务工人员的日常生活因素,缓解其带来的各类负面影响。

(4) 公共政策管理层面

进城务工人员及其居住空间所带来的各类问题与负面影响,除了个人原因外,还存在着政策和体制上的关键性因素,比如说城乡二元结构的长期隔绝与房源供给体制的先天不足,而这些因素的影响往往是深层次和根本性的。通过对进城务工人员居住空间演化特征与规律的分析,可有效预测务工人员居住空间的未来结构及其演化趋势,为相关政策制度的科学制定提供一定的依据。

1.5 研究内容和方法

1.5.1 研究内容

本研究拟以南京市主城区为实证研究范围,从居住结构(宏观)和个体择居(微观)两个层面入手,分析进城务工人员居住空间的演变特征与模式,探讨其居住空间演化的内在机制,并提出空间优化的综合性策略。主要研究内容如下:

第1章,绪论。主要阐述研究背景、目的和意义,解析相关概念,并通过梳理和评述国内外相关研究的综合进展,提出本书的研究内容、研究方法、技术路线和可能存在的创新点。

第2章,南京市进城务工人员居住空间的演化理论的建构。首先通过引介和梳理同本研究强关联的国内外经典理论和学说,建构进城务工人员居住空间演化机理的理论框架,然后以此为基础划分出进城务工人员居住空间的演化阶段,最后从宏观(居住空间集聚与分异)和微观(个体迁居与居住条件)两个层面描述其演化特征。

第3章,南京市进城务工人员居住空间概况。首先选取了研究案例城市(南京)并介绍了其居住空间的整体概况,然后结合案例城市的具体状况确立了本研究的总体思路,并概述了南京市进城务工人员的社会经济和居住空间状况,从而为本书后续的个体择居效应与居住结构变迁研究提供必要的认知和背景。

第4章,空间集聚演化:南京市主城区进城务工人员的居住结构变迁。从总体结构变迁的角度,对居住集聚程度、居住集聚分区、居住中心等方面进行测度和图解,并据此进一步归纳进城务工人员居住集聚的演化特征及其影响因素。

第5章,空间分异演化:南京市主城区进城务工人员的居住结构变迁。从总体结构变迁的角度,对居住单因子、主因子、居住社会区等方面进行测度和图解,并据此进一步探讨进城务工人员居住空间分异的演化特征及其影响因素。

第6章,居住时空轨迹:南京市主城区进城务工人员的个体择居效应。从个体择居效应的角度,借鉴时间地理学的研究思路,对进城务工人员的居住空间变化、时间变化以及"时空"维度下的居住迁移轨迹进行测度和图解,并据此进一步分析其居住迁移的时空关联,进而揭示进城务工人员个体择居的内在特征和显性规律。

第7章,居住条件演化:南京市主城区进城务工人员的个体择居效应。从个体择居效应的角度,对居住权属、空间布局、户型条件、配套设施等展开分阶段的调研和解析,并据此进一步勾勒出进城务工人员因择居而带来的住房条件演化脉络及其影响因素。

第8章,南京市主城区进城务工人员居住空间的优化策略。在前述居住空间演化机理与实证的研究基础上,总结进城务工人员现存的居住困境与问题,然后根据进城务工人员居住空间演化的客观规律,提出切实可行的引导建议与优化策略。

第9章,结论和展望。总结本书结论,讨论研究局限和未来研究方向。

1.5.2 研究数据

本书的研究数据主要包括面板数据和纵贯数据。其中,面板数据主要用以分析宏观层面的进城务工人员居住空间特征,而纵贯数据既要用于该群体居住的宏观特征解析,又要能涵盖其微观层面的居住特征。因此,关于研究数据的采集有如下考虑(具体详见3.2.2):

面板数据指不同时间节点(2009年和2015年)下南京市主城区进城务工人员的社会、经济和空间属性数据,反映的是整体特性,可通过其纵向对比来有效描述进城务工人员居住空间的宏观规律(如集聚与分异)。面板数据的采集主要通过大抽样的问卷统计方式:首先通过访谈公安部门(暂住人口统计[①])、各街道办事处和流动人口服务中心,获取进城务工人员的总体情况和规模分布;然后,据此配比确定各统计单元(街道)的问卷发放比例;最终,通过随机抽样的问卷发放,采集和整理一手数据后建立数据库。

纵贯数据指个体居住轨迹的时空回溯数据(2015年和2016年),包括针对进城务工人员居住时空轨迹的分析和针对进城务工人员居住条件演化的分析。前者为进城务工人员个体自来宁后每一次居住发生变化的时间、空间及其迁移原因等相关信息;后者则包括该群体每一次迁居的居住区位、住房权属、空间布局、户型条件、配套设施、迁居时间和原因等更为微观具体的详细信息。纵贯数据可通过实地调研法、专题访谈法和问卷统计法的结合

---

① 统计口径:公安系统的"暂住人口"数量是以暂住证登记与否为基础进行统计的,其内部又可分为登记发证和登记未发证两个部分。一般认为,"暂住人口"数量根据多种途径统计测算,其中主要依据为暂住证的数量,反映的是年满16周岁、在本市暂住时间拟超过半年的人口规模(有效期为一年)。

来采集,且比面板数据的时间限制少(以进城务工人员个体首次来宁时间为起始点,以调研时间为最终点)。

1.5.3 研究方法

本研究拟采用的研究方法如表 1-18 所示:

表 1-18 研究方法

阶段	方法	实施对象	应用目的
资料收集阶段	文献查阅法	报刊、媒体、互联网等	引介和借鉴国际上关于流动人口和居住空间研究的相关理论和研究方法,了解和把握国内进城务工人员居住空间形成和演化的总体概况和现实背景
资料收集阶段	实地调研法	各类进城务工人员的不同居住空间	获取同进城务工人员居住空间相关的样本资料(如交通区位、空间布局、户型条件、配套设施等)
资料收集阶段	专题访谈法	各级职能主管部门(规划局、统计局、公安局、计生局、街道办事处等)	获取同进城务工人员相关的总体资料,以及街道统计单元层面的资料(如规模、分布、居住情况等)
资料收集阶段	问卷统计法	进城务工人员(城市层面)	分层抽样问卷调查(实际发放 2 450 份):获取同进城务工人员的社会、经济和空间属性相关的资料和一手数据(如年龄、户籍、收入、教育程度、居住地点等),回溯采集务工人员进城以来居住发生变化的每一时间和空间信息
资料收集阶段	问卷统计法	进城务工人员(社区/单元层面)	分层抽样问卷调查(实际发放 580 份问卷):在典型进城务工人员居住集聚地或就业集聚地,获取该类群体的社会、经济和空间属性的相关资料和一手数据(如年龄、户籍、收入、职业、教育程度、住房权属、户型条件等),回溯采集务工人员进城以来居住条件发生变化的每一时间和空间信息
研究分析阶段	统计分析法	探讨进城务工人员居住空间集聚和分异的演化特征,以及个体的居住的时空轨迹	依托 GIS 和 SPSS 等软件平台,划分进城务工人员居住空间集聚结构,识别居住空间中心体系,生成居住空间分异结构,并图解个体居住时空轨迹等
研究分析阶段	比较分析法	不同时段下进城务工人员居住空间的纵向比较和不同职业间个体居住时空轨迹和居住条件演化的横向比较	在统计分析的基础上,纵向比较进城务工人员居住空间跨越不同阶段的演化规律,横向探讨不同职业视角下,个体居住时空轨迹和居住条件演化的特征差异

* 资料来源:笔者自制

1.5.4 技术路线

本研究以南京主城区为例,在兼顾总体结构和个体择居的基础上,对"进城务工人员居住空间"动态演化特征及规律进行探讨,并对其演化的动因机制进行解析,从而提出针对这类特殊弱势群体的综合改善优化策略(图 1-6)。

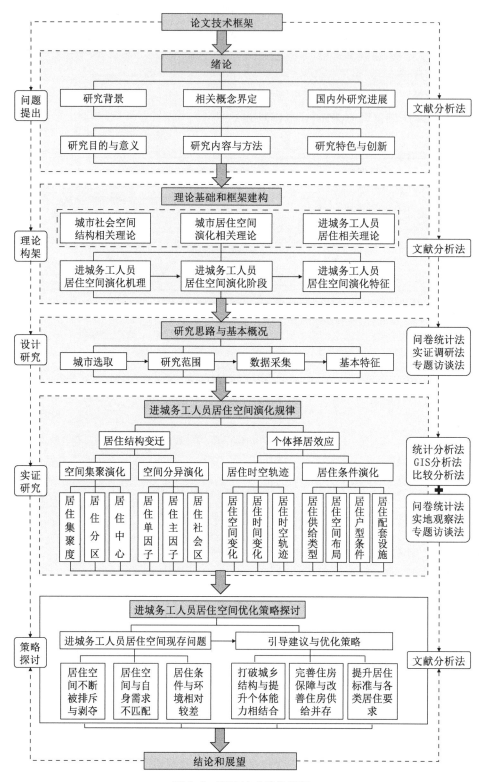

图 1-6 研究技术路线框架

*资料来源：笔者自制

1.6 研究特色与创新点

(1) 建构进城务工人员居住空间演化的理论诠释框架

本书构建了进城务工人员居住空间演化的理论诠释框架,并对演化机理、演化阶段及其主要特征进行了初步分析和归纳:通过将进城务工人员的居住空间分解为需求方(基础层)、管控方(调控层),以及由此形成的居住空间结构(响应层)三个层次,来构建进城务工人员居住空间演化机理的分析框架;一方面通过"空间排斥""空间剥夺"等概念来解释进城务工人员择居"外显"的空间化过程,另一方面则通过"生命周期"和"迁居行为"等概念来解释进城务工人员择居"内生"的个体化过程;在此基础上,进一步将南京市主城区进城务工人员的居住空间划分为三个演化阶段:起始阶段、分异阶段和分化阶段;然后以此为依据,从空间集聚、空间分异、个体迁居和居住条件四方面对进城务工人员居住空间的动态规律进行实证分析和验证——这一诠释框架可为该群体居住空间的相关研究提供理论依据和基础认知。

(2) 展开兼顾总体结构(宏观)和个体择居(微观)的进城务工人员居住空间动态研究

本书采用宏观+微观的动态化研究视角,深入分析和研讨了进城务工人员的居住空间演化特征与规律。通过对已有研究文献的梳理与总结可发现:一方面以往关于"进城务工人员"居住空间的研究尺度和视角单一(宏观或微观),另一方面以往的研究多以静态为主(数据、方法等制约)。因此,本书结合理论诠释框架,从宏观的居住结构变迁和微观的个体择居两层面对进城务工人员的居住空间进行分析,并采用多学科交叉的动态研究模式,从空间集聚与分异(以进城务工人员居住空间演化的第三阶段为主)、个体迁居与居住条件(以进城务工人员个体全程回溯数据为依托)两方面对进城务工人员的居住空间的动态演化进行探讨;不仅从城市整体空间结构中全面把握了该群体的居住变迁规律,亦从其自身个体的择居模式中深入挖掘出该群体的居住演化特征。

(3) 应用与改进进城务工人员居住空间演化分析的定量方法和技术手段

本书综合运用计量统计技术,将以往研究中定性为主的分析方法转为定量与定性相结合,从而更准确地解析进城务工人员居住空间演化特征。首先,在该群体居住空间集聚与分异的研究中,不仅应用空间自相关分析法和因子生态分析法,并改进传统的数据统计单元(以行政区划为主),采用格网单元面积权重内插法对南京市主城区的传统行政空间进行格网化,以期更精确和细致地识别出进城务工人员的居住中心和空间分异特征;其次,在进城务工人员个体迁居轨迹的分析中,以时间地理学的分析方法(时空轨迹)为基础,对个体迁居的空间轨迹分析进行改进(对不同空间方位上的迁居进行深入挖掘),以期更加全面、细致地了解进城务工人员在城市不同空间区位的差异化迁居特征;最后,在居住条件演化分析中,则以定性为主直观地研究进城务工人员不同阶段的居住条件变化特征。上述研究方法及其部分改进,可使进城务工人员居住空间演化特征更具有科学性和说服力。

2 南京市进城务工人员居住空间演化理论的建构

进城务工人员居住空间的形成和演化是一个在城市空间排斥和剥夺效应、务工人员个体择居因素(如生命周期和迁居行为)的共同作用下,与城市空间不断竞争与融合的过程——首先在空间方面,进城务工人员的居住空间不仅会受到城市就业空间(如制造业、批发零售业、建筑业分布)的影响,更是同城市的社会空间结构(其中城市居住空间即是其择居之前提)密不可分;其次在人员方面,不同职业的进城务工人员对居住方式和居住空间的选择也是千差万别,并由此在整体上迭合生成不同的空间结构和迁居轨迹,而这又同城市的住房市场和居住用地休戚相关;此外,其还会受到"进城务工人员"这一群体特定择居需求和空间转换规律的影响。因此,本节将从城市社会空间结构、城市居住空间演化及其同进城务工人员居住相关的研究成果中梳理和引介有效的理论分析工具,用以建构"进城务工人员居住空间演化"的理论诠释框架。

2.1 国内外相关理论引介与梳理

2.1.1 城市社会空间结构相关理论

(1)"侵入—演替"学说与同心圆模型

美国社会学家伯吉斯(Burgess,1925)[1]通过对芝加哥市土地利用结构的实证研究,解释了城市在快速扩张中居住空间演变的过程,并总结提炼出著名的同心圆模型[2]。该模型认为大量外来移民的不断侵入导致了各种城市空间的演替——大量外来移民初来城市时,考虑到求职和生活的方便,往往会择居于交通便利且就业机会多的城市中心区,导致居住于此的较高收入的原居民因不堪忍受中心区人口密度的不断增大和居住环境的迅速恶化,而被迫从城市中心区依次向外迁移,以此类推而形成了链式反应:随着新来移民不断侵入城市,居住于城市中心区的居民不断被取代,而原居民和早期迁入移民则从市中心不断向外扩散;其在居住空间上表现为高收入居民居住于远离市中心的新房,而较低收入移民居住于靠近市中心的旧房,由此形成城市居住空间由新居民对老居民从内而外"侵入和演替"的整体同心圆扩散过程,并伴随着社会群体的空间分化过程。因此,"侵入—演替"学说在

---

[1] Burgess E W. The Growth of the City: An Introduction to a Research Project[J]. Publications, American Sociological Society, 1925, 18:85-97.

[2] 窦小华.武汉市居民居住空间结构研究[D].武汉:华中师范大学,2011:26-27.

居住空间结构上又可称为同心圆学说(图2-1)。

这一学说用生态学方法揭示了城市居住空间结构形成与变化的动态过程,具有一定的理论意义和解释价值;但因其对人类社会文化属性的忽略而同样受到了部分非议与批评,并且对现如今的西方城市而言,该理论的重要性也在不断下降(现代西方城市空间变化的驱动力已从低收入外来移民的侵入变为中等收入家庭的回归);但在我国当前城镇化背景下,对于大量进城务工人员不断侵入大城市所推动的居住空间演化而言,该学说仍具有现实参考意义和启迪价值。

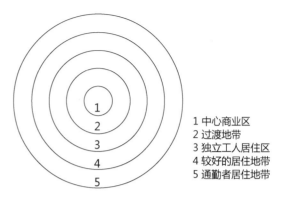

图 2-1 伯吉斯同心圆模型

＊资料来源：Burgess E W. The Growth of the City: An Introduction to a Research Project[J]. Publications, American Sociological Society, 1925, 18: 85-97.

(2)"过滤"学说与扇形模型

霍伊特(Hoyt,1939)[①]根据对美国142个城市土地租金分布的详细研究,抽象归纳出城市空间结构的扇形模型。该模型与"侵入—演替"的内在机制不同(低收入外来移民的"推力"作用),认为:城市居住空间结构演变的关键在于高收入家庭对住房需求的"拉力"行为,即高收入家庭通常会选择居住在远离工业区的交通沿线或非工业的滨水区等环境优良地带,从而在城市中形成了扇形的居住空间结构;随着城市的发展,高收入家庭会因住房中出现的破败或过时(功能、经济、样式等过时)现象而不满,从而向外迁移到符合期望值的新住宅中,致使扇形模式进一步拓展;同时,随着高收入家庭的不断向外迁移,其留下的空房就会逐渐被中等收入家庭占有,而中等收入家庭的房子又会被低收入家庭占用,呈现出住房的梯度过滤过程;在过滤链条的末端,由最低收入家庭空出

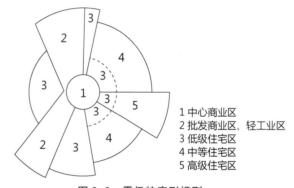

图 2-2 霍伊特扇形模型

＊资料来源：Hoyt H. The Structure and Growth of Residential Neighborhoods in American Cities [M]. Washington, D.C.: Federal Housing Administration, 1939.

的住房则被拆除或是被低收入外来移民所占据[②],并伴随其他居住空间的继续外拓而不断加强整体空间的扇形结构特征(图2-2)。

虽然霍伊特"过滤"学说的有效性曾受到一定质疑,但其对城市沿交通线放射延伸、居

---

① Hoyt H. The Structure and Growth of Residential Neighborhoods in American Cities [M]. Washington, D.C.: Federal Housing Administration, 1939.

② 梁绍连.上海住宅价格空间分异与居住空间结构演变[D].上海:华东师范大学,2008:7-10.

民择居偏好等因素的考量,都已经在大量的城市居住空间研究中得以验证,因此扇形空间结构模型仍是当前研究应用的经典模型之一。我国的相关居住空间演化研究也越来越清晰地证实了这一关联假设——"拥有高社会地位的人群是塑造城市空间的重要力量"①。

(3) 多核心模型

哈里斯和乌尔曼(Harris 和 Ullman,1945)②主要面对后工业化前期城市空间结构的多核化趋向,以同心圆和扇形模式为基础,通过对美国大部分城市的研究,提炼出了更为精细的多核心模型。该模型认为大城市的发展并非仅仅围绕着一个城市中心区(CBD),而是由多个中心综合作用的结果,即假设:在城市内部空间结构中除了中心商务区(CBD)外,在不同的城市地域中还存在着其他的次要中心区,共同散布于整个城市的结构体系之中。该模型还推断,上述次中心各具特色且相互独立,并由以下因素相互作用而形成:①各行业都拥有自身对于地理位置和自然条件的有利性需求;②互利的行业在空间上彼此集聚一起;③行业间的竞争、排斥使彼此产生空间上的分离现象;④行业的理想区位结构和经济实力之间的矛盾,加之历史遗留习惯的影响和局部地区的特殊性,共同作用和形成了城市土地空间利用的多核心模型(图2-3)。

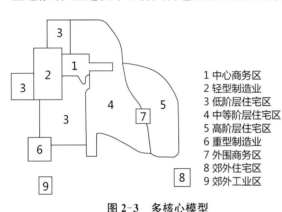

图2-3 多核心模型

1 中心商务区
2 轻型制造业
3 低阶层住宅区
4 中等阶层住宅区
5 高阶层住宅区
6 重型制造业
7 外围商务区
8 郊外住宅区
9 郊外工业区

*资料来源:Harris C D, Ullman E L. The Nature of Cities[J]. The Annals of the American Academy of Political and Social Science,1945,242(1):7-17.

该模型相比于同心圆模型和扇形模型,能够更准确地表现出当时城市的社会空间形态,而且已不断被当今大城市的发展趋势所印证,具有一定的现实参鉴意义,尤其是对于我国城市中因职业不同而表现出居住空间差异化的进城务工人员来说更是如此。但其仍旧忽略了居民个体因素和社会因素的影响,因此在诠释该群体居住空间的演化方面依然存在局限性。

(4) 现代生态学派

创立于1940年代的现代生态学派,进一步开拓了城市社会空间结构的研究领域,主要代表有谢夫基(Shevky)③、贝尔(Bell)、莫迪(Murdie)④、戴维斯(Davies)等。他们借助区域分析、因子生态分析等定量分析技术,在对北美城市进行许多实例分析后,建立了新的居住分异模型。学者们认为:北美城市社会空间结构和居住分异是由经济地位、家庭类型和种族背景三方面要素所决定的;其中经济地位的空间分异是最重要的空间结构表征,且不同经济地位的居住形态围绕着中心商务区呈扇形布局,家庭类型不同的居住形态呈同心圆布

---

① 宋伟轩,吴启焰,朱喜钢.新时期南京居住空间分异研究[J].地理学报,2010,65(6):685-694.

② Harris C D, Ullman E L. The Nature of Cities[J]. The Annals of the American Academy of Political and Social Science,1945,242(1):7-17.

③ Shevky E, Williams M. The Social Areas of Los Angeles[M]. Los Angeles: University of California Press, 1949.

④ Murdie R A. Factorial Ecology of Metropolitan Toronto,1951—1961: An Essay on the Social Geography of the City[M]. Chicago: Chicago University of Department of Geography, 1969:116.

局,种族背景不同的居住状态则呈组团状布局;正是这三种主导因素的作用相互叠加在城市道路和土地利用类型的调整之上,形成了各具特色的城市空间结构和居住分异状态(图2-4)。此外,戴维斯还另行补充了六个影响因素:移民地位、非标准住宅、新建家庭、已建家庭、住宅产权和城市边缘。其中,住户社会经济地位的差异使居住呈扇形分布,家庭地位、移民地位和已建家庭的差异使居住呈同心圆分布,非标准住宅和新建家庭分布于市中心,种族和产权差异则使居住呈分散隔离状态。

现代生态学派以大量城市的实证研究为基础,由于在城市空间结构研究中引进了更多更先进的技术手段而具有更高的科学性和说服力。但其理论建立在市场机制运行较为完备的西方城市,与我国尚不完善的住房市场机制状况存在差异,且我国的城市空间布局除了会受到市场影响外,还与政府行为密不可分。不过,该学派关

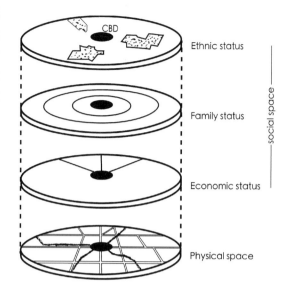

图2-4　Murdie(1969)社会空间结构分异解释模型

* 资料来源:吴瑞芹.上海市居住社区空间分异探讨[D].上海:华东师范大学,2006:11.

于城市社会空间的研究方法,对我国而言同样具有借鉴和参考价值。

2.1.2 城市居住空间演化相关理论

(1) 中产阶层化

"中产阶层化"的概念最早是由格拉斯(Glass)于1964年最先注意到伦敦中产阶层取代工人阶层重新回到城市中心的反郊区化现象后提出的,其研究初期的定义为:通过对内城衰败的低收入居民区进行改造整治,将其转变为中产阶层邻里的过程。但1970年代末期随着西方发达国家的社会转型、产业重组和经济全球化,"中产阶层化"呈现出愈发复杂与多样化的特征[1],主要包括:①研究内涵与范围不断延伸,由"内城区中产阶层置换工人阶层现象"[2]拓展为不同区域不同阶层的高级化重构过程[3];②区域间呈现异质化,南北半球间[4]、

---

[1] Schlichtman J J, Patch J. Gentrifier? Who, Me? Interrogating the Gentrifier in the Mirror[J]. International Journal of Urban and Regional Research, 2014, 38(4): 1491-1508.

[2] Glass R. Introduction: Aspects of Change[M]//Gibbon M, Kee. Centre for Urban Studies. London: Aspects of Change, 1964.

[3] Lees L, Ley D. Introduction to Special Issue on Gentrification and Public Policy[J]. Urban Studies, 2008, 45(12): 2379-2384.

[4] Lees L. Rethinking Gentrification: Beyond the Positions of Economics or Culture[J]. Progress in Human Geography, 1994, 18(2): 137-150.

不同国家间[1]、相同国家不同城市间[2]、甚至相同城市不同地区间[3]，都可能存在中产阶层化现象和机理的巨大差异；内部类型不断分化，由古典中产阶层化[4]衍生出超级中产阶层化[5]、郊区中产阶层化[6]、学生中产阶层化[7]、新建中产阶层化[8]，以及近年来出现的贫民区中产阶层化[9]、混合中产阶层化[10]、学区中产阶层化[11]等形式。

我国在全球化和新自由主义背景下，以住房市场化改革和大规模的城市更新为契机，将城市中大量传统邻里推倒重建为高档的封闭式社区，原居民被更高收入的富裕群体和中产阶层所取代，形成了中国最典型的中产阶层化现象[12]。由政府主导[13]、以拆旧建新为主[14]的该现象，具有规模更大、速度更快、"破坏性"更强的特征[15]，也必将深远影响着我国城市社会空间和居住形态的重构。

（2）租差理论

以 Smith 等为代表的新马克思主义学者，从城市经济重构的视角明确了资本和住宅供给在中产阶层化过程中的关键作用，提出"是资本，而不是人"主导了中产阶层化进程[16]。与此同时，Smith 还以其"非均衡发展"的基本理念为基础，提出了"中产阶层化先决条件"的

---

[1] Ley D. The New Middle Class and the Remaking of the Central City[M]. Oxford: Oxford University Press, 1996.

[2] Bridge G. Time-Space Trajectories in Provincial Gentrification[J]. Urban Studies, 2003, 40(12): 2545-2556.

[3] Boddy M. Designer Neighborhoods: New-Build Residential Development in Nonmetropolitan UK Cities: The Case of Bristol[J]. Environment and Planning A, 2007, 39(1): 86-105.

[4] Hamnett C. The Blind Men and the Elephant: The Explanation of Gentrification[J]. Transactions of the Institute of British Geographers, 1991, 16(2): 173-189.

[5] Lees L. A Re-Appraisal of Gentrification: Towards a Geography of Gentrification[J]. Progress in Human Geography, 2000, 24(3): 389-408.

[6] Badcock B. Thirty Years on: Gentrification and Class Changeover in Adelaide's Inner Suburbs, 1966-96[J]. Urban Studies, 2001, 38(9): 1559-1572.

[7] Smith D. 'Studentification': The Gentrification Factory? [M]//Atkinson R, Bridge G. Gentrification in a Global Context: The New Urban Colonialism. London: Routledge, 2005:72-89.

[8] Davidson M, Lees L. New-Build 'Gentrification' and London's Riverside Renaissance[J]. Environment and Planning A, 2005, 37(7): 1165-1190.

[9] Lees L. The Geography of Gentrification: Thinking Through Comparative Urbanism[J]. Progress in Human Geography, 2012, 36(2): 155-171.

[10] Lemanski C. Hybrid Gentrification in South Africa: Theorising Across Southern and Northern Cities[J]. Urban Studies, 2014, 51(14): 2943-2960.

[11] Waley P. Speaking Gentrification in The Languages of the Global East[J]. Urban Studies, 2016, 53(3): 615-625.

[12] Song W X, Wu Q Y. Gentrification and Residential Differentiation in Nanjing, China[J]. Chinese Geographical Science, 2010, 20(6): 568-576.

[13] He S J. State-Sponsored Gentrification Under Market Transition: The Case of Shanghai[J]. Urban Affairs Review, 2007, 43(2): 171-198.

[14] He S J. New-Build Gentrification in Central Shanghai: Demographic Changes and Socioeconomic Implications [J]. Population, Space and Place, 2010(5): 345-361.

[15] Lees L, Shin H B, López-Morales E. Planetary Gentrification[M]. Bristol: Polity Press, 2016.

[16] Smith N. New Globalism, New Urbanism: Gentrification as Global Urban Strategy[J]. Antipode, 2002, 34(3): 427-450.

"租差"①概念,具体原理阐述如下:

在城市某地块开发建成初期,投资主体对土地的开发与资本化会尽可能做到"资本化地租"与"潜在地租"的等同;但随时间的增长,地块内的建筑物会因折旧而产生相对的贬值,即"资本化地租"在开发完成后逐渐下降;而建筑物所占据的土地"潜在地租"则会持续增加,从而形成"潜在地租"与"资本化地租"间不断扩大的"租差";当"租差"扩大到足以支付城市更新所需的各项成本,并将产生使所有投资者都满意的丰厚利润时,资本就会重新流向老旧城区,并推动中产阶层化现象的发生②(图2-5)。

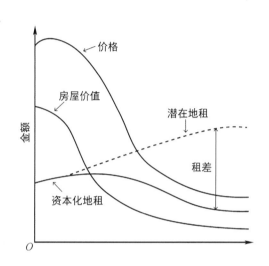

图2-5 Smith的住宅贬值周期和"租差"演变

* 资料来源:Smith N. Toward a Theory of Gentrification: A Back to the City Movement by Capital, not People [J]. Journal of the American Planning Association,1979,45(4):538-548.

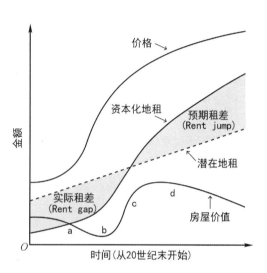

图2-6 修正后的"租差"模型

* 资料来源:宋伟轩,刘春卉,汪毅,等.基于"租差"理论的城市居住空间中产阶层化研究:以南京内城为例[J].地理学报,2017,72(12):2115-2130.

但因土地制度和政策环境的差异,Smith的"租差"模型仍难以完全准确地反映我国城市中产阶层化"空间再生产"后"潜在地租"与"资本化地租"的演变轨迹——首先,我国城市土地的所有权归属于国家或集体,形成了具有中国特色的"政府主导型中产阶层化"③,使"租差"更加复杂化;其次,与西方修缮和改造破败住宅及其街区不同,中国的中产阶层化以拆旧建新的空间再开发形式为主④,"租差"模型对于这种"大规模拆毁与置换"的解释存在一定困难;而且,自20世纪末住房市场化改革以来,城市"地租"与住宅"价格"一直呈快速波动式上涨,还未出现"资本化地租"或"价格"持续下跌的现象(图2-6)。

---

① 租差是指潜在地租与资本化地租之间的差额。其中,潜在地租指土地在"最高且最佳"利用方式下能够实现的资本化总和。资本化地租指当前土地利用条件下可以获得的实际资本总量。
② 宋伟轩,刘春卉,汪毅,等.基于"租差"理论的城市居住空间中产阶层化研究:以南京内城为例[J].地理学报,2017,72(12):2115-2130.
③ 何深静,刘玉亭.市场转轨时期中国城市绅士化现象的机制与效应研究[J].地理科学,2010,30(4):493-502.
④ 宋伟轩,朱喜钢,吴启焰.中国中产阶层化过程、特征与评价:以南京为例[J].城市规划,2010,34(4):14-20.

2.1.3 进城务工人员居住相关理论

在引介上述经典理论和相关学说的基础上，进一步梳理同本研究重点"进城务工人员居住空间"密切相关的理论观点，以更聚焦地确立这一群体"居住空间演化机理"的理论诠释框架。

（1）空间作用与转换理论

西方学者为了解释城市整体空间布局和结构中日益凸显的贫困和弱势群体居住问题，开始不断从社会学、地理学等领域寻找和借鉴相关的概念和观点，以探讨择居"外显"的空间化过程，其主要包括社会排斥和空间排斥理论、剥夺和空间剥夺理论。

① 社会排斥和空间排斥理论

社会排斥研究起源于贫困研究中对贫困、剥夺等概念与理论的探讨。该名词和概念最早源于法国学者 Rene Lenoir（1974）[①]，主要用来描述经常由于失业、低收入、健康不佳与家庭问题而处于社会边缘的特定团体或人，被排斥在政府就业及社会安全保障系统之外，从而陷入经济、社区、文化等多方面隔离的现象。此后，"社会排斥"概念得到了越来越广泛的使用，其内涵、意义及应用范围也在不断地更新和拓展中日益完善，目前已成为研究弱势群体、贫困和社会政策等的重要理论之一。

社会排斥是一个多维度的概念，不同学者从研究对象、研究角度等方面提出了不同的看法和界定，但综合来看社会排斥主要包括五个维度：经济维度、政治维度、文化维度、社会维度、空间维度（图2-7）——其中，经济排斥是指个人和家庭未能有效参与生产、交换和消费等经济活动，包括生产和消费两方面排斥[②]，尤其表现为劳动力市场排斥，即因长期失业

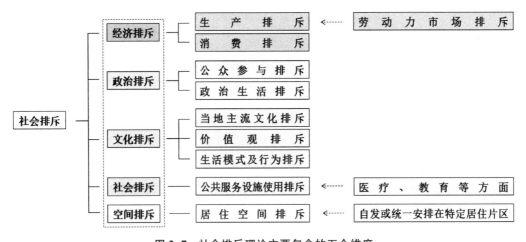

图 2-7 社会排斥理论主要包含的五个维度
* 资料来源：笔者自制

---

① 阿马蒂亚·森，王燕燕.论社会排斥[J].经济社会体制比较，2005(3)：1-6.
② Williams C C, Windebank J. The 'Excluded Consumer': A Neglected Aspect of Social Exclusion? [J]. Policy and Politics, 2002, 30(4)：501-513.

或不稳定就业而造成的劳动者心理、家庭关系、社会网络及社会参与的退却与封闭,并逐渐被排斥的现象;政治排斥是指个人和团体被排斥出政治决策过程,尤其指被剥夺或被忽视而无法获得公平参与政治生活的权利[①];文化排斥是指个人或团体被排斥出当地主流文化、价值观、生活模式及行为模式之外[②];社会排斥主要指社会公共服务使用的排斥,如医疗、教育、社会参与等方面的排斥;空间排斥则是指弱势群体自发地或经由政府主动安排,集中居住在某些环境和条件差的片区,而不得不承受周边歧视的一种现象[③]。

国内学者结合我国的实际,也对社会排斥现象进行了深入研究,且多聚焦于农村贫困、进城务工人员、失地农民、残疾人等弱势群体,并对"社会排斥"的概念提出了各自不同的看法——如李斌(2002)认为社会排斥主要是指社会弱势群体在劳动力市场及社会保障体系中受到主流社会的排挤,日益孤立无援的一种现象[④];石彤(2002)则认为社会排斥是指某些个人、家庭或社会群体因缺乏机会参与一些被社会普遍认同的社会活动,而被边缘化或隔离的系统性过程,该过程具有多维度特点,同时涉及经济、政治、社会、文化、心理等方面机会的长期匮乏[⑤]。

但就社会排斥中的空间维度而言,其实是其他四个维度(经济、政治、文化、社会)的排斥在空间上的呈现——首先,经济排斥中的劳动力市场被分割为体制内与体制外,体制内的劳动力市场多位于城市中心或占据城市的重点发展空间,体制外的劳动力市场则多被挤压或边缘化,从而在空间上形成明显的劳动力市场差异化分布现象;其次,政治排斥和文化排斥不仅会造成部分群体对城市生活的社会参与和发言权缺失,而且还会受到城市主流文化、生活模式等的排挤,从而导致该部分弱势群体或逐渐被主流群体隔离、排挤至城市的特定空间区域(如城市边缘地带),或自发在城市中寻求可生存的有限空间(如老旧小区等),而最终集聚形成特定群体的聚居区;最后,社会排斥下的城市弱势群体往往还会在空间中表现为对城市公共服务设施的可获得性偏低(主要包括可达性低、经济限制和门槛限制等)——由此可以看出,社会排斥,尤其是空间排斥理论可以为现有弱势群体空间问题的研究提供新视角和新工具。

② 剥夺和空间剥夺理论

"剥夺"的概念最早源于1960年代的英国,是指个体缺少日常所需的食物、住房、室内设施等资源,或必要的教育、社会服务、就业机会的一种描述资源分配不公平现象的社会学概念[⑥],如果个体存在着物质(收入、住房等)和社会(社会活动)层面的多类型剥夺,则被视为处于"多重剥夺"的状态[⑦],这经常用来解释城市贫困或弱势群体的问题。像 Townsend 就

---

① Percy-Smith J. Introduction: The Contours of Social Exclusion[M]//Janie Percy-Smith. Policy Responses to Social Exclusion. Buckingham: Open University Press, 2000: 1-21.
② Littlewood P, Herkommer S. Identifying Social Exclusion: Some Problems of Meaning[M]//Littlewood P, Glorieux I, Herkommer S, et, al. Social Exclusion in Europe: Problems and Paradigms. Aldershot: Ashgate Publishing Limited, 1999: 1-21.
③ 蒋宗伟,李放.深圳非户籍人口市民化社区治理探析:基于社会排斥理论视角[J].特区经济,2017(2):7-10.
④ 李斌.社会排斥理论与中国城市住房改革制度[J].社会科学研究,2002(4):106-110.
⑤ 石彤.城市"最低收入保障"政策过程的社会排斥[M]//王思斌.中国社会工作研究:第一辑.北京:社会科学文献出版社,2002:36-55.
⑥ Townsend P. Deprivation[J]. Journal of Social Policy, 1987, 16(2): 125-146.
⑦ Pacione M. The Geography of Multiple Deprivation in Scotland[J]. Applied Geography, 1995, 15(2): 115-133.

将剥夺定义为相较于个人、家庭或群体所属的地方社区，或者更广泛的社会和国家的一种明显劣势状态[1]，暗指生活质量标准低于普通水平、资源可获得性不充分和相对贫困[2]。除了资源上的缺乏外，剥夺往往还意味着特殊的社会状况，这其实可以用失业、拥挤、缺乏居住基础设施、收入低于贫困线等多项指标加以衡量[3][4][5]，如美国的研究者即是从住房、就业和教育三方面将剥夺分为绝对剥夺和相对剥夺[6]；前者是指不公正待遇所造成的满足最基本生存需求的某种或某些资源的缺失，如食物、衣服、庇护所等[7]；后者则是指同其他地位较高、生活条件较好的群体相比，或是同自身的过去状态相比，个人或群体所产生的一种需求无法满足的心理状态[8]。

城市社会地理学家在上述剥夺概念的基础上，又进一步将研究对象从个体延伸至地域空间，将剥夺和环境联系在一起，以空间分析的视角来阐释剥夺，并探讨了社会不平等与空间分配不公正之间的联系，即研究社会环境（个体和整体）和物质环境同剥夺的关系——其中，物质环境可通过居住空间质量、城市设施以及娱乐游憩场所的可进入性、建筑和空间质量等来描述；社会环境中的整体可通过区域人口结构与特征、社会阶层构成、民族构成等来描述；个体作为非物质因素，则可以通过价值体系、态度、行为方式来描述[9]；剥夺可能会产生于上述类型的任意一种环境之中[10]。城市社会地理学者正是从人本主义出发，将空间剥夺理论重点应用于区域社会资源、社区资源等方面的空间剥夺及其空间公正研究之中，通过阐释城市资源的可获得性，来衡量城市社会的生活质量[11]。但是大多数学者仍侧重于物质和经济方面的空间剥夺研究，具体包括商品、服务、资源、设施、自然环境、生活区位等方面的剥夺，而比较缺乏社会方面的空间剥夺研究，具体涉及社会成员和亚群体的角色、联系、功能、习惯、权力和责任等方面的剥夺[12]。

部分西方国家从1960年代开始，逐渐建立起了较为完善的空间剥夺评价指标体系——

---

[1] Townsend P. The International Analysis of Poverty[M]. New York：Harvester Wheatsheaf，1993.

[2] Herbert D T. Urban Deprivation：Definition，Measurement and Spatial Qualities[J]. Geographical Journal，1975，141(3)：362-372.

[3] Holtermann S. Areas of Deprivation in Great Britain：An Analysis of 1971 Census Data[J]. Social Trend，1975(6)：33-47.

[4] Sim D. Urban Deprivation：Not Just the Inner City[J]. Area，1984(16)：299-306.

[5] Broadway M J. Changing Patterns of Urban Deprivation in Wichita，Kansas 1970 to 1980[J]. Business and Economic Report，1987，17(2)：3-7.

[6] 同[3]。

[7] 王兴中，王立，谢利娟，等.国外对空间剥夺及其城市社区资源剥夺水平研究的现状与趋势[J].人文地理，2008，23(6)：7-12.

[8] 李强.社会学的"剥夺"理论与我国农民工问题[J].学术界，2004(4)：7-22.

[9] 汪丽，李九全.西安城中村改造中流动人口的空间剥夺：基于网络文本的分析[J].地域研究与开发，2014，33(4)：148-152.

[10] 同[3]。

[11] 宋伟轩，陈培阳，徐旳.内城区户籍贫困空间剥夺式重构研究：基于南京 10843 份拆迁安置数据[J].地理研究，2013，32(8)：1467-1476.

[12] Langlois A，Kitchen P. Identifying and Measuring Dimensions of Urban Deprivation in Montreal：An Analysis of the 1996 Census Data[J]. Urban Studies，2001，38(1)：119-139.

如区域层面上可通过建立区域复合剥夺指数法①,来评价社会空间的质量和分布差异,进而引导城市更新等地域政策的制定与供给②;社区层面上则重点关注社区资源的空间公平性问题,如威滕等(Witten等,2003)就通过距离、质量等指标建立了基于社区设施可达性的空间剥夺评价体系,用以探讨居住环境与居民健康之间的关系③;黑斯廷斯(Hastings,2007)则分析了不同社区环境设施的供给、贫困、清洁度差异,发现处于多重剥夺的某些社区在环境设施方面并不一定处于劣势④。

无独有偶,国内学者近年来也通过引入剥夺理论及其评价方法,建立了城市层面的多重剥夺评价指标体系——例如袁媛等基于剥夺理论,研究了中国城市贫困和城市剥夺的空间模式⑤(图2-8),并借鉴西方的空间剥夺研究成果构建了我国城市社会空间的评价体系⑥;田莉等则通过社区资源的空间评价体系,分析了公共设施的供给水平⑦;此外,也还有学者在社区层面对内城贫困空间和城中村的空间剥夺进行了评价。

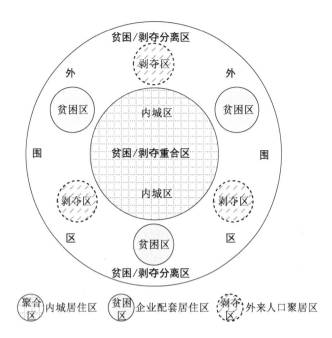

图2-8 转型时期城市贫困和剥夺的空间模式图

* 资料来源:袁媛,吴缚龙,许学强.转型期中国城市贫困和剥夺的空间模式[J].地理学报,2009,64(6):753-763.

(2) 个体择居理论

1960年代末期,北美城市研究者开始致力于探讨个人因素(如个人心理、价值、感应及择居偏好等)对空间布局的影响,以揭示择居"内生"的个体化过程,其主要包括家庭生命周期理论和迁居行为理论。

---

① 由英国地区环境运输部(the UK Department of Environment,Transport,and Regions,简称 DETR)在 2000 年提出,该方法提出了 7 个剥夺领域(收入、就业、健康剥夺与残疾、教育与职业技能培训剥夺、住房与服务间的障碍隔阂、居住环境剥夺、犯罪)和 37 个指标来衡量剥夺水平。

② Greig A,El-Haram M,Horner M. Using Deprivation Indices in Regeneration:Does the Response Match the Diagnosis?[J]. Cities,2010,27(6):476-482.

③ Witten K,Exeter D,Field A. The Quality of Urban Environments:Mapping Variation in Access to Community Resources[J]. Urban Studies,2003,40(1):161-177.

④ Hastings A. Territorial Justice and Neighborhood Services:An Exploration of the Provision of Environmental Services to Deprived and Better off Neighborhoods in the UK[J]. Environment and Planning C:Government and Policy,2007,25(6):896-917.

⑤ 袁媛,吴缚龙,许学强.转型期中国城市贫困和剥夺的空间模式[J].地理学报,2009,64(6):753-763.

⑥ 袁媛,吴缚龙.基于剥夺理论的城市社会空间评价与应用[J].城市规划学刊,2010(1):71-77.

⑦ 田莉,王博祎,欧阳伟,等.外来与本地社区公共服务设施供应的比较研究:基于空间剥夺的视角[J].城市规划,2017,41(3):77-83.

① 家庭生命周期理论

家庭生命周期理论是由英国和美国人口学家和社会学家于1930年代提出来的，反映了家庭从产生、发展、成熟到消亡的整个过程。该理论广泛应用于婚姻关系、家庭教育、家庭结构、消费、居住等研究领域，且不同学者根据其研究对象、视角等的不同，对家庭生命周期理论及其阶段划分进行了不同的诠释。Glick①在1947年提出了比较完整的家庭生命周期理论，被学者们认为是最基础和传播最广泛的家庭生命周期模型：其将夫妻关系缔结作为家庭生命周期的起点，然后根据家庭生命周期中发生的重要事件，如结婚、生子、孩子离家、死亡等，将生命周期划分为六个阶段：第一阶段为家庭形成期（从结婚到第一个子女出生），第二阶段为家庭扩展期（第一个子女出生到最后一个子女出生），第三阶段为家庭完成期（从最后一个子女出生到第一个子女结婚），第四阶段为家庭收缩期（从第一个子女结婚到最后一个子女结婚），第五阶段为家庭收缩完成期（从最后一个孩子结婚到夫妻一方死亡），第六阶段为家庭解体期（配偶均死亡）②。

此后，随着家庭生命周期理论的不断完善，西方学者们的研究领域也在不断深入和发展——像Wells和Gubar就将该理论引入到消费行为的研究中③；而罗西（Rossi,1995）通过研究丹佛市民的迁居行为将家庭生命周期理论应用到居住迁移中，认为生命周期循环会造成家庭结构的变化，进而催生住房需求，而迁居的主要功能即是通过调整家庭住房来满足这种需求；以阿贝努胡德（Abu-Lughood）和费里（Foley）为代表的学者，通过研究把住宅区位与住户的家庭生命周期阶段关联了起来④；克拉克和奥纳卡（Clark和Onaka）则按家庭生命周期将迁居分为自发型和强制型（图2-9），认为前者主要是为改善居住环境、适应新生活方式而发生，而后者主要是由住房拆除、破坏、离婚等因素所引起⑤。

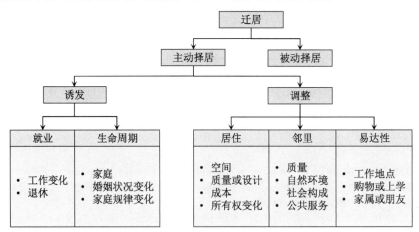

图 2-9　Clark 和 Onaka(1983)家庭生命周期迁居模式

* 资料来源：冯健.转型期中国城市内部空间重构[M].北京：科学出版社，2004.

---

① Glick P C. The Family Cycle[J]. American Sociological Review,1947,12(2):164-174.
② 马小红.家庭生命周期、结构变动与老年人贫困研究：以6个家庭为个案[D].长沙：中南大学,2013:4.
③ 刘艳彬,王明东,袁平.家庭生命周期与消费者行为研究：国际进展与展望[J].中国管理信息化,2008,11(4):103-105.
④ 盛楠.合肥城市内部人口迁居行为研究[D].芜湖：安徽师范大学,2014:13.
⑤ 田艳平.旧城改造与城市空间重构：以武汉市为例[M].北京：北京大学出版社,2009:42.

具体而言,迁居中的家庭生命周期根据户主年龄变化的过程,一般可分为单身家庭、青年夫妇型家庭、中年户主型家庭、老年户主型家庭——其中,单身家庭一般偏好工作与生活便利的市中心,选择比较便宜的公寓居住或者与朋友合租;青年夫妇家庭由于日常社交、经济活动相对频繁,一般仍选择出行方便的市区居住,但住宅面积不一定太大;而中年户主型家庭由于此时经济实力比较雄厚,对于居住面积、社区环境,特别是子女的上学条件要求较高,一般会选择比较好的住宅区位,也可以选择郊区的高级住宅区;老年户主型家庭则由于子女成家立业,对居住面积的要求减少,能够贴近自然、有地域归属感和价格便宜的郊区往往对他们更具吸引力(表2-1)。当然这种模式只是居住区位选择的一般情况,具体情况也要具体分析①,且因西方国家的社会结构、政治体制和文化背景均与我国有较大差异,并非都符合我国的居住选择,但其研究方法与角度仍值得借鉴和参考。

表2-1 家庭生命周期理论与居住区位选择

	家庭发展阶段	特征	主要考量因子	居住选择区域
第一阶段	年轻型家庭	刚离开父母单身或刚结婚的夫妻(无子女)	工作地点和生活服务设施的可达性	便利的市中心
第二阶段	中年型早期家庭	从有子女到子女读大学前	居住面积、环境子女教育等,但家庭收入有限	房价较低的城市外围地区
第三阶段	中年型家庭	子女读大学	家庭收入达到顶点,对居住面积要求降低	郊区高级住宅区或回迁至城市中间地带
第四阶段	老年型家庭	子女工作后或结婚	对居住面积要求降低,但对服务设施需求增加	回迁至城市中间地带

* 资料来源:根据相关文献①修改绘制

生命周期理论在之后的很多研究中都被一一证实(尤其是在居住流动和住房权属的转变方面),但随着研究的不断深入,其适用性也有所下降,因此林德福斯等(Rindfuss等,1987)③建议将"生命历程"观念应用到居住流动和住房消费中。与生命周期相比,生命历程更为灵活,且强调了个体生命经历的多样性。生命历程是将人的生命过程看作是一系列事件(如教育、工作、结婚、生子和住房变化等)的组成(Mayer等,1990)④;该理论强调个人和家庭从初次进入住房和劳动力市场,到历次居住迁移和工作调整等生命事件所发生的轨迹,重点分析事件发生时间和其生命历程中其他重要诱因的关系(Clark等,1994)⑤;同时,

---

① 吴瑞芹.上海市居住社区空间分异探讨[D].上海:华东师范大学,2006.
① 汪皆瑞.中产阶层住房消费之建筑要素特点研究[D].南京:东南大学,2007:10.
③ Rindfuss R R, Rosenfeld R A, Swicegood C G. Disorder in the Life Course: How Common and does it Matter? [J]. American Sociological Reviews,1987,52(6):785-801.
④ Mayer K, Tuma N. Event History Analysis in Life Course Research[M]. Madison: University of Wisconsin Press,1990.
⑤ Clark W A V, Deurloo M C, Dieleman F M. Tenure Changes in the Context of Micro-Level Family and Macro-Level Economic Shifts[J]. Urban Studies,1994,31(1):137-154.

生命历程把个人适应住房市场变化与更广泛的社会经济背景相联系(Clark 等,1996)[①],分析其对居住选择的影响,是目前居住选择的主要分析方法。

② 迁居行为理论

迁居行为在西方国家十分普遍,且早在 19 世纪末西方学者就开始对其进行探讨与研究。从理论流派来看,迁居行为经历了一个由生态分析到空间分析、行为分析再到社会结构分析的演进过程[②]。但大量有关迁居的研究多属于微观层面,强调人的个性,研究人对客观环境的感知以及迁居者的行为,即注重个人(家庭)的迁居影响因素、决策过程以及住房搜索过程等。从具体迁居过程来看,迁居行为涉及迁居的动因、过程和后果三个环节,这里重点梳理一下前两个环节:

首先,对于迁居动因的微观诠释主要包括两方面的理论或模型——一方面是由社会学家提出的压力模型,其从行为主义研究出发,认为迁居行为是因个人或家庭对现有居住环境的"压力"或"不满"而引发的,是对居住环境认知的顺应过程。该观点的迁居行为理论以 Wolpert[③] 提出的地方效用和压力门槛假说以及 Speare[④] 提出的居住满意度模型为代表(图 2-10)。另一方面则是由经济学家提出的住宅消费模型,其以住宅消费失衡来解释迁居(家庭调整住宅消费的过程),最具代表性的模型有 Brummell 提出的居住迁移模型和 Hanushek、Qulgley 等人构建的成本效益模型。

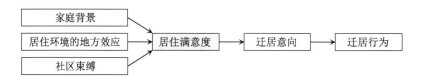

图 2-10 Speare 的居住满意度模型

* 资料来源:盛楠.合肥城市内部人口迁居行为研究[D].芜湖:安徽师范大学,2014:12.

其次,对迁居行为过程的研究最早可追溯到 Rossi 的迁移三段论(决定离开、寻找新住所和选择新住所)学说。Brown 和 Moore 又将其归并划分为"决定迁居"和"寻找新住所"两个阶段,即当内部压力(生命周期和生活方式改变)和外部压力(居住环境和住宅本身变化)共同作用超出家庭的压力门槛,且家庭感知到地方效用较高的其他住宅时,家庭就会考虑迁居,从而进入迁居行为的第二阶段:在住房市场上寻找新住宅并做出评估,如找不到符合期望和需求的住宅,家庭就会停止寻找并留在原住宅,或进行新一轮的寻找[⑤]。还有很多学者也对迁居意愿形成后寻找新住宅的行为进行了专门研究,发现:家庭对密切关联区域内

---

① Clark, William A V, Dieleman, Frans M. Households and Housing: Choice and Outcomes in the Housing Market [M]. The State University of New Jersey: New Brunswick. N.J: Center for Urban Policy Research, 1996.
② 齐心.国外人口迁居研究综述[J].城市管理与科技,2011(2):26-29.
③ Wolpert J. The Decision Process in Spatial Context[J]. Annals Association of American Geographers,1964,54(4):537-558.
④ Speare A. Residential Satisfaction as An Intervening Variable in Residential Mobility[J]. Demography,1974,11(2):173-188.
⑤ Brown D L, Moore E G. The Intra-Urban Migration Process: A Perspective[J]. Geografiska Annaler: Series B, Human Geography,1970,52:1-13.

关键节点附近的空置房最为关注,并随着关键节点的距离增加而在关注程度上有所下降,原先的居住地和工作地就是其寻找新住房的关键节点之一。之后,Morris 和 Winter 又进一步提出了住宅调整理论,认为对现有居住的不满意会引发寻找新住宅的过程,但受到家庭可投入资金的限制,或受到住宅市场获得满意住宅信息机会的制约,家庭并不一定会发生迁居,也可能会通过维修、翻新等手段进行住宅调整以提高居住满意度[1]。

最后,也有学者认为迁居行为不仅仅是个人或家庭决策的结果,也会受到社会结构因素的影响与限制。因此,微观(个体主观能动性)与宏观(社会结构)相结合的迁居行为理论由此而形成,如 Dieleman 就提出微观层面的家庭与住宅的匹配镶嵌至少会体现在三个地理层级中:①家庭所在城市的特定住房市场;②随时间发展和变化的城市经济和人口状况;③国家的住房政策、城市的富裕程度以及住宅产权结构[2]。近年来,将微观与宏观相结合的迁居行为研究逐渐增多,比较突出的包括多层次模型和基于主体的建模运用:如 Lee 就采用了多层次分析将个人特征与城市住房市场同时纳入模型,更好地解释了城市内部迁居率的差异[3];Benenson 则通过模拟单个家庭的居住选择,推演了整个城市的居住动态变化[4]。

国内关于迁居行为的研究也积累了不少成果,但大多基于微观的视角——许多学者探讨了迁居意愿的影响因素(蒋乃华等,2002[5];李君等,2008[6];彭长生,2013[7] 等);有的学者则对决定迁居后的居民住房选择行为进行了探讨(马忠东等,2010[8];洪程楚,2010[9];杨娟娟,2012[10] 等)。在改革开放 40 年的中国,住房制度的市场化改革和快速的城市化进程推动了外来人口的大量流入和城市人口的频繁迁居,如何考量市场经济条件下微观个体的择居行为,上述学说无疑能为我们提供有效的理论依据和分析工具。

2.1.4 小结

通过对上述城市社会空间结构、城市居住空间演化及其同进城务工人员居住空间相关理论的引介与梳理,可以为下文理论框架的建构形成如下几点基础性认知:

---

[1] Morris E W, Winter M A. A Theory of Family Housing Adjustment[J]. Journal of Marriage and the Family,1975,37(1):79-88.

[2] Dieleman F M. Modelling Residential Mobility: A Review of Recent Trends in Research[J]. Journal of Housing and the Built Environment,2001,16(3):249-265.

[3] Lee S W. A Multi-Level Analysis of Residential Mobility: Role of Individual, Housing, and Metropolitan Factors[C]. 39th Congress of the European Regional Science Association, Dublin, 1999:225.

[4] Benenson I. Agent-Based Modeling: From Individual Residential Choice to Urban Residential Dynamics[M]// Goodchild M F, Janelle D G. Spatially Integrated Social Science: Examples in Best Practice. Oxford : Oxford University Press,2004:67-95.

[5] 蒋乃华,封进.农村城市化进程中的农民意愿考察:对江苏的实证分析[J].管理世界,2002(2):24-28.

[6] 李君,李小建.农村居民迁居意愿影响因素分析[J].经济地理,2008,28(3):455-459.

[7] 彭长生.城市化进程中农民迁居选择行为研究:基于多元 Logistic 模型的实证研究[J].农业技术经济,2013(3):15-25.

[8] 马忠东,周国伟,王海仙.市场化城市居民的住房选择:以广州为例[J].人口与发展,2010,16(2):97-107.

[9] 洪程楚.我国城镇居民住房选择行为与住房消费的影响因素分析[D].杭州:浙江工商大学,2010.

[10] 杨娟娟.浙江省台州市外来人员住房选择研究[D].重庆:西南大学,2012.

(1) 在城市社会空间方面,由于存在着居住空间的过滤与演替效应,原居民的老旧住宅会逐渐被新进入城市的外来人口所占据,且会根据空间分布形式的不同而形成不同的空间分布模式。

(2) 在城市居住空间演化方面,城市土地价值的强烈影响至关重要,级差地租会促使城市空间(包括居住空间)不断向外扩张;但发展到一定程度,地租差异化又会反过来推动城市内部的更新改造和中产阶层化。

(3) 在空间作用与转换方面,进城务工人员的居住空间选择往往会受到经济、社会、政治、文化、空间等多维度排斥和多重剥夺。尤其是在住房价格不断攀升和城市更新改造的过程中,进城务工人员的居住不仅会受到各种排斥,其空间也会经历绝对和相对的剥夺。

(4) 在个体择居方面,家庭生命周期的改变对于进城务工人员的居住迁移会产生内在影响,尤其是家庭结构的变化;而迁居行为理论中对于"住房选择两阶段模式"的探讨,同样适用于频繁流动的进城务工人员。

2.2 理论框架的建构:进城务工人员居住空间的演化机理

2.2.1 层次架构过程

在某种意义上说,进城务工人员的居住空间是在城市住房政策和市场双重力量的挤压作用以及该群体主观能动性的消解作用下,形成的一种特有的空间演化模式,而且这种模式会在城市居住空间中呈现出不断同其竞争和融合的递进式发展过程,因此我们可以将这一过程分解为三个相互独立却又并存关联的层次构架。

(1) 基础层:居住空间的需求——进城务工人员

我国大量进城务工人员的形成符合人口迁移研究中的"推拉理论",即:改革开放后被释放的大量农村剩余劳动力"离土又离乡",涌入大城市寻找就业机会,并在1990年代形成了规模宏大且势不可挡的"民工潮"。在该群体给流入城市带来的多方面影响和冲击中,首当其冲的现实一环即是被快速激活的庞大居住需求和住房市场;而且随着进城务工人员代际差异、生活预期等因素的持续变化,其对居住空间的需求也从最初的"临时型"向"永久型+改善型"不断递进;尤其是随着我国城市化进入下半场,不但进城务工人员的数量开始进入缓慢增长(甚至负增长)期,这批新生代务工人员与老一代相比也有了诸多不同,对城市的向往程度更高,也更希望融入城市……所有这一切变化均会带来进城务工人员对于居住空间需求的阶段性演化。

(2) 调控层:居住空间的管控——城市住房市场及相关政策

我国城乡间因严格的户籍管控制度,会导致城市的许多政策(如住房制度、土地制度、社保制度等)会对进城务工人员产生很大的排斥与阻碍作用。其中在住房制度和政策方面(作为城市居住空间的管控手段之一),城市各种保障性住房多会将进城务工人员排斥在外,即使是近年来面向该群体开放的公租房在政策上亦有一定的门槛和数量限制,而迫使大量进城务工人员只能是寻求私人租房市场,或是寻找能提供居住空间的就业岗位,而衍生出自租型、宿舍型、工棚型等多类居住方式和场所;但随着住房市场的快速发展,在驱利性资本的推动下,城市的居住空间不断扩张与更新,房屋价格的持续飙升更是大幅提升和冲击着进城务工人员的居住成本,从而在空间竞争中不断地挤压进城务工人员原来占据的居住空间,或是迫使其改变原来的居住方式(如由租居转而寻求统一的住宿安排)。

(3)响应层:居住空间的形成——居住空间结构

不同居住方式衍生出不同的居住空间,并随着城市不断地外向扩张和内部更新而产生了不同的演化轨迹(表2-2)——其中,自租型进城务工人员的居住空间经历了从初期在城市边缘地带集聚,到后期在城市内外分化并不断外迁和内部碎解的空间演化过程:最初自租型进城务工人员基于房源、租金、通勤、管控等因素的综合考量,多择居于城市的边缘地带;随着土地区位价值的不断凸显和住房市场的不断开放,城市在级差地租的推动下进入空间外扩的高速发展期,迫使城市边缘地带原有的进城务工人员或外迁至新的边缘地带,或在城内另寻住所(如城市梯度"过滤"效应下的旧居住空间);其后随着城市经济发展政策的调整和旧城潜在租差的优势愈显,致使不断减缓的外扩趋势(多为惯性作用下的局部扩张)逐渐被内化的空间优化升级所替代(中产阶层化现象出现),而自租型进城务工人员在不断的空间剥夺中内外分化,要么继续向城市的新边缘地带外迁,要么在旧城的更新改造中进一步被挤压和碎解。

表2-2 不同居住方式形成的居住空间总结

居住方式	演化特点	初期空间的形成	后期空间的演化
自租型	内外分化和多轮剥夺(边缘连续外迁+旧城过滤与更新)	多自发集聚于城市边缘地带	先是随着城市外扩而内外分化,部分继续外迁至新的边缘地带,部分则占据城内梯度"过滤"下的旧居住空间;其后又在城市外扩和旧城更新的内外挤压下,双双遭遇再一轮的空间剥夺
工棚型	内外分化(边缘外迁+内渗碎化)	多统一安排于城市边缘地带的工地现场	在企业的统一安排下,先是随城市扩张式开发而不断外迁,其后又因城市局部扩张和旧城更新而走向分化,或碎解式内渗于旧城各更新单元,或继续外迁至边缘地带的新工地
宿舍型	单向集聚(以连续外迁为主)	多统一安排和集体居住于工业和居住相混杂的城市空间内	随城市外扩和产业结构调整("退二进三"),而不断地向城市外围(以工业区和开发区为主)迁移和集聚

*资料来源:笔者自制

工棚型和宿舍型的进城务工人员虽然同属于被动择居模式,却有着截然不同的空间演化过程(内外分化 VS 持续外迁):工棚型进城务工人员在城市外扩式建设阶段,多由企业单位统一安排在城市边缘地带的工地现场;当城市由增量建设逐渐转型为存量更新时,该群体又会一部分随着旧城改造的工地而见缝插针式地内渗和碎化于各更新单元,而另一部分人员则会随着局部的城市扩张和开发而外迁至边缘地带的新工地;与之不同的是,宿舍型进城务工人员却是先后随着城市外扩和产业"退二进三"的结构调整,而连续不断地向城市外围地区迁移和集聚。

总而言之,不同的居住方式下的进城务工人员在集聚、分异与迁居的交织作用下,不但在城市内部由居住双中心裂解为多中心,在城市边缘地带也因职业等因素而分化形成特征各异的多类居住空间,并且在各自差异化的演化过程及其同城市整体空间的竞争和融合过程中,经历了一次次剥夺与重组的过程。

综上所述,进城务工人员在进入城市住房市场初期,即受到了户籍政策、住房政策等外力的管控与限制而无法获得相应的居住空间,又因其自身的居住临时性而择居于城市的某些特定地区;随着城市住房市场的发展以及住房政策的调整,进城务工人员的居住空间在管控方和需求方的不断博弈过程中或集聚或分异,通过与城市空间的不断匹配和逐步递进,而演化形成了目前进城务工人员居住空间的结构与特征。简而言之,进城务工人员居住空间的演变过程就是一个上述三个层次各自变动而又交互调整融合的过程,比如说该群体的居住需求(基础层)会影响其居住选择,而择居区位的变化又会使不同群体的居住空间更加趋于多样化(响应层);同理,住房市场及政策的变化(调控层)也会引发进城务工人员居住需求(基础层)和居住空间(响应层)的连锁反应(图2-11)。

2.2.2 空间转换过程

进城务工人员的居住选择行为,因其职业差异而会在城市居住空间中的转换表现出不同的特征。因此,本节将探讨该群体居住行为选择如何影响和作用到城市空间的转换问题,这也是一个"外显"的空间化过程,具体而言:

(1) 空间排斥

根据社会排斥及空间排斥理论,进城务工人员在城市中的居住空间以及居住选择往往少不了各种外部力量的排斥(包括经济、政治、文化、社会和空间等维度)——首先面临的便是最为显著且普遍存在的经济排斥。住房市场化后的城市居住成本居高不下,对于低收入水平为主的进城务工人员而言,即使是租赁住房,可承担得起的选择依然有限,同时还需考虑就业空间及其所带来的通勤成本问题,加之该群体还会受到城市劳动力市场的排斥,其择业的不稳定性势必会影响其择居的稳定性,如此一来其居住空间就会被挤压或排斥在城市的某些特征区域(如城中村、城乡结合部或老旧小区)。其次是进城务工人员通常会面临的制度排斥。在我国的城乡二元结构及户籍制度的长期作用下,进城务工人员在城市中的不少权利目前仍无法得到保障,不但住房制度的限制迫使其转而通过私人住房市场进行非正规租赁,教育制度、福利制度等限制同样会对其住房选择产生影响(如进城务工人员的子女上学难,无社保医保等问题)……凡此种种,均会从制度上进一步压缩其居住空间的选择范围。最后是该群体在城市生活中所遭遇的社会排斥。进城务工人员(尤其是新生代)多属于"半城市化"群体,目前城市人对该群体的排斥和隔离现象仍然普遍存在,甚至在该群体内部也有着同样的自我认知(不被城市所接受),这就迫使大量的进城务工人员采取了一种抱团式生活。此外,政治排斥和文化排斥亦会对该群体的居住空间选择产生影响,比如说进城务工人员在城市中缺少发言权和发声渠道,再比如说所这类城市中的"农村"亚文化往往会因无法融入城市主流文化而被排斥在外——正是在上述各种排斥效应的共同作用

2 南京市进城务工人员居住空间演化理论的建构

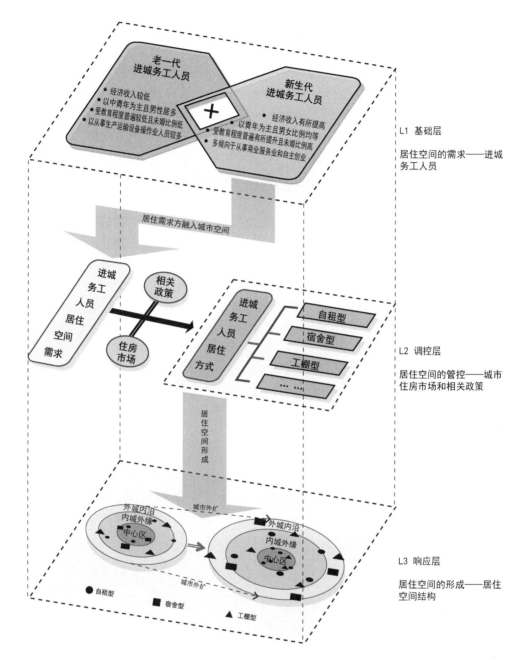

图 2-11 进城务工人员的居住空间演化机理层次构建

*资料来源:笔者自制

下,进城务工人员在城市空间中表现出了在特定区域集聚、在整片区域分异的"小集聚、大分异"格局。

(2) 空间剥夺

依据空间剥夺理论,从社会公平正义的角度出发,可以发现进城务工人员的居住选择不仅会受到各种外部排斥和制约,其在城市中的居住空间可进入性和可获得性也会面临多轮次剥夺,这在主动择居(以自租型为主)的进城务工人员身上体现得尤为明显——首先,进城务工人员受限于自身限制性因素(经济条件和人际关系),初来城市多会择居于城市边缘地带的农村或城中村。此类地区非正规住房较多,灵活性大且成本低,但随着城市的快速建设和扩张而极易成为级差地租下需要开发建设的首选之地,而进城务工人员作为该地区的非正式居民迟早会被驱逐和剥夺生存空间,要么在城市内部另觅住处,要么随城市扩张不断外迁至新的边缘地带。其次,当城市内"过滤"后的旧居住空间成为该群体被首次剥夺后的新聚居地后,日益受限的城市拓展空间和旧城潜在地租的巨大吸引力,便会在突破一定的门槛后再次推动上述聚居地内部的中产阶层化,大量的老旧小区、棚户区被改造升级为中产阶层新的居住地,于是进城务工人员的居住空间再次被剥夺。同样地,其他选择外迁的进城务工人员也会因城市的不断扩张而面临再次剥夺——上述居住空间在因拆迁而引发的"绝对剥夺"和因新居住空间成本增加而引发的"相对剥夺"的共同作用下,迫使进城务工人员不断外迁,并分化为空间特征各异的多居住中心和多片社会区。

此外,对该群体的空间剥夺还表现为城市公共服务设施的可进入性和社区资源的可获性较低——最初城市边缘地带的进城务工人员集聚区尚可为其提供一些初级基本的社区生活空间场所(如针对社会底层消费水平的零售店、网吧、餐饮等),然而随之而来的城市扩张和边缘区开发却压缩和打破了进城务工人员的生活空间,使其不得不向更远的城市远郊区搬迁,或是在城中另寻落脚点。前者因为公共交通、就业资源的可获得性低,往往会导致群体的进一步边缘化;后者则因为高公共服务水平所带来的高居住成本,而在居住空间转换之间产生了相对剥夺行为,并埋藏着未来旧城更新可能引发的再次剥夺风险。

2.2.3 个体择居过程

进城务工人员的居住选择行为,不仅会因为外部城市空间的排斥与剥夺效应而发生,还同样会受到进城务工人员个体主观能动性的影响,而在空间上表现出不同的特征。因此,本节将探讨该群体如何依据自身主观需求,理性调节并决策发生迁居行为的问题,这也是一个"内生"的个体化过程,具体而言:

(1) 生命周期

从家庭生命周期理论的视角出发,进城务工人员无论从事何类职业、选择何类居住方式,其择居的"内生"过程同样表现出了显著的生命周期式的迁居演化趋势[①]。按照 Glick 对家庭生命周期的阶段划分以及迁居中的家庭生命周期,可将南京市主城区进城务工人员根据年龄变化而形成的家庭类型分为:家庭未成期(无论婚否,独自一人进城的务工人员)、家庭形成期(夫妻二人进城的务工人员)、家庭扩展期(已婚且有子女跟随进城的务工人员)、家庭完成期(有子女进城且结婚的进城务工人员)、家庭收缩期(子女离家或返乡的进城务工人员)和家庭解体期(夫妻一人或双方均去世或返乡的进城务工人员)。随着进城务

---

① 调研发现,不仅主动择居的进城务工人员(以自租型为主)拥有显著的生命周期规律,被动择居的进城务工人员(以工棚型和宿舍型为主)也会在特殊阶段因特殊的家庭类型(如已婚、爱人或子女跟随进城),而放弃雇用单位统一的住宿安排,另寻条件更为适宜的住处,或是改变原有的居住方式(如宿舍型→自租型)。

工人员来宁后滞留的时间逐渐增加,该群体在家庭生命周期中形成的居住迁移轨迹也会变得更加显著,于是在各类家庭共同作用和迭合下,逐渐形成了具有连续性和重合性的螺旋式增加或重叠的循环状态(图2-12)。

具体而言:20~35岁的进城务工人员在南京市主城区处于家庭未成期(独自一人)与家庭形成期(夫妇二人)之间,居住迁移频率较为明显,尤其是从独自一人到家庭化的过程中(26~30岁)发生迁居的比例最高;36~50岁是进城务工人员迁居最频繁的时期,其正处于家庭扩展到完成的时期,因家庭结构发生的根本性改变而引发了该类群体改变住房的强烈需求;到家庭收缩至解体期(51岁及以上),进城务工人员对居住的需求则有大幅度下降,以至于其迁居频率表现出明显减少的趋势。综上所述,南京市主城区进城务工人员的个人择居过程基本符合家庭生命周期理论,即在不同的生命周期过程中,其对居住的需求呈现出或强或弱的阶段化、差异化现象,并通过居住地点的变化甚至居住方式的转换来满足周期性需求。

此外,进城务工人员无论采取何类居住方式,因来宁时间(T)长短而引起的迁居变化,同其生命周期的发生过程亦大体一致:该群体初来宁时($T \leqslant 5$年)迁居频率较高(独自一人较多);来宁$5 < T \leqslant 10$年时迁居频率达到最高(独自一人至家庭形成);来宁$10 < T \leqslant 20$年时迁居频率开始有所减少,并趋于稳定状态,但依旧较为频繁(家庭扩展至完成);之后进城务工人员的迁居频率则一路骤降($T > 20$年)。

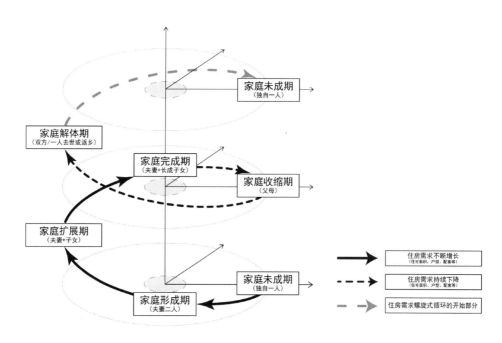

图 2-12 家庭生命周期住房需求螺旋图

* 资料来源:笔者自制

(2)迁居行为

正如上文家庭生命周期的理论分析所述,进城务工人员无论选择何类居住方式,均伴随着不同的生命周期而产生或多或少的择居和迁居行为。而以迁居行为理论为基础则可以看出,进城务工人员无论采取何类居住方式,其迁居行为的发生均可划分为两个阶段:第一阶段不仅要依靠个人或家庭的内压(生命周期变化或生活方式改变),也需要外压(居住环境和住房自身变化)的共同作用,以达到家庭的压力门槛;然后就会进入第二阶段,通过寻找合适房源来真正实现迁居。因此,上述的家庭生命周期只是其发生迁居的内在诱因之一,影响迁居行为的其他因素(尤其是外部压力)也是导致进城务工人员迁居的主要原因,如就业机会、住房获取机会、城市公共服务设施(教育、医疗、商业等)的可达性等。进城务工人员的迁居行为正是通过上述两个阶段,经理性决策后而"内生"的个体化过程。

如果说进城务工人员在城乡之间的经济型流动是为了参与市场化就业、竞求非农化岗位的话,那么该群体在城市内部的居住迁移,则是为了选择更好的居住条件,抑或是实现更好的城市融入。研究表明,进城务工人员无论从事何类职业、采取何类居住方式,其迁居行为模式均会随进城时间的增长,整体向更有利于该群体市民化的方向转变。具体可通过居住空间融入和居住条件演化两方面进行测度。首先,在居住空间融入方面[①],发现进城务工人员的迁居行为是个体主观上追求更高空间融入度的时空行为,即使受制于各类外部环境条件和个体择居因素,大多数进城务工人员仍可以在现实中通过个人抉择和努力做到空间融入度的客观提升;其次,在居住条件演化方面[②],发现进城务工人员的迁居行为是一种个体寻求居住条件改变(其主观意愿是追求更好地演变)的时空行为,其总体居住条件的评估确实随阶段演进而递升,但受制于各类外部环境条件和个体择居因素,导致这一过程并非总是一帆风顺,甚至在某些层面或是阶段出现了背离预期的负面效果和"例外"个案[③]。

此外,进城务工人员在寻找符合迁居的住房过程中,也会受到获取住房信息有限的制约性影响,而且因为进城务工人员所处生命周期的不同,其对于择居考虑的因素也在不断变化和增多,但符合居住需求的住房信息却获取渠道有限(社会资源较为匮乏),致使该群体的迁居范围一般较小,多在现有住所或工作地周边的一定范围内迁居,这就正如本研究(第6章)所揭示的,进城务工人员随年龄增长而在迁居距离上逐渐缩短。这一群体也正是通过自身频繁的迁居行为,在城市空间的排斥和剥夺下,或集聚或分异,在整体上推动了进城务工人员居住空间的形成与演化。

---

① 在"空间融入"(尤其是指标体系和测算方法)的相关研究中,田明、彭宇认为:目标人群的居住区位靠近中心城区、拥有房屋产权、人均居住面积大、距离工作地及公交站点距离在10 min内、周边人口为本地市民、迁居频率低等指标,均同该人群的空间融入度呈正相关关系。其他可供参考、且存在不少共识之处的文献还包括:
陈宏胜,李志刚.中国大城市保障房社区的社会融合研究:以广州为例[J].城市规划.2015(9):33-39.
刘佳.大城市失地农民的空间安置与社会融合解析[D].南京:东南大学,2017.
刘亚杰.基于居住融合的城市保障性住房规划研究[D].济南:山东经济学院,2011.
因此,研究选取的居住空间融入指标因子包括居住区位、住房权属、户型条件、通勤情况、迁居频率和迁居方向等。
② 研究选取的居住条件演化指标因子包括住房权属、空间布局、户型条件和配套设施等。
③ 吴晓,宁昱西,强欢欢,等.南京市商业服务业进城务工人员的迁居模式:基于融入度和演变度的解析[J].经济地理,2019,39(7):39-49.

2.3 理论框架的诠释：进城务工人员居住空间的演化阶段及其主要特征

进城务工人员的居住空间演化是在城市发展的客观条件，以及自身变化的主观因素互相影响和作用下，通过不断竞争和融合的递进式发展而形成的；而且其因职业差异和主观需求的不同，在居住选择行为上表现出不同的空间转换和个体迁居特征。因此，本节根据上述"三个层次＋两个过程"的居住空间演化理论框架，以深入剖析该群体在城市空间生产过程中呈现出的明显居住空间阶段性演化特征。

2.3.1 阶段一：初始阶段（1992 年以前）

【基础层】 改革开放后，曾在城乡分治政策下受到长期管制的农村剩余劳动力，随着我国农村经济体制改革、乡镇企业转型、城乡壁垒的逐步打破，而汇集成了规模宏大且势不可挡的进城农民大军；而城乡间在社会经济条件方面的显著差距（如就业机会、经济收入等），也为农民进城提供了现实动力和基础[1]。在如此的推拉作用之下，农村剩余劳动力在城乡之间形成了源源不断的"摆动人口"[2]，并在 1990 年代的经济相对发达地区和城市掀起了声势浩大的"民工潮"。

【调控层】 城市经济在吸纳进城农民就业的同时，却没有做好相应的制度性准备，导致不少既有的城市调控政策（如户籍制度、土地制度、住房制度、社保制度等）对该群体的大规模进城多有排斥、阻碍之效，不但在社会文化上将进城务工人员同市民隔离开来，更是在居住空间上迫使该群体主动或被动择居于条件有限、环境差强人意之居所；加之农村剩余劳动力内外条件和竞争力的制约（如文化程度低、经济实力差和人际关系少等），其结果就是大批人员被劳动密集型工厂、建筑队和装修队所吸纳，亦有少数成为流动摊贩或受雇（自雇）于集贸市场[3]等场所，从而形成了以被动择居（宿舍型）为主、主动择居（自租型）为辅的居住格局（表 2-3）。

【响应层】 改革开放之前，我国城市的建设用地基本上是以无偿划拨的方式进行供应，因此城市中各类用地虽然混杂交织，但在空间结构上却具有较为浓郁的同质性色彩，这尤以单位大院（工业用地与居住用地混合）形式为主，并由此在城市中从内而外形成了商业区或商务区、城市的工业居住混合区、近郊内沿的工业居住混合区、近郊外缘的工业农业混合区、都市区的农业地带等功能区和结构[4]，其他地方则以大量农业用地为主。改革开放初期进城的农村剩余劳动力就择居镶嵌在城市如此混杂的居住、工业用地之中，并因就业方向和居住方式的不同而形成了差异化的居住空间，进而在同质化的整体结构中局部嵌入了

---

[1] 吴晓,等.我国大城市流动人口居住空间解析：面向农民工的实证研究[M].南京：东南大学出版社,2010:1.
[2] 马戎."摆动人口"与我国农村劳动力的转移[J].中国农村观察,1988(4):33-38,62.
[3] 王慧.外来务工人员就业的集聚性解析：以南京主城区为实证[D].南京：东南大学,2018:40.
[4] 冯健,刘玉.转型期中国城市内部空间重构：特征、模式与机制[J].地理科学进展,2007(4):93-106.

表 2-3 初始阶段进城务工人员的主要择居类型、居住方式及规模

就业类型	择居类型	主要居住方式	图形示意
劳动密集型工厂	被动	宿舍型（规模小，数量多）	
建筑队和装修队	被动	工棚型＋宿舍型（规模小，数量多）	
集贸市场	主动	自租型（规模小，数量少）	
缘聚型自雇集聚区	主动		
流动摊贩	主动		
商业中心区内商业服务业进城务工人员	主动		
企事业单位内临时合同工	主动和被动混合	宿舍型＋自租型（规模小，数量少）	
保姆和散工	被动	寄居型（规模小，数量少）	

* 资料来源：参考相关文献绘制

异质性的集聚斑块，但空间分异现象尚不显著和普遍；而且该群体虽然迁居行为较为频繁，但其居住条件乏善可陈。

（1）空间集聚特征　该阶段主动择居的进城务工人员（以自租型的个体户、打工者为主）规模尚属有限，但大多数在综合考虑了房源、租金、通勤、管理等要素后聚居于城市边缘地带；而占据主体规模的被动择居人员（以工棚型、宿舍型的建筑业、制造业等从业人员为主），要么伴随着城市扩张和开发而统一安排在城市边缘地带（该阶段主要包括城市近郊内沿及相邻的部分外缘区域）的工地现场，要么由企业统一安排在邻近的集体宿舍中而混融在工业、居住相交织的城市空间中。因此从总体结构上看，该阶段进城务工人员的居住空间基本上以散布混融于同质化的城市空间为主，并在城区或郊区的局部形成了若干集聚点。

（2）空间分异特征　诚如前文所述，选择不同就业方向和居住方式的进城务工人员往往会形成差异化的居住空间，从而在同质化的城市空间结构中嵌入一系列的异质性分布。但是从总体上看，除了"职业类型和居住方式"这一因素的分异影响外，该阶段的进城务工人员在个体的社会经济属性上大多类似且趋同（如以青壮年为主、文化教育程度低、以体力劳动为主等），于是在诸多同质化因素的综合作用下，该群体居住空间的分异现象虽然在一定程度或是某些层面上若隐若现，但并不显著和普遍。

（3）个体居住迁移　该阶段的进城务工人员尚处于进城初期的适应期和摸索期，其在居住空间上的一个明显特征即是：较为频繁的迁居行为和不稳定的居所试验（尽管这一时期并非迁居频率最高的阶段）。除了生命周期所诱发的同城迁居行为外，该群体通常还需要根据农业作息周期（农忙和农闲）在城乡间进行钟摆式迁移，从而同步形成了农闲进城务工、农忙回乡务农的城乡迁居特征。

（4）个体居住条件　该阶段的进城务工人员对于农村土地和传统生产方式依然保持着很高的依赖度和运作惯性，大多数人员都仅仅是把城市就业机会作为提高收入和过渡农闲期的临时性工作，因此对于城市临时居所的要求不高且相对单一，这也导致了其以底线需求为度的居住条件整体有限且趋于同质化。

2.3.2　阶段二：分异阶段（1992—2008年）

【基础层】　我国快速的经济增长和城市化进程，也掀起了各地城市如火如荼的建设开发浪潮（如开发区建设和基础设施升级），这就为农村剩余劳动力带来了巨大的市场需求。在老一代进城务工人员为城市二、三产业所吸纳并为城市经济做出贡献的同时，大批新生代进城务工人员也开始涌入城市寻找更好的就业机会。但与早期的进城务工人员不同，新生代的进城务工人员中具有一定的文化水平且愿意长期滞留城市的个体越来越多，这就衍生出一种新老人员并存状态下混融的居住需求。

【调控层】　随着我国企业改革的不断深化，许多产业开始面向非国有、非正规经济开放（如制造业、建筑业、批发零售贸易和餐饮业[①]等），从而吸纳了大量的进城务工人员。其中，制造业吸收的进城务工人员最多且比例逐年增加；批发、零售和餐饮业等服务行业虽然吸纳进城务工人员的基数有限，但增长比例最快；而建筑业等行业虽然对进城务工人员的吸收比例变化不大，但随着城市建设规模的增加，其吸纳人员的绝对规模依然增速可观。上述社会经济政策和就业结构的变化传导到居住空间上，就会呈现出新阶段的新动向和新特征：被动择居（宿舍型为主流）的进城务工人员依然是主体，但主动择居的比例增势迅猛、大有后来者居上之势（自租型人员持续增长）（表2-4）。

【响应层】　改革开放后，我国城市土地的有偿化使用在彰显土地区位价值的同时，也带来城市地租从中心到边缘的梯度性变化，相对低廉但潜力巨大的地租使城市边缘地带成为该阶段城市外拓和开发的活跃区域。与此同时，城市内与居住用地相混杂的大片工业用地在"退二进三"政策和级差地租的引导下，也逐渐向城市外围的工业区与开发区迁移和集中。在此背景下，选择不同职业和居住方式的进城务工人员虽然在居住空间上不尽相同且各有新的变化，但总体上仍主要表现为大量外迁并在城市边缘地带集聚，而其空间分异现象也日趋显化；同时该群体的择居行为以同城迁居为主，老一代进城务工人员在迁居频率上达到了峰值，其居住条件及其多样性相比以往则有一定提升。

[①] 尽管在"下岗潮"时期，为保证城市下岗职工就业安置，各城市对外来工的职业、行业等做出一些管理要求限制，（如南京市商场营业员、宾馆服务员、保安、保管员等工种都被列为禁止使用外来劳动力的行列），但竞争化的劳动力市场上，雇主更倾向于选择工资较低的外来工，因而许多受限制的行业和工种仍有大批外来工就业。

表 2-4 分异阶段进城务工人员的主要择居类型、居住方式及规模变化

就业类型	择居类型	主要居住方式	图形示意
劳动密集型工厂	被动	宿舍型（规模小，数量多→规模大，数量多）	
建筑队和装修队	被动	工棚型＋宿舍型（规模小，数量多→规模大，数量多）	
集贸市场、批发市场 缘聚型自雇集聚区 流动摊贩 商业中心区商业服务业进城务工人员	主动	自租型（规模小，数量少→规模小，数量多）	
企事业单位内临时合同工	主动和被动混合	宿舍型＋自租型（依然规模小，数量少）	
保姆和散工	被动	寄居型（依然规模小，数量少）	

* 资料来源：参考相关文献绘制

（1）空间集聚特征　该阶段被动择居的进城务工人员仍是主体，但在内部已发生了新的变化和分化，其中工棚型居住空间（以建筑业从业人员为主）伴随着城市的继续扩张和开发，多分布在活跃多变的城市边缘地带各大工地现场；而宿舍型居住空间（以制造业和部分建筑业从业人员为主）在城市"退二进三"政策和级差地租的引导下，则随着工业企业的纷纷外迁和统一住宿安排而在城市外围分片聚居。与前者相比，增长迅速的主动择居人员（以自租型为主）在居住空间上却表现出了明显的两极分化状态：一部分进城务工人员在城市扩张的空间剥夺下，进一步外迁至新的城市边缘地带聚居，其他人员则在城市住宅的梯度"过滤"效应下，逐渐填充了城市内部的旧居住空间（以位于"居住市场洼地"的老旧小区、棚户区为主），并形成了其在主城聚居的"一主一副"双中心空间结构。

（2）空间分异特征　诚如前文所述，选择不同就业方向和居住方式的进城务工人员在该阶段出现了新的空间变化和分化，不但打破了之前城市同质化的总体结构，也使该群体居住空间的内部分异成为可能——除了"职业类型和居住方式"这一因素的基础性差异外，进城务工人员在收入、来源地、进城时间、居住环境等指标上也呈现出越来越广泛和明显的差异，甚至在某一亚群（如商业服务业务工人员）内部也产生了较复杂的居住分异（尤其是

常住自雇者)。正是在诸多异质化要素的迭合下,该群体的居住空间分异现象开始变得显著和普遍起来。

(3) 个体居住迁移　不同于上一阶段同城迁居和城乡周期性的迁移相互混杂,该阶段进城务工人员由于进城时间明显增长,更多的是因为工作地的改变或是生命周期的变化(结婚、生子等)而发生以同城迁居(这一时期往往也是老一代进城务工人员迁居频率最高的阶段)为主的个体择居行为;而且因为该群体对择居的考量因素发生了阶段性变化(从成本低、灵活度高、管理宽松等逐渐向职住综合成本低、稳定性高、配套基本设施等转变),其在居住迁移的频率和时空轨迹上也有了不同以往的明显差异(迁居规模更大、方向更多、频率也更高)。

(4) 个体居住条件　该阶段城市的大规模开发和建设,带来了其整体环境和居住条件的改善与提升;而进城务工人员的居住空间作为城市空间混融一体的一部分,虽然在居住条件上仍无法同市民基准水平相比,但相较于以往已有了一定提升;加之该群体自身居住结构的变化(从个体进城为主逐渐向个体与家庭混合的模式转变),更是在居住空间上呈现出多样化的新特征。

2.3.3　阶段三:分化阶段(2008年以后)

【基础层】　为城市建设和发展发挥重大作用的进城务工人员,在经历更新换代之后新生代已成为其主流[①],他们的文化水平更高、对城市生活的向往也更加明显,期望永久定居城市并为之努力打拼的务工人员比重也在不断增长。与此同时,城市职业结构的分化又为其就业带来了更多的可能性,进而吸引了大量进城务工人员在低端的服务业和密集型制造业中寻求就业机会,并以此为契机和基点选择居住空间以实现更为长久的城市生活。

【调控层】　随着我国城市化进程的不断推进和城市产业结构的不断调整与分割,不但城市产业的涨落出现了明显分野(如金融、信息等生产性服务业的快速发展和劳动密集型制造业的明显衰退),城市内部也出现了劳动力的两极分化,即职业结构和收入结构开始出现高端和低端的分异趋势。但就进城务工人员而言,其就业流向仍以职业结构的低端为主,但已然有了新的变化——其中,低端服务业对于进城务工人员的吸纳能力在逐步增强,尤其以商业服务业最为明显;而制造业因劳动密集型企业的衰减和转型,对于进城务工人员的吸收能力反而有所降低;建筑业则不仅与城市的建设规模相关,还具有更为专业的技能门槛,因此对于进城务工人员的吸收规模相对稳定。上述产业在就业吸纳能力上的结构性变化传导到居住空间上,便呈现出了此消彼长的阶段性特征:相比于被动择居人员的逐渐减少(以宿舍型人员衰减为显),主动择居(自租型)的进城务工人员则在持续增长之下成为了代表性主体,并由此带来了居住空间上的前所未有的变化和分化(表2-5)。

[①]　国家人口和计划生育委员会2010年流动人口动态监测调查数据表明,16~30岁(1980年代以后出生)的新生代外来工占外来工总数的47.0%。

表 2-5　分化阶段进城务工人员的主要择居类型、居住方式及规模变化

就业类型	择居类型	主要居住方式	图形示意
劳动密集型工厂	被动	宿舍型 （规模大，数量多→规模大，数量少）	
建筑队和装修队	被动	工棚型＋宿舍型 （规模大，数量多→规模大，数量多）	
集贸市场、批发市场 缘聚型自雇集聚区 流动摊贩 商业中心区商业服务业进城务工人员	主动	自租型 （规模小，数量多→规模大，数量多）	
企事业单位内临时合同工	主动和被动混合	宿舍型＋自租型 （依然规模小，数量少）	
保姆和散工	被动	寄居型 （依然规模小，数量少）	

* 资料来源：参考相关文献绘制

【响应层】 以资源约束条件下的精明增长替代以往粗放式、蔓延式的城市扩张，实现从增量规划到存量规划的逐渐转型，正在成为现阶段我国城市规划发展的"新常态"。在此背景下，大量老旧小区和棚户区的改造虽然在旧城内吸引了大批建筑业从业人员（以进城务工人员为主），但是也挤压和剥夺了大批自租型进城务工人员既有的居住空间；同样在边缘地带，随着惯性式的局部扩张和开发，在吸引建筑业从业人员的同时也迫使原有的自租型进城务工人员进一步外迁；而城内的工业企业则继续外迁，在城市边缘或是更远的工业区和开发区集聚。可见，选择不同职业和居住方式的进城务工人员在居住空间上有了不同以往的新变化，尤其是工棚型居住空间对自租型居住空间的反复挤压和剥夺，使该群体不但在居住空间的集聚上呈现出更加碎化的状态（双中心→多中心），其空间分异现象也变得更加彰显和普遍；同时该群体的迁居频率在达到峰值后，会逐渐趋于稳定，其居住条件相比以往也有了明显提升。

（1）空间集聚特征　在该阶段被动择居的进城务工人员中，衰减明显的宿舍型居住空间在"退二进三"中继续外迁，在城市外围形成或扩生了一片片聚居区；规模稳定的工棚型居住空间则在分布上出现了不同走向，要么因老旧小区和棚户区改造而内渗、碎化散布于旧城各更新单元，要么伴随着城市扩张和开发而统一安排在边缘地带的新工地。同样，后来居上的自租型居住空间在多轮次的空间剥夺之下，也表现出了明显的分化状态——聚居于城市边缘的进城务工人员会随着城市的继续扩张而进一步外迁至新的边缘地带聚居，而在梯度"过滤"效应下填充城内旧居住空间的自租型人员，则会因旧城更新而面临着再次剥夺和挤压。也正是因为该群体在各类居住方式上更加复杂多元的变化和分化，使其居住空

间在城区与郊区均呈现出日益碎化和分散的多片集聚状态(多中心)。

(2) 空间分异特征 诚如前文所述,一方面城市产业结构的调整与分割(尤其是商业服务业和制造业的不断分化),致使上述职业所吸纳的大量进城务工人员无论是居住方式还是居住空间均有了明显分化和丰富变化;而另一方面,城市住房市场及其相关住房政策的调整(如有的城市住房保障体系开始向进城务工人员开放),也加剧了该群体在居住空间和择居倾向上的分化,即使是同一职业和居住方式内部(如商业服务业的自租型人员)也产生了不同的分化,从而在总体空间的分异上表现出比上一阶段更为彰显和普遍的态势。

(3) 个体居住迁移 该阶段进城务工人员的个体迁居行为依然以生命周期和职业条件变化而促成的同城迁居为主,但相比于迁居频率达到最高值的上一阶段而言,老一代进城务工人员迁居的频率与方向尽管活跃依旧,但已经在递减中逐渐趋于稳定,直至进城20年以上的迁居频率骤降状态。

(4) 个体居住条件 城市扩张、"退二进三"、旧城更新等在该阶段的交织并存和内外"开花",在挤压和剥夺许多进城务工人员居住空间的同时,也促使进城务工人员的居住条件得到大幅度的提升,各类职业的务工人员居住环境也有了明显的改善。

综上所述,以"三个层次+两个过程"的理论分析框架为基础,而推演出的进城务工人员居住空间整体呈现出较为明显的阶段性演化特征(图2-13):

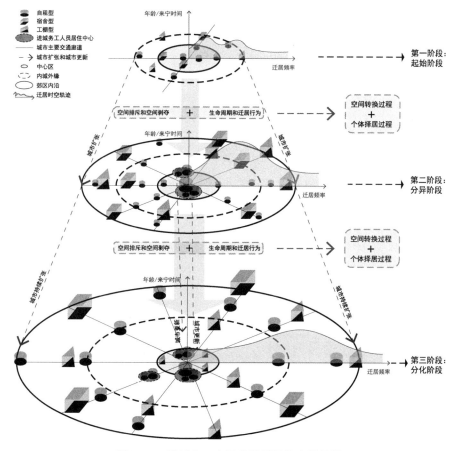

图 2-13 进城务工人员分阶段居住空间特征

*资料来源:笔者自制

首先在"外显"的空间结构层面,进城务工人员的居住空间经历了"城市同质化结构中的零星集聚(起始阶段)→城市边缘集聚＋主城双中心(分异阶段)→城区和郊区分散化集聚＋主城多中心(分化阶段)"的丰富变化;同时,进城务工人员的居住空间还呈现出"同质化显著的混杂空间(起始阶段)→不同职业分离和群体结构差异化的分异空间(分异阶段)→城市外部因素和个体内在影响下更加显著化的分异空间(分化阶段)"的递进变化。其次在"内生"的个体迁居层面,进城务工人员受家庭生命周期及就业条件变化的影响,也经历了"适应期的较频繁迁居＋城乡周期性迁移(起始阶段)→高频活跃的同城迁居直至峰值(分异阶段)→递减趋稳的同城迁居(分化阶段)"的起伏变化,其个体居住条件则在多轮次的空间排斥和剥夺下,伴随着城市更新、开发建设和"退二进三"进程,依然有了持续的改善,但其整体状况仍低于同城市民的基准水平(图2-14)。

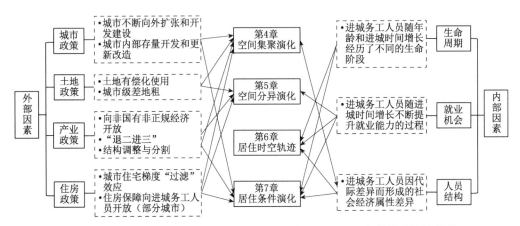

图2-14 进城务工人员居住空间演化影响因素与实证核心章节的结构性关联

＊资料来源:笔者自制

由此可以看出,与前两个阶段相比(初始阶段和分异阶段),第三阶段(分化阶段)的进城务工人员居住空间演化与城市整体空间的发展联系更加紧密,对于城市空间结构调整,以及进城务工人员融入城市的研究更具有典型的实践与政策意义;而且,第三阶段的演化规律就当前研究而言也更具时效性,实证研究数据更易获得。因此在下文的实证章节中,第4、5章将以阶段三(分化阶段)为主要的参照点,来分析其总体空间结构的演化特征(以空间集聚和分异的结构把握为主);第6、7章则基于大抽样的全程回溯数据,来分析其全阶段的个体择居效应(以不同就业方向甚至不同居住方式的分类解析为主)。

2.4 本章小结

本章首先对借鉴的相关理论进行了梳理和阐述;其次,对进城务工人员居住空间的演化机理进行理论构架;最后,以建构的"三个层次＋两个过程"理论框架为基础,对进城务工人员居住空间的演化进行了阶段划分,并初步从宏观居住空间结构层面(居住空间集聚和分异),以及微观个体择居层面(居住时空轨迹和居住条件演化)对其特征进行描述。具体结论如下：

(1) 城市社会空间结构、城市居住空间演化及其同进城务工人员居住相关的理论阐述

通过对城市社会空间结构、城市居住空间演化及其同进城务工人员居住空间相关理论的引介与梳理，为下文理论框架的建构提供理论基础，主要包括：

① 在城市社会空间结构上，存在居住空间的过滤与演替效应，即原居民的老旧住宅会逐渐被新进入城市的外来人口所占据，且会根据空间分布形式的不同而形成差异化的空间分布特征。

② 在城市居住空间演化上，城市级差地租的强烈影响促使城市空间（包括居住空间）不断向外扩张，但随着城市发展，地租差异化又会反过来推动城市内部更新改造和中产阶层化。

③ 在空间转换上，进城务工人员的居住空间选择多会受到经济、社会、政治、文化、空间等多维度的排斥和多重剥夺，尤以住房价格不断攀升和城市更新改造过程中的排斥更为显著，其空间也会经历绝对和相对剥夺。

④ 在个体择居上，家庭生命周期的改变（尤其是家庭结构的变化）对进城务工人员的居住迁移会产生内在影响，而迁居行为理论中对"住房选择两阶段模式"的探讨，对频繁迁居的进城务工人员同样适用。

(2) 进城务工人员居住空间的演化机理

通过构建三个层次和两个过程，来解析进城务工人员居住空间的演化机理。其中，三个层次包括作为居住需求方的进城务工人员形成的基础层、作为住房管控方的市场和相关政策形成的调控层，以及居住空间结构最终形成的效应层三个层次架构；两个过程则包括"外显"的空间化过程（空间排斥和空间剥夺）和"内生"的个体化过程（生命周期和迁居行为）。在上述层次和过程的综合作用下，进城务工人员最终在城市空间结构中形成特有的居住空间演化机理，前者多是城市、社会等外部力量的被动式推动作用，后者则多由个体自身的主观能动性所触发。

(3) 进城务工人员居住空间的演化阶段和主要特征

南京市主城区进城务工人员的居住空间演化过程可划分为三个阶段——起始阶段、分异阶段和分化阶段，而其在各演化阶段所呈现出的主要特征则通过"外显"的空间化过程（居住空间集聚和居住分异）和"内生"的个体化过程（居住迁移和居住条件）来进行具体描述：

① 空间集聚上，进城务工人员的居住空间经历由城市同质化的零星集聚，向城市边缘及主城集聚并形成双中心，再向城区和郊区分散化集聚并在主城形成多中心的演化过程。

② 空间分异上，进城务工人员居住空间表现出由混杂同质到逐渐分异再到显著分异的递进式演化过程。

③ 个体居住迁移上，进城务工人员受到家庭生命周期和就业条件变化的影响，经历了城乡迁移和同城迁居混杂到同城迁居高频活跃，再到同城迁居逐渐趋于稳定的演化过程。

④ 居住条件演化上，进城务工人员在居住空间不断被排斥和剥夺的作用下，随着城市的更新改造、开发建设、产业结构调整，其居住条件不断得到改善（虽较城市市民而言标准依旧很低）。

3 南京市进城务工人员居住空间概况

本章将进入全文的实证章节阶段,是后续第 4 章至第 7 章的研究基础。本章通过对案例城市(南京)的居住空间及其演变的概述性分析,确定了重点研究范围和行之有效的数据调研方案,旨在为深入剖析案例城市(南京)的进城务工人员居住空间演化提供基本前提和认知背景。其主要解决三大问题:第一,选取的案例城市及其居住空间的总体布局和分异演化状况如何;第二,选定案例城市后如何划定其研究范围,才能使后续的研究更具有可操作性;第三,上述前两问题解决后,如何设计调研方案以获取更具有效性和可信度的一手调研数据。最后,以调研数据为基础对南京市进城务工人员的人口演变特征、居住演化特征和居住迁移趋势进行直观描述。

3.1 案例城市选取及其概况

3.1.1 案例城市选取——南京

南京市作为江苏省会,位于长江下游富庶之地,是全省的政治、经济、文化中心,与上海、武汉、重庆共为长江流域四大中心城市,也是华东地区重要的交通枢纽。相关数据显示,截至 2015 年流入东部地区的进城务工人员为 16 489 万人,占全国进城务工人员总量的 59.4%,是该类群体最集中的地方;同时,省内和跨省流动的进城务工人员,均以地级以上大中城市作为首选流入地(前者占比为 54.6%,后者占比 80%)[①]。因此南京市既为东部地区的核心城市之一,又为江苏的省会城市,自然是集聚了大量进城务工人员,故而可作为进城务工人员居住空间演变研究的典型案例城市。

此外,关于进城务工人员居住空间的动态研究离不开多时段的数据采集和支持,以便对其纵向的演化特征进行持续跟踪。笔者长期就读于南京,不但熟悉南京地情,还和课题组一道持续关注"流动人口空间"方面的系统研究,并先后于 2009、2015 和 2016 年多次组织面向南京市进城务工人员居住空间的问卷调查和访谈,拥有这类群体多时段的一手数据。因此本次研究选取南京市作为实证案例,有望通过前后数据的比较分析来把握进城务工人员居住空间的演化脉络。

---

① 国家统计局.2015 年农民工监测调查报告[R/OL].[2016-04-28].http://www.stats.gov.cn/tjsj/zxfb/201604/t20160428_1349713.html.

3.1.2 案例城市(南京)居住空间概述

进城务工人员的居住空间选择,无论是主动或被动择居,均与城市可提供的住宅区位密切相关。因此,通过对南京市主城区居住空间分布和住宅建设数据的总体分析,可以为进城务工人员居住空间的演变分析提供必要的前提背景。

(1) 1949年以前:居住空间集中于老城南部并向西北延伸,社会阶级化分异显著

南京位于长江下游富庶之地,三面环山且长江穿市而过,境内有山岗、平原、河流交错,整体城市格局亦是顺应此自然地形而建成。东吴时期的建邺城是南京都城的规划之源①,而明清时期的南京城更是初步奠定了现代南京城市的基本格局②。该时期的城市发展基本集中在鼓楼岗以南地区,居住空间则位于整个城市发展区的西部③。

至民国时期,民国政府通过编制《首都计划》(1929年12月)确定了由中山北路、中山东路和中山路"Z"字形干道网体系所构成的南京主城骨架,并带动了城市北部的发展;而其中的功能分区规划直接影响了南京城市大体的功能布局和活动分区,尤其是居住分区和大型公建设施的布局仍然影响着现今的城市布局④;其居住空间以明代居住格局为基础,向城市北部、西部渗透而产生了显著的空间分异现象,并在现今山西路一带形成了新的聚居区(表3-1)。

表3-1 《首都计划》中各类住宅区的划分

住宅分区	空间分布	住宅类型	居住阶层
第一住宅区	现宁海路、中央路玄武门以西及长江路总统府一带	独立住宅	主要为政府官员居住的"公馆区"
第二住宅区	分布于中山路沿线(如现在的鸡鸣寺、后标营和汉中门一带)	联排里弄住宅	政府、银行,外国公司的一般职工住房
第三住宅区	包括城南旧住宅区及城墙外(如秦淮河一带、新街口以南的内城区)	公营平民住宅和棚户区	低收入工人和贫困拆迁安置居民

* 资料来源:国都设计技术专员办事处.首都计划[M].王宇新,王明发,点校.南京:南京出版社,2006.
吴启焰,崔功豪.南京市居住空间分异特征及其形成机制[J].城市规划,1999,23(12):23-26.

(2) 1949—1978年:居住空间增长甚微且以老城填充为主,存在社会分工等级化分异

1949—1978年间南京市区人口增长较快(1978年为177.51万人,比1949年增加68.70万人),但在"先生产后生活"思想的指导下,住宅建设缓慢,1949—1978年新建住宅总竣工面积为199.51万 m^2,占全市新建房屋竣工面积的42%左右;而人均居住面积仅增加了

---

① 南京城市发展历程:从原始部落到现代都市[EB/OL].[2016-03-08].https://max.book118.com/html/2016/0308/37144631.shtmm.
② 城市规划与发展:南京篇[EB/OL].[2013-12-20].https://wenku.baidu.com/view/dd730e16482fb4daa58d4b5b.html.
③ 张四维.基于GIS平台的1990—2008年间南京宏观城市居住形态演化特征初探[J].现代城市研究,2015(4):126-132.
④ 同①.

0.2 m² (从1949年的4.83 m²增加到1978年的5.03 m²)(表3-2)。同时据相关数据显示，1949—1978年间南京地区的生产性建设投资达到418.3万元，占总投资的85.15%，而住宅建设投资20.6万元，仅占总投资的5.42%①。具体而言，新中国成立初期的南京对住宅建设本着"充分利用，逐步改善"的原则，在老城内以维护、保养和改造为主(尤其是城南秦淮河沿岸遗留的众多棚户区)，而新建的成片住宅较少(少量新建住宅安排在单位院内或附近荒地、菜地等空地上)；老城外(明城墙外)在"全民办工业"的国家方针指引下，1958年以后却规划建设了不少大型企业(如燕子矶、栖霞一带的化工企业)，同时也集中配建了为数不多且标准偏低的工人住宅区(如大厂镇的九村、十村职工生活区)。

表3-2 1949—1978年南京地区新建房屋竣工面积及人均居住面积概况

年份	人口/万人	新建房屋竣工面积/万m²	新建住宅竣工面积/万m²	住宅建筑比重/%	人均居住面积/(人/m²)
1949	108.81	0.35	0.04	11.43	4.83
1965	168.98	35.75	12.88	36.03	3.26
1972	157.50	38.65	11.99	31.02	4.40
1973	161.25	44.99	14.63	32.52	4.46
1974	163.55	38.54	14.69	38.12	4.60
1975	166.64	53.90	22.02	40.85	4.64
1976	169.54	46.42	25.51	54.95	4.68
1977	171.04	88.98	36.76	41.31	4.99
1978	177.51	123.51	60.99	49.38	5.03

* 资料来源：南京市统计局网上公开统计年鉴(1949—1978).http://www.njtj.gov.cn/2004.

必须看到的是，这一时期的城市建设用地均源于计划经济体制下的行政划拨，土地价值和市场调配作用的丧失导致土地利用的差异化特征并不明显，居住空间分布无序且均质。此时的南京虽无阶级间的居住空间差异，但因历史惯性和社会分工差异的存在，仍带来了一定程度的居住空间分异：如鼓楼珠江路以西为高教区，知识分子相对集中；北京西路—西康路一带为省委和省政府办公区，干部较为集中；栖霞大厂区的工业企业则相对集中，属于典型的工人聚居区②。

(3) 1978—2008年：居住空间从主城的边缘式填补走向老城的去中心化，市场作用下收入与职业分化显现

改革开放以来，土地有偿使用制度的实施和房地产市场的建立(南京市从1996年开始

---

① 本段中的相关数据均来自南京市统计年鉴(1949—1978)中的人口统计和城市建设统计。
② 王重阳.南京城市居住空间分异的历史回顾[EB/OL].[2014]. http://blog.sina.com.cn/s/blog_63a60aae0102v729.html.

实行住房制度改革),在推动南京经济快速增长的同时,也带动了城市居住空间的快速扩张,30年间的住宅建设量呈持续增长之势(图3-1,表3-3)。总的来看,城市内部的居住空间不但从传统街坊和单位大院式住区更多的转向纯现代商品房住区,其空间分布也不断由老城区向主城区甚至郊区拓展。

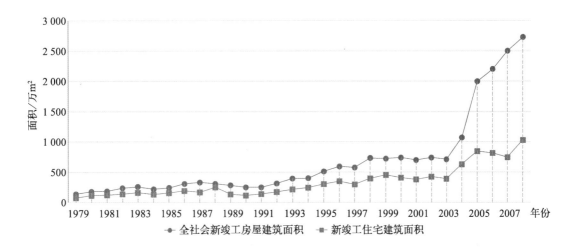

图3-1　1979—2008年南京市全社会新建房屋和住宅竣工面积图
* 资料来源:南京市统计局网上公开统计年鉴(1979—2008).http://www.njtj.gov.cn/2004.

1980年初期,南京市居住空间开始突破城墙范围,在老城外逐渐形成零星分布的居住区,如1983年开工建设的锁金村等小区,次年开工建设的南湖居住区(以安置下放回宁人员为主)以及水西门外、汉中门外、草场门外均陆续建成的一批居住区①。到1995年,南京市全面展开了现代化建设,并对行政区划进行了重大调整(市区面积从947.31 km² 扩大到975.76 km²,城区面积从76.38 km² 扩大到186.73 km²),形成主城区(指长江以南、绕城公路以内的地域)。这一时期,居住用地的增量主要分布在主城区的西北方向且以老城范围内为主,而周边仅有零星分布。

发展到2008年,主城区的居住空间分布仍以西北向拓展为主,其次为西南向,并逐渐填满了老城外主城内的夹缝区域;而老城内的居住用地已完全饱和无拓展余地,居住空间的去中心化的趋势明显②,大量居住用地被功能置换(减少的居住用地主要集中在中部和南部地区),如2004—2006年,城中华侨路、宁海路、挹江门、新街口、后宰门等街道就通过拆迁居住用地推动道路拓宽、环境改造和中高档商品房开发等③;老城外围主城之内则出现了许多大型居住区(主要是安置拆迁户、中低收入人口的中低价商品房和经济适用房建设),多分布于城北、城东及城市边缘地带。

---

① 苏则民.南京城市规划史稿[M].北京:中国建筑工业出版社,2008:497.
② 张四维.基于GIS平台的1990—2008年间南京宏观城市居住形态演化特征初探[J].现代城市研究,2015(4):126-132.
③ 袁雯,朱喜钢,马国强.南京居住空间分异的特征与模式研究:基于南京主城拆迁改造的透视[J].人文地理,2010,25(2):65-69.

表 3-3　1979—2008 年南京市住宅建设发展阶段

时间段	城市住宅建设发展
1979—1988 年	改革开放初期,南京市进入快速恢复与发展阶段,城市新建房屋的竣工面积和住宅面积均呈增长之势;其中前者更是增幅明显,1988 年达到 250.73 万 m^2,比上年增长 45.14%
1989—1998 年	南京市的住宅建设在住房体制改革的推动下,经短暂调整后继续呈上升之势,并出现了保障低收入群体的住宅类型——经济适用房;1998 年南京市新建住宅竣工面积为 399.26 万 m^2
1999—2003 年	我国已完全确立市场经济体制下的住房商品化制度,因此,这一阶段的南京市住宅建设面积保持着相对稳定的增长态势,其年均新建住宅的竣工面积为 411.31 万 m^2
2004—2008 年	城市经济建设和房地产市场的飞速发展,助推南京市住宅建设进入高速发展期,尤其是 2004—2005 年的新建房屋竣工面积增加了 931.09 万 m^2,住宅面积也增加了 210.87 万 m^2

* 资料来源:刘坤.南京市近六十年城市建成区扩展与居住空间形成过程[D].南京:东南大学,2011.

可见,1978—2008 年在市场作用下,南京主城区的居住空间形成了新的分异格局,结构呈现出圈层与扇形相混合的多元化模式。具体而言,商务中心形成以市场为导向的中高级居住区;环紫金山周边地带和玄武湖西部形成高档别墅区;城南、城北及栖霞区西部形成低收入阶层集中区;而河西(与新街口并列为南京市新的商务中心区)中部和北部则成为中高收入阶层新的集中区①。

(4) 2009—2015 年:居住空间同时碎片化填充于主城和向副城拓展,综合因素作用下的阶层分化加剧

2009 年以后,南京市主城区的居住用地亦走向饱和,加之 21 世纪以来南京逐渐确立起的"一主城、三副城"空间发展战略,使得绕城公路以外(主城区以外)的仙林、东山和江北副城,成为近年来南京新建商品住宅的主要承载区域;与此同时,为响应国家的保障房制度改革,南京在主城外围及新城区建设了一大批包括经济适用房、廉租房、中低价商品房和公租房等在内的保障性住房,尤其是 2011 年南京市全面启动实施的《南京市"十二五"住房保障规划(2011—2015 年)》②,更是全年投入 97.33 亿元来推动南京历史上最大的保障性住房安居工程,其重点是推进丁家庄、岱山、花岗、上坊四大保障房的组团建设(表 3-4)。

表 3-4　2012 年南京市四大保障房片区住房开竣工情况

项目名称	空间分布	开工面积/万 m^2	续建面积/万 m^2	竣工面积/万 m^2	交付套数/套
丁家庄项目	栖霞区迈皋桥街道	20	148.38	67.67	3 023
花岗项目	栖霞区马群街道	0	163.32	118.92	0
上坊项目	江宁区上坊老镇北侧	55	105.02	45.32	0
岱山项目	雨花台区西善桥街道岱山西侧	55	287.95	119.95	0
合计		130	704.67	351.86	3 023

* 资料来源:南京市地方志编撰委员会办公室.南京年鉴·2013[M].南京:南京年鉴编辑部编辑出版:105.

---

① 张四维.基于 GIS 平台的 1990—2008 年间南京宏观城市居住形态演化特征初探[J].现代城市研究,2015(4):126-132.

② 该规划力争通过五年的保障服务发展,实现城镇中低收入住房困难家庭应保尽保,新就业大学生及各类创业人才住房有保障,外来务工人员租住有支持。

南京老城始于21世纪初的大规模拆迁和重建活动,到2009年时已趋于缓和(2009年拆迁项目和出让地块的比例较上年增长率分别为-15.79%和-100%①),继而把更新改造的触角向老城外主城内延伸。这一代因其距离城市中心较近、拆迁成本相对较低且自然景观较好等因素,而成为2009年以后城市更新中率先被"再生产"的地区,且土地出让面积同期最高。像玄武湖、月牙湖、莫愁湖等老城外环境优越地带,都崛起一批封闭式管理、具有现代化居住品质和优质的景观环境的高档住区;而主城边缘则因大型企业搬迁、用地调整和老旧小区更新等过程,出现了碎片化填充于传统居住区的居住用地。相关数据显示,2009—2015年间南京市土地出让面积较高的地区多分布在主城区的建邺、栖霞和雨花台区,以及江宁和浦口区(表3-5)。

表3-5 2009—2015年南京市分区土地出让统计表　　　(单位:万 m^2)

分区	2009年	2010年	2011年	2012年	2013年	2014年	2015年
鼓楼区	7.86	140.24	25.28	73.98	6.10	19.27	31.22
玄武区	45.43	4.24	88.32	24.63	20.78	30.46	23.85
秦淮区	3.05	0.98	5.85	29.17	62.59	2.34	1.42
建邺区	44.76	37.52	133.90	64.97	110.46	29.62	89.96
栖霞区	170.38	148.04	117.82	331.90	240.02	270.56	193.97
雨花台区	70.02	113.10	15.77	107.15	121.40	66.39	73.89
江宁区	117.56	173.13	79.24	86.34	108.58	182.32	112.93
浦口区	138.92	135.13	108.40	133.73	72.81	255.15	43.19
六合区	212.70	110.63	301.25	170.08	57.29	125.99	37.26

备注:本表的分区是按照2013年南京城市分区调整后进行的统计,故2009—2012年中的白下区和下关区数据则依照2013年的区划调整并入鼓楼区和秦淮区。

* 资料来源:南京市统计局,国家统计局南京调查队.南京市统计年鉴(2009—2015)

与此同时,2009年以来南京主城区的居住空间分异现象日趋明显,整体居住结构呈圈层加散点放射的复合空间特征②。受到房价、地铁、学区、居住方式、住区环境等更多因素的影响,城市中心区因零星式"植入"的酒店式公寓和中小学"名校"学区房,而成为中产阶层的集聚区;老城外围因良好的环境和较优越的交通,而成为世纪初的南京"富人区";再外围随着斑块化的住区更新,出现了散点分布的内城外迁居民和迁入南京城区的外来家庭;主城边缘则集中分布着新贫困群体的大片经济适用房住区③。

---

① 宋伟轩,刘春卉,汪毅,等.基于"租差"理论的城市居住空间中产阶层化研究:以南京内城为例[J].地理学报,2017,72(12):2115-2130.
② 强欢欢,吴晓,王慧.2000年以来南京市主城区居住空间的分异探讨[J].城市发展研究 2014,21(1):68-78.
③ 宋伟轩,毛宁,陈培阳,等.基于住宅价格视角的居住分异耦合机制与时空特征:以南京为例[J].地理学报,2017,72(4):589-602.

3.2 研究思路

3.2.1 研究范围界定

鉴于研究时间、研究精力和可操作性的限制,本书需要进一步对研究范围进行划定,以最大限度地反映南京市进城务工人员的居住空间分布与演化特征。

首先,南京市主城区是各类居住用地的多元集聚地带,混杂着老旧住区、传统小区和新兴的城市公寓等各类居住空间;而且,南京城区和近郊各区的非户籍人口占比相对较高,超过总人口数的近20%(表3-6);同时,结合南京的城市建设和拓展情况(图3-2),本研究将南京市主城区划定为重点研究范围,即南京市绕城高速以内的范围(图3-3上左)。为便于统计工作的开展,研究还以行政区划的街道一级作为基本单元,对主城区的研究范围进行修正,最终形成了覆盖了鼓楼、玄武、建邺、秦淮等6区41个街道的研究范围(图3-3上右)[①]。行政区划虽有部分调整,但后文以格网化的街道作为基本统计单元(宏观层面),并不会影响数据分析的相关结论。

表3-6 南京市城区和近郊常住人口和非户籍人口分布

地域划分		常住人口数/万人		非户籍人口数/万人		非户籍人口所占比例/%	
		2009	2015	2009	2015	2009	2015
城区		298.86	295.04	77.33	83.43	25.87	28.28
其中	玄武区	64.33	65.24	12.80	16.59	19.90	25.43
	秦淮区	102.04	102.24	30.06	32.33	29.46	31.62
	鼓楼区	132.49	127.56	34.47	34.51	26.02	27.05
近郊		134.74	156.12	46.64	55.14	34.61	35.32
其中	建邺区	46.06	45.45	23.34	15.38	50.67	33.84
	栖霞区	52.54	67.98	9.34	22.90	17.78	33.69
	雨花台区	36.14	42.69	13.96	16.86	38.63	39.49

*资料来源:南京市统计局、国家统计局南京调查队.南京2009年统计年鉴和2015年统计年鉴

其次,南京市对城区和郊区的划定标准以及南京市总体规划对主城区空间结构的划分、传统南京老城、城市中心区的定义,可进一步对研究范围进行二次划分(表3-7),即:将南京市分为中心区、内城外缘、郊区内沿和郊区外沿4个圈层。其中,本研究范围涉及中心区、内城外缘、郊区内沿3个圈层(图3-3下)。

[①] 2013年初,经国务院、江苏省政府批复同意,南京市行政区划进行了较大幅度的调整:撤销秦淮区、白下区,以原两区所辖区域设立新的秦淮区;撤销鼓楼区、下关区,以原两区所辖区域设立新的鼓楼区;撤销溧水县,设立南京市溧水区;撤销高淳县,设立南京市高淳区。本书研究范围和研究单元以2015年9月为准。

3 南京市进城务工人员居住空间概况

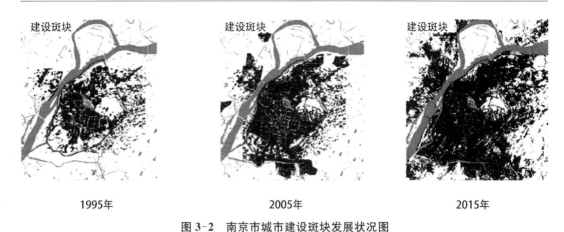

图3-2 南京市城市建设斑块发展状况图

*资料来源:宁昱西,吴晓,顾萌.南京市进城务工人员的居住空间融入问题及规划应对[J].规划师,2016,32(11):16-23.

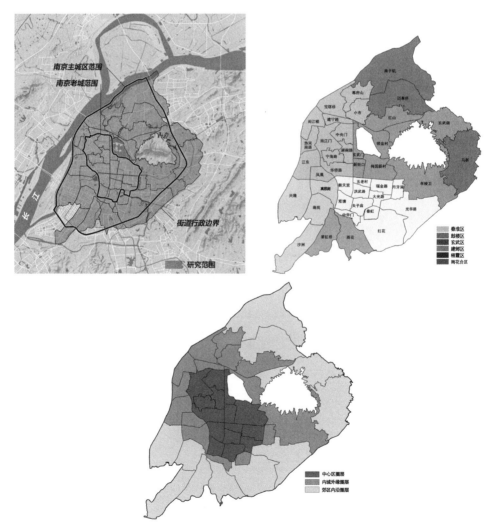

图3-3 研究范围(上左:整体空间范围;上右:街道单元范围;下:空间圈层范围)

*资料来源:笔者自制

71

表 3-7 南京市地域范围划分(以主城区为界)

地域划分		本研究所涉及统计单元
城区	中心区	宁海路街道、华侨路街道、湖南路街道、挹江门街道、中央门街道、五老村街道、洪武路街道、大光路街道、瑞金路街道、朝天宫街道、新街口街道、玄武门街道、梅园新村街道、夫子庙街道、双塘街道,共计15个街道
	内城外缘	江东街道、凤凰街道、莫愁湖街道、中华门街道、秦虹街道、月牙湖街道、孝陵卫街道、锁金村街道、红山街道、小市街道、幕府山街道、阅江楼街道、宝塔桥街道、热河南路街道、建宁路街道,共计15个街道
郊区	郊区内沿	马群街道、迈皋桥街道、燕子矶街道、赛虹桥街道、雨花街道、兴隆街道、南苑街道、沙洲街道、红花街道、光华路街道、玄武湖街道,共计11个街道
	郊区外沿	无

* 资料来源:笔者根据相关资料整理

3.2.2 数据采集方式

本研究的成功实施依赖于实证研究中数据的信度和效度,因而数据获取手段和方式是研究开展的重要基础。本研究涉及的数据主要分为两大类:面板数据和纵贯数据。前者包括2009年的历史宏观数据和2015年的现状宏观数据,而后者则包括2015年的宏观时空回溯数据和2016年的典型样本微观时空数据。具体采集方法如下(图3-4):

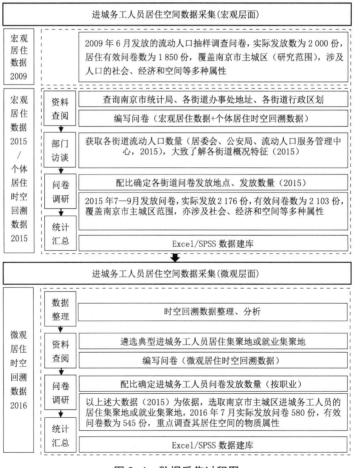

图 3-4 数据采集过程图

* 资料来源:笔者自制

3.2.2.1 面板数据

（1）**历史数据** 南京市主城区进城务工人员的社会—经济—空间属性数据。这部分数据主要用于分析 2009 年南京市主城区进城务工人员居住空间的总体结构特征,以通过与现状数据的纵向对比来梳理其居住空间的演化规律。相关数据来自 2009 年 6 月的配比抽样问卷调查,其中各街道进城务工人员的总体资料和概况来源于街道办事处或流动人口服务中心访谈,各街道进城务工人员的总体居住数据则以公安部门登记的暂住人口数据为基础,综合配比各街道的抽样问卷量,以比例法进行推算。实际发放问卷 2 000 份,回收居住有效问卷 1 850 份。其中,2009 年发放的问卷信息还需按照行政区划调整过的研究单元(以 2015 年为准)进行对应转码与整合(表 3-8)。

表 3-8　研究范围内各统计单元居住有效问卷数量统计　　（单位:份）

分区	街道名	居住有效问卷数 2009 年	居住有效问卷数 2015 年	分区	街道名	居住有效问卷数 2009 年	居住有效问卷数 2015 年
鼓楼	宁海路街道	29	46	秦淮	五老村街道	23	36
	华侨路街道	33	33		洪武路街道	71	37
	湖南路街道	39	34		大光路街道	52	35
	挹江门街道	29	29		瑞金路街道	22	23
	中央门街道	35	74		月牙湖街道	16	16
	江东街道	90	46		光华路街道	63	83
	凤凰街道	32	51		朝天宫街道	79	43
	阅江楼街道	61	18		秦虹街道	33	41
	宝塔桥街道	51	61		夫子庙街道	43	34
	幕府山街道	42	49		双塘街道	51	64
	热河南路街道	30	25		红花街道	29	104
	建宁路街道	49	38		中华门街道	37	28
	小市街道	73	41	建邺	莫愁湖街道	43	125
玄武	新街口街道	30	51		南苑街道	31	80
	梅园新村街道	62	53		沙洲街道	39	121
	玄武门街道	23	11		兴隆街道	52	47
	锁金村街道	13	22	栖霞	马群街道	24	69
	红山街道	53	75		迈皋桥街道	112	97
	孝陵卫街道	20	33		燕子矶街道	94	87
	玄武湖街道	29	26	雨花台	雨花街道	62	54
					赛虹桥街道	51	63

* 资料来源:2009 年和 2015 年南京市主城区进城务工人员的居住抽样问卷

（2）**现状数据** 2015 年南京市主城区进城务工人员的社会—经济—空间属性数据。这部分数据主要用于分析 2015 年南京市主城区进城务工人员居住空间的总体结构特征,同时考虑到与历史数据的连贯性,因此采用与历史数据相似的综合配比抽样问卷方式。首先以可操作性为前提,按 2‰的抽样率拟定 2 210 份问卷的发放方案;然后于 2015 年 7—9 月根据各研究单元进行配比发放,实际随机发放 2 176 份,最终回收居住有效问卷数 2 103 份(表 3-8)。

3.2.2.2 纵贯数据

为了分析南京市主城区进城务工人员因个体择居行为所带来的居住时空轨迹(宏观层面)和居住条件演化(微观层面)规律,主要采集如下两类纵贯数据:

(1)面向居住时空轨迹的时空回溯数据 为便于调研,此部分数据的采集与现状(2015年)数据的采集同时进行,即在编写现状调研问卷时将进城务工人员的个体居住时空回溯数据也一并加入,从而在采集现状数据的基础上,回溯记录进城务工人员个体自进城以来每一次迁居的相关数据。实际发放数为 2 176 份,涉及居住迁移的有效问卷数为 751 份。

(2)面向居住条件演化的时空回溯数据 以上述(2015 年)现状宏观抽样数据为基础,遴选出具有代表性的进城务工人员居住集聚地或就业集聚地,对其个体居住条件变迁的相关数据进行采集。除了要增加实地调研和专题访谈的手段外,在问卷上也需重新设计,按进城务工人员的不同职业进行配比,并重点突出各类居住空间的物质属性。具体而言,根据研究需求采集进城务工人员每一次迁居的居住区位、住房权属、户型条件、配套设施、迁居时间和原因等信息,然后于 2016 年 7 月到选取的典型样本空间随机发放,实际发放问卷580 份,其中有效问卷数为 545 份。

3.3 案例城市(南京)进城务工人员概述

以 2009 年和 2015 年南京市主城区进城务工人员的抽样调查数据为基础,并采用比例法对其人口数据进行推算,估测出南京市主城区的进城务工人员的总体规模为 110.54 万人,占常住人口总量的 13.45%。然后以此为基础,进一步比较分析 2009 年和 2015 年抽样的面板数据,可大体把握南京市主城区进城务工人员整体结构的变化特征。

3.3.1 进城务工人员的社会结构演化

对南京市主城区进城务工人员的社会结构进行分析,主要包括年龄结构、性别比例、婚姻状况、文化水平以及户籍所在地等,可以看出具有如下变化特征:

(1)男性居多但呈下降趋势,年龄结构逐步老龄化

2009—2015 年间南京市主城区的进城务工人员以男性居多,但男女比例已从 1.78 下降至 1.26,这与主城区"退二进三"的发展趋势紧密相关,大量第三产业的出现吸引了更多的女性务工人员(图 3-5)。与此同时,进城务工人员的年龄结构[1]也在趋于老龄化,2009 年

---

[1] 我国现行的年龄段划分标准分为童年、少年、青年、中年和老年五段。其中,18~40 岁为青年,并细分为青春期(18~28 岁)和成熟期(29~40 岁);41~65 岁为中年,并细分为壮实期(41~48 岁)、稳健期(49~55 岁)和调整期(56~65岁);66 岁以后为老年,并细分为初老期(66~72 岁)、中老期(73~84 岁)和年老期(85 岁以后)。

主城区务工人员以 20~39 岁的青年居多(占比为 53.1%),但到 2015 年下降至 45.4%;而 40~59 岁的中年则从 40.9%上升到 47.1%,并成为 2015 年务工人员的主要年龄层(图 3-6)。

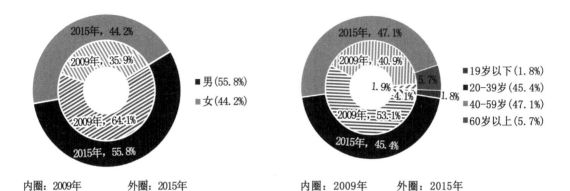

图 3-5 进城务工人员的性别比例比较　　　　图 3-6 进城务工人员的年龄构成比较

* 资料来源:2009 年和 2015 年南京市主城区进城务工人员的居住抽样问卷

(2)已婚为主但增长势微,文化水平虽低但现上升趋势

南京市主城区的进城务工人员绝大多数为已婚人员(图 3-7),到 2015 年时已婚者虽有增加但趋势并不明显(从 15.6%增长到 17.7%)。同时数据显示,2009—2015 年间主城区务工人员的文化水平仍以低等文化程度(受初中及以下教育)为主(2009 年占比为 79.9%,2015 年占比为 74.7%),但 2015 年的中等文化程度(受高中或中专教育)和高等文化程度(受大学或专科及大学以上教育)的务工人员均有所增长,前者从 15.2%增加至 17.3%,后者从 4.9%上升至 8.0%,表明主城区进城务工人员的文化水平正在逐步提高(图 3-8)。

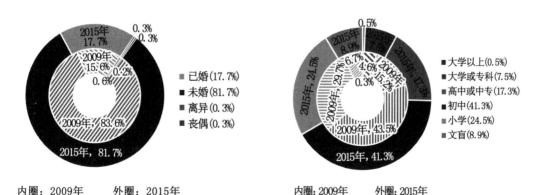

图 3-7 进城务工人员的婚姻状况比较　　　　图 3-8 进城务工人员的文化程度比较

* 资料来源:2009 年和 2015 年南京市主城区进城务工人员的居住抽样问卷

(3)来宁时间显著增长,安徽省作为务工人员最大来源地的优势益显

2009—2015 年间南京市主城区的进城务工人员滞留时间在不断增长,其中来宁五

内圈：2009年　　外圈：2015年

图 3-9　进城务工人员的来宁时间比较

＊资料来源：2009年和2015年进城务工人员的居住抽样问卷

年以上的务工人员已从36.8％上升到48.5％，而来宁一年以下的则从2009年的第二大群体下降为少数群体（从30.9％减少到13.9％），表明该群体的城乡流动性正逐步趋于稳定（图3-9）。与此同时，安徽省仍为南京市务工人员的最大来源地且增势明显（占比从2009年的32.5％上升到40.6％），而作为第二大来源地的江苏省则仅有微弱增长（从35.1％增加到36.1％），来自其他地区的务工人员更是占比低且增减趋势不显著（图3-10）。

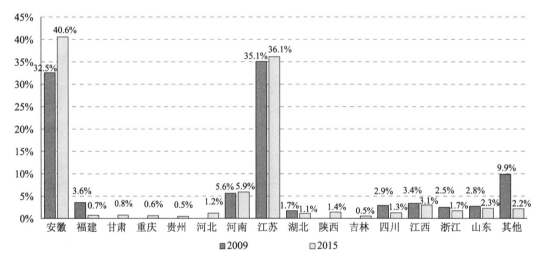

图 3-10　进城务工人员的来源地比较

＊资料来源：2009年和2015年南京市主城区进城务工人员的居住抽样问卷

3.3.2　进城务工人员的经济结构演化

对南京市主城区进城务工人员的经济结构进行分析，主要包括职业类型、单位性质、收入状况等，可以看出如下变化特征：

（1）职业构成以商业服务业和生产运输设备操作业为主，商业服务业走向绝对主导

2009—2015年间南京市主城区的进城务工人员主要从事商业服务，且比例增长显著（从2009年的52.4％上升至2015年的69.9％）；其次为生产运输设备操作业从业人员，但其比例已从30.4％下降到15.5％；而处于管理阶层的进城务工人员虽数量有限但比例有所增加（占比从3.4％增长到7.6％），这与主城区的产业调整和发展需求休戚相关（图3-11）。

（2）家庭月均收入增长显著，5 000元左右成为主流趋势

南京市主城区的进城务工人员家庭月均收入，从2009年1 500～2 500元（41.6％）为主转变为2015年2 500～5 000元（43.3％）为主；且2015年收入5 000元以上的务工人员家庭

大幅增加(从 3.1%上升到 42.7%),而 500～1 500 元的家庭急剧减少(从 34.7%下降到 2.3%),表明主城区务工人员的家庭收入有了显著提升(图 3-12)。

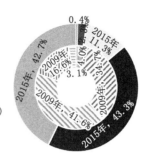

内圈:2009年　外圈:2015年　　　　　　　　　内圈:2009年　外圈:2015年

图 3-11　进城务工人员的职业构成比较　　　图 3-12　进城务工人员的收入状况比较

* 资料来源:2009 年和 2015 年南京市主城区进城务工人员的居住抽样问卷

(3)单位性质以个体工商户和私营企业为主,但此消彼长之势明显

2009—2015 年间南京市主城区的进城务工人员主要就业于个体工商户和私营企业,且呈现逐步集中之趋势,尤其是个体工商户的比例已由 2009 年的 53.0%增长到 2015 年的 60.0%,私营企业则相反(占比从 23.7%下降到 21.3%)。这与主城区整体的产业结构以及务工人员自身的技术能力相关,因为主城区的进城务工人员主要流向技术门槛较低的劳动密集型产业,既包括个体工商户云集的批发、零售、餐饮、住宿、维修等商业服务业,也包括制造行业的各类私营企业,但随着主城制造业的外迁和商业服务业的集中,必然会导致进城务工人员在个体工商户和私营企业就业量的此消彼长(图 3-13)。

图 3-13　进城务工人员的单位性质比较

* 资料来源:2009 年和 2015 年南京市主城区进城务工人员的居住抽样问卷

3.4　案例城市(南京)进城务工人员居住空间概述

根据 2009 年和 2015 年进城务工人员的抽样调查数据,对其居住空间、居住条件和居住迁移进行分析,可大体把握进城务工人员在南京主城区的居住演化特征。

3.4.1 进城务工人员的居住空间演化

要分析南京市主城区进城务工人员的居住空间演变特征,可从 2009 年和 2015 年的务工人员居住密度和居住地域别比率两方面入手。

所谓进城务工人员的居住密度是指进城务工人员数量与地域面积之间的关系,即进城务工人员的居住空间分布密度。其测度公式可表示为:

$$D_i = \frac{P_i}{A_i} \qquad \text{(公式 3.1)}$$

式中:D_i 为统计单元 i 进城务工人员的居住密度;P_i 为统计单元 i 进城务工人员的居住人口数;A_i 为统计单元 i 的地域面积。

所谓进城务工人员的居住地域别比率,是部分地域人口数占全部地域总人数的比例,其测度公式可表示为:

$$G_i = \frac{P_i}{\sum P_i} \times 100\% \qquad \text{(公式 3.2)}$$

式中:G_i 为统计单元 i 的进城务工人员外的居住人口地域别比率;P_i 为统计单元 i 的进城务工人员的居住人口数。

该指标反映了各个统计单元进城务工人员的居住人口在全部统计单元居住人口中所占的比重,通过计算、对比相应的居住地域别比率,就可以看出进城务工人员的居住比重分布情况。

(1) 高密度居住地在主城内呈南移扩张之势

首先,根据上述(公式 3.1)分别计算 2009 年和 2015 年各统计单元的进城务工人员居住密度分布,发现南京市主城区进城务工人员的居住密度均值基本未变(从 11.5 人/km² 到 11.9 人/km²);然后,按照四分位法①进行分级,并绘制其居住密度空间分布图,可以看出:2009 年南京市主城区进城务工人员的居住密度分布总体呈"西高东低的轴向+半环式集聚"特征;2015 年的居住密度分布则呈"西南高东北低的团块式集聚"特征。由此可见,2009—2015 年间主城区进城务工人员的居住密度高值区已整体呈现出"向南偏移且范围扩大化"的空间演化特征(图 3-14),其中:

一级街道在 2009—2015 年间的空间分布呈现出"由主城南部集聚向主城西南和北部分散"的演化特征。2009 年的街道居住密度介于 20.1~32.6 人/km² 之间,且主要集中于主城南部,包括中心区南部的朝天宫、洪武路、大光路、夫子庙街道,内城外缘南部的中华门、北部的建宁路街道;而 2015 年的一级街道则散布于主城南部偏西,主要包括中心区的中央门、新街口、五老村、夫子庙街道,内城外缘南部的莫愁湖、秦虹街道,其中莫愁湖街道的居住密

---

① 四分位法是统计学的一种分析方法,是指在统计学中把所有数值由小到大排列并分成四等份,前 1/4 的数(也就是 25%位置上的数)叫第一四分位数,后 1/4 的数(也就是 75%位置上的数)叫作第三四分位数,而中间的数(也就是 50%位置上的数)叫作第二四分位数,也就是中位数值。

度最高,达到 26.8 人/km²。

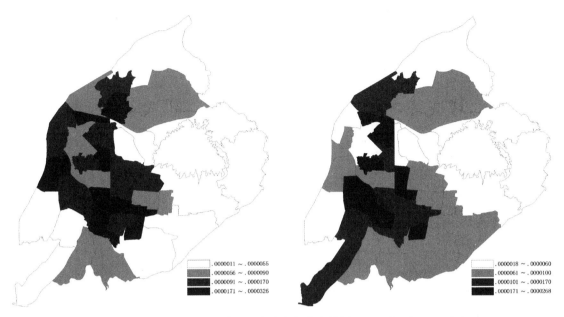

图 3-14 进城务工人员的居住密度空间分布图(左:2009 年;右:2015 年)
* 资料来源:2009 年和 2015 年南京市主城区进城务工人员的居住抽样问卷

二级街道的居住密度在 2009—2015 年间均介于 12.1~20 人/km² 之间,但其空间分布已整体向主城西南部迁移。2009 年二级街道主要呈轴向分布在主城中部,包括中心区的湖南路、玄武门、新街口、五老村和双塘街道,内城外缘的小市、阅江楼、江东、凤凰和秦虹街道;而 2015 年的二级街道则主要呈团块状集中于主城西南和西北,包括中心区的宁海路、湖南路、朝天宫、洪武路和大光路街道,内城外缘的建宁路、凤凰、中华门街道,以及郊区内沿的南苑和沙洲街道。

三级街道在 2009—2015 年间数量上有所增长,且以主城南部的增长最为显著。2009 年的三级街道包括中心区的中央门、宁海路、华侨路、梅园新村、瑞金路街道,内城外缘的红山、幕府山、宝塔桥、热河南路、莫愁湖和月牙湖街道,以及郊区内沿的赛虹桥和雨花街道;而 2015 年则增加了郊区内沿南部的红花和光华路街道。

其余为四级街道,居住密度在 5 人/km² 之下,2009 年主要分布在主城东部、东南和西南角,而 2015 年则基本收缩到了主城东部。

(2) 高地域别比率居住地在主城内呈南北边缘化集聚之势

首先,根据上述(公式 3.2)分别计算各统计单元(2009 年和 2015 年)进城务工人员的居住地域别比率,发现南京市主城区进城务工人员的居住比重均值一直保持为 2.44%;然后,绘制南京市主城区进城务工人员的居住比重分布图,可以看出:2009 年南京市主城区进城务工人员的居住地域别比率分布整体呈"南北高、东部低的半环带集聚"特征;2015 年的居住地域别比率分布则呈"南北高、中间低的 U 谷集聚"特征。由此可见,2009—2015 年间主城区进城务工人员的居住地域别比率高值区已整体呈现出"向南北边缘集聚化"的空间演化特征(图 3-15)。

图 3-15　进城务工人员的居住地域别比率空间分布图(左:2009 年;右:2015 年)

＊资料来源:2009 年和 2015 年南京市主城区进城务工人员的居住抽样问卷

其中:一级街道在 2009—2015 年间不仅数量有所增长,其空间分布也更加边缘化。2009 年一级街道的居住地域别比率介于 4.01%～6.05% 之间,主要包括郊区内沿北部的燕子矶和迈皋桥街道、内城外缘西部的热河南路街道和中心区南部的朝天宫街道;而 2015 年的居住地域别比率虽基本未变(4.01%～5.94%),但南部街道开始进一步向主城边缘扩散,其包括内城外缘的莫愁湖街道、郊区内沿南部的沙洲和红花街道。

二级街道在 2009—2015 年间的居住地域别比率均介于 2.51%～4.00% 之间,但街道数量有所减少且空间分布逐渐向主城南部边缘集聚。2009 年的二级街道主要分布在主城南北的圈层中,包括中心区的梅园新村、洪武路、大光路、夫子庙街道,内城外缘的红山、小市、建宁路、宝塔桥、阅江楼街道和郊区内沿的兴隆、赛虹桥、雨花、光华路街道;而 2015 年的二级街道主要呈环带散布于郊区内沿南部和内城外缘北部,尤其是中心区的部分街道已被郊区内沿的马群街道所替代。

三级街道的居住地域别比率在 2009—2015 年间均介于 1.51%～2.50% 之间,但其空间分布已从 2009 年在主城西部和南部的成片集聚,演变为 2015 年的东西偏南连片集聚。2009 年的三级街道包括中心区和内城外缘西部的部分街道,以及郊区内沿南部的部分街道;而 2015 年的三级街道则包括中心区、内城外缘和郊区内沿的南部各街道。

其余为四级街道,居住比重在 1.00% 之下,且 2009 年主要集中分布于主城东部,到 2015 年则基本散布于主城东西偏北和主城南北部的瑞金路、月牙湖和中华门街道。

3.4.2　进城务工人员的居住条件演化

(1) 住房人均面积呈增长趋势,而合住人数逐步下降

2009—2015 年间南京市主城区进城务工人员的人均居住面积虽仍以 5～10 m² 为主,

但其比例已从46.6%下降到38.7%,而人均面积为11～25 m² 的比例则从22.9%上升到30.8%,且25 m²以上的占比增加了5.7%,这表明务工人员的人均居住面积正在持续上升(图3-16)。与此同时,主城区进城务工人员的住房合住人数开始呈下降之势,合住人数最常见的3～4人比例也从44.9%降至43.9%,而合住人数1～2人的比例则从31.5%增加到38.2%(图3-17)。

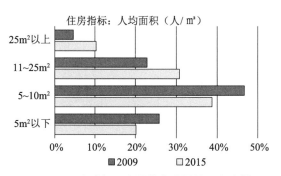

图3-16 进城务工人员的人均居住面积比较

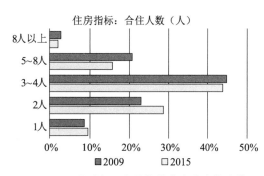

图3-17 进城务工人员的住房合住人数比较

* 资料来源:2009年和2015年南京市主城区进城务工人员的居住抽样问卷

(2)住房配套设施有部分改善趋势,其室内公用比例增加显著

在配套厨房方面,2009—2015年间主城区进城务工人员拥有室内自用厨房的比例下降明显(从42.0%减少至32.6%),但室内公用厨房的占比上升显著(从5.7%增加到20.1%);在配套卫生间方面,到2015年主城区有31.8%的进城务工人员住房卫生间为室外公用(较2009年减少16.9%),而室内公用卫生间则从7.6%升到了27.8%;在配套自来水方面,2009年进城务工人员的住房多配有室内自用的自来水,但这一比例到2015年时反而有不小降幅(从58.5%减少到32.3%),同时室内公用和室外公用的自来水比例均有所增加(分别增长了18.7%和4.4%)(图3-18)。

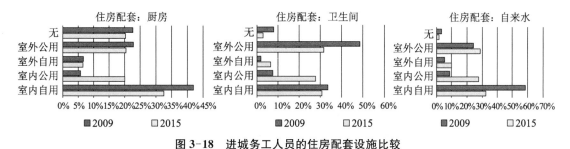

图3-18 进城务工人员的住房配套设施比较

* 资料来源:2009年和2015年南京市主城区进城务工人员的居住抽样问卷

(3)主动择居的主导优势不断强化,而住房用途更趋于单一

租赁房屋作为南京市主城区进城务工人员最主要的居住方式,其主导优势在不断得到巩固和加强(占比从2009年的67.1%增加到2015年的76.6%),其次为集体宿舍和工地现场,前者比例有所增长(从9.5%上升到11.7%),后者则呈下降趋势(从13.7%减少至6.4%),表明2009—2015年间主动择居的进城务工人员规模在持续增长(图3-19)。此外,

六年间主城区超过80%的进城务工人员居住空间仅用于居住,而居住兼工作的比例已从16.8%下降到14.4%,表明务工人员的住房用途开始回归原本的纯粹和单一(图3-20)。

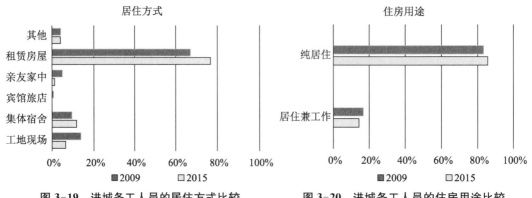

图3-19 进城务工人员的居住方式比较　　图3-20 进城务工人员的住房用途比较

* 资料来源:2009年和2015年南京市主城区进城务工人员的居住抽样问卷

3.4.3 进城务工人员的居住迁移趋势

(1)以1次迁居为主,且郊区内沿迁居行为相对活跃

2015年的个体时空回溯数据显示,进城务工人员发生迁居行为的现象较为普遍(占总样本量的35.7%),其中仅迁居过1次的占21.5%,迁居2次的占6.3%,迁居5次及以上的则占5.1%,表明南京市主城区发生过迁居行为的进城务工人员以1次迁居为主。

同时,结合主城各圈层来分析迁居行为,又会发现:郊区内沿的务工人员迁居总频次(13.3%)高于中心区和内城外缘,郊区内沿迁居过1次的务工人员比例最高(8.3%),而中心迁居3次的比例最高(0.8%),内城外缘迁居5次及以上的比例最高(2.6%),表明南京市郊区内沿的进城务工人员迁居行为相对活跃,而内城外缘次之,中心区的迁居频次则最低(图3-21)。

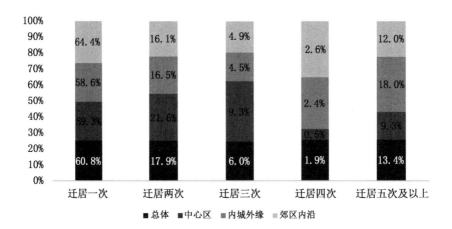

图3-21 进城务工人员的总体迁居频次比较

(2) 以街道间迁居为主,但迁居频次随迁居距离增加而下降

进一步分析 2015 年个体时空回溯数据中发生迁居行为的样本(751 份),发现:主城区进城务工人员的迁居行为包括街道间迁居和街道内迁居,前者的迁居频次远大于后者(占比分别为 60.3% 和 39.7%);而且,街道间的迁居频次主要发生为 1～3 次,其占比分别为 62.9%、74.3% 和 74.4%;而街道内的迁居频次更高,迁居 4 次、5 次及以上的占比远高于街道间迁移(分别为 66.7% 和 73.1%),这也说明主城区务工人员的迁居频次与其迁居的距离呈一定的负相关关系(图 3-22)。

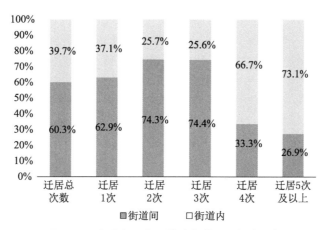

图 3-22 进城务工人员的分街道迁居频次比较

＊资料来源:2009 年和 2015 年南京市主城区进城务工人员的居住抽样问卷

3.5 本章小结

本章首先论述了选取案例城市(南京市)的代表性和有效性,并对南京市居住空间的演变概况展开了阶段性分析,也为后文解析进城务工人员的居住空间演变提供了背景基础;其次,针对本书界定和划分了研究范围、明确了数据采集方式,重点是以可操作性、真实性、有效性等为前提设计调研问卷,并采集研究所需数据;最后,基于调查数据对南京市主城区进城务工人员的社会结构演化、经济结构演化、居住空间演化、居住条件演化、居住迁移趋势展开了概述性探讨,旨在为后续的实证分析提供基础信息。研究结论包括:

(1) 南京市主城区进城务工人员的个体属性演化特征

社会结构方面,男性居多但比例逐渐下降,年龄结构亦逐步老龄化;已婚为主但增长式微,文化水平虽低但呈上升趋势;来宁时间显著增长,尤其是作为务工人员最大来源地的安徽省优势明显。经济结构方面,职业集中于商业服务业和生产运输设备操作业,尤以商业服务业呈绝对主导;家庭月均收入增长显著,以 5 000 元左右为主流趋势;单位性质以个体工商户和私营企业为主,此消彼长趋势明显。

(2) 南京市主城区进城务工人员的居住空间演化特征

在居住密度上,高密度居住地在主城呈南移扩张趋势;在居住地域别比率上,高地域别

比率的居住地在主城呈南北边缘化集聚趋势。

(3) 南京市主城区进城务工人员的居住条件演化特征

住房人均面积呈增长趋势,而合住人数逐步下降;住房配套设施有部分改善,其室内公用比例增加显著;主动择居的主导优势不断强化,而住房用途更趋单一。

(4) 南京市主城区进城务工人员的居住迁移特征

其个体迁居行为以一次迁居为主,且郊区内沿圈层的迁居行为相对活跃;同时,务工人员以街道间迁居居多,但其迁居频次随迁居距离的增加而逐渐下降。

4 空间集聚演化：南京市主城区进城务工人员居住结构变迁

城市是人口、经济活动等要素集聚的某个特定空间范围[①]，研究各要素的空间分布和集聚特征是更好认识城市格局与演化的重要途径[②]；而进城务工人员作为城市人口的子要素之一，其居住空间亦是城市空间的重要组成部分，有助于以点带面地理解和管窥该群体所在城市的整体格局和空间结构。故本章以2009年和2015年南京市主城区进城务工人员的居住空间数据为基础，将从居住空间"集聚程度—集聚模式—集聚演化特征"的研究思路出发（具体研究框架如图4-1），来分析进城务工人员居住空间集聚的演化规律。

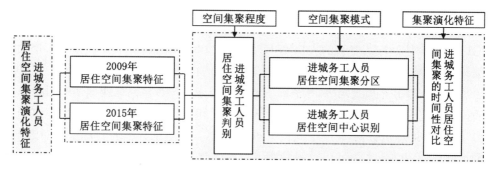

图 4-1 南京市主城区进城务工人员居住空间的集聚演化特征研究思路
* 资料来源：笔者自制

4.1 研究思路与空间单元转换

4.1.1 研究思路

当前，人口密度作为表征人口空间分布的主要指标而得以广泛使用。但传统的人口密度估算多是以行政区划（省、市、县、镇等）单元的人口统计数据为基础，由此生成的人口密度存在着"同一行政单元内数值均同，而不同单元间数值突变"的空间分布特征；且因行政区划边界性的差异（单元形状各异、大小不一），而无法体现行政单元内或行政单

---

① 李金滟.城市集聚：理论与证据[D].武汉：华中科技大学，2008.
② 焦利民，李泽慧，许刚岩，等.武汉市城市空间集聚要素的分布特征与模式[J].地理学报，2017，72(8)：1432-1443.

元之间的人口分布特征,从而导致人口数据的失准与偏颇现象(各单元之间的可比性、连续性降低)。

针对这一问题,有不少学者提出了人口数据的空间格网化思路,可有效克服传统人口数据分析的空间局限性,且已有研究表明:利用格网单元展现出的人口空间分布,比以行政单元为基础的人口分布更接近于实际①。因此,本研究拟通过"人口数据格网化"来重新划定研究单元,以期更加准确地分析进城务工人员的居住空间演化特征。具体而言,就是将以行政区划(南京市主城区街道)为单元的进城务工人员数据按一定的原则和方法,合理地分配转换到统一大小尺寸的规则格网内,从而实现行政单元数据的格网空间化②。

4.1.2 文献梳理

近年来,国外关于人口数据空间化的研究已为数不少,除了建立世界人口栅格数据库(GPW)、人口分布数据库(LandScan)等数据集外,还研究了人口数据空间化的具体应用:Cai Qiang 等(2006)③基于美国 1 km 分辨率的人口栅格数据和 2000 年的人口普查数据,采用面积加权法、普通克吕格法和改进面插值方法估计了美国艾奥瓦州的人口分布表面和年龄性别比率表面;Koko 等(2009)④基于普查区和建筑数据,提出了一种针对使用面积和容积的 GIS 方法来估计城市建筑的人口密度;Kwok(2009)⑤则提出了一种基于 GIS 的随机地理编码算法,利用 1994—1999 年墨尔本大都市区的白天出行调查数据,得到了比其他估计方法更好的人口分布模式结果,并消除了调查数据中人口数量高估或低估的问题。

而国内研究则更侧重于不同数据源、不同尺度和不同空间化方法的分析,如叶靖等(2010)⑥利用不同影像数据,建立了人口空间化模型,并通过抽样精度确定了不同数据源下的格网尺度效应;金君等(2003)⑦通过数字人口模型建立了格网确定的方法和原则,即确保任一居住单元不完全落入同一个单元格;闫庆武等(2011)⑧利用 GCAWI(Grid Cells' Areal Weighting Interpolation)法,以单元平均面积的 2‰为标准确定格网尺寸,进而研究了徐州市人口的空间分布特征;杜国明等(2007)⑨利用地统计学理论和方法分析了沈阳市不同粒度下人口密度的半变异函数,证明了人口分布的空间自相关具有较强的尺度依赖性;而王

---

① 范一大,史培军,辜智慧,等.行政单元数据向网格单元转化的技术方法[J].地理科学,2004,24(1):105-108.
② 符海月,李满春,赵军,等.人口数据格网化模型研究进展综述[J].人文地理,2006,120(3):115-119.
③ Cai Q, Rushton G, Bhaduri B, et al. Estimating Small-area Populations by Age and Sex using Spatial Interpolation and Statistical Inference Methods[J]. Transactions in GIS,2006,10(4):577-598.
④ Koko L, Yuji M. A GIS Approach to Estimation of Building Population for Micro-spatial Analysis[J]. Transactions in GIS,2009,13(4):401-414.
⑤ Kwok H L. A GIS-based Stochastic Approach to Generating Daytime Population Distributions for Vehicle Route Planning[J]. Transactions in GIS,2009,13(5/6):481-502.
⑥ 叶靖,杨小唤,江东.乡镇级人口统计数据空间化的格网尺度效应分析:以义乌市为例[J].地球信息科学学报,2010,12(1):40-47.
⑦ 金君,李成名,印洁,等.人口数据空间分布化模型研究[J].测绘学报,2003,32(3):278-282.
⑧ 闫庆武,卞正富,王红.利用泰森多边形和格网平滑的人口密度空间化研究:以徐州市为例[J].武汉大学学报(信息科学版),2011,36(8):987-990.
⑨ 杜国明,张树文,张有全.城市人口分布的空间自相关分析:以沈阳市为例[J].地理研究,2007,26(2):383-390.

培震等(2012)[①]以石羊河流域为例,运用 GCAWI 法、空间自相关指数等实现了乡镇单元向格网单元图层的转化、适宜格网大小的确定以及人口密度的空间模拟;杨存建等(2009)[②]则在四川省市州、区县和典型村等三级尺度上,探讨了基于多元遥感数据源并适用于不同精度的农业人口估算方法。

综上所述,在人口密度的格网化过程中,数据转化的方法选择和空间格网的尺寸确定是人口数据空间化的重点和难点。因此,本书的空间单元转换(从街道单元转化为格网单元)可分为如下两大步:①根据本研究中的进城务工人员统计数据,并借鉴已有研究成果,选取合适的数据空间化算法;②在数据格网化的基础上,通过模拟和比较不同尺度下的数据分布特征,来确定适宜的格网大小。

4.1.3 空间单元转换

(1) 空间单元转换方法

目前常用的数据空间化方法可分为面插值法和统计模型法,前者主要包括面积内插法(基于面积权重、基于表面模型和基于统计模型等)、插值法(IDW 插值、样条曲线插值和 Kringing 插值等)和多数据融合法等,其中基于面积权重的内插法最简单,也最容易实现数据的格式转换和格网化;后者则主要包括基于 RS 和 GIS 的各种数据产品,以及基于距离等因素的区域密度方程,但其难度较大且需要较多的基础数据和遥感、GIS 分析技术等。本书受限于既有的研究数据(仅有以街道为统计单元的数据),计划选取格网单元面积权重内插法(Grid Cells' Areal Weighting Interpolation,GCAWI),并利用 GIS 技术来实现进城务工人员统计数据的格网化。

格网单元面积权重内插法(GCAWI)[③]是借鉴面积权重内插法(Areal Weighting Interpolation)和领域平均法(Neighborhood Averages)的一种人口密度空间化方法,其思路是将行政单元数据转化为格网数据,用以消除行政单元背景下人口密度的空间不连贯与突变效应。基本步骤是:首先,以研究单元边界绘制格网图层;其次,将行政单元下的人口密度分布图与格网叠加,然后运用面积权重内插法算出格网人口密度;最后,选取平滑方法,对格网化的人口密度做平滑处理。

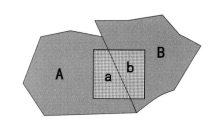

图 4-2 格网单元的面积权重内插法示意图

* 资料来源:闫庆武,卞正富. 基于 GIS 的社会统计数据空间化处理方法[J]. 云南地理环境研究,2007,19(2):93.

其中,面积权重内插法是(图 4-2)以研究单元人口的均匀分布为假设前提,然后根据目标单元(Grid Cell)内各源单元(Source Cell)所占的面积百分比来确定目标单元数值的一种

---

① 王培震,石培基,魏伟,等. 基于空间自相关特征的人口密度格网尺度效应与空间化研究:以石羊河流域为例[J]. 地球科学进展,2012,27(12):1363-1372.
② 杨存建,白忠,贾月江,等. 基于多源遥感的聚落与多级人口统计数据的关系分析[J]. 地理研究,2009,28(1):19-26.
③ 闫庆武,卞正富. 基于 GIS 的社会统计数据空间化处理方法[J]. 云南地理环境研究,2007,19(2):92-97.

方法。因此格网单元人口密度的计算公式为：

$$POPden_C = \frac{POPden_A \times Area_a + POPden_B \times Area_b}{Area_a + Area_b} \quad (公式4.1)$$

式中：$POPden_C$为格网单元$C(a+b)$的人口密度；$POPden_A$和$POPden_B$分别为已知源研究单元A和B的人口密度；而目标单元a和b分别为源单元A和B的子区域，所以其面积和人口密度分别为$Area_a$和$Area_b$、$POPden_A$和$POPden_B$。

(2) 空间单元大小确定

数据空间化方法确定后，就需要对空间转化中格网的大小进行确定。目前国内常见的数据空间化产品多为全国或省域层面，其空间格网大小为1 km和5 km，而如何确定具体分析单元的适宜性格网尺寸则多采用比较法，即采用不同的研究方法(空间分析和数理统计法[1]、空间自相关法[2][3][4]、景观生态学的相关指数和方法[5]等)，比较分析一系列格网尺寸下模拟生成的空间数据与原有统计数据的差异，以此来验证格网尺寸效应并确定适宜的格网大小。因此本书借鉴王培震等(2012年)的研究，采用人口密度下不同格网尺寸的空间自相关分析，来确定合适的空间格网大小。

常见的空间自相关指数包括全局空间自相关和局部空间自相关，前者用于分析研究范围内整体的空间关联，而后者旨在揭示空间单元之间属性值的相似性或相关性(具体公式详见本章4.4.1)。因此本书通过分析不同格网尺寸下进城务工人员2009年和2015年的居住密度对全局和局部空间自相关的影响，来选取能够真实反映南京市主城区务工人员居住密度分布特征的格网尺寸。主要步骤如下：

① 以研究的街道行政单元为基础，按100 m间隔在GIS技术的协助下划分出一系列的格网大小图层；其中格网的初步确定以小于最小街道单元面积(约1.08 km²)为准，所以系列格网大小主要包括100 m×100 m，200 m×200 m，…，1 000 m×1 000 m；同时考虑到数据的精确度和可能存在的突变，又增加了间隔50 m的系列格网，包括150 m×150 m，250 m×250 m，…，950 m×950 m。如此共同组成19个不同格网大小的系列图层。

② 运用上述格网单元的数据转换方法(面积权重内插法)，将街道单元人口密度数据转化为系列格网单元数据，并利用GIS技术实现人口密度的格网空间化(表4-1)。

③ 计算不同格网尺寸内人口密度的全局和局部Moran指数，从而得到不同大小格网下进城务工人员居住密度数据(2009年和2015年)的指数I和正态分布检验Z值等。

---

[1] 叶靖,杨小唤,江东.乡镇级人口统计数据空间化的格网尺度效应分析:以义乌市为例[J].地球信息科学学报,2010,12(1):40-47.

[2] 杜国明,张树文,张有全.城市人口分布的空间自相关分析:以沈阳市为例[J].地理研究,2007,26(2):383-390.

[3] 王静,杨小唤,石瑞香.山东省人口空间分布格局的多尺度分析[J].地理学科进展,2012,31(2):176-182.

[4] 王培震,石培基,魏伟,等.基于空间自相关特征的人口密度格网尺度效应与空间化研究:以石羊河流域为例[J].地球科学进展,2012,27(12):1363-1372.

[5] 李月娇,杨小唤,王静.基于景观生态学的人口空间数据适宜格网尺度研究:以山东省为例[J].地理与地理信息科学,2014,30(1):97-100.

4 空间集聚演化:南京市主城区进城务工人员居住结构变迁

表 4-1　ArcGIS 中利用"行政单元面积权重法"实现人口数据格网化

	转换方法	具体步骤
1	创建渔网（Fishnet）	在 ArcGIS 中，基于行政区划图建立一张 Fishnet（格网大小应根据数据尺寸确定）
2	线转面	将上述创建的 Fishnet 线(Polyline 类型)转换为面(Polygon 类型)
3	剪裁面	将转换后的 Fishnet 按行政区划剪裁（可利用 Select by Location 选择 Fishnet 图层中所有与行政区划图层的要素 Intersect 的要素，再通过反选，删除反选后的要素）
4	计算密度	计算行政区划图层中各要素面积，并添加字段 Population_Density，用于存储各行政区划人口密度，利用 Field Calculator 为该字段赋值(Population_Density＝人口数/行政区划面积)
5	识别面	将裁剪后的 Fishnet 与行政区划图层做识别 Union 操作，并保留行政区划 ID、Population_Density 字段和 Fishnet 的 ID 字段(Grid_ID)
6	计算面积	计算识别 Union 后图层的各个要素面积，存储在字段 Area 中
7	计算人口	在识别 Union 后的图层中，添加新字段 Population(人口数量)，利用 Field Calculator 为该字段赋值(Population＝Population_Density＊Area)
8	汇总人口	对 Population 字段进行 Summarize，对其中 Grid_ID 字段属性相同的各要素人口数进行求和，从而得到计算后的字段 Sum_Population，代表了每个格网内的人口数量
9	格网人口可视化	将 Summarize 的结果与裁剪后的 Fishnet 图层通过 Grid_ID 字段进行 Join 操作，从而将格网与格网内的人口数连接到一起。最后，在上述图层中按照人口数绘制专题图，可视化输出人口分布状态

＊资料来源：笔者自制

如图 4-3 和图 4-4 所示，根据 19 组不同格网大小的系列图层比较，可以发现：2009 年和 2015 年进城务工人员居住密度的全局 Moran 指数 I 曲线基本一致，即随格网尺寸的不断增大，2009 年和 2015 年的全局 Moran 指数 I 均整体呈现出下降趋势，且标准化检验 Z 值呈现出幂函数关系：

$$Y = 28\,539.2 X^{-1.054} (R^2 = 0.974)$$

具体而言，格网尺寸对全局空间自相关的影响可分为三阶段：第一阶段格网边长在 100～300 m，该尺寸范围内的 Moran 指数 I 不仅呈持续下降趋势，而且 2009 年和 2015 年的差异极小，同时检验 Z 值也下降迅速；第二阶段格网边长在 300～500 m，该尺寸范围内的 Moran 指数 I 下降趋势甚微（总体仅下降 0.01），检验 Z 值也显著且相对稳定；第三阶段格网边长则在 500～1000 m，该尺寸范围内的 Moran 指数 I 总体下降趋势并不稳定，且两年间的差异也在随尺寸逐渐增大，检验 Z 值水平较低。

如此可以看出，在不同格网大小与全局 Moran 指数 I 的关系中，格网尺寸下的居住密度全局 Moran 指数 I 要远大于原始的"街道"单元尺寸（经计算，2009 年和 2015 年街道单元的全局 Moran 指数 I 分别为 0.285 和 0.248），说明：其一，街道单元向格网单元的转换弱化

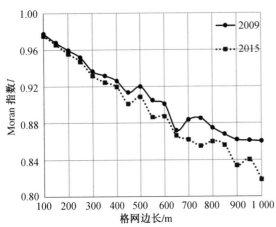 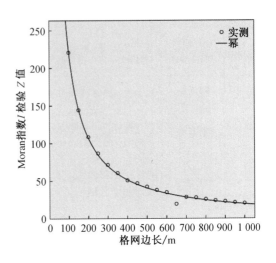

图 4-3 不同格网尺寸下 Moran 指数 I 的变化图

图 4-4 不同格网尺寸下 Moran 指数 I 的检验 Z 值变化图

* 资料来源:笔者自制

了研究范围内极值的影响,使得空间整体 Moran 指数 I 增大;其二,在格网尺寸不断增大的过程中,边长为 300~500 m 范围内的 Moran 指数 I 和检验 Z 值既显著又稳定,最能表现 2009 年和 2015 年南京市主城区空间自相关性的差异。

以上仅是关于全局自相关的分析,尚不能发掘空间内各单元间的自相关性,只有进一步对不同格网尺寸下的局部空间自相关进行解析,才能更加准确地找出适合本研究中居住密度空间分布特征的格网大小。因此根据上述研究结果,以 2015 年格网数据为例,选取三阶段中变化较明显的格网(其边长分别为 200 m、400 m、500 m、700 和 1 000 m),进行局部空间自相关性分析。如图 4-5 所示,与原始"街道"单元的局部空间关联相比,格网化的空间单元弱化了主城东部原始的低—低关联区,而强化了主城西北的高—高关联区,从而能更好地反映 2015 年进城务工人员居住密度的局部空间自相关特征;此外,当格网边长小于 500 m 时,其呈现的局部空间相关特征与原始居住密度的空间分布(详见第 3 章图 3-14)的差异较小,且真实反映了主城高—高关联区的特征。

综上所述,当本研究选取 300~450 m 的格网尺寸时,最能真实准确地反映南京市主城区进城务工人员的居住空间分布特征。但考虑到过密的格网分布可能会带来数据量大、空间分析困难等问题,同时结合已有的研究结论(如闫庆武提出徐州市采用单元平均面积的 2‰为标准;王培震提出一般为乡镇单元平均面积的 20%;李月娇证明山东省适宜尺寸为 400 m 等),第 4、5 章的研究将以 400 m×400 m 的格网大小作为研究单元从街道向格网转换的标准,并进行格网单元的重新编码(如 QH01-1 表示秦淮区五老村街道第一格网单元格),然后同主城区圈层划分进行拟合,最终形成 1 769 个格网分析单元(图 4-6)。

4 空间集聚演化:南京市主城区进城务工人员居住结构变迁

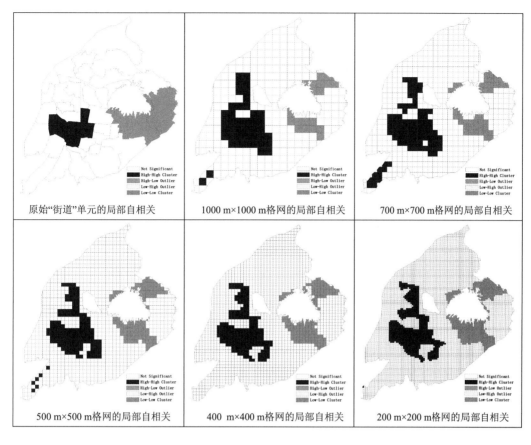

图 4-5 不同格网尺寸下局部空间关联图示例

*资料来源:笔者自制

图 4-6 400 m×400 m 格网空间单元(左:格网单元;右:圈层叠加后的格网单元)

*资料来源:笔者自制

4.2 进城务工人员居住集聚度判别

4.2.1 进城务工人员居住集聚度判别方法

对于区域人口集聚程度的度量,完全可以借鉴产业经济学中衡量一个行业市场集中度的某些方法,例如应用经济学中的洛伦兹曲线(Lorenz Curve)、基尼系数(Gini Coefficient)等[①]。同时为了更准确地描述进城务工人员居住空间分布的不均衡程度,还可以通过集中化程度指数与空间不均衡指数两个指标进行定量描述。因此,本章将综合应用洛伦兹曲线、集中化程度指数及不均衡指数对南京市主城区进城务工人员的居住空间集聚度进行测度。

(1) 洛伦兹曲线

洛伦兹曲线(Lorenz Curve)是经济学上研究地区之间收入差距或财富不平等的一种分析手段,通过该曲线可以直观地看到一个国家或地区收入分配的不平等程度。其方法是按收入从低到高进行排序,以人口累积百分比为横轴,以收入累积百分比为纵轴绘制曲线,而从原点出发的对角线为绝对均匀线,曲线距绝对均匀线的弯曲程度即可反映收入分配的不平等程度,弯曲程度越大,收入分配的不平等程度就越大,反之亦然。

因此,根据洛伦兹曲线原理即可定义居住空间的洛伦兹曲线要素[②](表4-2),并绘制居住空间洛伦兹曲线。曲线离绝对均匀线越近,表明人口分布越均匀;越远则表明分布越不均衡,居住人口的集聚性越强。

表 4-2 居住空间的洛伦兹曲线定义

指标	曲线元素	元素说明
居住空间洛伦兹曲线	排序指标 Q	$Q_i =$(单元 i 内居住人口数量/所有单元居住人口数量)/(单元 i 区域面积/所有单元总区域面积)
	X 轴(OP)	设单元 i 内居住人口数量占所有单元居住人口数量的百分比为 RT_i,$\sum RT_i$ 作为单元 i 所在曲线点的 X_i
	Y 轴(OI)	设单元 i 内区域面积占所有单元区域面积的百分比为 RB_i,$\sum R_i$ 为单元 i 所在曲线点的 Y_i
	洛伦兹曲线 OY	曲线上点(X_i,Y_i)表示占总区域面积百分比为 X_i 的单元中,居住人口数量占所有单元居住人口数量的百分比为 Y_i,可反映居住人口在区域内分布的集聚度

*资料来源:笔者自制

(2) 集中化程度指数

集中化程度指数是反映地理要素空间集中化程度的计量指标,其计算公式为:

$$I = \frac{A-R}{M-R} \quad \text{(公式 4.2)}$$

[①] 周长洪.人口集聚度与区域经济发展关联性研究[C].2015 年中国区域人口与发展学术讨论会,2005:485-486.
[②] 扈传荣,姜栋,唐旭,等.基于洛伦兹曲线的全国城市土地利用现状抽样分析[J].中国土地科学,2009(12):44-50.

式中：I 为某地理要素的集中化程度指数($0 \leqslant I \leqslant 1$)；$A$ 为该要素在区域内各统计单元的累计百分比（将各统计单元该要素指标值占区域该要素指标总值的百分比按从大到小的顺序排列，某统计单元的累积百分比为该统计单元百分比和其前/或上所有统计单元百分比的和）的合计数；M 为假定某地理要素分布的集中化程度达到最大时（该要素的100%集中在某统计单元内）的累计百分比合计数；R 通常为假定某地理要素平均分布在区域内各统计单元时的累计百分比合计数。

集中化程度指数位于 0～1 间，$I \leqslant 30\%$ 表示集中化程度低，$30\% < I \leqslant 50\%$ 表示集中化程度一般，$50\% < I \leqslant 70\%$ 表示集中化程度高，$I > 70\%$ 表示集中化程度极高。集中化程度指数数值越大，则说明该地理要素的分布越集中[①]。

（3）空间分布不均衡指数

空间分布不均衡指数反映的是某地理要素空间分布的不均衡程度[②]，其计算公式为

$$U = \frac{\sum_{i=1}^{n} |Y_i - X_i|}{2} \qquad (公式 4.3)$$

式中：U 为空间分布不均衡指数；n 为统计单元数目；X_i 为各个统计单元人口数占总人口的比重；Y_i 为各个统计单元面积占总面积的比重。

空间不均衡指数位于 0～1 间，$U \leqslant 30\%$ 表示空间分布的不均衡程度低，$30\% < U \leqslant 50\%$ 表示空间分布的不均衡程度一般，$50\% < U \leqslant 70\%$ 表示空间分布的不均衡程度高，$I > 70\%$ 表示空间分布的不均衡程度极高。不均衡指数的数值越大，表明研究区域人口空间分布的不均衡程度越高。

4.2.2 进城务工人员居住集聚度判别

根据居住空间洛伦兹曲线的定义，分别计算 2009 年和 2015 年各统计单元进城务工人员人数占总区域进城务工人员人数的百分比、各统计单元面积占总区域面积的百分比和累积百分比；最后以区域面积的百分比为横坐标，以进城务工人员人数的累积百分比为纵坐标，按照各累计数绘制坐标点，得到的曲线与绝对均匀线的离差就是进城务工人员居住实际分布与所在区域均匀分布的差异度。由此可绘制 2009 年和 2015 年南京市主城区进城务工人员居住空间集聚度的洛伦兹曲线。

在此基础上，根据集中化程度指数公式和空间分布不均衡指数公式，亦可计算出南京市主城区进城务工人员在 2009 年和 2015 年的居住空间集聚度，亦即集中化程度指数 I 和不均衡指数 D，从中可以看出下列主要特征。

（1）2009 年居住集聚度

2009 年南京市主城区进城务工人员的居住空间集聚总体呈现出"中低度集聚"的特征。首先，洛伦兹曲线的弯曲度较平缓，即偏离绝对均匀线的程度一般；其次，居住空间的集中

[①] 罗仁朝，王德.基于聚集指数测度的上海市流动人口分布特征分析[J].城市规划学刊，2008(4)：81-86.
[②] Koko L，Yuji M. A GIS Approach to Estimation of Building Population for Micro-spatial Analysis[J]. Transactions in GIS，2009，13(4)：401-414.

化程度亦一般且不均衡度较低,集中化指数和不均衡指数分别为0.46和0.29,表明进城务工人员的居住空间存在集聚但集聚度不高(表4-3)。

具体而言,进城务工人员的居住集聚度从"中心区—内城外缘—郊区内沿"总体上呈持续增长之势;洛伦兹曲线的弯曲度和居住空间的集中化程度从中心区向郊区内沿圈层连续递增,其集中化指数分别为0.34、0.41和0.42;而不均衡度指数在中心区圈层虽较高(0.26),但内城外缘和郊区内沿也相差无几,均为0.25。

表4-3　2009年进城务工人员居住空间的集中化程度指数和不均衡指数

总体		洛伦兹曲线
参数		
R	885	
M	1 769	
A	1 293.76	
集中化指数 I	0.46	
不均衡指数 D	0.29	

中心区		内城外缘		郊区内沿	
参数		参数		参数	
R	140	R	264.5	R	481.5
M	279	M	528	M	962
A	187.85	A	372.46	A	681.68
集中化指数 I	0.34	集中化指数 I	0.41	集中化指数 I	0.42
不均衡指数 D	0.26	不均衡指数 D	0.25	不均衡指数 D	0.25
洛伦兹曲线		洛伦兹曲线		洛伦兹曲线	

* 资料来源:笔者自制

(2) 2015年居住集聚度

2015年南京市主城区进城务工人员的居住空间集聚总体呈现出"中度集聚"特征。首先,洛伦兹曲线的弧度较大,与绝对均匀线的距离差较为明显;其次,居住空间的集中化指数和不均衡指数分别为 0.50 和 0.36,表明务工人员在 2015 年的居住空间集聚不仅存在且程度略高(表 4-4)。

表 4-4 2015 年进城务工人员居住空间的集中化程度指数和不均衡指数

总体		洛伦兹曲线
参数		
R	885	
M	1 769	
A	1 324.59	
集中化指数 I	0.50	
不均衡指数 D	0.36	

中心区		内城外缘		郊区内沿	
参数		参数		参数	
R	140	R	264.5	R	481.5
M	279	M	528	M	962
A	177.91	A	372.39	A	637.06
集中化指数 I	0.27	集中化指数 I	0.41	集中化指数 I	0.32
不均衡指数 D	0.19	不均衡指数 D	0.29	不均衡指数 D	0.19
洛伦兹曲线		洛伦兹曲线		洛伦兹曲线	

* 资料来源:笔者自制

具体而言,进城务工人员的居住集聚度从"中心区—内城外缘—郊区内沿"总体上呈先增后降之特征;内城外缘的洛伦兹曲线弯曲度、集中化程度和空间不均衡度均高于中心区和郊区内沿,其集中化指数和不均衡指数分别为 0.41 和 0.29;而后两者的集中化程度指数(分别为 0.27、0.32)和不均衡指数(均为 0.19)都较低。

4.2.3 进城务工人员居住集聚度的演化特征

对比分析 2009 年和 2015 年南京市主城区进城务工人员的居住集聚度,发现这一群体居住空间的集聚度在六年间整体呈现出"微弱增长"的演化特征。2015 年的洛伦兹曲线弯曲度较 2009 年更为明显,居住空间的集中化程度和不均衡度也有所增加,其集中化指数和不均衡指数的差值分别为 0.04 和 0.07(表 4-5)。

表 4-5 2009—2015 年进城务工人员居住空间集聚度的演化比较

总体差值		洛伦兹曲线比较
集中化指数 I	0.04	
不均衡指数 D	0.07	

中心区差值		内城外缘差值		郊区内沿差值	
集中化指数 I	不均衡指数 D	集中化指数 I	不均衡指数 D	集中化指数 I	不均衡指数 D
−0.07	−0.07	0	0.04	−0.10	−0.06

中心区洛伦兹曲线比较	内城外缘洛伦兹曲线比较	郊区内沿洛伦兹曲线比较

* 资料来源：笔者自制

具体比较主城区三圈层的集聚度变化，可以看出：2009—2015 年中心区和郊区内沿的进城务工人员居住空间趋于分散化，而内城外缘却更加集聚化。其中，中心区和郊区内沿的居住空间集中化程度和不均衡度均呈下降之势，集中化指数和不均衡指数的差值分别为 −0.07、−0.10 和 −0.07、−0.06；而内城外缘的空间集中度虽未变，但不均衡度在上升(集中化程度指数和不均衡指数的差值分别为 0、0.04)。

上述变化趋势受到城市更新建设、产业转型、居住布局等外部因素的共同影响。中心区圈层作为城市更新改造的重点地区，以建设城市 CBD 与提升城市生活品质为主要发展目标，大量的老旧住区或棚户区(尤以老城南最显著)得以拆迁改造并带来高昂的居住成本，因此符合进城务工人员集聚的地区已越来越少；同样郊区内沿作为主城新区与产业升级所在地，适合务工人员居住的城中村及城乡结合部亦在逐渐减少；而位于内外圈层中间的内城外缘圈层则成为主城建设中的灰色地带(所谓城市建设中的阴影区)，其既存在大量适宜务工人员居住的老旧住区和城中村等，又有相对便利的交通条件和吸引人的价格"洼地"，反而呈现出务工人员集聚度上升的演化特征。

4.3 进城务工人员居住集聚分区

4.3.1 进城务工人员居住集聚分区方法

对进城务工人员居住空间集聚区的分析，是解析进城务工人员居住空间集聚特征的必

4 空间集聚演化：南京市主城区进城务工人员居住结构变迁

要基础。进城务工人员在城市地域范围内集聚并达到一定程度后，会对该区域的城市社会空间特性产生影响，因此在描述进城务工人员居住空间的集聚特征时，可以引入两个指标：进城务工人员的居住空间分布密度和进城务工人员占统计区同类人群总数的比例。前者表达的是进城务工人员的"空间集聚程度"，后者则表达的是进城务工人员的"社会集聚程度"。

综合以上两种衡量进城务工人员居住空间集聚程度的指标，采用"密度指数"（空间集聚度）与"比重指数"（社会集聚度），对进城务工人员的居住集聚程度进行组合式的定量描述。下面是具体评价方法步骤。

(1) 测算"密度指数"与"比重指数"

对某一统计单元进城务工人员的居住密度(Df)及其占进城务工人员总数的比重(Rf)两个指标，进行去量纲标准化处理，可得到进城务工人员的"密度指数"(Id)与"比重指数"(Ir)。

统计单元 i 进城务工人员的密度指数(Id_i)计算公式如下：

$$Id_i = \frac{Df_i}{\text{Avg}(Df_i)} \quad (i=1, 2, \cdots, n) \tag{公式4.4}$$

即以某一统计单元的进城务工人员居住密度与主城区各统计单元进城务工人员居住密度均值的比值作为该统计单元进城务工人员的密度指数(Id)。

统计单元 i 进城务工人员的比重指数(Ir_i)计算公式如下：

$$Ir_i = \frac{Rf_i}{\text{Avg}(Rf_i)} \quad (i=1, 2, \cdots, n) \tag{公式4.5}$$

即以某一统计单元的进城务工人员比重与主城区各统计单元进城务工人员比重均值的比值作为该统计单元进城务工人员的比重指数(Ir)。

(2) 构建坐标系统

用标准化处理后的指数构建坐标系统，X 轴为进城务工人员的密度指数，Y 轴为进城务工人员的比重指数，并通过"密度指数" Id 与"比重指数" Ir 的组合对比，对该坐标系进行不同集聚程度的划分，进而将进城务工人员的居住集聚空间划分为高、中、低三级。同时考虑到在一定范围内，如果进城务工人员在密度下降的同时其比重在上升（或相反），则可认为上述两项指数对社会空间的影响程度相当，据此以密度指数均值与比重指数均值的交汇点为参考点，画出斜率为−1 的直线，其中直线右上区域的中度集聚区根据其类型的不同，又可细分为两类。因此，进城务工人员居住集聚区类型可划分如下(表4-6)：

表4-6 居住集聚区类型划分表

类型	集聚指数特征	类型特征	居住集聚分区
高度居住集聚区	密度指数 $Id_i \geq 1$，比重指数 $Ir_i \geq 1$	高密度、高比重	
中度居住集聚区（Ⅰ类）	密度指数 $Id_i \geq 1$，比重指数 $Ir_i < 1$，且 $Id_i + Ir_i \geq 2$	高密度、低比重	
中度居住集聚区（Ⅱ类）	密度指数 $Id_i < 1$，比重指数 $Ir_i \geq 1$，且 $Id_i + Ir_i \geq 2$	低密度、高比重	
低度居住集聚区	$Id_i + Ir_i < 2$	低密度、低比重	

* 资料来源：笔者自制

4.3.2 进城务工人员居住集聚分区

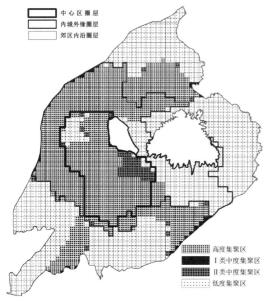

图 4-7 2009 年进城务工人员居住集聚分区
*资料来源：笔者自制

根据上述集聚分区的测度公式和思路，以 2009 年和 2015 年南京市主城区的进城务工人员数据为基础，分别计算各统计单元进城务工人员的密度指数和比重指数，并将其分划分为高、中（另含两类）、低三级居住集聚区，然后依次绘制 2009 年和 2015 年的居住集聚分区图，从中可以看出如下特征：

（1）2009 年居住集聚分区

2009 年南京市主城区进城务工人员的居住集聚分区总体呈现出显著的"半环形＋扇形"结构特征（图 4-9 左）：高度集聚区明显集中于主城中、北及西部区域，而低度集聚区则恰好相反，被分隔填充于主城南北及东部区域。具体而言（图 4-7，表 4-7）：

表 4-7 2009 年进城务工人员集聚分区空间分布表

集聚分区		圈层	数量/个	特征	分布方向	主要街道
高度集聚区		中心区	209	高密度高比重	以南部和西北部为主	夫子庙、双塘、洪武路、五老村、瑞金路、大光路、朝天宫、宁海路、华侨路、湖南路、中央门、新街口
		内城外缘	307		以西部和北部为主	江东、凤凰、阅江楼、热河南路、幕府山、建宁路、小市、红山
		郊区内沿	201		以南部和北部为主	光华路、赛虹桥、迈皋桥
中度集聚区	Ⅰ类	中心区	7	高密度低比重	以中西部为主	玄武门
		内城外缘	20		以西部为主	江东、宝塔桥
		郊区内沿	21		以南部为主	光华路
	Ⅱ类	中心区	33	低密度高比重	以中东部为主	梅园新村
		内城外缘	2		—	—
		郊区内沿	9		以南部为主	光华路
低度集聚区		中心区	30	低密度低比重	以西北部为主	挹江门
		内城外缘	199		以东部为主	锁金村、孝陵卫
		郊区内沿	731		以东部和南部为主	红花、玄武湖、马群、燕子矶、沙洲、兴隆、雨花

*资料来源：笔者自制

① 居住高度集聚区覆盖的空间单元较多（共 717 个），且主要分布于中心区和内城外缘圈层的西部及北部各街道，而郊区内沿的单元较少。该类地区是进城务工人员空间集聚度

和社会集聚度双高的区域,不仅居住的务工人员最为密集,也存在着较高的社会影响力。

② 居住中度集聚区覆盖的空间单元较少(共 92 个),主要分布于高度集聚区外围的部分街道。其中,Ⅰ类中度集聚区散布于主城各圈层中,为进城务工人员居住密集区的延伸区域(次级的居住密集区);Ⅱ类中度集聚区则主要集中在中心区中部的梅园新村街道,虽居住密度不高,但也存在一定的社会影响力。

③ 居住低度集聚区覆盖的空间单元最多(共 960 个),基本分布在内城外缘和郊区内沿的东部及南部各街道,还包括中心区的挹江门街道。在这一带居住的进城务工人员密度和比重均不高。

(2) 2015 年居住集聚分区

2015 年南京市主城区进城务工人员的居住集聚分区总体呈现出显著的"半环形＋团块"结构特征(图 4-9 右):高度集聚区主要分布于主城中部及西北部区域,而低度集聚区则基本涵盖了主城南北及东部所有区域。具体而言(图 4-8,表 4-8):

① 居住高度集聚区覆盖的空间单元较多(共 504 个),且集中于中心区和内城外缘圈层的西北部各街道。该类地区的进城务工人员空间集聚度和社会集聚度均高,属于务工人员居住最为密集且社会影响力较高的区域。

② 居住中度集聚区覆盖的空间单元总体较少(共 44 个),且基本零星散布于部分高度集聚区的外围。其中,Ⅰ类和Ⅱ类中度集聚区均散布于中心区和内城外缘,属于进城务工人员居住密集区;前者主要是高度集聚区的扩展区域,而后者的务工人员存在着一定社会影响力。

③ 居住低度集聚区覆盖的空间单元最多(共 1 221 个),几乎包括了郊区内沿的所有街道和内城外缘南部、北部的部分街道,以及中心区的挹江门街道。

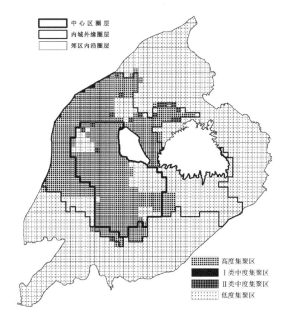

图 4-8　2015 年进城务工人员居住集聚分区

＊资料来源:笔者自制

表 4-8　2015 年进城务工人员集聚分区空间分布表

集聚分区	圈层	数量/个	特征	分布方向	主要街道
高度集聚区	中心区	207	高密度高比重	以南部和西北部为主	夫子庙、双塘、洪武路、五老村、瑞金路、朝天宫、宁海路、华侨路、湖南路、中央门、挹江门、新街口
	内城外缘	288		以西部和南部为主	江东、凤凰、阅江楼、热河南路、幕府山、建宁路、锁金村、中华门、秦虹、月牙湖
	郊区内沿	9		—	—

(续表)

集聚分区	圈层		数量/个	特征	分布方向	主要街道
中度集聚区	Ⅰ类	中心区	5	高密度低比重	以中西部为主	玄武门
		内城外缘	23		以东部和西部为主	江东、宝塔桥、锁金村
		郊区内沿	0		—	—
	Ⅱ类	中心区	3	低密度高比重	以西北部为主	挹江门
		内城外缘	11		以北部为主	红山
		郊区内沿	2		—	—
低度集聚区		中心区	65	低密度低比重	以中东部为主	梅园新村、大光路、挹江门
		内城外缘	207		以南部和北部为主	孝陵卫、莫愁湖、小市
		郊区内沿	949		整个圈层	红花、光华路、玄武湖、马群、燕子矶、迈皋桥、南苑、沙洲、兴隆、雨花、赛虹桥

* 资料来源：笔者自制

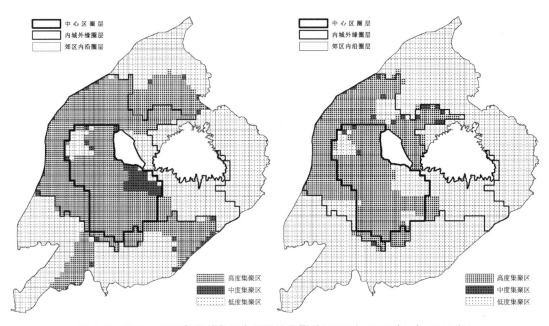

图4-9　2009—2015年进城务工人员居住集聚分区图(左：2009年；右：2015年)

* 资料来源：笔者自制

4.3.3　进城务工人员居住集聚分区的演化特征

对比分析2009年和2015年南京市主城区进城务工人员的居住集聚分区，发现：2009—2015年这一群体的中高度集聚区呈现出显著的"结构微调＋空间收缩"的演化特征(图4-9)；虽然上述区域的分布仍以主城的中部和西北部为主，但其空间范围已完全收缩于中心区和内城外缘圈层。具体而言(表4-9)：

表 4-9　2009—2015 年进城务工人员居住集聚分区的演化比较

集聚分区	圈层	数量变化/个		方向演变	所在街道变化	
		增加	减少		增加	减少
高度集聚区	中心区		−2	基本不变	—	大光路
	内城外缘		−19	由北向东迁移且南部向周边扩散	锁金村	小市、红山、莫愁湖
	郊区内沿		−192	向周边扩散		光华路、赛虹桥、迈皋桥
中度集聚区	Ⅰ类 中心区		−2	基本不变	—	—
	Ⅰ类 内城外缘	+3		由西向东延展	锁金村	
	Ⅰ类 郊区内沿		−21	向周边扩散		光华路
	Ⅱ类 中心区		−30	由东向西北迁移		梅园新村
	Ⅱ类 内城外缘	+9		向北部集中	红山	
	Ⅱ类 郊区内沿		−7	向周边扩散		光华路
低度集聚区	中心区	+35		由西北向东南迁移	梅园新村、大光路	—
	内城外缘	+8		由东向南北扩展	莫愁湖、小市	锁金村
	郊区内沿	+218		由东部和南部扩展到整个圈层	光华路、赛虹桥、迈皋桥	—

* 资料来源：笔者自制

① 居住高度集聚区的空间收缩趋势明显，不仅空间单元在各圈层均有所下降（单元差值为−213个），空间分布亦呈现出明显的收敛与集中化特征。其中，中心区圈层的基本保持稳定（除大光路街道减少外），内城外缘出现了北部单元东移（红山和小市街道被锁金村街道替代）和南部单元分解之现象，郊区内沿的高集聚单元则已基本被稀释。

② 居住中度集聚区的空间分散化趋势显著，不仅空间单元有所减少（单元差值为−48个），空间分布也呈现出零星与散点化的演化特征。其中，位于中心区的Ⅰ类中度集聚区基本未变，但Ⅱ类中度集聚区在由东部向西北迁移（梅园新村街道被挹江门街道替代）；位于内城外缘的Ⅰ类中度集聚区由西向东迁移，而Ⅱ类中度集聚区在向北部集中（红山街道）；位于郊区内沿的中度集聚区则基本是向周边扩散。

③ 居住低度集聚区与高度集聚区正好相反，不仅空间单元急剧增长（单元差值为261个），空间分布也呈现出环抱式的演化特征。其中，郊区内沿圈层已完全被低度集聚区所覆盖，并延伸至中心区和内城外缘东南部的部分街道。

由此说明，2009—2015年南京市主城区进城务工人员的居住空间整体表现出逐步向主城中心及近郊"向心式"收缩的演化特征；其中，中心区圈层的集聚空间基本保持不变，内城外缘圈层呈现出"东移+南缩"的演化特征，而郊区内沿的集聚空间则完全消失。这些中高度进城务工人员居住集聚区以主城西部的鼓楼区和南部的秦淮区为主，二者皆为南京城区较早开发且居住用地占比较高的地区，尤其是秦淮区位于老城内的各街道，多属于南京历史区域且拥有大量适合进城务工人员居住的三四类居住用地，加之这些地区拥有相对优越的区位交通条件（各街道多位于距离城市中心不远的近郊）和就业机会（商业服务业的工作岗位较多),因而成为大量进城务工人员不约而同的选择和高度集聚的地区。

4.4 进城务工人员居住中心识别

4.4.1 进城务工人员居住中心识别的方法

基于人口密度的城市空间中心识别作为城市空间结构研究的传统方法,能够更精确地描述城市各类中心的空间分布特征,为城市空间结构提供更为重要的基础信息。因此,通过对南京市主城区进城务工人员居住空间的中心识别,可判别出进城务工人员的居住空间结构,从而进一步探索出进城务工人员居住空间的集聚形式。

根据McMillen(2001)的定义,居住中心是指居住密度显著高于周边区域,且对总体居住密度函数具有显著影响的地区。因此,居住中心的识别主要有两步:其一,需判别居住密度在区域中的高值点;其二,需检验该高值点对区域的影响力。只有同时符合上述两大条件的高值点,才能确定为居住中心。

本书综合借鉴国内外中心识别的方法,对南京市主城区进城务工人员的居住中心进行识别,具体可采取三大步骤:第一步,客观判别居住高值点,即确定研究区域内是否存在着和何处存在着居住集聚特征;第二步,运用单中心模型检验居住高值点对整体空间格局的影响力,从而判别进城务工人员的居住高值点是否为居住中心;第三步,对模型回归后的残差继续进行空间分析,以判断是否还存在显著的居住高值点,如果有则继续模型检验和中心再识别,无则识别过程停止。具体方法如下(图4-10):

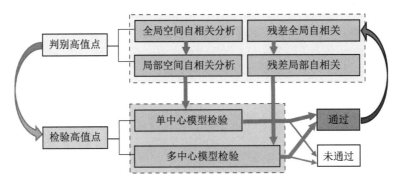

图4-10 进城务工人员居住空间的中心识别步骤

*资料来源:笔者自制

(1)居住高值点的识别

目前识别高值点的方法主要包括门槛划定、图形观察等。前者的缺陷在于门槛划定较为主观且不太适用于居住密度梯度较大的城市,后者则不太适用于分析单元数量较多的区域,而且分组的标准对分析结果有一定影响。故秦波、王新峰(2010)、吴晓(2011)根据地统计学的界定,认为"高值点"即代表着要素分布正的空间自相关(空间集聚),而Moran指数I正好是针对空间集聚进行检验的常用手段。故本书将通过对进城务工人员的居住空间自相关分析来判别其居住高值点,具体可分为全局空间自相关和局部空间自相关分析。

① 全局空间自相关分析

全局自相关主要用于描述某种属性值(进城务工人员的居住密度)的整体分布情况,借以判断该属性值在一定空间范围内的自相关特性(是否存在集聚),而全局 Moran 指数 I 是用来表示全局自相关指标常用的方法,其计算公式如下:

$$I = \frac{n \sum_{i=1}^{n} \sum_{j=1, j \neq i}^{n} w(i,j)(x_i - \bar{x})(x_j - \bar{x})}{\left[\sum_{i=1}^{n} \sum_{j=1, j \neq i}^{n} w(i,j)\right] \sum_{i=1}^{n} (x_i - \bar{x})^2}, \quad \bar{x} = \frac{\sum_{i=1}^{n} x_i}{n} \quad \text{(公式 4.6)}$$

式中:x_i 为各个统计单元进城务工人员居住密度;$w(i,j)$ 是空间权重矩阵,本书中如果统计单元 i 和统计单元 j 在距离 d 以内,则 $w(i,j)=1$;否则 $w(i,j)=0$。全局 Moran 指数 I 的取值在 $[-1,1]$ 之间,小于 0 表示负相关,大于 0 表示正相关。其绝对值越大,说明相关程度越大。全局 Moran 指数 I 的计算结果可分别采用随机分布和近似正态分布两种假设进行检验。如果全局 Moran 指数 I 为正值,且通过检验,则认为可能存在高值点。

② 局部空间自相关分析

与全局 Moran 指数 I 的应用相比,局部 Moran 指数 I(LISA)不但能计算出每个空间单元与邻近单元的某种属性相关程度,还可以揭示空间参考单元和其临近空间单元属性特征值之间的相似性,进而探测出要素集聚的具体方位(在何处集聚)。局部 Moran 指数 I(LISA)的计算公式为[①]:

$$I_i = \frac{x_i - \bar{x}}{\dfrac{\sum_{j=1, j \neq i}^{n} x_j^2}{n-1} - \bar{x}^2} \sum_{j=1}^{n} w(i,j)(x_j - \bar{x}) \quad \text{(公式 4.7)}$$

式中:各参数的含义与全局 Moran 指数 I 的计算公式相同。根据计算出的检验统计量,对有意义的局部空间关联进行显著性检验,检验其在空间上是否为随机分布。当 I_i 为正时,统计单元 i 的空间关联可能有两种情况:高—高关联和低—低关联;若 I_i 为负,统计单元 i 的空间关联也有两种情况:高—低关联和低—高关联。根据 LISA 的定义,相邻单元高—高关联的集聚即可认为是一个高值点;如果有多个高值点,则取 LISA 值最大的作为第一高值点。

(2) 中心的空间影响检验

高值点所确定的区域只是要素的集聚高地,其是否会对整体空间格局有所影响,还需要用单中心模型进行检验。通过检验的高值点才能认为对城市整体有影响力,进而判定为中心。常见的单中心模型包括 Clark 模型、线性模型、Newling 模型和 Cubic 模型等(其表达式和参数限定分别如表 4-10 所示),可运用这些单中心模型对高值点进行检验。若检验通过,则可确定该高值点为一个居住中心;若没有通过,则认为不存在居住中心,识别过程

[①] 秦波,王新峰.探索识别中心的新方法:以上海生产性服务业空间分布为例[J]. 城市发展研究,2010,17(6):43-48.

结束。

表 4-10 单中心模型表达式和参数限定

模型类型	模型表达式	参数限定
Clark 模型	$Y(r) = a\,e^{br}$（公式 4.8）	$a>0, b<0$，其中 b 绝对值越大，该中心影响力越强
线性模型	$Y(r) = a + br$（公式 4.9）	$a>0, b<0$
Newling 模型	$Y(r) = a\,e^{br+cr^2}$（公式 4.10）	$a>0, b<0, c<0$
Cubic 模型	$Y(r) = a + br + cr^2 + dr^3$（公式 4.11）	$a>0, b<0, c>0, d<0$

备注：表中，Y 为统计单元中进城务工人员的居住密度，r 为统计单元中心点到高值点的距离

* 资料来源：笔者自制

(3) 中心的再识别

如果通过单中心模型的检验，还需要进一步分析回归残差。在统计学意义上，正的残差意味着该统计单元的实际要素比单中心模型预测的高，即可能还存在着一个中心来解释这部分"盈余"的密度。因此，有必要再次运用前述的空间自相关方法来计算全局 Moran 指数 I，判断残差中是否还存在着正的空间自相关。若存在，则需要继续探测其集聚地（制作残差的 LISA 图），相邻高—高关联的统计单元即为第二个高值点；同样也需要运用多中心模型进行检验，以认定第二中心，其公式为①：

$$Y(m) = \sum a_n\,e^{b_n r_{mn}} \qquad (公式\ 4.12)$$

式中：$Y(m)$ 是统计单元 m 的居住密度，r_{mn} 是该单元 m 到高值点 n 的距离，a_n 和 b_n 是回归系数。系数 a_n 的值表示中心的理论密度，而系数 b_n 表示要素密度随距离 r 下降的速度，b_n 的绝对值越大，则表明该中心影响力越强。该公式为非线性回归，若结果不收敛则假定的中心被否定，识别过程结束；如果回归通过了所有检验，则识别该高值点为另一个中心，并继续对其残差进行分析，并重复上述步骤。直到全局 Moran 指数 I 不显著，或者 LISA 图中没有高—高统计单元集聚，或者多中心模型没有通过检验，则整个中心的识别程序就此结束。

4.4.2 进城务工人员居住中心识别

(1) 全局空间自相关分析

应用前述的全局空间自相关计算公式，以进城务工人员的居住密度为基础，并借用 ArcGIS 的空间统计分析软件进行数据处理，可计算出 2009 年和 2015 年南京市主城区进城务工人员居住空间的全局 Moran 指数 I，并对其进行随机检验（统计的全局 Moran 指数 I 数值及 P 值如表 4-11 所示），可以看出，2009 年和 2015 年南京市进城务工人员的居住全局自相关有如下特征：

---

① 吴文钰.1990 年代上海人口分布与郊区化兼与北京的比较研究[D].上海：华东师范大学,2005.

4 空间集聚演化:南京市主城区进城务工人员居住结构变迁

① 2009年南京市主城区进城务工人员的居住全局Moran指数I为正值,且随机检验结果高度显著(P-value＝0.000 0),说明该群体的居住密度分布并非表现出完全的随机,均存在显著的地理空间集聚特征,很可能存在高值点。

② 2015年南京市主城区进城务工人员的居住全局Moran指数I亦为正值,且随机检验结果显著(P-value＝0.000 0),说明该群体的居住密度分布并非表现出完全的随机,同样存在显著的地理空间集聚特征,很可能也存在高值点。

③ 经比较,2015年的全局Moran指数I要低于2009年(－0.006 8),说明进城务工人员居住密度的空间关联性正在逐步减弱。

表4-11 南京市主城区进城务工人员居住的全局Moran指数I统计表(2009年和2015年)

参数	全局Moran指数I	P-value值
2009年	0.926 3	0.000 0
2015年	0.919 5	0.000 0

＊资料来源:笔者自制

(2) 局部空间自相关分析

应用前述的局部空间自相关公式,分别计算2009年和2015年南京市主城区进城务工人员居住的局部自相关Moran指数I(LISA),并采用ArcGis聚类分布制图;在5‰和5%的显著性水平下,将所有空间单元分为高—高关联、低—高关联、低—低关联、高—低关联四种空间关联类型,并列出高—高关联的LISA值;同时根据LISA的定义,取LISA值最大的作为第一高值点,可以看出,2009年和2015年南京市进城务工人员居住的局部自相关有如下特征:

① 2009年南京市主城区进城务工人员居住的高—高关联区呈块状分布于中心区的南部(秦淮区)和西北部(鼓楼区)以及内城外缘西部(鼓楼区),表现出高密度居住相互吸引和集聚的特征;而低—低关联区则分布于内城外缘东南部(玄武区孝陵卫街道)和郊区内沿东部(栖霞区马群街道),表现出低密度居住也相互集聚的特征(图4-11左);同时,主城区中南部的空间单元QH02-8(属于中心区圈层的秦淮区洪武路街道)LISA值最高,可初步判别为2009年主城区进城务工人员居住空间的第一高值点(表4-12)。

② 2015年南京市主城区进城务工人员居住的高—高关联区域呈片状集中于中心区的南部和西部(包括鼓楼区、秦淮区和玄武区)以及内城外缘的西南部(包括建邺区和秦淮区),表现出高密度居住相互吸引和集聚的特征;而低—低关联区则散布于内城外缘东南部(玄武区孝陵卫街道)和郊区内沿东北部(玄武区玄武湖街道),表现出低密度居住也相互集聚的特征(图4-11右);同时,主城区西南部的空间单元QH10-8(属于中心区圈层秦淮区双塘街道)LISA值最高,可初步判别为2015年主城区进城务工人员居住空间的第一高值点(表4-13)。

(3) 单中心的空间影响检验

运用ArcGIS提取出各统计单元的中心到各高值点(2009年的空间单元QH02-8,2015年的空间单元QH10-8)的距离r,然后利用SPSS的回归分析,分别对2009年和2015年南京市主城区进城务工人员的居住空间分布进行单中心模拟与检验。其中,需特别指出的是,所有单中心检验模型均是假设城市存在唯一的中心(商务中心区CBD),而人口密度随中心距离增加而减少①。

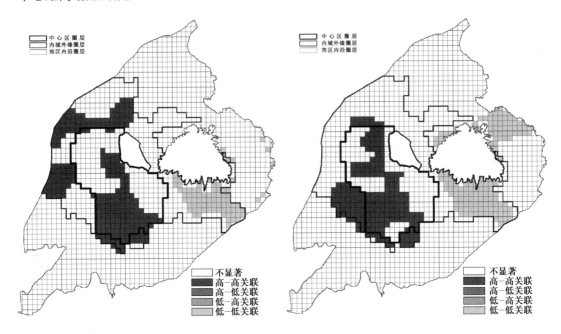

图4-11 进城务工人员居住的局部Moran空间关联类型图(左:2009年;右:2015年)

* 资料来源:笔者自制

表4-12 2009年南京市主城区进城务工人员居住空间高—高关联单元LISA值

圈层	单元	LISA值	P-value值	单元	LISA值	P-value值	单元	LISA值	P-value值
城市中心	QH01-3	15.623 2	0.000 0	QH02-12	32.125 9	0.000 0	QH07-5	30.952 1	0.000 0
	QH02-1	21.889 7	0.000 0	QH02-13	28.923 0	0.000 0	QH07-7	26.343 4	0.000 0
	QH02-2	27.964 5	0.000 0	QH02-14	21.825 9	0.000 0	QH07-8	30.155 3	0.000 0
	QH02-3	34.091 3	0.000 0	QH03-4	15.731 5	0.000 0	QH07-9	30.915 6	0.000 0
	QH02-4	34.713 1	0.000 0	QH03-5	18.862 2	0.000 0	QH07-10	15.356 4	0.000 0
	QH02-5	34.522 7	0.000 0	QH03-9	23.544 1	0.000 0	QH07-11	27.966 3	0.000 0
	QH02-6	33.673 4	0.000 0	QH03-10	16.431 8	0.000 0	QH07-12	29.093 5	0.000 0
	QH02-7	36.235 5	0.000 0	QH03-11	15.245 8	0.000 0	QH07-13	26.168 6	0.000 0
	QH02-8	37.962 1	0.000 0	QH07-1	21.889 7	0.000 0	QH07-14	15.027 0	0.000 0
	QH02-9	36.339 6	0.000 0	QH07-2	27.964 5	0.000 0	QH07-15	20.438 5	0.000 0
	QH02-10	32.413 1	0.000 0	QH07-3	22.419 0	0.000 0	QH07-16	18.066 1	0.000 0
	QH02-11	17.191 4	0.000 0	QH07-4	28.885 1	0.000 0	QH10-13	15.876 6	0.000 0
内城外缘	GL12-1	11.407 4	0.000 0	GL12-8	11.760 6	0.000 0	QH12-11	11.106 1	0.000 0
	GL12-2	13.206 4	0.000 0	GL12-6	11.275 5	0.000 0	GL12-9	12.003 8	0.000 0

表中仅列出P-value值为0.000 0,Z-Score值大于15的空间单元(内城外缘的Z-Score值则大于10)

* 资料来源:笔者自制

---

① 吴文钰,马西亚.多中心城市人口模型及模拟:以上海为例[J].现代城市研究,2006(12):39-44.

表4-13　2015年南京市主城区进城务工人员居住空间高—高关联单元LISA值

圈层	单元	LISA值	P-value值	单元	LISA值	P-value值	单元	LISA值	P-value值
城市中心	QH01-4	17.991 0	0.000 0	QH10-6	22.563 5	0.000 0	QH10-13	15.561 4	0.000 0
	QH01-5	19.557 8	0.000 0	QH10-7	22.995 7	0.000 0	QH10-14	21.574 3	0.000 0
	QH01-6	17.375 7	0.000 0	QH10-8	23.014 3	0.000 0	QH10-15	16.984 4	0.000 0
	QH01-9	18.431 5	0.000 0	QH10-9	18.095 7	0.000 0	XW01-2	15.553 7	0.000 0
	QH10-2	18.198 9	0.000 0	QH10-10	22.683 6	0.000 0	XW01-5	15.733 4	0.000 0
	QH10-3	20.962 1	0.000 0	QH10-11	22.668 4	0.000 0	XW01-8	15.748 0	0.000 0
	QH10-4	20.335 1	0.000 0	QH10-12	20.400 5	0.000 0			
内城外缘	QH08-10	15.087 8	0.000 0	JY01-12	20.672 1	0.000 0	JY01-20	21.885 4	0.000 0
	JY01-2	16.280 2	0.000 0	JY01-13	22.182 9	0.000 0	JY01-21	20.681 2	0.000 0
	JY01-4	21.000 2	0.000 0	JY01-14	22.225 8	0.000 0	JY01-24	16.988 9	0.000 0
	JY01-7	17.155 8	0.000 0	JY01-15	21.520 9	0.000 0	JY01-25	18.819 7	0.000 0
	JY01-8	21.131 6	0.000 0	JY01-16	15.746 5	0.000 0	JY01-26	17.451 8	0.000 0
	JY01-9	22.277 3	0.000 0	JY01-17	18.922 0	0.000 0	JY01-27	16.232 5	0.000 0
	JY01-10	16.239 3	0.000 0	JY01-18	21.982 9	0.000 0	JY01-28	18.163 7	0.000 0
	JY01-11	19.386 6	0.000 0	JY01-19	21.329 5	0.000 0	JY01-29	17.896 2	0.000 0

表中仅列出P-value值为0.000 0,Z-Score值大于15的空间单元

* 资料来源:笔者自制

因此,可以看出:

① 2009年南京市主城区进城务工人员的居住空间在单中心模型回归中(表4-14),R^2值最大的是Cubic模型(0.406),其拟合度较好,说明2009年的务工人员居住空间高值点QH02-8(属于秦淮区洪武路街道)对主城区整体务工人员的居住分布有影响力,可将其识别为2009年进城务工人员的居住中心。但考虑到Cubic模型的参数较多,故用拟合度尚可的Newling模型(0.336)来诠释更为合理,如此就可以根据地理学已提出的诸如火山口理论进行解释,即城市中心务工人员的居住密度反而比中心区附近的要小,类似于一个火山口①。这种现象主要是由于城市中心(以商务商业为主)本身的居住人口较少,且其居住成本相对于务工人员而言太过高昂所致。

---

① 刘瑞,蒋旭,赵静,等.基于GIS的深圳市违法建筑居住人口密度空间分布研究[J].国土资源遥感,2018,30(1):233-237.

表 4-14　2009 年南京市主城区进城务工人员居住空间的单中心模型回归结果

模型类型	模型表达式	a	b	c	d	R^2 值	F 值	Sig.
线性模型	$Y(r)=a+br$	1.347×10^{-5}	-8.832×10^{-10}			0.254	600.9	0.000
Clark 模型	$Y(r)=a e^{br}$	1.186×10^{-5}	0.000			0.211	471.2	0.000
Newling 模型	$Y(r)=a e^{br+cr^2}$	1.982×10^{-5}	-2.951×10^{-9}	1.360×10^{-13}		0.336	446.4	0.000
Cubic 模型	$Y(r)=a+br+cr^2+dr^3$	2.803×10^{-5}	-7.643×10^{-9}	8.466×10^{-13}	-3.085×10^{-17}	0.406	401.7	0.000

* 资料来源:笔者自制

② 同理,2015 年南京市主城区进城务工人员的居住空间在单中心模型回归中(表 4-15),Cubic 模型的 R^2 值也最大(0.419),其拟合程度较好且回归方程有效,表明 2015 年的居住空间单元高值点对全局有影响力,故可将空间单元 QH10-8(属于秦淮区双塘街道)认定为 2015 年进城务工人员的居住中心。同样,因 Cubic 模型的参数多,选择拟合度次之的 Newling 模型(0.395)更合理,且该模型亦符合城市中心居住密度低于其附近地区居住密度的火山口理论,表明 2009 年和 2015 年务工人员的居住中心均偏离城市中心。

表 4-15　2015 年南京市主城区进城务工人员居住空间的单中心模型回归结果

模型类型	线性表达式	a	b	c	d	R^2 值	F 值	Sig.
线性模型	$Y(r)=a+br$	1.454×10^{-5}	-8.292×10^{-10}			0.343	924.5	0.000
Clark 模型	$Y(r)=a e^{br}$	1.455×10^{-5}	0.000			0.357	980.3	0.000
Newling 模型	$Y(r)=a e^{br+cr^2}$	1.902×10^{-5}	-2.202×10^{-9}	8.195×10^{-14}		0.395	577.1	0.000
Cubic 模型	$Y(r)=a+br+cr^2+dr^3$	2.330×10^{-5}	-4.466×10^{-9}	3.964×10^{-13}	-1.244×10^{-17}	0.419	424.4	0.000

* 资料来源:笔者自制

(4) 残差的全局空间自相关分析

分别对 2009 年和 2015 年南京市主城区进城务工人员的居住单中心模型的回归残差进行全局空间自相关分析,以判别是否存在正的空间自相关,可以看出:

2009 年和 2015 年这一群体居住单中心模型回归残差的全局 Moran 指数 I 均为正值,且 P-value 值均为 0.000 0(表 4-16),表明 2009 年和 2015 年均存在实际居住密度比单中心模型预测值要高的统计单元集聚,即可能还存在第二高值点。但 2015 年的全局 Moran 指数 I 小于 2009 年(-0.023),说明单中心模型残差的空间关联性在减弱。

表 4-16　进城务工人员居住单中心模型残差的全局 Moran 指数 I 统计表（2009 年和 2015 年）

参数	全局 Moran 指数 I	P-value 值
2009 年	0.893 0	0.000 0
2015 年	0.870 0	0.000 0

* 资料来源：笔者自制

(5) 残差的局部空间自相关分析

进一步应用局部空间自相关公式，计算 2009 年和 2015 年南京市进城务工人员居住空间的残差局部自相关 Moran 指数 I（LISA），并采用 ArcGis 聚类分布制图；在 5‰ 和 5% 的显著性水平下，将所有空间单元分为高—高关联、低—高关联、低—低关联、高—低关联四种空间关联类型，并列出高—高关联的 LISA 值；同时根据 LISA 的定义，取 LISA 值最大的作为第二高值点，可以看出，2009 年和 2015 年南京市进城务工人员居住的残差局部自相关有如下特征：

① 中心区南部的秦淮区、内城外缘西部和西北部的鼓楼区部分街道共同构成了 2009 年进城务工人员居住残差的高—高关联区；而低—低关联区分布在主城区各圈层的东南部，包括秦淮区、玄武区和建邺区（图 4-12 左）；同时，主城区西北部的空间单元 GL12-2（属于鼓楼区建宁路街道）LISA 值最高，可初步判别为 2009 年主城区进城务工人员居住空间的第二高值点（表 4-17）。

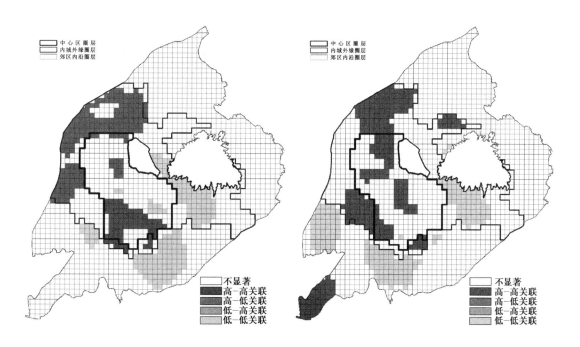

图 4-12　进城务工人员居住空间单中心回归残差的局部 Moran 关联类型图（左：2009 年；右：2015 年）

* 资料来源：笔者自制

表 4-17 2009 年南京市主城区进城务工人员居住单中心残差的高—高关联单元 LISA 值

圈层	单元	LISA 值	P-value 值	单元	LISA 值	P-value 值	单元	LISA 值	P-value 值
城市中心	QH02-3	14.900 4	0.000 0	QH02-10	14.807 0	0.000 0	QH07-8	15.865 3	0.000 0
	QH02-4	14.341 7	0.000 0	QH02-12	13.310 7	0.000 0	QH07-9	14.281 3	0.000 0
	QH02-5	15.256 1	0.000 0	QH07-2	11.852 2	0.000 0	QH07-11	17.012 0	0.000 0
	QH02-6	16.541 4	0.000 0	QH07-3	10.810 0	0.000 0	QH07-12	15.987 1	0.000 0
	QH02-7	15.602 7	0.000 0	QH07-4	14.354 2	0.000 0	QH07-13	11.616 3	0.000 0
	QH02-8	15.337 61	0.000 0	QH07-5	13.740 2	0.000 0	QH07-15	10.966 5	0.000 0
	QH02-9	15.676 0	0.000 0	QH07-7	14.626 8	0.000 0			
内城外缘	GL06-10	11.037 5	0.000 0	GL12-5	18.122 4	0.000 0	GL13-13	11.670 2	0.000 0
	GL08-9	10.906 2	0.000 0	GL12-6	19.876 0	0.000 0	GL13-15	12.352 9	0.000 0
	GL08-19	11.291 8	0.000 0	GL12-7	15.847 8	0.000 0	GL13-16	13.562 6	0.000 0
	GL08-24	13.908 8	0.000 0	GL13-4	12.115 5	0.000 0	GL13-17	13.579 6	0.000 0
	GL08-26	11.697 6	0.000 0	GL13-6	11.446 1	0.000 0	GL13-18	11.070 0	0.000 0
	GL12-1	21.718 8	0.000 0	GL13-7	11.661 8	0.000 0	GL13-19	10.978 5	0.000 0
	GL12-2	24.301 0	0.000 0	GL13-10	12.780 3	0.000 0	GL13-20	14.145 6	0.000 0
	GL12-3	18.779 8	0.000 0	GL13-11	12.844 0	0.000 0	GL13-21	13.379 5	0.000 0
	GL12-4	15.743 0	0.000 0	GL13-12	12.863 8	0.000 0	GL13-24	11.002 4	0.000 0

表中仅列出 P-value 值为 0.000 0，Z-Score 值大于 10 的空间单元

* 资料来源：笔者自制

② 中心区和内城外缘南北各区的部分街道，以及郊区内沿西南部的沙洲街道共同构成了进城务工人员居住残差的高—高关联区；而低—低关联区集中分布于内城外缘和郊区内沿南部的玄武区、秦淮区和建邺区部分街道（图 4-12 右）；同时，主城西北部的空间单元 GL05-16（属于鼓楼区中央门街道）LISA 值最高，可初步判别为 2015 年主城区进城务工人员的居住空间第二高值点（表 4-18）。

表 4-18 2015 年南京市主城区进城务工人员居住单中心残差的高—高关联单元 LISA 值

圈层	单元	LISA 值	P-value 值	单元	LISA 值	P-value 值	单元	LISA 值	P-value 值
城市中心	QH01-4	11.309 6	0.000 0	GL05-8	15.829 1	0.000 0	GL05-18	16.992 3	0.000 0
	QH01-5	13.994 8	0.000 0	GL05-9	10.186 1	0.000 0	GL05-19	20.625 2	0.000 0
	QH01-6	12.632 8	0.000 0	GL05-10	21.677 8	0.000 0	GL05-20	15.812 8	0.000 0
	QH01-9	13.318 7	0.000 0	GL05-11	21.733 5	0.000 0	XW01-2	11.607 9	0.000 0
	QH01-10	10.002 2	0.000 0	GL05-12	21.717 0	0.000 0	XW01-5	13.253 5	0.000 0
	GL05-2	14.482 3	0.000 0	GL05-13	17.020 8	0.000 0	XW01-8	14.764 4	0.000 0
	GL05-3	12.229 1	0.000 0	GL05-14	13.490 4	0.000 0	XW01-9	12.615 7	0.000 0
	GL05-5	16.273 9	0.000 0	GL05-15	22.631 2	0.000 0	XW01-11	12.067 0	0.000 0
	GL05-6	18.505 8	0.000 0	GL05-16	22.663 7	0.000 0			
	GL05-7	20.158 2	0.000 0	GL05-17	17.768 0	0.000 0			

(续表)

圈层	单元	LISA 值	P-value 值	单元	LISA 值	P-value 值	单元	LISA 值	P-value 值
内城外缘	QH08-10	10.596 2	0.000 0	JY01-10	13.675 4	0.000 0	JY01-20	15.985 9	0.000 0
	GL12-2	11.979 5	0.000 0	JY01-11	15.949 1	0.000 0	JY01-21	15.202 1	0.000 0
	GL12-5	13.209 1	0.000 0	JY01-12	15.806 5	0.000 0	JY01-22	12.743 9	0.000 0
	GL12-6	13.121 7	0.000 0	JY01-13	15.851 2	0.000 0	JY01-24	16.121 3	0.000 0
	GL12-8	10.352 8	0.000 0	JY01-14	14.336 8	0.000 0	JY01-25	17.060 2	0.000 0
	GL12-9	12.903 1	0.000 0	JY01-15	12.259 1	0.000 0	JY01-26	14.069 7	0.000 0
	GL12-10	10.490 5	0.000 0	JY01-17	17.759 6	0.000 0	JY01-27	11.522 5	0.000 0
	JY01-8	12.276 1	0.000 0	JY01-18	19.935 9	0.000 0	JY01-28	12.520 8	0.000 0
	JY01-9	11.861 8	0.000 0	JY01-19	18.025 2	0.000 0	JY01-29	11.194 7	0.000 0

表中仅列出 P-value 值为 0.000 0,Z-Score 值大于 10 的空间单元

*资料来源:笔者自制

(6) 多中心的空间影响检验

在判定第一居住中心和第二高值点为待选中心的基础上,用多中心模型检验第二高值点是否为居住次中心。具体运用 ArcGIS 提取出各空间单元的中心到第一中心(2009 年为空间单元 QH02-8,2015 年为空间单元 QH10-8)的距离 r_1,以及各空间单元中心到第二高值点(2009 年为空间单元 GL12-2,2015 年为空间单元 GL05-16)中心的距离 r_2;然后根据上述多中心模型并利用 SPSS 的回归分析,分别对 2009 年和 2015 年南京市主城区进城务工人员的居住密度残差进行参数回归检验,发现 2009 年和 2015 年的回归均通过了检验,其回归系数 R^2 值分别为 0.438 和 0.395,因此可将 2009 年的待选空间单元(GL12-2)和 2015 年的待选空间单元(GL05-16)判定为具有整体影响力的另一个中心。

从回归参数表 4-19 中还可看出:2009—2015 年间参数 a_1 和 a_2 的估算绝对值和标准误差均有所降低,表明 2009 年的这个居住中心在集聚人口方面大于 2015 年;同样,2009 年参数 b_1 和 b_2 的绝对值相差无几,而 2015 年则大幅度下降(从 6.313×10^{-10} 减少至 3.050×10^{-10}),说明 2009—2015 年间上述两个中心的影响力在不断下降,即 2015 年识别出的该居住中心对主城务工人员分布的影响力较小。

表 4-19　2009—2015 年进城务工人员居住空间的多中心模型参数估计值

	参数		a_1	b_1	a_2	b_2
2009 年	估算		−2.154	3.160×10^{-10}	2.154	-3.163×10^{-10}
	标准误差		6.682	0.000	6.682	0.000
	95% 置信区间	下限	−15.259	-1.606×10^{-9}	−10.951	-2.242×10^{-9}
		上限	10.951	2.238×10^{-9}	15.259	1.609×10^{-9}
2015 年	估算		1.221	-6.313×10^{-10}	−1.221	3.050×10^{-10}
	标准误差		7.381	0.000	7.381	0.000
	95% 置信区间	下限	−13.255	-8.117×10^{-9}	−15.697	-3.312×10^{-9}
		上限	15.697	6.854×10^{-9}	13.255	3.922×10^{-9}

*资料来源:笔者自制

(7) 待选多中心的再识别(第一次)

再次应用空间自相关法,分别对 2009 年和 2015 年南京市主城区进城务工人员的居住多中心模型的回归残差进行全局空间自相关分析(表 4-20),可以看出:2009 年和 2015 年这一群体居住多中心模型回归残差的全局 Moran 指数 I 分别为 0.865 1 和 0.865 3,且 P-value 值均为 0.000 0,表明 2009 年和 2015 年均有可能存在着另一个高值点;同时 2015 年的全局 Moran 指数 I 大于 2009 年(0.000 2),说明多中心模型残差的空间关联性呈微弱增强特征。然后,进一步应用局部空间自相关公式,计算 2009 年和 2015 年南京市主城区进城务工人员居住残差的局部自相关 Moran 指数 I(LISA),从而形成高—高关联的空间单元。

表 4-20 进城务工人员居住多中心模型残差的全局 Moran 指数 I 统计表(2009 年和 2015 年)

参数	全局 Moran 指数 I	P-value 值
2009 年	0.865 1	0.000 0
2015 年	0.865 3	0.000 0

*资料来源:笔者自制

可以看出,2009 年和 2015 年南京市进城务工人员居住多中心的残差局部自相关有如下特征:2009 年进城务工人员居住多中心的残差高—高关联区主要分布在中心区南部的秦淮区以及内城外缘西部鼓楼区和北部玄武区的部分街道;而低—低关联区散布于主城区各圈层偏南的部分街道(图 4-13 左);同时,LISA 值最高的空间单元仍位于主城区中南部的秦淮区洪武路街道(QH02-8),并与第一居住中心重叠,但仍可将其判别为 2009 年主城区进城务工人员居住空间的第三高值点。

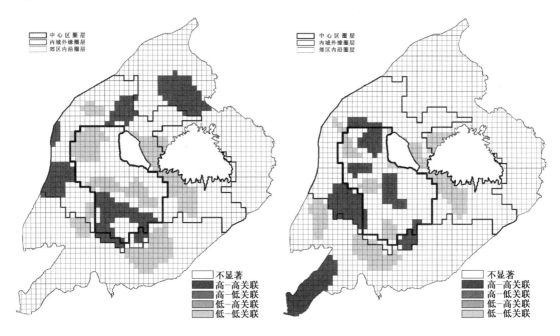

图 4-13 进城务工人员居住空间第一次多中心回归残差的局部关联类型图(左:2009 年;右:2015 年)

*资料来源:笔者自制

与之相比,2015年进城务工人员居住多中心的残差高—高关联区主要散布于主城西部和南部各圈层的街道中,低—低关联区的分布则更加松散(图4-13右);同时,主城西南部空间单元JY01-18(属于建邺区莫愁湖街道)的LISA值最高,可初步判别为2015年主城区进城务工人员的居住空间第三高值点(表4-21)。

表4-21 2015年南京市主城区进城务工人员多中心回归残差的高—高关联单元LISA值(第一次)

圈层	单元	LISA值	P-value值	单元	LISA值	P-value值	单元	LISA值	P-value值
城市中心	QH01-5	16.319 1	0.000 0	QH10-6	18.008 7	0.000 0	QH10-10	17.935 7	0.000 0
	QH10-3	16.084 6	0.000 0	QH10-7	17.647 7	0.000 0	QH10-11	17.221 5	0.000 0
	QH10-4	15.027 8	0.000 0	QH10-8	17.144 1	0.000 0	QH10-14	16.754 3	0.000 0
内城外缘	JY01-4	16.825 6	0.000 0	JY01-13	19.927 9	0.000 0	JY01-20	18.989 1	0.000 0
	JY01-8	17.761 8	0.000 0	JY01-14	19.114 2	0.000 0	JY01-21	18.874 5	0.000 0
	JY01-9	18.280 3	0.000 0	JY01-15	17.534 7	0.000 0	JY01-22	16.786 6	0.000 0
	JY01-10	15.229 7	0.000 0	JY01-17	18.720 2	0.000 0	JY01-24	16.257 4	0.000 0
	JY01-11	18.339 2	0.000 0	JY01-18	21.665 1	0.000 0	JY01-25	17.759 6	0.000 0
	JY01-12	18.997 7	0.000 0	JY01-19	20.417 0	0.000 0	JY01-26	15.255 4	0.000 0

表中仅列出P-value值为0.0000,Z-Score值大于15的空间单元

*资料来源:笔者自制

(8)多中心空间的残差检验(第一次)

在判定第一和第二居住中心为待选中心的基础上,再次用多中心模型检验第三高值点。具体运用ArcGIS提取出各空间单元的中心到第一中心(2009年为空间单元QH02-8,2015年为空间单元QH10-8)距离r_1,各空间单元中心到第二中心(2009年为空间单元GL12-2,2015年为空间单元GL05-16)中心的距离r_2,以及各空间单元中心到第三高值点(2009年为空间单元QH02-8,2015年为空间单元JY01-18)中心的距离r_3;然后根据上述多中心模型并利用SPSS的回归分析,分别对2009年和2015年南京市主城区进城务工人员的居住多中心残差进行参数回归检验,发现2009年和2015年的回归均通过检验,其回归系数R^2值分别为0.545和0.408,因此可将2009年的待选空间单元(QH02-8)和2015年的待选空间单元(JY01-18)判定为具有整体影响力的另一个中心。

从回归参数表4-22中还可看出:2009年参数a_1、a_2和a_3的绝对值逐步递减,尤其a_1和a_2之间(差值为0.96)的差距较大,而a_2和a_3的差值则甚微,表明2009年识别出的第一个居住中心对务工人员的集聚作用较其他中心更高,也可能是其第三个中心与第一中心相重合的缘故;2015年亦如此(参数绝对值$a_1>a_2>a_3$),表明其第一个中心的集聚力依然最高,且其参数a_1和a_2均大于2009年,说明进城务工人员的中心密度又有微弱提高;同时,2009年参数b(b_3因主中心与第三个中心重叠可忽略)的绝对值下降率远大于2015年,也从侧面反映出2009—2015年的第二和第三居住中心对务工人员分布的影响力依旧较低。

表 4-22　2009—2015 年进城务工人员居住空间的多中心模型残差参数估计值(第一次)

	参数		a_1	b_1	a_2	b_2	a_3	b_3
2009年	估算		−1.934	$4.010×10^{-7}$	0.974	$−7.495×10^{-10}$	0.969	$8.006×10^{-7}$
	标准误差		22.931	0.000	7.682	0.000	19.685	0.000
	95%置信区间	下限	−46.918	$−4.870×10^{-6}$	−14.092	$−1.235×10^{-8}$	−37.638	$−8.456×10^{-6}$
		上限	43.032	$5.672×10^{-6}$	16.040	$1.085×10^{-8}$	39.577	$1.006×10^{-5}$
2015年	估算		1.948	$−1.967×10^{-10}$	−1.025	$2.375×10^{-10}$	0.923	$4.511×10^{-10}$
	标准误差		10.968	0.000	8.061	0.000	10.218	0.000
	95%置信区间	下限	−19.563	$−2.372×10^{-9}$	−16.834	$−3.420×10^{-9}$	−20.964	$−9.341×10^{-9}$
		上限	23.459	$1.979×10^{-9}$	14.785	$3.895×10^{-9}$	19.118	$1.024×10^{-8}$

*资料来源:笔者自制

(9)待选多中心的再识别(第二次)

再次应用空间自相关法,分别对 2009 年和 2015 年南京市主城区进城务工人员的居住多中心模型的回归残差第二次进行全局空间自相关分析(表 4-23),可以看出:2009 年和 2015 年居住多中心模型回归残差的全局 Moran 指数 I 分别为 0.837 8 和 0.864 6,且 P-value 值均为 0.000 0;同时 2015 年的全局 Moran 指数 I 大于 2009 年(0.026 8),说明多中心模型残差的第二次空间关联性呈较明显的增长特征。然后,进一步应用局部空间自相关公式,计算 2009 年和 2015 年南京市主城区进城务工人员居住多中心残差的第二次局部自相关 Moran 指数 I(LISA),绘制形成高—高关联的空间分布图。

表 4-23　进城务工人员居住多中心残差第二次的全局 Moran 指数 I 统计表(2009 年和 2015 年)

参数	全局 Moran 指数 I	P-value 值
2009 年	0.837 8	0.000 0
2015 年	0.864 6	0.000 0

*资料来源:笔者自制

可以看出,2009 年和 2015 年南京市进城务工人员居住多中心的残差局部(第二次)自相关有如下特征:

2009 年进城务工人员居住多中心的残差(第二次)高—高关联区主要分布在内城外缘南部和西部的秦淮区和鼓楼区,以及郊区内沿南部雨花台区的部分街道;而低—低关联区主要分布于主城区中部偏北的部分街道(图 4-14 左);同时,2009 年主城区中南部的空间单元 QH02-6(属于秦淮区洪武路街道)LISA 值最高,可判别为进城务工人员居住空间的第四高值点。

2015 年进城务工人员居住多中心的残差(第二次)高—高关联区和低—低关联区分布均同第一次居住多中心的残差分析相似,说明 2015 年务工人员多中心居住空间关联的变化不大(图 4-14 右);而且,2015 年 LISA 值最高的空间单元仍为主城区东南部的 QH10-8(属

4 空间集聚演化:南京市主城区进城务工人员居住结构变迁

于秦淮区秦虹街道),即为进城务工人员居住空间的第四高值点。

(10) 多中心空间的残差检验(第二次)

在判定第一、第二、第三居住中心和第四高值点为待选中心的基础上,用多中心模型检验此高值点是否为另一个居住次中心。具体应用 ArcGIS 提取出各空间单元的中心到第一中心(2009 年为空间单元 QH02-8,2015 年为空间单元 QH10-8)的距离 r_1,到第二中心(2009 年为空间单元 GL12-2,2015 年为空间单元 GL05-16)的距离 r_2,到第三中心(2009 年为空间单元 QH02-8,2015 年为空间单元 JY01-18)的距离 r_3,以及各空间单元中心到第四高值点(2009 年为空间单元 QH02-6,2015 年为空间单元 QH10-8)的距离 r_4;然后根据上述多中心模型并利用 SPSS 的回归分析,分别对 2009 年和 2015 年南京市主城区进城务工人员的居住密度残差进行参数回归检验,发现:2009 年和 2015 年的回归均未通过检验,中心识别过程就此结束。这表明 2009 年和 2015 年的待选空间单元虽已形成一定的集聚现象,但仍未形成具有影响力的中心。

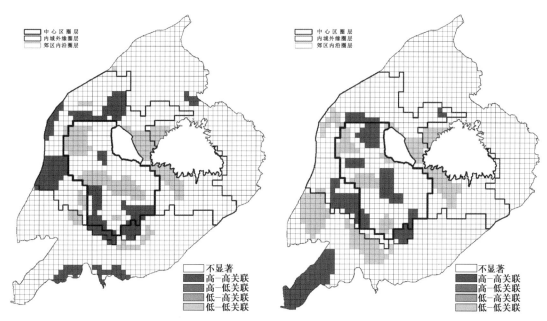

图 4-14 进城务工人员居住空间第二次多中心回归残差的局部关联类型图(左:2009 年;右:2015 年)

* 资料来源:笔者自制

(11) 居住空间中心识别结果

2009 年和 2015 年南京市主城区进城务工人员的居住中心识别结果如下(表 4-24):

2009 年识别出的进城务工人员居住中心有 3 个(图 4-15 左),即位于中心区圈层属于洪武路街道(QH02-8 空间单元)的主中心和位于内城外缘圈层属于建宁路街道(GL12-2 空间单元)的次中心,以及另一个仍然位于洪武路街道且空间单元(QH02-8)重叠的次中心。具体而言,如表 4-22 所示,第一居住中心(位于洪武路街道内)的参数 a 值要明显大于其他两个中心,成为务工人员居住密度大于其他中心的居住主中心,而且该主中心参数 b 的绝对值也远大于第二居住中心,表明位于建宁路街道的居住中心对务工人员的集聚力和居住分布的影响力均很小。此外,因第三居住中心与主中心相叠合,进一步加强了洪武路街道居住主中心的集聚和影响作用。由此说明,2009年进城务工人员虽形成了"一主一次"的居住双中心结构,但正在成长的次中心集聚程度尚弱,因此基本上仍然是一足鼎立的结构体系。

表 4-24　2009—2015 年进城务工人员居住中心的识别结果比较

	识别过程	识别高值点	居住中心	区位	影响程度
2009年居住中心	单中心	QH02-8	QH02-8	位于中心区圈层南部的洪武路街道	强影响
	单中心残差	GL12-2	GL12-2	位于内城外缘圈层西北部的建宁路街道	弱影响
	多中心残差（第一次）	QH02-8	QH02-8	位于中心区圈层中南部的洪武路街道	叠加影响
	多中心残差（第二次）	QH02-6	检验未通过,无中心	无	
2015年居住中心	单中心	QH10-8	QH10-8	位于中心圈层南部的双塘街道	强影响
	单中心残差	GL05-16	GL05-16	位于中心圈层北部的中央门街道	强影响
	多中心残差（第一次）	JY01-18	JY01-18	位于内城外缘圈层西南部的莫愁湖街道	强影响
	多中心残差（第二次）	QH08-4	检验未通过,无中心	无	

＊资料来源:笔者自制

2015年亦识别出3个进城务工人员的居住中心(图 4-15 右),分别是位于中心区圈层属于双塘街道(QH10-8 空间单元)的第一居住中心和属于中央门街道(GL05-16 空间单元)的第二居住中心,以及位于内城外缘圈层属于莫愁湖街道(JY01-8 空间单元)的第三居住中心。具体而言,如表 4-22 所示,属于双塘街道的居住中心参数 a 值略大于其他两个中

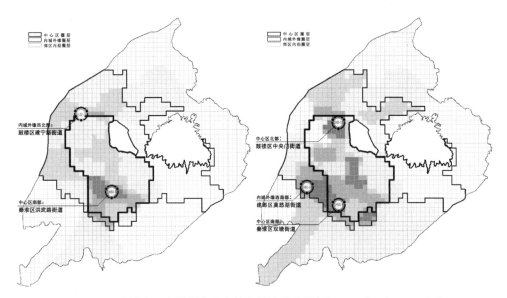

图 4-15　进城务工人员居住中心结构的演化比较(左:2009 年;右:2015 年)

＊资料来源:笔者自制

心,说明该街道内务工人员的集聚大于其他两个中心,成为该群体的居住主中心且影响力较强;而参数 b 的绝对值正好相反,其在三个居住中心内依次增加,说明务工人员的居住密度曲线也在逐渐变得更陡,这意味着务工人员的向心集聚力不断增强,对主城区进城务工人员整体的居住分布影响力持续增大。由此表明,2015 年进城务工人员的三个居住中心不仅存在主次之别,而且其吸引和影响务工人员集聚的作用均较大,从而在主城区已形成"一主两副"的居住多中心结构体系。

4.4.3 进城务工人员居住中心的演化特征

对比分析 2009 年和 2015 年南京市主城区进城务工人员的居住中心结构,发现:

整体来看,2009—2015 年间南京市主城区进城务工人员的居住空间结构从强弱分明的主副"双中心"结构逐渐演化为影响较均衡的一主双副"多中心"结构,发生了显著的结构性变化,说明此六年间主城区已形成了多中心的进城务工人员居住空间结构;同时,各居住中心在空间上也发生了部分区位变化,2009—2015 年间务工人员居住主中心虽仍位于中心区圈层南部的秦淮区,但已由老城中心的洪武路街道南移至老城边缘的双塘街道,更加远离新街口商务中心 CBD,2009 年的次中心则由内城外缘建宁路街道内迁至中心区圈层的中央门街道,且 2015 年在内城外缘西南的莫愁湖街道又形成另一个影响力较高的居住次中心。由此表明,2009—2015 年南京市主城区进城务工人员的居住中心区呈现出"结构多元"与"空间南移"的演化特征。

究其原因,2009 年洪武路街道恰好位于已有学者研究过的南京城市中心区圈核结构中的阴影圈层(阴影区)[①],即因城市中心区主核圈层与亚核圈层的双重阴影效应而共同作用形成,并在用地功能(附属用地、商住混合用地等占比较高)和空间形态(建筑体量、高度、质量等方面)上表现出明显衰弱现象的地区,可为务工人员在中心区集聚提供较多的就业机会(以服务业为主)和相对适宜的居住机会(城市老旧的居住小区),从而吸引了大量务工人员聚居于此并形成中心;而建宁路街道不但是南京市贯通南北及跨江发展的重要交通枢纽,集聚有众多物流企业(包括西站货场、联运公司、中铁快运等),还是以往南京工人新村的集中建设地等居住集聚地,适合大量务工人员在此居住与工作;但由于地处老城外围与主城西北边缘地带,其周边的幕府山、小市等街道同样拥有大量适于务工人员择居的城中村或老旧住区且彼此空间距离差异较小,而致使该居住次中心的比较优势和集聚效应较弱。

到 2015 年,受到城市经济转型、住房体制改革不断深化以及城市发展战略调整的影响,南京市老城区的居住用地大多被置换或更新(出现许多酒店式公寓和封闭式住区),且尤以老城南地区为主,致使符合务工人员居住标准的"洼地"(租金相对较低且交通条件优越)不断外推至老城边缘,而三四类居住用地较为集中的双塘街道(中华门内长乐路附近)和中央门街道(中央门以北地区)重新成为了该群体的集聚中心;而位于河西地区的江东和莫愁湖

---

① 杨俊宴,史北祥.城市中心区圈核结构模式的空间增长过程研究:对南京中心区 30 年演替的定量分析[J].城市规划,2012,36(9):29-38.

街道作为1995版"总规"中接纳城市新增人口和疏散老城人口的生活居住区,不仅集聚了大量中产阶层人群,也同样是许多中低收入工薪阶层和外来务工人员的集聚地(如南部中保村至南湖地区),而且该地区也接近外来工的独立型就业中心[①];此外,2015年"一主两副"的务工人员居住中心因各自吸引与集聚的人群在职业(如莫愁湖街道以大市场就业为主)和方向(如双塘街道以原先老城南务工人员居多)上存在分异,也都成为了对进城务工人员分布存在一定影响的独立集聚中心。

4.5 本章小结

本章旨在从整体视角分析进城务工人员居住空间结构的特征和演化。首先通过梳理和借鉴国内外相关人口数据空间化的分析方法,将本研究中的传统行政街道单元转换为空间格网单元,以期更加准确真实地反映进城务工人员空间分布特征;然后,采用一系列空间集聚的定量研究方法,对进城务工人员的居住集聚进行判别与测度;并以此为基础,通过"居住空间集聚分区的演化"和"居住空间中心的演化"两方面来探讨进城务工人员居住空间的结构性特征。其主要结论包括:

(1) 居住空间单元转换

为更加准确真实地把握进城务工人员的居住密度空间分布,本书借鉴以往学者提出的人口空间格网化技术,对南京市主城区以行政区划为基础的街道单元和数据进行格网化转换,以矫正传统人口密度研究通常存在的数据空间不连续和突变失真现象。具体通过选择合适的格网数据转换方法(格网单元面积权重内插法),以及适宜的格网大小(采用空间自相关法检验与确定),来最终确定由 400 m×400 m 的空间格网作为本次研究的基准空间单元(宏观层面)。

(2) 居住空间集聚度呈"微弱增长"的演化特征

基于空间格网转化后的居住单元和数据,采用集中度、不均衡指数和洛伦兹曲线对进城务工人员的居住集聚进行综合的集聚度判别,具体表现为:①2009年南京市主城区进城务工人员的居住空间总体呈"中低度集聚"的特征,且集聚度在主城各圈层由内而外呈现不断增长的趋势;②2015年进城务工人员的居住空间总体呈"中度集聚"的特征,在主城各圈层中则呈现出居住集聚度从内向外先增后降的趋势。

在动态演化上,2009—2015年进城务工人员的居住空间集聚度呈"微弱增长"的演化特征。其中,主城中心区和郊区内沿圈层的居住空间集聚正逐步呈现下降趋势,而内城外缘圈层则更加集聚。

(3) 居住空间集聚分区呈空间收缩的"向心式"演化特征

引入"密度指数"与"比重指数"对进城务工人员的居住空间集聚区进行综合定量分析,其表现出:①2009年南京市主城区进城务工人员的中高度集聚区呈"半环+扇形"的空间分布特征,其中高度集聚区多位于中心区和内城外缘圈层;②2015年进城务工人员的中高度

---

① 王慧.大城市外来务工人员就业空间演变:以南京主城区为实证[D].南京:东南大学,2018:109-111.

集聚区呈"半环＋团块"的空间结构特征,其高度集聚区完全集中于中心区和内城外缘圈层。

在动态演化上,2009—2015年进城务工人员的居住空间呈现出"结构微调＋空间收缩"的"向心式"演化特征。其中,中心区圈层的中高度集聚空间基本保持稳定,内城外缘圈层则呈"东移＋南缩"的演化特征,即务工人员的居住空间高度集聚于老城及其主城西部的近郊区域。

(4) 居住空间中心结构呈"多元＋南迁"的演化特征

采用空间自相关法,对主城区进城务工人员的居住中心进行识别与提取,以更深层次的解析该群体的居住空间结构,具体表现为:①2009年存在3个进城务工人员居住中心,并在主城区中南部和西北部形成了一主一副的"双中心"居住空间结构;②2015年亦形成了3个进城务工人员的居住中心,且在主城西南和西部亦形成了一主双副的"多中心"居住空间结构。

在动态演化上,2009—2015年进城务工人员居住中心的结构体系出现多元化,由原本主次分明的"双中心"结构演化为各中心差异较小的"多中心"结构;在空间分布上,2009—2015年务工人员的居住中心距离城市中心(新街口CBD)更远,且整体呈现向主城南部迁移的演化特征。主要原因是2009—2015年在城市的空间发展策略和产业经济转型等因素的影响下,主城区内不断进行空间优化升级改造和产业外迁与细化,致使适合进城务工人员居住并集聚的空间不断被挤压、排斥,并因就业空间的集聚与外迁,最终形成了进城务工人员居住中心不仅外移且分裂为多个独立中心的空间结构体系。

5 空间分异演化：南京市主城区进城务工人员居住结构变迁

居住空间作为城市物质空间的重要组成部分,其空间分异是居民差异化的择居决策与城市现实条件合力在空间分布上的反映。目前我国各类城市,特别是大城市的居住分异现象已经变得相当普遍,而在择居上面临更多局限和障碍的进城务工人员亦不例外,同样会在个体内部因素和城市外部条件的共同作用下形成居住分异格局,这也是第4章居住空间集聚研究的必要补充和进城务工人员居住的另一面。故本书以2009年和2015年南京市主城区进城务工人员的大抽样调查数据为基础,依然以400 m×400 m的格网作为研究单元,对这一群体的居住空间分异及其演化规律进行分析。

5.1 研究思路与指标因子遴选

5.1.1 研究思路与技术路线

根据目前国内外人口分异研究的量化思路,首先要确定一个较为完备的进城务工人员居住空间分异的指标体系;然后,运用因子生态分析方法[①]并采用SPSS数据分析软件,分别对2009年和2015年进城务工人员的居住空间分异现象进行量化研究(研究分析框架如图5-1),具体步骤为"构建指标因子体系—单因子分析—主因子分析—社会区分析";最后,通过对2009年和2015年进城务工人员空间分异特征的对比分析,来多轮次探讨其居住空间分异的演化规律。

5.1.2 指标因子遴选

根据上述研究思路,以及2009年和2015年南京市主城区进城务工人员的调查数据,确立本次分异评估的各级指标因子(表5-1),其中包含进城务工人员的社会属性、经济属性和

---

① 因子分析(Factor Analysis)已成为被普遍接受的量度城市社会空间差异这一复杂问题的好方法(诺克斯等,2005)。该方法主要是一种归纳手段,用以分析各种社会、经济、人口和住房特征之间的相互关系。从本质上讲,因子分析的基本目的是用少数几个因子(即可以被看作是一类识别具有相似的变化模式的成组变量的概括和综合技术,是一种新的混合变量形式)去描述许多指标或因素之间的联系,即将相关比较密切的几个变量归在同一类中,每一类变量就成为一个因子,以较少的几个因子反映原资料的大部分信息。而因子所描述的相关关系和空间模式被统称为因子生态(Facotr Ecology)。

5 空间分异演化:南京市主城区进城务工人员居住结构变迁

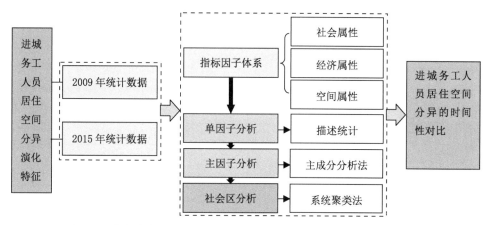

图 5-1　南京市主城区进城务工人员居住空间的分异演化特征研究思路
＊资料来源:笔者自制

空间属性,并剔除了因研究对象的局限性而可能带来的误差选项(包括性别、年龄等),从而整理出一套较准确和完备的指标体系,初步形成 41×58 的数据矩阵,以便下一步的统计分析。

表 5-1　本书选取的指标体系表

种类	一级变量	二级变量	
空间属性	人口密度	1. 人口密度(万人/km²)	2. 社会集聚度(%)
社会属性	来宁时间	3. 一年以下比例(%)	4. 一年到三年比例(%)
		5. 三年到五年比例(%)	6. 五年以上比例(%)
	来源地	7. 江苏其他市比例(%)	8. 浙江比例(%)
		9. 安徽比例(%)	10. 江西比例(%)
		11. 河南比例(%)	12. 山东比例(%)
		13. 四川比例(%)	14. 湖北比例(%)
		15. 福建比例(%)	
	文化程度	16. 中等以上教育人员比例(%)	17. 初等教育人员比例(%)
		18. 低等教育人员比例(%)	19. 文盲率(%)
经济属性	职业构成	20. 白领职业比例(%)	21. 商业服务业人员比例(%)
		22. 农林牧渔水利人员比例(%)	23. 生产运输设备操作人员比例(%)
	不在业	24. 失业率(%)	
	收入	25. 低于 500 元比例(%)	26. 500～1 500 元比例(%)
		27. 1 500～2 500 元比例(%)	28. 2 500～5 000 元比例(%)
		29. 5 000 元以上比例(%)	30. 家庭平均月收入(元)

(续表)

种类	一级变量	二级变量	
居住空间属性	户均人数	31. 户均人数(人)	
	住房面积	32. 人均5 m²以下比例(%)	33. 人均5～10 m²比例(%)
		34. 人均10～25 m²比例(%)	35. 人均25 m²以上比例(%)
		36. 人均面积(m²/人)	
	居住方式	37. 工地现场比例(%)	38. 集体宿舍比例(%)
		39. 宾馆旅店比例(%)	40. 亲友家中比例(%)
		41. 租赁房屋比例(%)	42. 其他(自购)比例(%)
	厨房	43. 厨房室内自用比例(%)	44. 厨房室内公用比例(%)
		45. 厨房室外自用比例(%)	46. 厨房室外公用比例(%)
		47. 无厨房比例(%)	
	卫生间	48. 卫生间室内自用比例(%)	49. 卫生间室内公用比例(%)
		50. 卫生间室外自用比例(%)	51. 卫生间室外公用比例(%)
		52. 无卫生间比例(%)	
	自来水	53. 自来水室内自用比例(%)	54. 自来水室内公用比例(%)
		55. 自来水室外自用比例(%)	56. 自来水室外公用比例(%)
		57. 无自来水比例(%)	
	住房用途	58. 居住兼工作比例(%)	

变量解释:

社会集聚度	进城务工人员数量占总人口的比重
文化程度	中等以上教育包括高中、中专、大学专科及以上学历;初等教育指初中学历;低等教育指小学学历;文盲指没上过学
职业构成	白领职业包括国家机关、党群组织、企事业单位负责人、专业技术人员、办事人员和有关人员;商业服务业包括批发零售贸易餐饮业、金融、保险、房地产、社会服务;生产运输设备操作业包括制造业、建筑业、运输业

* 资料来源:吴晓,等.我国大城市流动人口居住空间解析:面向农民工的实证研究[M].南京:东南大学出版社,2010:63.

5.2 进城务工人员居住空间的单因子分析

5.2.1 居住单因子分析的方法

采用因子生态方法,对2009年和2015年南京市进城务工人员居住数据所形成41×58的矩阵进行预处理。因子分析的基本目的是用少数几个因子去描述许多指标或因素之间的联系,即:将关联性比较密切的变量归为同一类,以较少的因子反映原始数据资料的大部分信息,故其关联性取决于各指标或因素所形成的数据,而不同年份的数据之间往往会有明显差异,从而导致因子初步选取时的各种差别。

因此，本次研究根据预处理结果，并结合相关研究文献，综合选取出 2009 年和 2015 年各自的 18 个主要载荷变量(表 5-2)作为输入变量，它们的一级变量口径一致，分别代表了南京市进城务工人员的空间集聚、来宁时间、来源地、文化程度、职业构成、家庭收入、住房人均指标、居住方式、住房配套设施、住房用途等十方面的状况，也基本反映了南京市主城区进城务工人员的社会属性、经济属性和空间属性。

但 2009 年和 2015 年进城务工人员的原始数据由于存在着差异，在其二级变量的遴选上也略有不同，主要如下：

① 来源地方面，2015 年的二级变量"来自江苏其他市比例"取代了 2009 年的"来自四川省比例"。

② 文化程度方面，2015 年的二级变量增加了"中等以上教育人员比例"。

③ 居住方式方面，2015 年的二级变量"租赁房屋比例"代替了"工地现场比例"。

④ 住房配套设施方面，2015 年二级变量"自来水室内自用比例"取代了"自来水室外公用比例"，且 2015 年二级变量"厨房室外公用比例"已被剔除。

表 5-2　2009—2015 年选取的 18 个输入变量一览表

2009 一级变量	2009 二级变量	2009	2015	2015 二级变量	2015 一级变量
空间集聚	1. 社会集聚度	√	√	1. 社会集聚度	空间集聚
来宁时间	2. 一年以下比例	√	√	2. 一年以下比例	来宁时间
来源地	3. 来自安徽省比例	√	√	3. 来自安徽省比例	来源地
来源地	4. 来自四川省比例	√		4. 来自四川省比例	来源地
来源地	5. 来自江苏其他市比例		√	5. 来自江苏其他市比例	来源地
文化程度	6. 低等教育人员比例	√	√	6. 低等教育人员比例	文化程度
文化程度	7. 中等以上教育人员比例		√	7. 中等以上教育人员比例	文化程度
职业构成	8. 商业服务业人员比例	√	√	8. 商业服务业人员比例	职业构成
职业构成	9. 生产运输设备操作业人员比例	√	√	9. 生产运输设备操作业人员比例	职业构成
家庭收入	10. 家庭平均月收入	√	√	10. 家庭平均月收入	家庭收入
住房人均指标	11. 户均人数	√	√	11. 户均人数	住房人均指标
住房人均指标	12. 人均面积	√	√	12. 人均面积	住房人均指标
居住方式	13. 工地现场比例	√		13. 工地现场比例	居住方式
居住方式	14. 集体宿舍比例	√	√	14. 集体宿舍比例	居住方式
居住方式	15. 租赁房屋比例		√	15. 租赁房屋比例	居住方式
住房配套设施	16. 厨房室内自用比例	√	√	16. 厨房室内自用比例	住房配套设施
住房配套设施	17. 厨房室外公用比例	√		17. 厨房室外公用比例	住房配套设施
住房配套设施	18. 卫生间室内自用比例	√	√	18. 卫生间室内自用比例	住房配套设施
住房配套设施	19. 卫生间室外公用比例	√	√	19. 卫生间室外公用比例	住房配套设施
住房配套设施	20. 自来水室外公用比例	√		20. 自来水室外公用比例	住房配套设施
住房配套设施	21. 自来水室内自用比例		√	21. 自来水室内自用比例	住房配套设施

(续表)

一级变量	二级变量			二级变量	一级变量
住房用途	22. 居住兼工作地比例	√	√	22. 居住兼工作地比例	住房用途

备注:

社会集聚度	进城务工人员数量占总人口的比重
低等教育	小学学历
中等以上教育	高中学历及以上
商业服务业	包括批发零售贸易餐饮业、金融、保险、房地产、社会服务等
生产运输设备操作业	包括制造业、建筑业、运输业
家庭平均月均收入	根据问卷计算家庭月收入
户均人数	合住人数比户数
人均面积	住房面积比每户人数
租赁房屋	包括公有住房和商品房

* 资料来源：笔者自制

5.2.2 2009年进城务工人员居住的单因子分析

下面将以2009年进城务工人员的居住空间为主线，依据上文遴选出的18个单因子数据，来探讨进城务工人员在居住空间单元上的单因子分布规律(表5-3)。

表5-3 2009年进城务工人员居住单因子表①

社会集聚度	平均值:0.57‰	来宁一年以下比例	平均值:30.63%
(图)	总体特征:呈西高东低的"多核+半环"形式	(图)	总体特征:空间分布形式不明显
	结论:务工人员主要集聚在主城南北偏西的各圈层中		结论:来宁时间短的务工人员有限，但空间分异度较高
来自安徽省比例	平均值:28.54%	来自四川省比例	平均值:26.01%
(图)	总体特征:呈"多核+扇形"形式	(图)	总体特征:呈"散点+扇形"形式
	结论:来自安徽省的务工人员较少，且空间分异度一般		结论:来自四川省的务工人员较少，且空间分异度一般

---

① 该表将以各单元的因子得分最大值和最小值的差值为依据，对各单因子的分异度(Disparity)进行划分，即设定分异度在0~1之间，那么当分异度(缩写为D)=0时，表示因子各单元并无分异；0<D≤0.25表示分异度较低；0.25<D≤0.5表示分异度一般；0.5<D≤0.75表示分异度较高；D>0.75表示分异度高。

(续表)

低等教育人员比例	平均值:49.56%	家庭平均月收入	平均值:1 939.82元
	总体特征:呈南高北低的"多核+团块"形式		总体特征:呈西高东低的"多核+轴向"形式
	结论:小学文化程度的务工人员较多,且空间分异度较高		结论:务工人员家庭月收入在1 940元左右
生产运输设备操作业人员比例	平均值:39.01%	商业服务业人员比例	平均值:32.21%
	总体特征:呈中心向外围递增的"单核+圈层"形式		总体特征:呈由中心向外围递增的"多核+扇形"形式
	结论:从事生产运输设备操作业的务工人员已形成较大规模,且空间分异度较高		结论:从事商业服务业的务工人员已形成一定规模,且空间分异度较高
户均人数	平均值:3.63人	人均面积	平均值:20.66 m²/人
	总体特征:呈"散点+扇形"形式		总体特征:呈东南和西北显著较高的"双核+扇形"形式
	结论:务工人员户均人数在4人左右		结论:务工人员人均面积在20 m²/人左右
工地现场比例	平均值:14.98%	集体宿舍比例	平均值:65.03%
	总体特征:呈"双核+扇形"形式		总体特征:呈南北"轴向+散点"形式
	结论:居住于工地现场的务工人员较少,且空间分异度一般		结论:务工人员以居住于集体宿舍为主,且空间分异度较高

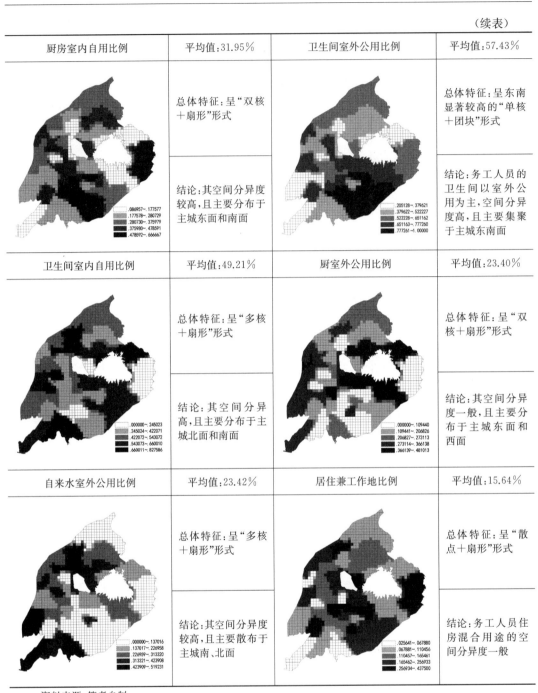

* 资料来源：笔者自制

5.2.3 2015年进城务工人员居住的单因子分析

同理，将上文遴选出的2015年进城务工人员的18个居住空间单因子数据进行分析，以探讨其在居住空间单元上的单因子分布规律(表5-4)。

5 空间分异演化:南京市主城区进城务工人员居住结构变迁

表 5-4 2015 年进城务工人员居住单因子表

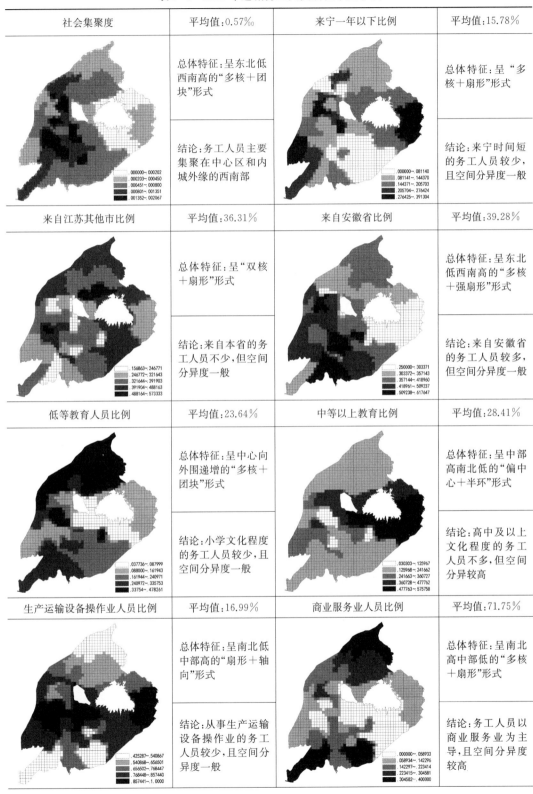

(续表)

家庭月均收入	平均值:4 702.71 元	人均面积	平均值:13.00 m²/人
	总体特征:呈西南高东北低的"多核+团块"形式		总体特征:呈北部显著较低的"多核+扇形"形式
	结论:务工人员的家庭月收入在 4 600 元左右		结论:务工人员的人均居住面积超过 10 m²/人
户均人数	平均值:3.51 人	集体宿舍比例	平均值:12.71%
	总体特征:呈"多核+扇形"形式		总体特征:呈中部高南北低的"双核+扇形"形式
	结论:务工人员的户均人数超过 3 人		结论::居住于集体宿舍的务工人员较少,且空间分异度一般
租赁房屋比例	平均值:73.41%	厨房室内自用比例	平均值:32.98%
	总体特征:呈"双核+团块"形式		总体特征:呈东南部显著较高的"多核+扇形"形式
	结论:务工人员以租赁房屋为主,且空间分异度较高		结论:其空间分异度较高,且基本集聚在主城东南面
卫生间室内自用比例	平均值:31.88%	卫生间室外公用比例	平均值:32.30%
	总体特征:呈南北低中部高的"多核+扇形"形式		总体特征:呈南北高东南低的"多核+扇形"形式
	结论:其空间分异度较高,且主要集聚在主城东面		结论:其空间分异度一般,主要集聚在主城北面及中南面

(续表)

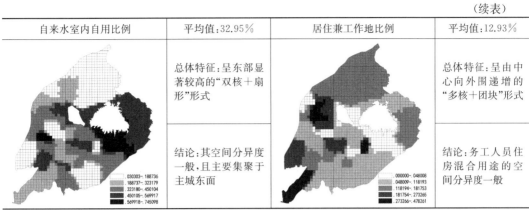

自来水室内自用比例	平均值:32.95%	居住兼工作地比例	平均值:12.93%
	总体特征:呈东部显著较高的"双核+扇形"形式		总体特征:呈由中心向外围递增的"多核+团块"形式
	结论:其空间分异度一般,且主要集聚于主城东面		结论:务工人员住房混合用途的空间分异度一般

* 资料来源:笔者自制

5.2.4 进城务工人员居住的单因子演化特征

如前所述,2009 年和 2015 年南京市主城区进城务工人员的居住分异评估覆盖了 18 项有局部差异的单因子,因此本节的重点是对其中相同的居住单因子展开比较分析,但仍然覆盖了进城务工人员的空间集聚、来宁时间、文化程度、职业构成、家庭收入、住房人均指标、居住方式、住房配套设施、住房用途等大部分状况,因此也基本反映了这一群体社会、经济和空间属性的演化规律。

(1)空间集聚

从表 5-5 可看出,2009—2015 年间主城区进城务工人员的社会集聚度整体呈现出"微弱式的分解化"特征,其社会集聚度总体呈微弱下降趋势;其中主城北、西和南片区的社会集聚度有显著降低。

具体分析,中心区圈层除北部的中央门、宁海路和新街口街道外,其他街道的社会集聚度下降显著;内城外缘下降较明显的街道主要在北部和西部;而郊区内沿圈层社会集聚度减少的主要包括南部的兴隆、雨花街道,以及北部的燕子矶、迈皋桥和玄武湖街道——总之,进城务工人员社会集聚度的分解化在各圈层中表现出"由内向外不断叠加"的空间分布特征。

表 5-5 2009—2015 年社会集聚度差值与空间分布

演化特征:集聚度分解化且呈由内而外叠加的空间分布特征							
数量差值(极值)	中心区		内城外缘		郊区内沿		
	上升	下降	上升	下降	上升	下降	
	0.78‰	−1.50‰	1.17‰	−0.99‰	0.75‰	−0.31‰	
空间分布(极值)	中心区		内城外缘		郊区内沿		
	上升	下降	上升	下降	上升	下降	
	北部点状	南部点状	南部点状	西北片状	东南片状	南北片状	

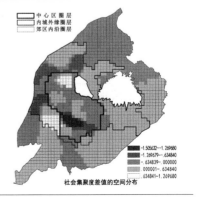

社会集聚度差值的空间分布

(续表)

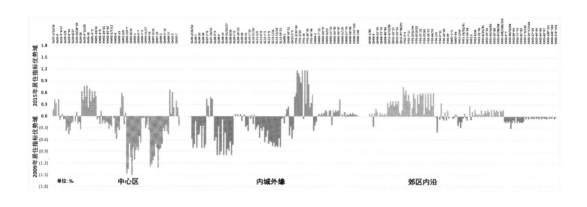

* 资料来源:笔者自制

(2) 来宁时间

从表 5-6 可看出,2009—2015 年间主城区进城务工人员的来宁时间整体呈现出"渐进式的延长化"特征,其来宁时间总体呈持续上升趋势;其中主城南北偏东片区的来宁时间有显著增长。

具体分析,中心区圈层除西北部的挹江门、北部新街口街道外,其他街道的进城务工人员来宁时间均有所增长;内城外缘的来宁时间上升显著(北部幕府山、南部凤凰街道除外);而郊区内沿圈层的来宁时间明显上升,除东部的马群、南部的红花和兴隆街道外——总之,进城务工人员来宁时间的延长化在各圈层中表现出"中间圈层明显增快"的空间分布特征。

表 5-6 2009—2015 年来宁时间差值与空间分布

演化特征:来宁时间延长化且呈中间圈层明显增快的空间分布特征							
	中心区		内城外缘		郊区内沿		
数量差值(极值)	上升	下降	上升	下降	上升	下降	
	22%	-32%	13%	-59%	24%	-54%	
	中心区		内城外缘		郊区内沿		
空间分布(极值)	上升	下降	上升	下降	上升	下降	
	北、中部点状	南北点状	南北点状	东部点状	东南点状	南北片状	

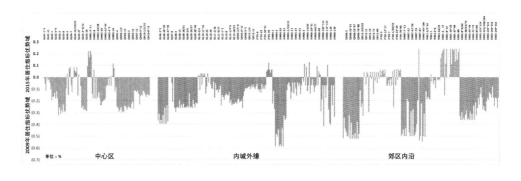

*资料来源:笔者自制

(3) 文化程度

从表5-7可看出,2009—2015年主城区进城务工人员的文化程度整体呈现出"飞跃式的提升化"特征,其低等教育人员的比例总体呈急剧下降趋势;其中主城南偏东片区的低等教育人员有显著降低。

具体分析,中心区圈层的低等教育人员在持续减少;内城外缘除北部的建宁路街道外,其他地区的低等教育人员均下降明显;而郊区内沿圈层的低等教育人员同样有显著降低——总之,进城务工人员文化程度的提升化在各圈层中表现出"由内向外不断减缓"的空间分布特征。

表5-7 2009—2015年文化程度(低等教育)差值和空间分布

演化特征:教育程度提升化且呈由内而外减缓的空间分布特征							
数量差值 (极值)	中心区		内城外缘		郊区内沿		
	上升	下降	上升	下降	上升	下降	
	无	−60%	4%	−63%	无	−54%	
空间分布 (极值)	中心区		内城外缘		郊区内沿		
	上升	下降	上升	下降	上升	下降	
	无	沿东部 半环状	北部 点状	西部 点状	无	南部 点状	

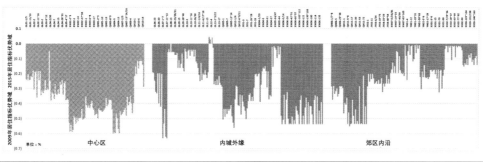

*资料来源:笔者自制

(4) 来源地

从表5-8可看出,2009—2015年主城区来自安徽省的进城务工人员整体呈现出"渐进式的缩减化"特征,安徽省的农民工输出比例总体呈持续下降趋势;其中主城南、北片区来自安徽省的进城务工人员减少显著。

具体分析,中心区圈层除北部的新街口和玄武门街道外,其他街道来自安徽省的进城务工人员均有持续增长;但是内城外缘北部隶属鼓楼区和玄武区的部分街道进城务工人员却有明显下降;而郊区内沿圈层除玄武湖和沙洲街道外,其他街道来自安徽省的进城务工人员也有显著降低——总之,安徽省进城务工人员的缩减化在各圈层中表现出"由内向外不断叠加"的空间分布特征。

表5-8　2009—2015年来源地(安徽省)差值和空间分布

演化特征:安徽人员缩减化且呈由内而外叠加的空间分布特征							
数量差值 (极值)	中心区		内城外缘		郊区内沿		
	上升	下降	上升	下降	上升	下降	
	40%	−16%	28%	−31%	16%	−74%	
空间分布 (极值)	中心区		内城外缘		郊区内沿		
	上升	下降	上升	下降	上升	下降	
	北部 点状	中部 片状	东西 环状	北部 片状	东北、西 南片状	南北部 片状	

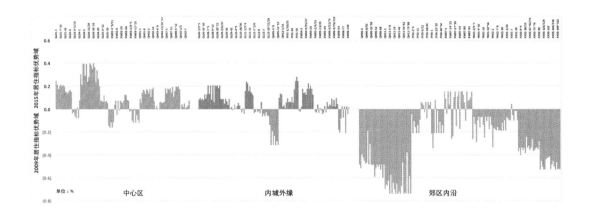

＊资料来源:笔者自制

(5) 家庭收入

从表5-9可看出,2009—2015年主城区进城务工人员的家庭平均月收入整体呈现出"压倒式的增长化"特征,其家庭平均月收入总体呈全面上升趋势;其中,主城西南、东南片区的家庭平均月收入增长较为显著。

具体分析,中心区圈层西北部隶属鼓楼区和东南部隶属秦淮区的部分街道家庭平均月收入上升最为显著;内城外缘东、西部隶属秦淮区和鼓楼区的部分街道收入增长最为明显;而郊区内沿圈层月收入增加最多的街道则主要集中在西部和东南部——总之,家庭收入增长化在各圈层中表现出"南高北低、外高内低"的空间分布特征。

表5-9 2009—2015年家庭月均收入差值和空间分布

演化特征:收入增长化且呈外高内低、南高北低的空间分布特征						
数量差值 (极值)	中心区		内城外缘		郊区内沿	
	上升	下降	上升	下降	上升	下降
	4 200元	无	3 600元	无	3 850元	无
空间分布 (极值)	中心区		内城外缘		郊区内沿	
	上升	下降	上升	下降	上升	下降
	南北部 点状	无	西部 点状	无	西、南 部片状	无

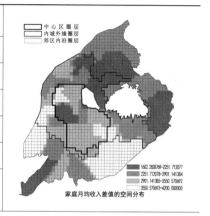

家庭月均收入差值的空间分布

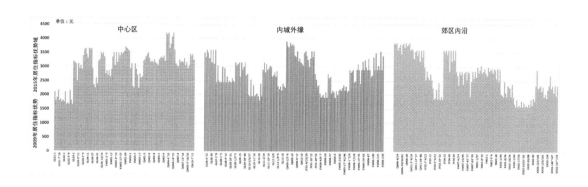

*资料来源:笔者自制

(6) 职业构成

① 商业服务业

从表5-10可看出,2009—2015年主城区从事商业服务业的进城务工人员整体呈现出"压倒式的扩张化"特征,其从事商业服务业的比例总体呈全面上升趋势;其中,贯通主城东西片区的商业服务业从业比例增长显著。

具体分析,中心区圈层除西北部隶属鼓楼区的挹江门街道外,其他街道的商业服务业从业比例均上升显著;内城外缘东、西部隶属玄武区和鼓楼区的部分街道从业比例也在连续增长;而郊区内沿圈层商业服务业从业比例增加的街道则主要集中在东部和东南部——总之,商业服务业的扩张化在各圈层中表现出"由内向外不断减缓"的空间分布特征。

表 5-10　2009—2015 年商业服务业差值和空间分布

演化特征:商业服务业扩张化且呈由内而外减缓的空间分布特征							
数量差值（极值）	中心区		内城外缘		郊区内沿		
^	上升	下降	上升	下降	上升	下降	
^	91%	无	77%	无	61%	无	
空间分布（极值）	中心区		内城外缘		郊区内沿		
^	上升	下降	上升	下降	上升	下降	
^	南部片状	无	东西环状	无	东、南部片状	无	商业服务业差值的空间分布

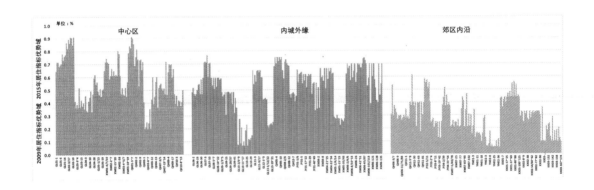

* 资料来源:笔者自制

② 生产运输设备操作业

从表 5-11 可看出,2009—2015 年主城区从事生产运输设备操作业的进城务工人员整体呈现出"跳跃式的缩减化"特征,其从事生产运输设备操作业的比例总体呈急剧下降趋势;其中,除北部的红山街道、南部的双塘和中华门街道外,其他地区的生产运输设备操作业从业比例均有显著降低。

具体分析,中心区圈层除华侨路和双塘街道外,其他街道的生产运输设备操作业从业比例均下降显著;内城外缘除红山和中华门街道外,其他街道的从业比例也在连续下降;而郊区内沿圈层的从业比例则基本呈减少趋势(除雨花街道外)——总之,生产运输设备操作业的缩减化在各圈层中表现出"中间圈层明显减缓"的空间分布特征。

表 5-11　2009—2015 年生产运输设备操作业差值和空间分布

演化特征:生产运输设备操作业缩减化且呈中间圈层减缓的空间分布特征						
	中心区		内城外缘		郊区内沿	
数量差值（极值）	上升	下降	上升	下降	上升	下降
	8%	-48%	11%	-47%	6%	-64%
	中心区		内城外缘		郊区内沿	
空间分布（极值）	上升	下降	上升	下降	上升	下降
	西部点状	东西片状	北部点状	西部点状	南部点状	东、南部片状

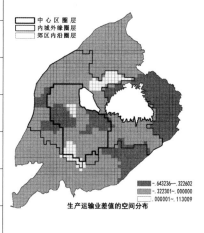

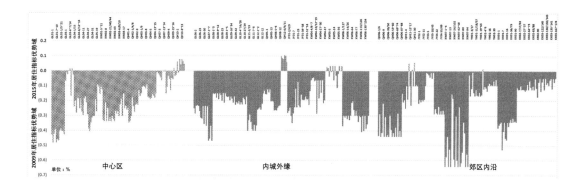

* 资料来源:笔者自制

（7）住房人均指标

① 户均人数

从表 5-12 可看出，2009—2015 年主城区进城务工人员的户均人数整体呈现出"渐进式的微缩化"特征，其户均人数总体呈稳步下降趋势；其中，主城西北、东片区的户均人数有显著降低。

具体分析，中心区圈层南部隶属秦淮区的部分街道户均人数下降显著；内城外缘西、北部隶属鼓楼区和玄武区的部分街道户均人数也有连续下降；而郊区内沿圈层户均人数减少的街道则主要集中在东部和东南部——总之，户均人数微缩化在各圈层中表现出"中间圈层明显增快"的空间分布特征。

表 5-12　2009—2015 年户均人数差值和空间分布

演化特征:户均人数微缩化且呈中间圈层明显增快的空间分布特征						
	中心区		内城外缘		郊区内沿	
数量差值（极值）	上升	下降	上升	下降	上升	下降
	2.8人	−2.9人	1.4人	−3.5人	1.9人	−2.4人
	中心区		内城外缘		郊区内沿	
空间分布（极值）	上升	下降	上升	下降	上升	下降
	中、西部点状	南部片状	东部片状	南部片状	南北点状	东、南部片状

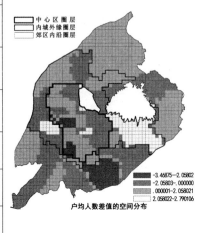

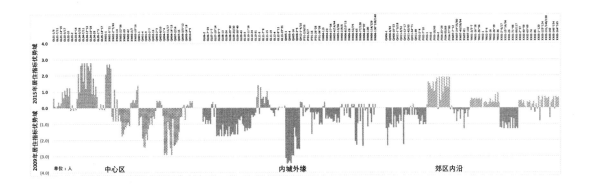

＊资料来源:笔者自制

② 人均面积

从表 5-13 可看出，2009—2015 年主城区进城务工人员的人均面积整体呈现出"跳跃式的紧缩化"特征，其人均面积总体呈急剧下降趋势；其中，主城西北、东南片区的人均居住面积下降显著。

具体分析，中心区圈层西、南部隶属鼓楼区和秦淮区的部分街道人均居住面积下降趋势显著；内城外缘除西南部隶属建邺区的莫愁湖街道外，其他街道均在持续下降；而郊区内沿圈层人均面积降低的街道则主要集中在北部和南部——总之，人均面积的紧缩化在各圈层中表现出"中间圈层明显增快"的空间分布特征。

表 5-13　2009—2015 年人均面积差值和空间分布

演化特征：人均面积紧缩化呈中间圈层明显增快的空间分布特征						
	中心区		内城外缘		郊区内沿	
数量差值（极值）	上升	下降	上升	下降	上升	下降
	7 m²/人	−22 m²/人	3 m²/人	−24 m²/人	7 m²/人	−19 m²/人
	中心区		内城外缘		郊区内沿	
空间分布（极值）	上升	下降	上升	下降	上升	下降
	西北片状	西部点状	西部点状	东部点状	东北、西南片状	北、东、南部片状

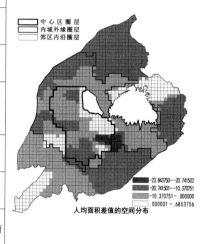

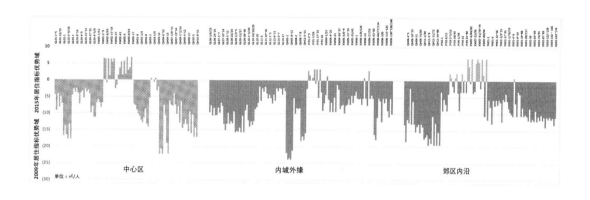

* 资料来源：笔者自制

（8）居住方式

从表 5-14 可看出，2009—2015 年主城区进城务工人员的集体宿舍择居方式整体呈现出"全面式的次级化"特征，其择居于集体宿舍的比例总体呈全方位下降趋势；其中，主城北、东南片区的集体宿舍择居比例有显著降低。

具体分析，中心区圈层西、南部隶属鼓楼区和秦淮区的部分街道集体宿舍择居比例下降趋势最为显著；内城外缘北部隶属鼓楼区和南部隶属玄武区的部分街道择居比例也下降明显；而郊区内沿圈层集体宿舍择居比例下降最大的街道则主要集中在北部和南部——总之，集体宿舍的次级化在各圈层中表现出"南北高、中间低"的空间分布特征。

表 5-14　2009—2015 年居住方式（集体宿舍）差值和空间分布

演化特征：集体宿舍次级化且呈南北高中间低的空间分布特征						
数量差值（极值）	中心区		内城外缘		郊区内沿	
	上升	下降	上升	下降	上升	下降
	无	−76%	无	−84%	无	−81%
空间分布（极值）	中心区		内城外缘		郊区内沿	
	上升	下降	上升	下降	上升	下降
	无	西、南部片状	无	南北片状	无	南北片状

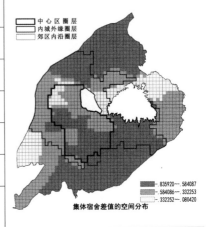

集体宿舍差值的空间分布

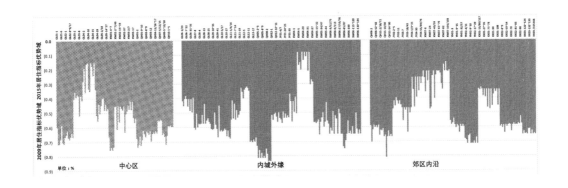

* 资料来源：笔者自制

（9）住房配套设施

① 卫生间室内自用/室外公用

从表 5-15 可看出，2009—2015 年主城区进城务工人员住房中的卫生间配套整体呈现出"逐步式的同一化"特征，其卫生间室内自用的比例和室外公用的比例总体均呈急剧下降趋势，即室内公用或室外自用卫生间成为趋势；其中，主城北和西南片区的卫生间室内自用比例下降显著，而东南片区的卫生间室外公用比例却同样有显著减少。

具体分析，在卫生间室内自用方面，中心圈层东、西部隶属鼓楼区和玄武区的部分街道比例下降明显；内城外缘比例连续降低的街道主要位于北部和西部；而郊区内沿则主要以南、北街道的比例显著减少。在卫生间室外公用方面，中心圈层东部隶属玄武区和秦淮区的部分街道，以及北部属于鼓楼区的部分街道比例持续下降；内城外缘主要以东、西部街道的比例下降明显；而郊区内沿则除南部隶属建邺区的沙洲街道外，其他街道均显著降低——总之，卫生间配套整体的同一化在各圈层中均表现出"由内向外不断减缓"的空间分布特征。

表 5-15　2009—2015 年卫生间室内自用/室外公用差值和空间分布

卫生间室内自用差值和空间分布						
演化特征:室内自用急剧降低且呈由内而外减缓的空间分布特征						
	中心区		内城外缘		郊区内沿	
数量差值（极值）	上升	下降	上升	下降	上升	下降
	21%	-74%	41%	-61%	36%	-50%
	中心区		内城外缘		郊区内沿	
空间分布（极值）	上升	下降	上升	下降	上升	下降
	南北片状	西部点状	南部点状	北部片状	东部点状	南北片状

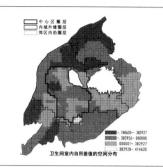
卫生间室内自用差值的空间分布

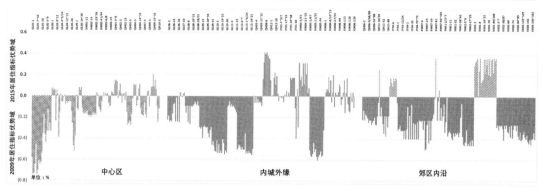

卫生间室外公用差值和空间分布						
演化特征:室外公用大幅减少且呈由内而外减缓的空间分布特征						
	中心区		内城外缘		郊区内沿	
数量差值（极值）	上升	下降	上升	下降	上升	下降
	16%	-87%	13%	-73%	18%	-60%
	中心区		内城外缘		郊区内沿	
空间分布（极值）	上升	下降	上升	下降	上升	下降
	西、南部点状	东部点状	北部片状	南部点状	南北点状	东、南部片状

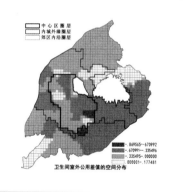
卫生间室外公用差值的空间分布

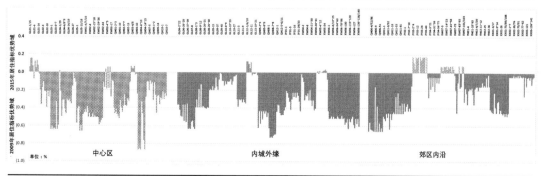

* 资料来源：笔者自制

② 厨房室内自用

从表 5-16 可看出，2009—2015 年主城区进城务工人员住房中的厨房配套整体呈现出"渐进式的私密化"特征，其厨房室内自用的比例总体呈上升趋势；其中，主城东南和西南片区的厨房室内自用比例增长明显。

具体分析，中心区圈层东南部隶属玄武区和秦淮区的部分街道，以及北部属于鼓楼区的部分街道厨房室内自用比例在持续上升；内城外缘比例增长显著的街道主要位于东部和西部；而郊区内沿则以南部、东部隶属雨花台区和玄武区的部分街道厨房配套更为优越——总之，厨房室内自用的私密化在各圈层中表现出"中间圈层明显增快"的空间分布特征。

表 5-16　2009—2015 年厨房室内自用差值和空间分布

演化特征：厨房私密化且呈中间圈层显著增快的空间分布特征						
	中心区		内城外缘		郊区内沿	
数量差值（极值）	上升	下降	上升	下降	上升	下降
	16%	-87%	13%	-73%	18%	-60%
	中心区		内城外缘		郊区内沿	
空间分布（极值）	上升	下降	上升	下降	上升	下降
	南北点状	西、南部片状	东西片状	南北片状	南北片状	南部片状

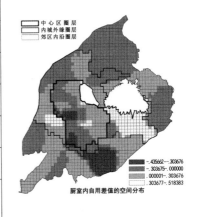

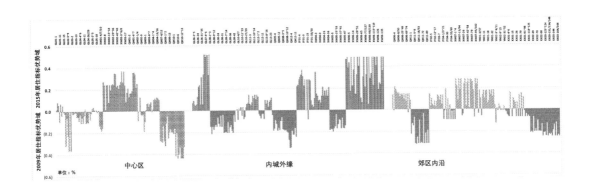

* 资料来源：笔者自制

（10）住房用途

从表 5-17 可看出，2009—2015 年主城区进城务工人员的住房用途整体呈现出"微弱式的单一化"特征，其居住兼工作的混用比例总体呈下降趋势；其中，主城东南片区的住房混用比例有显著减少。

具体分析,中心区圈层南部隶属玄武区和秦淮区的部分街道住房用途单一化趋势更为显著;内城外缘除北部鼓楼区与玄武区交界的街道住房混用比例上升外,其他街道均在持续下降;而郊区内沿圈层住房用途单一化的街道则主要集中在了东部和东南部——总之,住房用途单一化在各圈层中表现出"中间圈层明显增快"的空间分布特征。

表5-17 2009—2015年居住兼工作差值和空间分布

演化特征:住房用途单一化且呈中间圈层增快的空间分布特征						
	中心区		内城外缘		郊区内沿	
数量差值(极值)	上升	下降	上升	下降	上升	下降
	34%	-28%	18%	-31%	27%	-26%
	中心区		内城外缘		郊区内沿	
空间分布(极值)	上升	下降	上升	下降	上升	下降
	北、中部片状	东南部片状	北部片状	东西部片状	南北部片状	东、南部片状

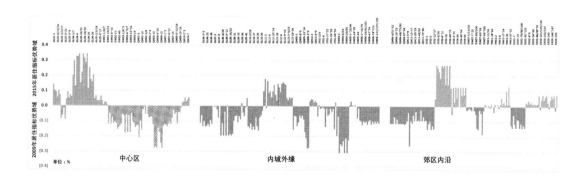

* 资料来源:笔者自制

5.3 进城务工人员居住空间的主因子分析

5.3.1 居住主因子分析的方法

为了得到更加集中和明确的主因子结果,以期对进城务工人员居住空间的分异做出更为清晰的阐释,需要对2009年和2015年各自的18个单因子进行二次分析,即:使用SPSS

中 Analyze(Data Reduction-Factor)因子分析功能从2009年和2015年居住空间41×18的数据矩阵中,采用主因子法(Principal Components)抽取主因子,并以特征值(Eigenvalues)大于1、累计方差贡献率达到70%作为标准。

5.3.2 2009年进城务工人员居住的主因子分析

通过对2009年进城务工人员居住空间的初次分析,测出KMO值为0.643,适合采用因子分析法,由此生成的前5个主因子特征值大于1,累积方差占原变量总方差的79.973%。但由于因子结构层次并不清晰,还需采用最大方差法(Varimax)进行因子旋转。旋转后生成的因子荷载矩阵,仍为5个主因子且累计解释方差为79.973%,但其因子结构较为清晰,结果也相对理想(表5-18)。

表5-18 2009年南京市主城区进城务工人员居住空间结构的因子分析

成分	初始矩阵			未旋转矩阵			旋转矩阵		
	特征值	方差贡献率/%	累计解释方差率/%	特征值	方差贡献率/%	累计解释方差率/%	特征值	方差贡献率/%	累计解释方差率/%
1	6.069	33.718	33.718	6.069	33.718	33.718	4.269	23.716	23.716
2	3.440	19.109	52.827	3.440	19.109	52.827	3.300	18.336	42.051
3	2.216	12.309	65.136	2.216	12.309	65.136	2.540	14.109	56.160
4	1.634	9.079	74.215	1.634	9.079	74.215	2.200	12.220	68.381
5	1.036	5.758	79.973	1.036	5.758	79.973	2.087	11.592	79.973

注:仅列出前5个主因子的特征值和方法贡献,其他主因子略

2009年南京市主城区进城务工人员居住空间结构因子荷载分布

	变量名称	1	2	3	4	5
主因子1	居住兼工作比例	0.879	−0.178	−0.093	−0.093	0.153
	户均人数	0.860	−0.318	0.145	0.103	0.054
	自来水室外公用比例	−0.764	−0.363	0.078	0.121	0.232
	卫生间室外公用比例	0.732	0.563	0.018	−0.183	0.082
	人均面积	0.712	0.315	−0.506	−0.099	0.002
	厨房室内自用比例	0.679	0.040	−0.538	−0.361	0.077
	卫生间室内自用比例	−0.599	0.160	0.437	0.570	0.013
主因子2	集体宿舍比例	−0.155	0.912	0.034	−0.118	0.179
	低等教育人员比例	0.035	0.761	0.037	−0.258	0.289
	工地现场比例	−0.281	−0.561	0.415	0.483	−0.058
主因子3	厨房室外公用比例	−0.338	−0.011	0.843	−0.113	0.047
	家庭平均月收入	−0.230	−0.400	−0.733	0.081	0.340
	来宁一年以下比例	0.087	−0.399	0.534	0.416	0.048

(续表)

	变量名称	1	2	3	4	5
主因子4	商业服务业人员比例	−0.074	−0.304	−0.151	0.736	−0.229
	生产运输设备操作业人员比例	−0.013	−0.157	0.167	−0.631	0.538
	来自四川省比例	−0.233	−0.440	−0.083	0.541	0.353
主因子5	来自安徽省比例	0.022	0.486	−0.026	0.024	0.779
	社会集聚度	0.073	0.030	−0.004	−0.034	0.757

提取方法：主成分分析法

*资料来源：笔者自制

在对2009年载荷变量进行综合分析的基础上，将5个主因子（表5-18）分别命名为住房条件主因子、迁居特征主因子、经济地位主因子、职业状况主因子、来源地主因子：

(1) 主因子1：住房条件

住房条件主因子的方差贡献率为23.716%，由居住兼工作比例、户均人数、自来水室外公用比例、卫生间室外公用比例、人均面积、厨房室内自用比例、卫生间室内自用比例等7个变量组成，其中卫生间室内自用比例和自来水室外公用比例呈负相关。这一因子得分高的地区有如下特征：住房用途多样且配套较低，人均面积高但户均人数亦较多。

从图5-2可看出，其空间整体呈"多核+扇形"的分布特征。因子得分高的地区主要分布于主城东、南面各圈层，还有部分散布于中心区和内城外缘的西部，该类地区主要是老城老旧住房密集的生活区和主城边缘产业发展落后区域；而因子得分低的地区主要分布在内城外缘的西、北部和郊区内沿的西南角，多属于主城更新和发展建设的重点区域。

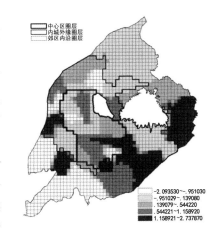

图5-2 2009年主因子1：住房条件

(2) 主因子2：迁居特征

迁居特征主因子的方差贡献率为18.336%，由集体宿舍比例、低等教育人员比例、工地现场比例3个变量构成，其中工地现场比例呈负相关。这一因子得分高的地区有如下特征：进城务工人员多居住在集体宿舍，且文化程度较低。

从图5-3可看出，其空间整体呈"多核+团块"的分布特征。因子得分高的地区除中心区的新街口、瑞金路、宁海路等街道外，多以团块状集中分布于内城外缘的东南部和郊区内沿的南北部，表明该地区以文化低的打工者为主；而因子得分低的地区主要分布在郊区内沿的东北和西南部，表明这一带的务工人员多居住在工地现场。

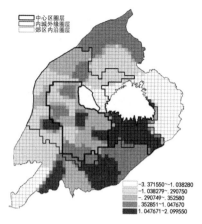
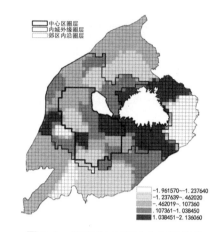

图5-3　2009年主因子2：迁居特征　　图5-4　2009年主因子3：经济地位

*资料来源：笔者自制

（3）主因子3：经济地位

经济地位主因子的方差贡献率为14.109%，由厨房室外公用比例、家庭平均月收入和来宁一年以下比例3个变量组成，其中除家庭平均月收入外，其他因子均呈正相关。这一因子得分高的地区有如下特征：进城务工人员家庭月收入低、住房配套设施差且来宁时间短。

从图5-4可看出，其空间整体呈"多核+扇形"的分布特征。因子得分高的地区分布于主城各圈层，其中东南面和东北面主要呈扇形团状集聚，西面则呈点状散布，表明该地区的平均月收入和居住环境较好；而因子得分低的街道则散布于郊区内沿和内城外缘圈层，表明来宁3~5年且家庭收入较低的进城务工人员多聚居于此。

（4）主因子4：职业状况

职业状况主因子的方差贡献率为12.220%，由商业服务业人员比例、生产运输设备操作业人员比例和来自四川省比例3个变量构成，其中生产运输设备操作业人员比例呈负相关。这一因子得分高的地区有如下特征：从事商业服务业的四川省进城务工人员居多。

从图5-5可看出，其空间分布整体呈"多核+扇形"的分布特征。因子得分高的地区多分布在内城外缘的西北部和郊区内沿的南北部，主要以扇形向四角延伸，表明该地区以来自四川省的商业服务业务工人员为主；而因子得分低的地区主要分布于中心区和内城外缘的东西部和南部，表明该地区的四川省进城务工人员集聚度低且以生产运输设备操作业的从业人员居多，属于主城新建设地区。

（5）主因子5：来源地

职业状况主因子的方差贡献率为11.592%，由来自安徽省比例和社会集聚度2个变量构成，且均为正相关。这一因子得分高的地区有如下特征：以集聚度较高的安徽省进城务工人员为主。

从图5-6可看出，其空间分布整体呈"多核+轴向"的分布特征。因子得分高的地区除郊区内沿南部的沙洲街道外，均集聚于中心区和内城外缘的南北部，多属于发展成熟的老城和近郊；而因子得分低的地区则多分布于郊区内沿的东部，多属于主城新发展建设地区。

图 5-5　2009 年主因子 4：职业状况

* 资料来源：笔者自制

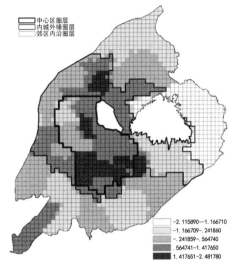

图 5-6　2009 年主因子 5：来源地

* 资料来源：笔者自制

5.3.3　2015 年进城务工人员居住的主因子分析

通过对 2015 年进城务工人员居住空间的初次分析，测出 KMO 值为 0.751，同样适合采用因子分析法，并由此生成前 4 个主因子，其特征值大于 1，且累积方差占原变量总方差的 78.706%。但由于因子结构层次并不清晰，仍采用最大方差法（Varimax）进行因子旋转。旋转后生成的因子荷载矩阵，仍为 4 个主因子且累计解释方差 78.706%，但其因子结构较为清晰，结果也相对理想（表 5-19）。

表 5-19　2015 年南京市主城区进城务工人员居住空间结构因子分析

成分	初始矩阵			未旋转矩阵			旋转矩阵		
	特征值	方差贡献率/%	累计解释方差率/%	特征值	方差贡献率/%	累计解释方差率/%	特征值	方差贡献率/%	累计解释方差率/%
1	7.516	41.753	41.753	7.516	41.753	41.753	6.971	38.728	38.728
2	3.191	17.728	59.481	3.191	17.728	59.481	3.598	19.990	58.718
3	2.460	13.668	73.150	2.460	13.668	73.150	2.193	12.185	70.903
4	1.000	5.557	78.706	1.000	5.557	78.706	1.405	7.803	78.706

注：仅列出前 4 个主因子的特征值和方法贡献，其他主因子略

(续表)

2015年南京市主城区进城务工人员居住空间结构因子荷载分布

	变量名称	1	2	3	4
主因子1	厨房室内自用比例	0.934	−0.042	−0.031	−0.138
	自来水室内自用比例	0.911	0.135	−0.104	−0.161
	卫生间室内自用比例	0.909	0.135	−0.150	−0.153
	卫生间室外公用比例	−0.883	−0.077	−0.154	−0.124
	生产运输设备操作业人员比例	−0.871	0.021	0.003	0.063
	商业服务业人员比例	0.842	0.009	0.070	0.176
	人均面积	0.833	0.164	−0.047	0.139
	低等教育人员比例	−0.781	−0.355	−0.041	0.263
	中等以上教育人员比例	0.739	0.370	−0.315	−0.257
主因子2	租赁房屋比例	0.017	−0.885	0.168	0.133
	户均人数	0.081	0.865	0.142	0.088
	集体宿舍比例	0.282	0.806	0.207	−0.210
	来宁一年以下比例	0.214	0.766	−0.350	0.188
	来自江苏其他市比例	−0.135	−0.516	−0.473	−0.183
主因子3	来自安徽省比例	−0.213	0.053	0.889	−0.025
	家庭平均月收入	0.062	−0.065	0.809	0.292
主因子4	居住兼工作比例	−0.374	0.401	0.083	0.710
	社会集聚度	0.073	−0.250	0.372	0.634

提取方法：主成分分析法

*资料来源：笔者自制

在对2015年载荷变量进行综合分析的基础上，将4个主因子(表5-19)分别命名为住房条件主因子、迁居特征主因子、经济地位主因子、集聚方式主因子：

(1) 主因子1：住房条件

住房条件主因子的方差贡献率为38.728%，由厨房室内自用比例、自来水室内自用比例、卫生间室内自用比例、卫生间室外公用比例、生产运输设备操作业人员比例、商业服务业人员比例、人均面积、低等教育人员比例和中等以上教育人员比例等9个变量构成，其中卫生间室外公用比例、生产运输设备操作业人员比例和低等教育人员比例呈负相关。这一因子得分最高的地区有如下特征：住房配套设施好、人均居住面积大，以从事商业服务业为主且文化程度高，即进城务工人员职业层次较高和居住条件较好。

从图5-7可看出，其整体呈"扇形＋轴向"的空间分布特征。因子得分高的地区主要集中于主城中部和东

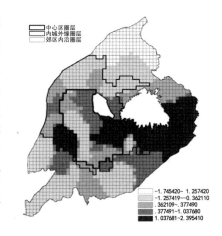

图5-7 2015年主因子1：住房条件

部各圈层中,还有部分散布于中心区的北部和内城外缘的西部,主要为老城中心和新建住房较多的地区,居住条件更好;而因子得分低的地区则多分布于郊区内沿的南北部、内城外缘的北部及中心区的西部,主要为老城和主城边缘的待更新与建设地区,进城务工人员的居住条件较差。

(2) 主因子2:迁居特征

迁居特征主因子的方差贡献率为19.990%,由租赁房屋比例、户均人数、集体宿舍比例、来宁一年以下比例和来自江苏其他市比例等5个变量组成,其中租赁房屋比例和来自江苏其他市比例呈负相关。这一因子得分最高的地区有如下特征:以来自省外且来宁时间短的进城务工人员为主,多居住在集体宿而导致户均人数较多。

从图5-8可看出,其整体呈"多核+扇形"的空间分布特征。因子得分高的地区分布于中心区圈层的西部、内城外缘的北部、郊区内沿的东部及西南部,该地区为外省进城务工人员的集聚地,且以被动择居方式为主;而因子得分低的地区则主要分布在内城外缘的南北和郊区内沿的东南部,表明来自省内的务工人员主要分布在此,且以主动择居方式为主。

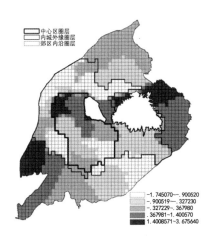 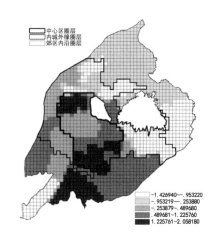

图5-8 2015年主因子2:迁居特征　　图5-9 2015年主因子3:经济地位

* 资料来源:笔者自制

(3) 主因子3:经济地位

经济地位主因子的方差贡献率为12.185%,由来自安徽省比例和家庭月均收入2个变量组成,且均呈正相关。这一因子得分最高的地区有如下特征:进城务工人员家庭收入高且多来自安徽省。

从图5-9可看出,其整体呈"多核+团块"的空间分布特征。因子得分高的地区集聚于主城南部和西部的各圈层,尤以南部中心区和郊区内沿圈层为主,多属于老城或主城内个体小规模经济发展较好的地区,且安徽籍的务工人员居多;而因子得分低的地区则主要分布在内城外缘和郊区内沿的东北部,多属于主城边缘的新兴发展区,表明地区经济的发展态势对进城务工人员的空间分布存在着直接影响。

(4) 主因子4：集聚方式

职业状况主因子的方差贡献率为7.803%，由居住兼工作比例和社会集聚度2个变量构成，且均呈正相关。这一因子得分最高的地区有如下特征：进城务工人员集聚度高，且居住兼工作的比例较高。

从图5-10可看出，其整体呈"多核＋扇形"的空间分布特征。因子得分高的地区主要集聚于中心区和内城外缘的西部和南部，部分散布于郊区内沿的西南部和东部，多属于务工人员高度密集的老城及其外围；而因子得分低的地区则主要分布在内城外缘的东部、郊区内沿的东北和南部，属于主城边缘的城市发展建设区，以居住方式单一化的务工人员为多。

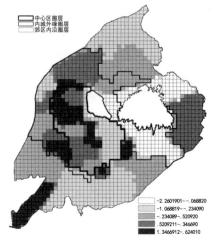

图 5-10　2015年主因子4：集聚方式

* 资料来源：笔者自制

5.3.4 进城务工人员居住的主因子演化特征

对2009年和2015年南京市主城区进城务工人员的居住主因子进行对比分析，以进一步探讨其居住空间分异的演化特征，结果发现（表5-20）：2009—2015年影响进城务工人员居住空间分异的主因子呈现出"复合重构"和"替代分解"的特征。2009年进城务工人员居住空间的影响主因子包括住房条件、迁居特征、经济地位、职业状况和来源地五个维度，而且各主因子在统计意义上具有相互独立的特征；但是2015年的影响主因子却减少为四个维度，即住房条件、迁居特征、经济地位和集聚方式。原先的职业状况主因子已不再作为一个独立的维度出现，而被重新分配到其他主因子；而来源地主因子则经过变量替换，表征出不同维度的务工人员居住空间特征（居住兼工作变量替代来自安徽省变量）。

表 5-20　2009—2015年南京市主城区进城务工人员居住主因子演化

主因子	荷载分布	值	人员特征	←演化特征→	人员特征	值	荷载分布	主因子
			2009年 → 2015年					
住房条件	居住兼工作	＋	住房配套较低/住房混用/人均指标一般	复合＋重构	住房配套好/较高学历/商业服务业/人均指标高	＋	厨房室内自用	住房条件
	户均人数	＋				＋	自来水室内自用	
	卫生间室外公用	＋				＋	卫生间室内自用	
	人均面积	＋				＋	商业服务业人员	
	厨房室内自用	＋				＋	人均面积	
						＋	中等以上教育人员	
	卫生间室内自用	−	住房配套差	复合	住房配套差/低学历/生产运输设备操作业	＋	卫生间室外公用	
	自来水室外公用	−				＋	生产运输设备操作业人员	
						−	低等教育人员	

(续表)

主因子	荷载分布	值	人员特征	←演化特征→	人员特征	值	荷载分布	主因子
迁居特征	集体宿舍	＋	居宿舍/低学历	复合＋重构	人均指标低/居宿舍/来宁时间短	＋	户均人数	迁居特征
	低等教育人员	＋				＋	集体宿舍	
						＋	来宁一年以下	
	工地现场	－	居工地	复合＋重构	居租屋/来自省内	＋	租赁房屋	
						－	来自江苏其他市	
经济地位	厨房室外公用	＋	住房配套差/来宁时间短	重构	来自安徽省/收入高	＋	来自安徽省	经济地位
	来宁一年以下	＋				＋	家庭平均月收入	
	家庭平均月收入	－	收入低	分解	—			
职业状况	商业服务业人员	＋	来自四川省/商业服务业	分解	—			
	来自四川省	＋			—			
	生产运输设备操作作业人员		生产运输设备操作业	分解				
来源地	来自安徽省	＋	来自安徽省/社会集聚度高	替代	住房混用/社会集聚度高	＋	居住兼工作	集聚方式
	社会集聚度	＋				＋	社会集聚度	

表中的"＋"代表居住空间结构因子荷载正值;"－"代表居住空间结构因子荷载负值

＊资料来源:笔者自制

因此,2009—2015年主因子空间分布的对比分析将以上述三个相似维度为准,即2009年和2015年的住房条件、迁居特征和经济地位三个主因子。在具体比较方式上,以各主因子差异度中最为显著的限值(最高值和最低值)为代表,分析其集聚数量、方向、圈层和空间模式的变化,来判别进城务工人员的居住空间演化特征和模式,并考虑到动态图解的明晰和丰富性,采取分层轴测图来表达其空间演化;同时,主要以主因子在"居住特征"一栏(参考后表)上的因子特征变化为依据,来划分居住空间的演化类型。

(1)住房条件

住房条件主因子识别出的进城务工人员居住空间特征以住房配套设施的优劣为主要表征点,形成住房条件改善型和住房条件维持型两类居住空间特征。具体而言(表5-21):

住房条件改善型:2009—2015年间该主因子不仅发生了改变和翻转(住房配套设施改善),还由单一式表征(居住空间属性)转变为复合式表征(包含社会高学历、经济商业服务业属性和居住空间属性);其相应的空间单元集聚数量也有所减少(由5个减至2个),空间分布范围主要从内城外缘和郊区内沿圈层的南部内移至中心区和内城外缘圈层的中东部,即从原有分散的主城更新和新建区域逐步内聚到主城中心和新建的保障性住房区域,总体呈现"因子复合重构,空间偏东内移,分布紧缩集聚"之特征。这一改变同主城产业结构转变、住房更新改造和保障房建设等密切相关,随着城市中心商业服务业比重的增加、老城居住条件的提升以及主城保障性住区的集中建设,生活于此的大量进城务工人员的居住条件得到了改善与提高。因此,住房条件改善的居住空间整体表现出"内迁式集聚"的演化模式。

表 5-21　2009—2015 年南京市主城区进城务工人员居住条件演化

最高值		2009 年	2015 年	演化特征	
居住特征		住房条件一般（配套较低/住房混用）	住房条件好（配套好/学历高/商业服务业）	因子复合重构	
单元数量/个		5	2	（-3）	衰减
空间分布	方向	散布主城南	分布主城中偏东		向中东部迁移
	圈层	以内城外缘和郊区内沿为主	以中心区和内城外缘为主		内移
演化模式		斑块化	团块化		内迁式集聚
最低值		2009 年	2015 年	演化特征	
居住特征		住房条件差（配套差）	住房条件差（配套差/学历低/生产运输设备操作业）	因子复合	
单元数量/个		6	1	（-5）	急降
空间分布	方向	散布主城西	集中主城北		向北部迁移
	圈层	以内城外缘和郊区内沿为主	郊区内沿		外移
演化模式		碎片化	连片化		外迁式集中

* 资料来源：笔者自制

住房条件维持型：2009—2015 年该主因子的特征从低住房配套设施转化为低配套设施、生产运输设备操作业和低学历的复合化表征，其相应的空间集聚数量也由 6 个急剧减少至 1 个，显示出因子复合化导致空间范围收敛的演化趋势；其空间分布范围主要从内城外缘和郊区内沿圈层的城市更新和新建区域，向北外移且集中至郊区内沿圈层的城市新建区，总体呈现"因子复合、空间外移、分布集中"之特征。如此改变与城市住房更新建设相关，主城北部属于城市拆迁安置和城市更新改造较集中的区域，故较活跃的城市建设活动也集聚了大量从事建筑业的进城务工人员。总之，住房条件维持的居住空间整体表现出"外迁式集中"的演化模式。

（2）迁居特征

迁居特征主因子识别出的进城务工人员居住空间特征以"择居方式的被动与主动"为主要表征点，形成迁居特征稳定型和迁居特征转变型两类特征。具体而言（表 5-22）：

迁居特征稳定型：2009—2015 年该主因子由表征居住方式（集体宿舍）和文化程度（低学历）的单因子复合重构为表征居住方式（集体宿舍）、住房指标（户均人数）和来宁时间（一年以下）的单因子，显示出居住方式稳定但影响因子内敛的演化特征；其相应的空间集聚数量略有减少（从 5 个减到 4 个），而空间分布范围则由主城南部的各圈层向西、北部的中心区和郊区内沿两圈层分化，总体呈现"因子复合重构，空间北移分散，分布内外分化"之特征。

这一改变与老城第三产业比例的增长和主城边缘的发展建设密切相关,中心区服务业岗位的增长与高昂的居住成本,促使进城务工人员的居住方式以集体宿舍为主,同样主城边缘的制造业与城市建设亦促使该群体多采取了被动择居(集体宿舍)。因此,迁居特征稳定的居住空间整体表现出在老城与主城边缘"分裂式扩散"的演化模式。

表5-22 2009—2015年南京市主城区进城务工人员迁居特征演化

最高值		2009年	2015年	演化特征	
居住特征		居集体宿舍(宿舍/低学历)	居集体宿舍(宿舍/来宁时间短)	因子复合重构	
单元数量/个		5	4	(-1)	
空间分布	方向	散布主城南	散布主城西和北		向西北迁移
	圈层	各圈层	中心区和郊区内沿		内外两极
演化模式		集聚碎片化	分散碎片化		分裂式扩散
最低值		2009年	2015年	演化特征	
居住特征		居住工地(工地)	租赁房屋(租屋/来自省内)	因子复合重构	
单元数量/个		3	4	(+1)	
空间分布	方向	分布主城东北和西南	分布主城南和北		向南北迁移
	圈层	以郊区内沿为主	以内城外缘为主		内移
演化模式		团块化	斑块化		内迁式扩散

* 资料来源:笔者自制

迁居特征转变型:2009—2015年间该主因子由单一表征居住方式复合为表征居住方式和来源地,不仅居住方式发生了从被动到主动择居的转变,而且人群更聚焦于省内务工人员;相应的空间集聚数量也由3个增加到4个,空间分布范围由东西向的郊区内沿圈层转向内移至南北向以内城外缘圈层为主的区域,总体呈现"因子复合重构,空间转换内移,分布南北扩散"之特征。如此改变与城市住房发展建设和特定的务工人员群体密切相关,当前主城区大规模的建设项目已寥寥可数(尤以老城最为显著),导致建筑工地已非进城务工人员的主要居住方式,而在主城区内更多地转向主动租居方式。总之,迁居特征转变的居住空间整体表现出"内迁式扩散"的演化模式。

(3) 经济地位

经济地位主因子识别出的进城务工人员居住空间特征以"家庭收入的高低"为主要表征点,形成经济地位上升型和经济地位下降型两类特征。具体而言(表5-23):

经济地位上升型:2009—2015年该主因子由侧面表征低经济地位(住房配套差和来宁时间短)转变为直观表征有限制的高经济地位(省外务工人员和家庭收入高),显示出收入对务工人员经济地位更加重要的演化特征;其相应的空间集聚数量有所减少(从5个降至3个),空间分布范围由东西向的各圈层内聚或外移至西南部的中心区和郊区内沿圈层,总体呈现"因子重构,空间集聚,分布极化"的特征。这一改变与城市整体的建设发展和特定务工人员的集聚密不可分,城市内更新、主城边缘建设需大量体力劳动者,而职业细分工与用工荒现象,反而促使肯吃苦耐劳的外省务工人员在该地区的经济收入增长较快。因此,经济地位上升型居住空间整体表现出在老城与主城边缘"分化式集聚"的演化模式。

表5-23　2009—2015年南京市主城区进城务工人员经济地位演化

最高值		2009年	2015年	演化特征	
居住特征		经济地位低(配套差/来宁时间短)	经济地位高(省外/收入高)	因子重构	
单元数量/个		5	3	(-2)	
空间分布	方向	散布主城东西	分布主城西和南		向西南迁移
	圈层	各圈层	以中心区和郊区内沿为主		内外两极
演化模式		碎片化	斑块化		分化式集聚
最低值		2009年	2015年	演化特征	
居住特征		经济地位高(收入高)	经济地位低(收入低)	因子分解	
单元数量/个		3	4	(+1)	
空间分布	方向	散布主城东西	散布主城东和北		向北迁移
	圈层	以郊区内沿为主	以内城外缘为主		内移
演化模式		外围斑块化	碎片化		内迁式扩散

*资料来源:笔者自制

经济地位下降型:2009—2015年该主因子已被分解,即家庭收入单因子由负值转变为正值,故仅能从因子得分侧面反映该居住空间经济地位下降的特征,但其相应的空间集聚数量由3个增加到4个;其空间分布范围由东西向以郊区内沿圈层为主内移至东、北部以内城外缘圈层为主,总体呈现"因子分解,空间内移,分布扩散"之特征。如此改变的原因与城市更新建设密切相关,这些地区以主城需要或正在更新改造的老旧居住集聚区以及部分保障性住房集中区为主,能够为大量收入有限的进城务工人员提供相对低廉的居住空间,致使这一地区吸引了不少经济地位有所下降的务工人员。总之,经济地位下降型居住空间整体表现出"内迁式扩散"的演化模式。

5.4 进城务工人员居住的社会区分析

5.4.1 居住社会区分析的方法

前述因子分析旨在了解居住空间变量间的相互关系,以更清晰地归纳与简化变量。但要明晰空间单元之间的差别,还需采用系统聚类方法进一步将若干相互独立的主因子集聚到同一空间,以形成不同的社会区类型及其空间分布状况[①],便于归纳和把握南京市主城区进城务工人员的总体居住空间结构。

具体操作中根据各主因子得分,选用瓦尔德法(Ward's Method)对数据进行分析,距离测度则选用平方欧氏距离(Squared Euclidean Distance)测度方法,进而划分出较为合适的社会区类型。

5.4.2 2009 年进城务工人员居住的社会区分析

如上所述,利用 SPSS 统计软件对 2009 年南京市主城区进城务工人员的居住空间主因子做聚类分析,进而划分为四类社会区,生成 2009 年的聚类结构如下(图 5-11、表 5-24):

第一类社会区:收入高的四川省商业服务业务工人员集聚区。该类地区经济地位主因子的平均值低,而职业状况主因子的平均值高,可见其特征为:务工人员家庭平均月收入高,商业服务业从业人员比例高,且来自四川省的务工人员比例高;空间上则各圈层均有分布,尤以内城外缘的西部和北部以及郊区内沿的南北和东部为主。

第二类社会区:居住工地的安徽省务工人员集聚区。此类地区迁居特征主因子的平均值低,而来源地主因子的平均值高,可见其特

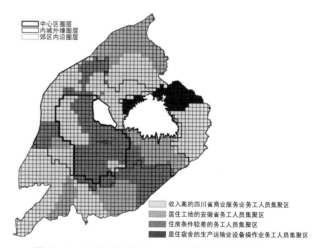

图 5-11　2009 年进城务工人员居住空间聚类图

* 资料来源:笔者自制

征为:务工人员居住工地现场比例高,来自安徽省的务工人员比例高,且社会集聚度高;空间上则主要散布于内城外缘的东部和西部以及郊区内沿的南部和北部。

第三类社会区:住房条件较差的务工人员集聚区。该类地区住房条件主因子的平均值

---

① 周文娜.上海市郊区县外来人口社会空间结构及其演化的研究[D].上海:同济大学,2006:40.

高,而来源地主因子的平均值低,可见其特征为:务工人员住房的厨房室内自用和卫生间室外公用比例高,居住兼工作比例高,人均面积大且户均人数多,但来自安徽省的务工人员比例低且社会集聚度低;空间上则各圈层均有分布,尤以中心区、内城外缘的南北部以及郊区内沿的东南部为主。

第四类社会区:居住宿舍的生产运输设备操作业务工人员集聚区。该类地区迁居特征主因子的平均值高,而职业状况主因子的平均值低,可见其特征为:务工人员低等教育水平比例高,择居于集体宿舍的比例高,生产运输设备操作业从业人员比例高,表明该社会区以制造业、建筑业等从业人员为主;空间上则集聚于郊区内沿的东北部。

表5-24　2009年南京市主城区进城务工人员居住空间特征判别表

社会区分类	空间单元/个	项目	主因子1:住房条件	主因子2:迁居特征	主因子3:经济地位	主因子4:职业状况	主因子5:来源地
第一类社会区	797	平均值	0.014 2	−0.052 6	−0.314 0	0.502 4	−0.027 0
第二类社会区	426	平均值	−0.140 6	−0.489 9	0.569 3	−0.460 7	0.769 4
第三类社会区	445	平均值	0.357 3	−0.142 2	0.195 9	−0.145 9	−0.625 7
第四类社会区	101	平均值	−1.093 0	3.107 7	−0.786 6	−1.378 5	−0.275 1

* 资料来源:笔者自制

综上所述,2009年进城务工人员居住空间的社会区分异以两类居住方式为主导特征,但其空间占比均较低,居住宿舍的务工人员集聚于郊区内沿的东北部,居住工地的则多散布于内城外缘和郊区内沿圈层,其他两类集聚区则或嵌入(第三类社会区)或环绕(第一类社会区)于整个主城区。由此可见,2009年南京市主城区进城务工人员居住空间结构呈现"扇形+散点+半环"的形态特征(图5-11)。尽管上述分异特征与主城区整体的居住就业分布特征相关——如主城边缘主要为吸纳建筑业工人的城市新建区域或制造业岗位较多的地区,而老城则以服务业为主同时拥有大量适合务工人员居住的老旧住区等,但同样也是进城务工人员(尤以务工经商的务工人员为主)根据自身需求和客观条件进行选择的结果,并因此形成不同居住方式混杂遍布主城的异质性特征。

5.4.3　2015年进城务工人员居住的社会区分析

同理,利用SPSS统计软件对2015年进城务工人员的居住空间主因子进行聚类,并划分为四类社会区,生成2015年的聚类结构如下(图5-12、表5-25):

第一类社会区:居住宿舍的初来宁务工人员集聚区。该类地区迁居特征主因子平均值高,集聚方式主因子次之,可见其特征为:务工人员户均人数高,居住集体宿舍的比例高,来宁一年以下比例高,但居住兼工作比例低且社会集聚度低;空间上则主要集中于中心区的西部以及郊区内沿的西南部和东部。

第二类社会区:收入高的省内及安徽省务工人员集聚区。此类社会区迁居特征主因子的平均值低,而经济地位主因子的平均值高,可见其特征为:务工人员租赁房屋的比例高,来自江苏省和安徽省的务工人员比例高,家庭平均月收入高;空间上则主要分布于中心区的南部和东部、内城外缘的西部和南部,以及郊区内沿的南部。

第三类社会区：住房条件好的高学历商业服务业务工人员集聚区。该类地区集聚方式主因子的平均值低，同时住房条件主因子的平均值高，其特征为：务工人员住房的厨房、卫生间和自来水室内自用比例高，商业服务业从业人员比例高，人均居住面积大，中等以上教育水平比例高，但居住兼工作比例低且社会集聚度低；空间上则主要分布在内城外缘和郊区内沿的东部。

图 5-12　2015 年进城务工人员居住空间聚类图

* 资料来源：笔者自制

第四类社会区：住房条件差的低学历生产运输设备操作业务工人员集聚区。该类地区住房条件主因子的平均值低，经济地位主因子次之，其特征为：务工人员住房的卫生间室外公用比例高，生产运输设备操作业从业人员比例高，低等教育水平比例高，但家庭平均月收入低且来自安徽省的务工人员比例低，表明该类地区的务工人员以从事体力劳动者居多；空间上除了中心区南部鼓楼区的华侨路外，则集中分布于内城外缘和郊区内沿的北部。

表 5-25　2015 年南京市主城区进城务工人员居住空间特征判别表

社会区分类	空间单元/个	项目	主因子1：住房条件	主因子2：迁居特征	主因子3：经济地位	主因子4：集聚方式
第一类社会区	437	平均值	0.213 8	1.090 2	−0.283 3	0.930 1
第二类社会区	636	平均值	0.277 5	−0.555 9	0.945 7	−0.020 5
第三类社会区	262	平均值	0.899 4	0.432 4	−0.763 4	−1.489 4
第四类社会区	434	平均值	−1.165 0	−0.544 0	−0.639 8	−0.007 3

* 资料来源：笔者自制

综上所述，2015 年进城务工人员居住空间的社会区分异以两类住房条件为主导特征，其中住房条件差的务工人员空间占比较高，且集聚于内城外缘和郊区内沿北部，住房条件好的务工人员分布在内城外缘和郊区内沿东部，二者基本覆盖了主城东北部地区（马群街道除外），而其他两类集聚区则主要分布在主城西南各圈层中，尤其是第三类社会区（住房条件好的高学历商业服务业务工人员集聚区）遍布主城南部和西部部分地区。由此可见，2015 年南京市主城区进城务工人员居住空间结构呈现"扇形＋散点"的形态特征（图 5-12）。住房条件好的务工人员集聚区与经济地位较高的务工人员集聚区南北对立，与住房条件差的集聚区比邻而居，呈现出明显的异质性特征，而居住宿舍的务工人员集聚区则镶嵌在主城中心与边缘，与其他集聚区相混合。

5.4.4 进城务工人员居住的社会区演化特征

对比2009年和2015年南京市主城区进城务工人员的居住社会区,可从影响变量(主因子)和结构模式入手,来探讨其居住空间的演化特征。

(1) 影响变量的演化:复合+聚焦

从影响社会区的主导因子来看(表5-26),2009—2015年间其主导因子已经从5个(住房条件、经济地位、职业状况、来源地和迁居特征)减少至3个(住房条件、经济地位和迁居特征),影响变量的维度更加聚焦,这同部分因子的二次复合也不无关系:首先,到2015年已成为两类(住房条件好与差)社会区主要影响变量的住房条件主因子融入了职业状况主因子(2009年的独立影响主因子);其次,2015年社会区分类中迁居特征和经济地位主因子也融合了来源地主因子(2009年的独立影响因子)。由此表明,2009—2015年间影响进城务工人员社会区分异的主导因子不仅更加聚焦且更加复合,其因子的表征不再由某单一因素决定,而是由表征该群体其他特征的因素共同参与,继而呈现出主导因子"复合与聚焦化"的演化特征。

表 5-26 2009—2015年南京市主城区进城务工人员居住影响变量演化特征

	2009年影响变量			2015年影响变量	演化特征
主导因子	经济地位	收入高	主导因子	迁居特征	人均指标低+居宿舍+来宁时间短	聚焦与复合
	职业状况	来自四川省+商业服务业		迁居特征	居租屋+来自省内	
	迁居特征	居工地		经济地位	来自安徽省+收入高	
	来源地	来自安徽省+集聚度高		住房条件	住房配套好+人均指标高+较高学历+商业服务业	
	住房条件	住房混用+住房配套较低+人均指标一般		住房条件	住房配套差+低学历+生产运输设备操作业	
	迁居特征	低学历+居宿舍				
	职业状况	生产运输设备操作业				
社会区类型	数量不变,以居住方式为主		社会区类型	数量不变,以住房条件为主		
第一类社会区	收入、来源地、职业		第一类社会区	居住方式、来宁时间		同质与分异
第二类社会区	居住方式、来源地		第二类社会区	来源地、收入		
第三类社会区	住房条件		第三类社会区	住房条件、文化程度、职业		
第四类社会区	居住方式、职业		第四类社会区	住房条件、文化程度、职业		

* 资料来源:笔者自制

从影响社会区变量的类型属性来看,2009—2015年间社会区的划分类型基本保持稳定(数量上均为4类),仅是内部属性存在着同质与分异:2009年的四类社会区以居住方式(工地或宿舍)为主要分异特征,住房条件(仅有居住条件差的集聚区)和经济地位次之,而到2015年居住条件(好或差)成为社会区分异的主要特点,居住工地的进城务工人员集聚区则逐步消散。

(2) 结构模式的演化:清晰+集聚

从居住空间的结构模式来看(表5-27),2009—2015年间进城务工人员的居住空间结构已由"扇形+散点+半环"的主导模式转变为"扇形+散点",其空间分布在维系了一定扇形放射特征的前提下,原本的混杂穿插正在通过内部的同质与分异过程演变得愈加清晰与集聚,反映出进城务工人员在此六年间的居住变化特征:居住方式不断同质化(居住集体宿舍)且分布于主城内外,成为大量初来宁务工人员的集聚地;居住条件进一步分异为两种状态(住房条件好与差),并相依占据主城东北边缘地带,成为吸纳大量高学历商业服务业务工人员与低学历生产运输设备操作业务工人员的相邻集聚地;此外,务工人员的经济地位虽无变化,但其集聚空间则持续向主城的西南部连片式集中,致使各类居住空间的分布更加清晰明确。

表 5-27　2009—2015 年南京市主城区进城务工人员居住结构模式演化特征

属性特征	2009 年结构模式	2015 年结构模式	演化特征
	属性多样,以居住方式为主导	属性多样,以住房条件为主导	同质与分异
模式特征	扇形+散点+半环	扇形+散点	清晰与集聚

* 资料来源:笔者自制

具体演化特征如下:

① 居住方式同质与空间集中化。在影响因子上,2009—2015 年间以工地为居住方式的进城务工人员集聚区正逐步消失,至 2015 年已由集体宿舍的择居方式取而代之,表现出"被动择居方式不变且居住方式统一"的演化特征;在空间分布上,2009—2015 年间居住方式由或分散(居住工地)或集中(居住宿舍)于内城外缘和郊区内沿圈层,转变为以集聚中心区和散布郊区内沿圈层为主(均为居住宿舍),呈现出"空间消散(工地式集聚)后再集中化(宿舍式集聚)"的演化特征(图 5-13)。

上述居住方式的改善和空间斑驳除务工人员自身特性(文化程度低、从事体力劳动为主)的影响外,皆源于主城区的建设发展与产业结构转型:2009 年主城边缘地带多为新区开发建设、城中村改造和产业集聚区域,为大量从事生产运输设备操作业的务工人员提供了就业岗位(如主城北部燕子矶街道的城中村改造项目、东北部玄武湖街道的徐庄软件园项目等),到 2015 年主城大规模建设项目明显减少但服务业得以蓬勃发展,加之不断增长的居住成本,使得初来宁的务工人员多被动择居于集体宿舍。此类宿舍多由私人老板(尤以餐饮业最为显著)以租赁普通住房的形式提供,虽居住单元相比于工地或是制造业宿舍有一定分散,但总体布局上仍趋于集中且居住环境有所提升。

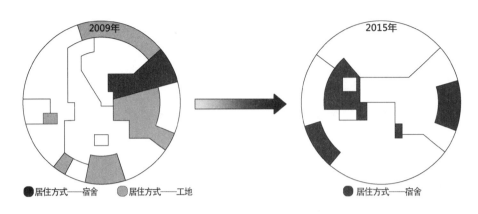

图 5-13　2009—2015 年进城务工人员居住方式同质化示意图
*资料来源：作者自制

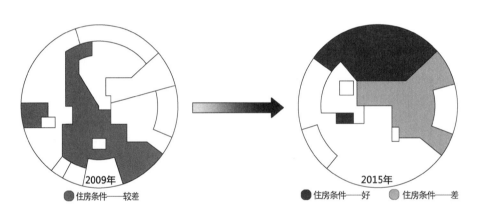

图 5-14　2009—2015 年进城务工人员住房条件分异化示意图
*资料来源：笔者自制

② 住房条件分异与空间边缘化。在影响因子上，2009—2015 年间住房条件（较差）均质化的进城务工人员集聚区正逐步分化，到 2015 年已完全分裂形成两类集聚区（住房条件好/差），表现出住房条件向上或向下两极化分化的演化特征；在空间分布上，2009—2015 年间其从中心区圈层为主的连片集聚，向外移至内城外缘和郊区内沿圈层，且两类（住房条件好/差）空间在主城东北相伴而生，呈现出"空间集中并紧邻"的演化特征（图 5-14）。

上述住房条件的分异和空间相依可能与主城不同地区的居住状况差异及务工人员的职业性质相关：2009 年主城区拥有许多老旧住区、城中村及新建区域，故务工人员整体的居住条件并不理想（如城南老旧住区），而到 2015 年主城各地区因居住条件差异较大且务工人员从事的职业千差万别而促生了两类居住分异明显的集聚区，如城北大量的拆迁安置和改造住区为从事商业服务业的务工人员提供了居住空间，而城东现有的老旧住区和产业则吸引了从事生产运输设备操作业的务工人员。

5.5 本章小结

本章旨在分析作为城市弱势群体之一的进城务工人员居住空间结构的演化——通过因子生态分析法来探讨主城区内务工人员的居住空间分布特征。因此,首先介绍了居住空间分异研究的技术思路,并据此确定了适宜可行的指标体系;然后遵循"单因子分析—主因子分析—社会区分析"的总体脉络,分别针对2009年和2015年南京市主城区进城务工人员的居住空间分异特征进行解析,重点对居住空间分异的影响因子差异、空间分布差异以及空间结构差异进行比较,继而梳理出2009—2015年间进城务工人员居住空间分异的演化规律。其主要结论包括:

(1) 进城务工人员居住空间分异影响变量的演化

① 2009年影响进城务工人员居住空间分异的变量(主因子)包括住房条件、迁居特征、职业状况、经济地位和来源地五个维度。

② 2015年影响进城务工人员居住空间分异的变量(主因子)为住房条件、迁居特征、经济地位和集聚方式四个维度。

③ 2009—2015年间,影响进城务工人员居住空间分异的变量(主因子)呈现出"复合重构"和"替代分解"的演化特征,即2009年影响务工人员居住空间分异的五个主因子,到2015年已降维至四个,且原先的职业状况主因子通过分解与重构过程被完全融入其他主因子中(住房条件),而来源地主因子则通过变量替换,表征出为不同维度(集聚方式),从而形成三类相似维度。

(2) 进城务工人员居住空间分异分布模式的演化

由上述相似维度识别出的各类进城务工人员居住空间影响变量演化类型包括住房条件改善型与维持型、迁居特征稳定型与转变型、经济地位上升型与下降型。其中,各类型的空间分布模式如下:

① 2009年住房条件改善型和维持型的空间分别表现出斑块化和团块化的分布模式;迁居特征稳定型和转变型的空间分别表现出集聚碎片化和团块化的分布模式;经济地位上升型和下降型的空间则分别表现出碎片化和外围斑块化的分布模式。

② 2015年住房条件改善型和维持型分别表现出团块化与连片化的空间分布模式;迁居特征稳定型和转变型分别表现出分散碎片化与斑块化的空间分布模式;经济地位上升型和下降型则分别表现出斑块化与碎片化的空间分布模式。

③ 2009—2015年间,进城务工人员所形成的以上影响变量演化类型在空间分布中经历了各自不同的演化模式,具体包括:住房条件改善型和维持型呈现出空间内迁式集聚和空间外迁式集中的演化模式;迁居特征稳定型和转变型呈现出分裂式扩散和内迁式扩散的演化模式;经济地位上升型和下降型则呈现出分化式集聚和内迁式扩散的演化模式。

(3) 进城务工人员居住空间结构呈现出"变量复合聚焦,结构清晰集聚"的特征

① 2009年南京市主城区进城务工人员的居住空间社会区分为四类,并呈现扇形散点加半环的形态特征。具体包括:收入高的四川省商业服务业务工人员集聚区;居住工地的

安徽省务工人员集聚区;住房条件较差的务工人员集聚区;居住宿舍的生产运输设备操作业务工人员集聚区。

② 2015年南京市主城区进城务工人员的居住空间社会区同样分为四类,且呈扇形加散点的形态特征。其中,第一类为居住宿舍的初来宁务工人员集聚区;第二类为收入高的省内及安徽省务工人员集聚区;第三类为住房条件好的高学历商业服务业务工人员集聚区;第四类为住房条件差的低学历生产运输设备操作业务工人员集聚区。

③ 2009—2015年间,进城务工人员的居住空间结构整体呈现影响因子复合聚焦、结构模式清晰集聚的演化特征。具体而言,务工人员集聚区的居住方式呈因子同质化、空间内外集中化的特征,而住房条件上则呈因子分异化、空间边缘化的特征。

6 居住时空轨迹:南京市主城区进城务工人员的个体择居效应

居住迁移是反映城市空间结构演变的指示器,通过居住地点随时间而形成的变化轨迹,可深层反映城市居住空间格局的演化。虽然前两章采用了进城务工人员的居住面板数据(2009 年和 2015 年),对其居住空间整体结构的演化进行了纵贯性比较。但居住时空轨迹相对而言,更能细致地反映进城务工人员因个体择居而带来的城市空间变化,以及由此而连锁引发的公共设施配置、住房需求变化等问题。

因此,本章在借鉴个体时空轨迹的研究基础上,将"个体生命历程"引入居住时空轨迹的研究框架,主要按职业[①](因为拥有不同职业的进城务工人员往往会选择不同的居住方式,并拥有不同的居住空间及其演化规律)并依次结合时间、空间和时空综合维度,对进城务工人员的居住迁移轨迹进行比较分析,从而发掘个体择居效应下这一群体居住空间的演化特征(图 6-1)。

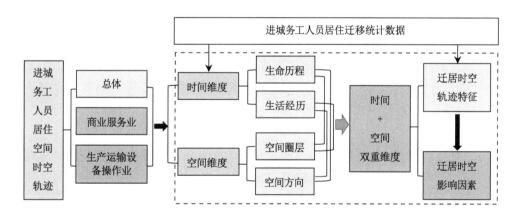

图 6-1 南京市主城区进城务工人员居住时空轨迹的分职业研究思路
* 资料来源:笔者自制

---

① 我国职业分类标准以工作性质的同一性为基本准则,按照不同职业性质和活动方式、基数要求及管理范围进行划分和归类,可将我国职业分为八大类:国家机关、党群组织、企业、事业单位负责人,专业技术人员,办事人员和有关人员,商业、服务业人员,农、林、牧、渔、水利生产人员,生产、运输设备操作人员及有关人员,军人,和不便分类的其他从业人员。本研究中遴选了规模占比和择居特征相对显著的两类职业——商业服务业和生产运输设备操作业作为代表,同总体形成分职业的比较分析。其中,商业服务业人员包括批发零售贸易餐饮业、金融、保险、房地产、社会服务人员;生产运输设备操作业人员包括制造业、建筑业、运输业人员。

6.1 研究思路与时空维度建构

6.1.1 居住迁移时空维度建构

(1) 时间维度设定

在时间维度上,不同年份、年龄和进城时间都可作为进城务工人员居住迁移时间轴的基本单位。若以年份作为时间单位,则可反映不同城市发展或政策制约下的进城务工人员居住迁移;若以年龄作为时间单位,则可反映不同生命历程制约下的进城务工人员居住迁移;若以进城时间作为时间单位,则可反映不同进城时间或经历制约下的进城务工人员居住迁移。

虽然本书第4、5章重点研究的是南京市主城区进城务工人员在2009—2015年间的居住空间演化,但其研究视角侧重于宏观层面;而本章不但要从个体迁居的微观视角来解析进城务工人员的居住空间演变,还需要考虑进城务工人员的年龄差异(生命历程)和进城时间长短(生活经历)对个体居住迁移的影响,因此拟将研究的时间跨度设定为主城区进城务工人员从进城后至2015年的全周期,以此来分析该类群体在不同年龄和不同进城时长下的居住迁移特征。具体时间段的划分包括两部分:

【年龄段】 借鉴古杰、周素红、闫小培(2013)等所采用的"年龄拼接法",不妨认为进城务工人员不同个体由连续年龄阶段所形成的居住迁移历程,如洋葱细胞的分裂一样具有某种固定的生命历程规律,那么即可运用观察洋葱细胞分裂的原理,以不同个体的连续年龄阶段来替代相对完整的生命历程,对进城务工人员居住迁移的生命历程特点进行研究。具体年龄段划分为20岁以下、20~25岁、26~30岁、31~35岁、36~40岁、41~45岁、46~50岁、51~55岁、56~60岁等。

【来宁时长】 来宁时间段反映的是进城务工人员城市生活的经历累积进程,其划分可根据本节调研数据中进城务工人员来宁时间的实际分布特征(每5年会出现一次峰值),以5年作为一段时间跨度,将进城务工人员的来宁时间(T)划分为7段,具体为$0<T\leqslant5$、$5<T\leqslant10$、$10<T\leqslant15$、$15<T\leqslant20$、$20<T\leqslant25$、$25<T\leqslant30$、$T>30$(图6-2)。

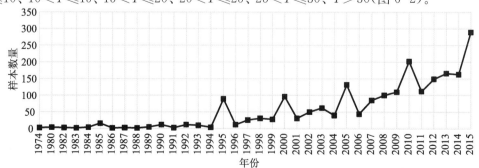

图 6-2 南京进城务工人员来宁时间及数量分布

* 资料来源:课题组关于进城务工人员的抽样问卷(2015年)

(2) 空间维度设定

在空间维度上,当前时空路径分析的空间设定主要包括两种:一种是由经、纬度表示的二维空间地理坐标,空间表现为二维平面,可显示空间的区位特征;另一种是指代性的标记点,空间表现为一维轴线,更适用于具体地点的微观分析。

由于本节采集的数据以街道为基本单元,且本章采用的是进城务工人员回溯性的个体迁居数据,每个样本即代表着一个独立的居住迁移数据,在空间上不仅具有距离和方向两个重要特征变量,同时具有街道层级的具体位置特征(街道内或街道间迁居)。因此,本章的空间维度设定无法延续本书第4、5章以进城务工人员居住密度为基准的空间单元划分方式(对主城区街道层级的空间进行方格网的细致划分与数据重组),而只能按圈层和象限,以街道为单元分别进行编码和赋值,从而使反映区位特征的二维平面转化为一维数值,能够完全表现出每个迁居的进城务工人员在其个体生命历程中所产生的空间变化。具体可分为分层和排序两步骤:

【分层】 以本书的研究范围为基准,按照南京市对城区和郊区的划定标准、城市总体规划的空间结构划分等依据,将南京市由内到外分成三个层次——中心区、内城外缘、郊区内沿(划分同第3章3.2.1);同时以城市中心新街口街道为基点,按照东北、西北、西南、东南的方向将街道单元划分为四个象限①,如图6-3、图6-4、表6-1所示:

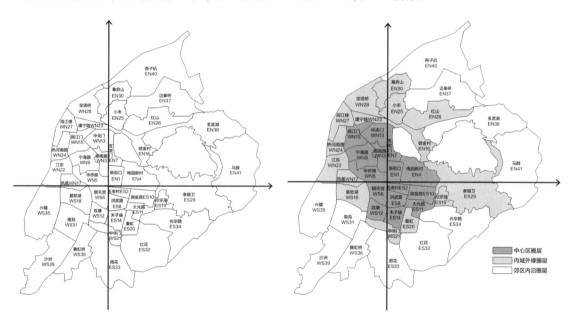

图6-3 南京主城区街道分层图　　　图6-4 一维化空间编码图

*资料来源:笔者自制

【排序】 按照街道所在圈层(中心区—内城外缘—郊区内沿)、街道所在象限(第一到第四象限)分别表示的方向(东北—西北—西南—东南)、街道中心距城市中心新街口的距离(由短到长)顺序,将本研究的街道单元空间坐标进行转译。

---

① 如果某街道被多个方向切割,则认定其被切割后最大面积的部分所在方向为其分布方向。

表 6-1 街道空间单元编码

圈层		EN(东北方向)	WN(西北方向)	WS(西南方向)	ES(东南方向)
城区	中心区	新街口(1) 梅园新村(4) 玄武门(7)	湖南路(3) 中央门(13) 挹江门(15) 宁海路(9) 华侨路(5)	朝天宫(6) 双塘(12)	五老村(2) 洪武路(8) 夫子庙(14) 大光路(11) 瑞金路(10)
	内城外缘	锁金村(16) 红山(26) 小市(25) 幕府山(30)	宝塔桥(28) 建宁路(23) 阅江楼(27) 热河南路(24) 江东(22) 凤凰(17)	莫愁湖(18) 中华门(21)	孝陵卫(29) 秦虹(20) 月牙湖(19)
郊区	郊区内沿	玄武湖(38) 迈皋桥(37) 燕子矶(40) 马群(41)		兴隆(35) 南苑(31) 沙洲(39) 赛虹桥(36)	雨花(33) 红花(32) 光华路(34)

* 资料来源:笔者自制

6.1.2 居住迁移时空研究思路

(1) 锁定空间轴不变,分析时间维度下的居住迁移

不考虑进城务工人员的空间分布,仅从时间维度对南京主城区进城务工人员的个体迁居特征进行分析——以年龄和来宁时间为基础,对进城后务工人员的迁居比例、总迁居频次①(迁居1次、迁居2次、迁居3次、迁居4次、迁居5次及以上)和人均迁居频次按主要职业(总体—商业服务业—生产运输设备操作业)分别进行统计,用以反映进城务工人员"时间维度"下的迁居特征。

(2) 锁定时间轴不变,分析空间维度下的居住迁移

以当前时间点为基准,从空间维度统计南京主城区3个圈层内进城务工人员的个体迁居频次——以现状居住地点为统计基础,对进城务工人员的迁居比例、总迁居频次②(迁居1次、迁居2次、迁居3次、迁居4次、迁居5次及以上)和人均迁居频次按主要职业(总体—商业服务业—生产运输设备操作业)分别进行统计,并考虑进城务工人员迁居的空间方向性,用以反映进城务工人员"空间维度"下的迁居特征。

(3) 时空综合维度下居住迁移轨迹研究

在"时间+空间"的双重维度下,对南京主城范围内的进城务工人员个体迁居频次进行

---

① 此处统计的迁居频次,不是居所个数,而是进城务工人员迁居的次数,是根据农民进城后不同的时间段和迁居不同的空间单元,来重划和拆解所有样本的迁居轨迹,然后按各个时空单元的口径来分别累计迁居样本的迁居频次,其实质是按某一时空单元标准筛选全样本"片段信息的累加",反映样本内部在不同时空单元间的迁居规律差异。假如进城务工人员a的时空迁居轨迹为A-B-B-C(其中A、B、C既代指时间单元,又代指空间单元),且在迁居过程A-B中迁居行为发生在A单元,在迁居过程B-C中迁居行为发生在B单元;那么计数迁居频次时则在"时空单元A"中为1,在"时空单元B"中为2,在"时空单元C"中未发生迁居行为,则不计。

② 此处统计的迁居频次,是以最终的迁居目的地为落脚点,倒数样本在迁居到最后居住地时所发生的迁居次数,其实质是按某一时空单元标准筛选的全样本"完整信息累加",反映拥有不同时空特征的样本之间迁居总体规律的差异。假如进城务工人员a在搬迁至新街口街道前搬迁过1次,表明其迁居1次,搬迁过2次,表明迁居2次,以此类推。具体而言,不需要考虑进城务工人员的每一次迁居过程,只需考虑其最终目的地及迁居到该目的地所发生的迁居次数。

统计,进而解析出更为具体且细致的居住迁移轨迹特征:

首先,以不同年龄段和来宁时间为纵轴,以空间圈层为横轴,按主要职业(总体—商业服务业—生产运输设备操作业)分别探讨南京主城范围内进城务工人员迁居频次的时空结构特征。

其次,以进城务工人员迁居前后的具体空间点位为基础,利用 Rhino 平台和 Grasshopper 插件,按主要职业(总体—商业服务业—生产运输设备操作业)分别绘制进城务工人员的迁居时空轨迹图,借以反映南京主城范围内进城务工人员的整体迁居规律。

6.2 进城务工人员居住迁移数据和基本概况

6.2.1 进城务工人员居住迁移数据

关于进城务工人员居住迁移的全周期回溯数据,均来自课题组 2015 年对南京主城各街道进城务工人员配比抽样问卷调查,共有 2 103 份有效问卷。数据包括被调查对象不随时间变化的基本变量(如年龄、婚姻、性别、户籍、职业、文化程度、留城意愿)和随时间变化的住房相关变量(如每一次迁居的居住方式、住房地点、住房条件、搬迁原因等)。在总的有效问卷中,发生迁居的进城务工人员有效问卷共有 751 份,占比为 35.71%。各研究街道中具体的问卷数与发生迁移的比例统计如下(表 6-2):

表 6-2 南京主城各街道有效问卷数和居住迁移问卷数统计表

分区	街道	编码	有效问卷数/份	居住迁移问卷数/份	迁移问卷占比	分区	街道	编码	有效问卷数/份	居住迁移问卷数/份	迁移问卷占比
鼓楼	宁海路	WN7	46	23	50.00%	秦淮	五老村	ES11	36	8	22.22%
	华侨路	WN8	33	15	45.45%		洪武路	ES12	37	8	21.62%
	湖南路	WN4	34	11	32.35%		大光路	ES14	35	11	31.43%
	挹江门	WN6	29	10	34.48%		瑞金路	ES15	23	8	34.78%
	中央门	WN5	74	18	24.32%		月牙湖	ES30	16	3	18.75%
	江东	WN25	46	15	32.61%		光华路	ES40	83	27	32.53%
	凤凰	WN26	51	18	35.29%		朝天宫	WS9	43	17	39.53%
	阅江楼	WN23	18	7	38.89%		秦虹	ES29	41	19	46.34%
	宝塔桥	WN21	61	28	45.90%		夫子庙	ES13	34	8	23.53%
	幕府山	EN20	49	22	44.90%		双塘	WS10	64	32	50.00%
	热河南路	WN24	25	4	16.00%		红花	ES39	104	32	30.77%
	建宁路	WN22	38	18	47.37%		中华门	WS28	28	13	46.43%
	小市	EN19	41	21	51.22%	玄武	新街口	EN1	51	10	19.61%
建邺	莫愁湖	WS27	125	38	30.40%		梅园新村	EN2	53	24	45.28%
	南苑	WS35	80	19	23.75%		玄武门	EN3	11	2	18.18%
	沙洲	WS36	121	40	33.06%		锁金村	EN17	22	9	40.91%
	兴隆	WS34	47	11	23.40%		红山	EN18	75	40	53.33%
栖霞	马群	EN41	69	20	28.99%		孝陵卫	ES16	33	10	30.30%
	迈皋桥	EN32	97	37	38.14%		玄武湖	EN31	26	9	34.62%
	燕子矶	EN33	87	33	37.93%	雨花台	雨花	ES38	54	26	48.15%
							赛虹桥	WS37	63	27	42.86%

* 资料来源:课题组关于进城务工人员的抽样问卷(2015 年)

6.2.2 进城务工人员居住迁移的基本概况

通过对2015年南京市主城区进城务工人员个体迁移全周期(进城后居住历程)有效问卷的初步分析,发现发生过居住迁移的进城务工人员共有751人,占35.71%;其中,有453人(21.54%)曾在不同街道间转换过居住地,有298人(14.17%)在街道内部发生过居住迁移,除去无固定地点的多次迁移和主城区之外的迁移,共计737人次在主城区的街道间和街道内发生过居住迁移。其总体概况如下:

(1) 中青年进城务工人员的居住迁移人数最多且相对比例更高

绝对地看,在各年龄段进城务工人员中,发生居住迁移人数最多的是41~45岁年龄段(130人),36~40岁年龄段(125人)次之,然后是45~50岁年龄段(112人);同时相对地看,36~40岁和41~45岁年龄段亦显示出更高的迁居比例,其占该年龄段总样本数的46.82%和41.94%,其次是31~35岁、51~55岁、46~50岁和56~60岁年龄段,且占比都超过了平均迁居比例(35.05%)。由此可看出,成熟—壮实型中青年进城务工人员的居住迁移不但绝对人数多,相对比例也更高(图6-5)。

图6-5 不同年龄段的进城务工人员居住迁移的问卷数及占比

* 资料来源:课题组关于进城务工人员的抽样问卷(2015年)

其中,发生街道内居住迁移的进城务工人员,绝对人数多集中在41~45岁(57人)和46~50岁(49人),而且各年龄段(从青年成熟期到中年调整期内)的迁居比例相差并不大,占比最高的年龄段为31~35岁(19.47%),最低的为61~65岁(14.58%)。发生街道间居住迁移的进城务工人员,则以36~40岁年龄段的人数为多(83人),其次为41~45岁年龄段(73人),而且36~40岁年龄段内的迁居比例也是最高(31.09%),表明街道间迁移的进城务工人员以成熟期的青年为主且占比更高。

(2) 来宁时间不同的进城务工人员往往处于居住迁就、调整与稳定的不同状态

绝对地看,在来宁时间不同的进城务工人员中,来宁6~10年的居住迁移人数最多(203人),其次是来宁0~5年(187人)和11~15年(160人)的进城务工人员;但相对地

看,来宁21～25年的进城务工人员迁居占比最高(85.00%),其次为来宁26～30年(69.23%)和16～20年(67.91%)。由此可看出,进城务工人员随来宁时间的增长而呈现出先升后降的居住迁移特征,即先后经历了居住的"短暂迁就期—长久调整期—相对稳定期";尤其是来宁10年以上的进城务工人员,发生迁移的人数在逐渐下降,而迁居比例则在上升(图6-6)。

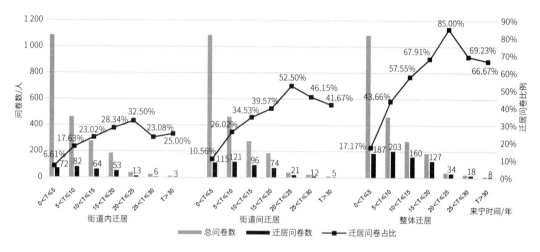

图6-6 不同来宁时间的进城务工人员居住迁移的问卷数及占比

*资料来源:课题组关于进城务工人员的抽样问卷(2015年)

其中,发生街道内居住迁移的进城务工人员,以来宁6～10年的绝对迁居人数最多(82人),1～5年的次之(72人),且会随来宁时间增加不断上升,直到21～25年达到最高(32.50%),说明进城务工人员的街道内迁居特征与总体相似,但其增长之势更缓且来宁25年以上的迁移占比下降显著。发生街道间居住迁移的进城务工人员,则以来宁6～10年和0～5年的绝对迁居人数为多,而来宁21～25年(21人)和26～30年(12人)的务工人员虽迁居规模小却迁居占比高(分别为52.50%和46.15%),表明进城务工人员在街道间迁居的比例是随进城时间而先增后减的。

(3)婚姻状况对进城务工人员的居住迁移有一定影响,而户籍所在地则无显著影响

在不同婚姻状况的进城务工人员中,已婚人员的绝对迁居人数最多(659人,其内部占比为38.43%);而未婚人员的绝对迁居人数仅为75人,且其内部占比只有20.05%。可见,婚姻状况对进城务工人员的居住迁移具有一定的影响。其中,发生街道内居住迁移的已婚人员(267人)远高于未婚人员,且内部迁居占比较高(15.57%);同样,发生街道间居住迁移的进城务工人员也以已婚人员为主(392人),但其内部迁居占比却以离异人员为高(33.33%),说明婚姻状况对进城务工人员的街道间迁居影响尤为显著(图6-7左)。

在不同户籍的进城务工人员中,来自中部和东部地区的人员(以江苏省和安徽省为主体)绝对迁居人数较多(分别为381人和321人),且内部占比分别为35.31%和36.19%;而来自东北和西部的绝对迁居人数虽然只有6人和29人,但其内部占比也达到了25.00%和28.71%。可见,户籍所在地对于进城务工人员的居住迁移影响并不大。

其中,发生街道内居住迁移的进城务工人员,以来自中部和东部地区的绝对人数为高

(均为140人),但来自各地的人员迁居占比相差并不大。无独有偶,发生街道间居住迁移的进城务工人员亦是如此,来自中部地区的绝对迁居人数和内部迁居比例虽最高(分别为241人和24.79%),但各来源地之间的差异并不明显,说明户籍所在地对于街道间的迁居同样无显著影响(图6-7右)。

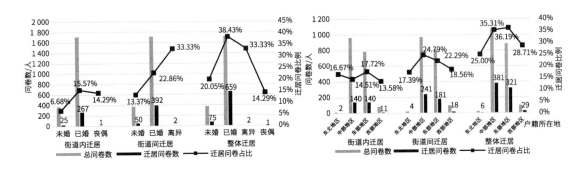

图6-7 不同属性进城务工人员居住迁移的问卷数及占比(左:婚姻状况;右:户籍所在地)

* 资料来源:课题组关于进城务工人员的抽样问卷(2015年)

(4)居住迁移以初中学历的务工人员居多,但大学及以上学历对其迁居率有显著影响

绝对地看,在不同文化程度的进城务工人员中,初中学历的居住迁移人数最多(302人);但相对地看,大学或专科学历的务工人员内部迁居比例最低(21.84%),而大学以上学历的务工人员却具有更高的内部迁居比例(54.55%),其他学历的内部迁居占比则差距较小(分别为37.30%、34.95%、38.77%和33.17%)。可见,大学及以上学历对进城务工人员的居住迁移有显著影响(图6-8)。

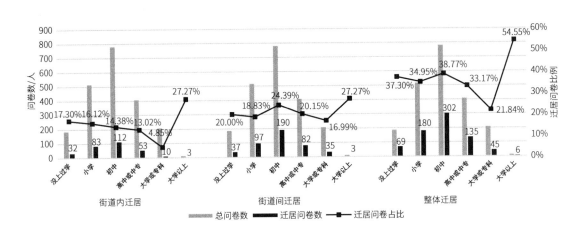

图6-8 不同文化程度的进城务工人员居住迁移的问卷数及占比

* 资料来源:课题组关于进城务工人员的抽样问卷(2015年)

其中,发生街道内居住迁移的进城务工人员,随学历的提升在内部迁居比例上有所下降(大学及以上学历除外),说明在不同学历的进城务工人员中,其文化程度与居住迁移率

呈负相关。在发生街道间居住迁移的进城务工人员中,学历对其居住迁移率的影响差异较小(尤其是大学及以下学历群体),说明文化程度对于进城务工人员的街道间迁居影响较少。

(5) 居住迁移以家庭收入在2 500元以上居多,但收入高低对其迁居率影响较弱

绝对地看,在拥有不同月收入水平的进城务工人员中,5 000元以上的居住迁移总人数最多(340人),2 501～5 000元次之(293人);相对地看,月收入在5 000元以上的务工人员迁居比例虽然最高(37.86%),但500～1 500元和1 501～2 500元的内部迁居比例亦不低(分别为34.69%和36.13%)。可见,家庭收入对于进城务工人员的居住迁移比例影响并不强(图6-9)。

其中,发生街道内居住迁移的进城务工人员,以家庭收入在5 000元以上和2 501～5 000元的人数居多,但500～1 500元和1 501～2 500元的内部迁居比例反而更高(分别为16.33%和16.39%),且各收入区间的内部迁居比例差异较小。发生街道间居住迁移的进城务工人员,随家庭收入的增长其内部迁居的比例也在逐步上升(除收入在2 501～5 000元的务工人员外),说明进城务工人员的家庭收入与街道间迁居率基本呈正相关关系。

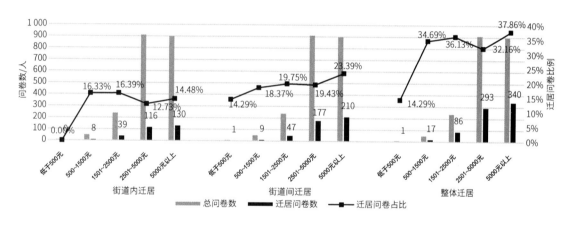

图6-9 不同家庭月均收入的进城务工人员居住迁移的问卷数及占比

* 资料来源:课题组关于进城务工人员的抽样问卷(2015年)

6.3 进城务工人员居住迁移的时空轨迹

根据南京市主城区发生过迁居行为的进城务工人员内部数据统计,发现其迁居行为以1次迁居为主导(其占比60.79%),2次迁居和5次及以上迁居次之,占比分别为17.91%和13.43%,3次和4次迁居人员则较少;同样,街道间迁居也以1次迁居为主(38.53%),2次迁居次之(13.03%);而街道内除1次迁居比例最高外(22.25%),5次及以上迁居比例亦较高(9.63%),表明街道内发生多次迁居的概率要普遍高于街道间迁居(图6-10)。

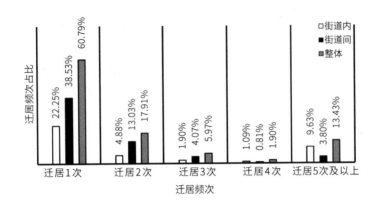

图 6-10 进城务工人员迁居行为总频次

*资料来源:课题组关于进城务工人员的抽样问卷(2015年)

6.3.1 时间维度的居住迁移特征

在基本了解南京市主城区进城务工人员的迁居行为后,以年龄段和来宁时间为基础,按主要职业(总体—商业服务业—生产运输设备操作业)来分析务工人员的迁居频次,基本以1次、2次和5次及以上迁居为主,进而从时间维度上解析进城务工人员在来宁后的整个生命历程和生活经历中的居住迁移特征。

6.3.1.1 不同生命历程进城务工人员的居住迁移特征

分析发现,在进城务工人员由连续年龄段组成的生命历程中,总体务工人员和商业服务业务工人员的居住迁移特征相似,均随年龄增长而呈现出"梯度上升—直线下降"的整体特征,其中街道间迁居随年龄增长呈较为明显的主次双峰式"M形"特征,街道内迁居则呈单峰式"倒V形"的迁居特征;而生产运输设备操作业务工人员的迁居,随年龄增长呈现出先增后降的波动式"倒V形"整体特征,其街道间和街道内的迁居特征亦是如此,尤以街道内的"倒V形"迁居特征更为显著。同时,无论总体还是分职业的务工人员,其迁居普遍发生在中年壮实期和青年成熟期,只是发生街道间迁居的务工人员更加年轻(图6-11)。具体而言:

(1) 总体进城务工人员

在迁居比例上(图6-12-1),总体务工人员发生1次迁居比例最高的年龄段在36～40岁(10.18%),且呈"先阶梯式增长后快速下降"之特征;发生2次迁居的比例呈反复增减的波动态势,最高年龄段出现在46～50岁(3.26%);迁居5次及以上的比例则呈先增后减的"倒V形"规律,且最高年龄段出现在46～50岁(3.12%),说明总体务工人员随年龄增长经历了"迁居急剧增长、短暂回缓和快速下降"的三个阶段化特征。其中,街道间的迁居特征亦是如此,只是迁居比例最高的年龄段集中在了36～40岁(11.26%),且短暂回缓后的下降趋势更为显著,说明街道间迁居的总体务工人员更年轻;而街道内发生的迁居比例,则随总体务工人员的年龄增长而呈"先降后升再降"的单峰式特征。

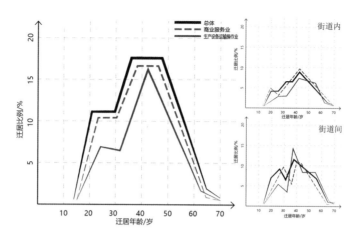

图 6-11 时间维度下各年龄段的进城务工人员迁居特征示意图

* 资料来源：笔者自制

在总迁居频次①上(图 6-12-2)，41~45 岁的总体务工人员迁居频次最高(257 次)，其次为 36~40 岁和 46~50 岁(分别为 240 次和 238 次)，说明总体务工人员的迁居多发生在中年壮实期和青年成熟期。其中，街道内的总迁居频次呈先增后降的"倒 V 形"特征；而街道间的总迁居频次不但呈主次双峰高的"M 形"特征，还集中发生在了更为年轻的成熟期青年(36~40 岁为主)身上。

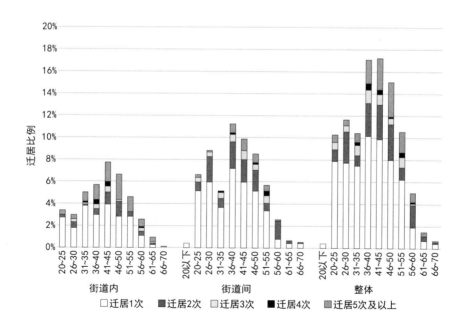

图 6-12-1 时间维度下各年龄段的总体进城务工人员迁居频次(结构图)

---

① 其中，迁居 5 次及以上的总迁居频次按照迁居 5 次进行计算。

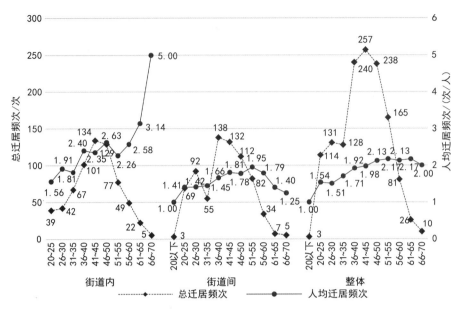

图 6-12-2 时间维度下各年龄段的总体进城务工人员迁居频次(变化图)
*资料来源:笔者自制

在人均迁居频次上(图6-12-2),总体务工人员在各年龄段的频次分布上差异较小,51~55岁和61~65岁年龄段的人均迁居频次最高(均为2.17次/人),其次为46~50岁和56~60岁(均为2.13次/人),说明中年务工人员的人均迁居频次更高。其中,街道间的迁居趋势与整体更加相似,但50岁后的人均迁居频次下降显著;而街道内的人均迁居频次则随年龄增长而出现了波动式上升。

(2) 商业服务业进城务工人员

在迁居比例上(图6-13上),商业服务业务工人员的年龄段分布与总体务工人员相似,其发生1次和2次迁居的最高比例分别为11.56%和4.04%,但增长回缓阶段的增减趋势更明显(年龄段在31~35岁),同时迁居5次及以上的比例呈反复增减的波动态势,最高年龄段出现在36~40岁和46~50岁(分别为2.02%和2.57%)。其中,街道内的迁居特征基本不变,但街道间的迁居人群更年轻,迁居比例最高的年龄段集中在36~40岁(10.83%)。

在总迁居频次上(图6-13下),该类务工人员的年龄段分布仍与总体务工人员相似,其迁居亦多发生在中年壮实期和青年成熟期。其中,街道内的总迁居频次呈"先降后增又降"之特征,且总迁居频次最高的年龄段为46~50岁,以中年人为主;而街道间迁居则以成熟期的青年和壮实期的中年居多(分别为36~40岁和41~45岁),且总迁居频次呈双峰式的"M形"特征。

在人均迁居频次上(图6-13下),商业服务业务工人员的人均迁居频次摆动于1.37~2.50次/人,且以61~65岁为最高,以20~25岁为最低,说明这一群体随年龄增长已出现了波动式缓升的特征。其中,街道内迁居的趋势特征与整体更相似,但各年龄段之间的差异较大(从1.54次/人到5.00次/人);而街道间迁居的人均迁居频次则随年龄增长而先增后降,且彼此差异较小。

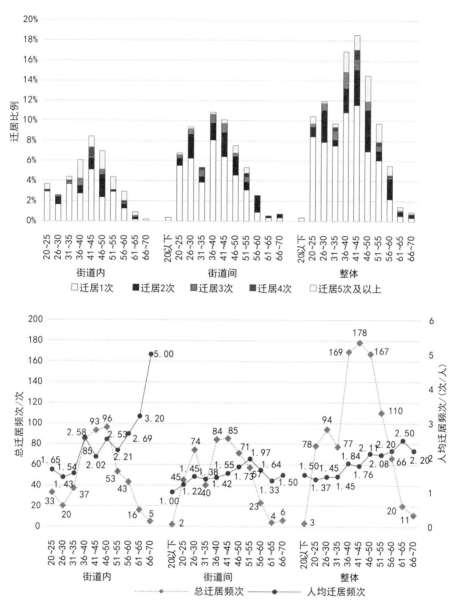

图 6-13 时间维度下各年龄段的商业服务业进城务工人员迁居频次（上：结构图；下：变化图）

* 资料来源：笔者自制

(3) 生产运输设备操作业进城务工人员

在迁居比例上（图 6-14 上），生产运输设备操作业的务工人员发生一次迁居比例最高（10.18%）的年龄段在 46～50 岁，发生两次迁居的最高年龄段在 36～40 岁（7.03%），且二者均呈反复增减的波动态势，而发生五次及以上迁居的最高年龄段在 41～45 岁（10.16%），呈先增后减的"倒 V 形"特征，说明这一群体随年龄增长经历了"首次增减后急速上升，复又反复增减至急速下降"的阶段性规律。其中，街道间的迁居特征亦是如此，只是迁居比例最高的年龄段集中在了 36～40 岁（7.03%），说明发生街道间迁居的务工人员更年轻；而街道内的迁居比例,则随务工人员的年龄增长而呈先升后降的迁移特征。

在总迁居频次上(图 6-14 下),此类务工人员迁居频次最高的年龄段在 41～45 岁 (75 次),36～40 岁次之(65 次),且基本表现出"先微弱增长,后急剧上升和逐步下降"的"倒 V 形"迁居特征,说明这一群体的迁居以中年壮实期和青年成熟期最为频繁。其中,街道间迁居主要发生在了更年轻的成熟期青年(36～40 岁)身上,且"倒 V 形"特征更加明显;而街道内的总迁居频次呈"先缓慢增减后急速增长再持续下降"的迁居特征。

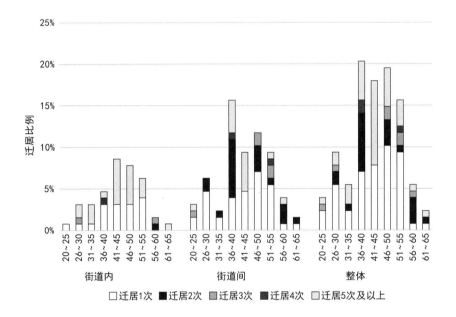

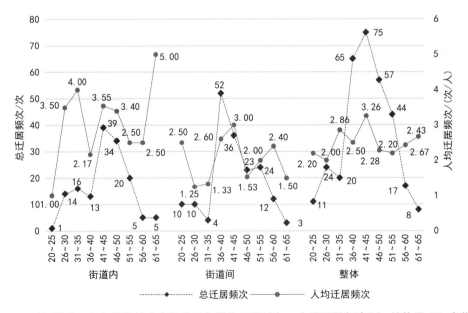

图 6-14 时间维度下各年龄段的生产运输设备操作业进城务工人员迁居频次(上:结构图;下:变化图)

* 资料来源:笔者自制

在人均迁居频次上(图6-14下),该类务工人员在各年龄段的频次分布上差异较小,41~45岁龄段的人均迁居频次最高(3.26次/人),其次为31~35岁(2.86次/人),说明该类务工人员随年龄增长已呈现出"波动式先升后降"的整体特征,且以中青年迁居为主。其中,街道内和街道间的人均迁居频次均随年龄增长而呈波动态势,只是前者的变化幅度要甚于后者。

6.3.1.2 不同生活经历进城务工人员的居住迁移特征

分析发现,在进城务工人员由不同来宁时间所展现出的生活经历中,总体务工人员和商业服务业务工人员的居住迁移特征较相似,均随来宁时间的增长而呈现出"快速增长—缓慢下降—急速降低—逐步稳定"的阶段化特征,且街道间的迁居特征亦是如此,但商业服务业务工人员的街道内迁居随来宁时间的增长呈"快速增长—梯度下降"的特征;而生产运输设备操作业务工人员的迁居,随来宁时间的增长呈现出"快速增长—急速下降—反复增减"的阶段化特征,其中街道间的迁居特征与之相同,但街道内迁居则呈"先增后降"的迁居特征(图6-15)。

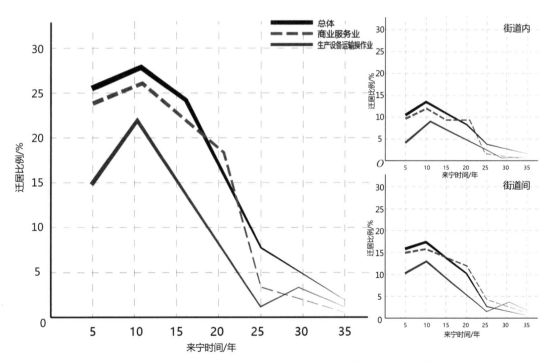

图6-15 时间维度下各来宁时间的进城务工人员迁居特征示意图

* 资料来源:笔者自制

具体而言:

(1) 总体进城务工人员

在迁居比例上(图6-16上),发生1次迁居的总体务工人员随来宁时间增长而逐年下降,以来宁 $0<T\leqslant 5$ 年的迁居比例为最高(19.13%);迁居2次的务工人员随来宁时间增长呈"先增后降又微增后急降"的"M形"特征,以来宁 $5<T\leqslant 10$ 年的迁居比例为最高(5.70%);而发生5次及以上迁居的比例则呈先增后降之特征,以来宁 $10<T\leqslant 15$ 年的比例为最高(4.61%)。由此表明,总体务工人员的迁居随来宁时间的增长,经历了从"快速增

长和缓慢下降到急速降低,最后至逐步稳定"的四个阶段化特征。其中,街道间的迁居特征亦是如此;而街道内的迁居则经历了"快速增长和梯度下降"的两个阶段化特征。

在总迁居频次上(图 6-16 下),总体务工人员在来宁 $5<T\leqslant10$ 年间迁居频次达到峰值(369 次),然后经过缓慢下降($10<T\leqslant15$ 年)和急剧降低(从 350 次减少到 65 次),直至降势减缓($20<T\leqslant25$ 年),表明总体务工人员的迁居先后经历了"快速增长—缓慢下降—急剧降低—逐渐稳定"的阶段化特征。其中,街道内和街道间的迁居特征亦是如此,只是前者在频次增长阶段用时更长(至 $10<T\leqslant15$ 年达到最大值),而后者在频次缓慢下降阶段用时更久。

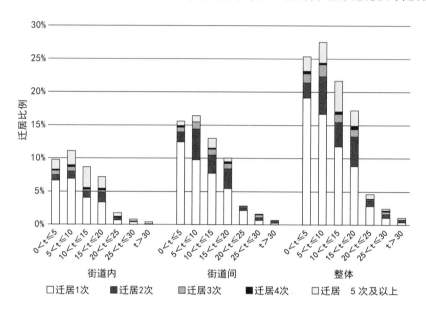

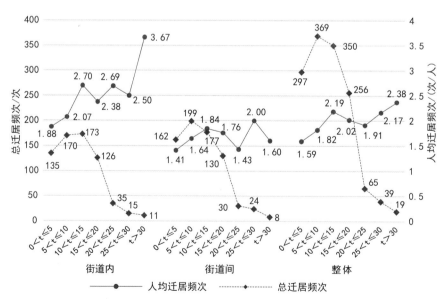

图 6-16 时间维度下各来宁时间的总体进城务工人员迁居频次(上:结构图;下:变化图)

*资料来源:笔者自制

在人均迁居频次上(图 6-16 下),来宁 10<T≤15 年和 T>30 年的人均迁居频次较高(分别为 2.19 次/人和 2.38 次/人),而来宁 0<T≤5 年和 20<T≤25 年的人均迁居频次较低(分别为 1.59 次/人和 1.91 次/人),说明总体务工人员随来宁时间的增长,人均迁居频次整体呈波动式上升特征。其中,街道内的人均迁居频次特征与整体相似,且波动式增势更加显著(从 1.88 次/人增长到 3.67 次/人);而街道间的人均迁居频仅呈波动式分布,但增势并不显著。

(2) 商业服务业进城务工人员

在迁居比例上(图 6-17 上),商业服务业务工人员发生 1 次迁居和 5 次及以上迁居的来

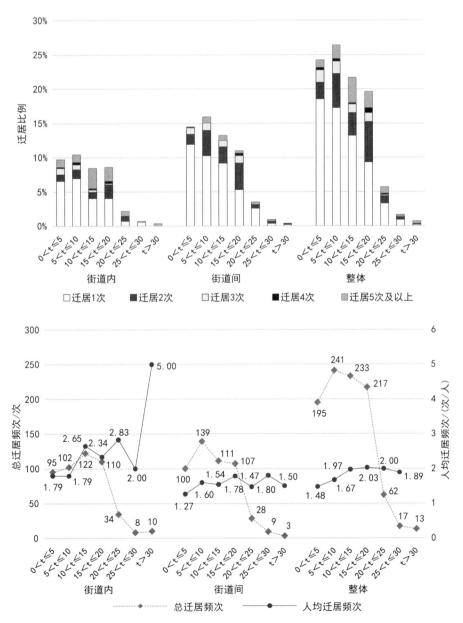

图 6-17　时间维度下各来宁时间的商业服务业进城务工人员迁居频次(上:结构图;下:变化图)

*资料来源:笔者自制

宁时段分布和总体务工人员相似(二者的最高比例分别为18.53%和3.67%),但发生2次迁居的最高比例(5.87%)出现在来宁15＜T≤20年,说明该类务工人员和总体务工人员的不同之处在于缓慢下降阶段花费的时间更久。其中,街道内和街道间的迁居特征亦是如此,只是街道内的迁居经历了增长期、平稳期和下降期三个阶段化特征。

在总迁居频次上(图6-17下),商业服务业务工人员的迁移特征亦与总体务工人员相似,但时段在缓慢下降阶段有所增长(从来宁10＜T≤15年间增加到10＜T≤20年间)。其中,街道内的迁居特征基本不变,而街道间的总迁居频次则在缓慢下降阶段表现出"快速下降后又转缓"的趋势特征。

在人均迁居频次上(图6-17下),商业服务业务工人员随来宁时间的增长而呈缓慢地先升后降特征,但在各时段的频次分布上差异较小。其中,来宁15＜T≤20年的人均迁居频次最高(2.03次/人),而来宁0＜T≤5年的人均迁居频次最低(1.48次/人)。其中,街道间和街道内的人均迁居频次均呈波动式增长特征,且街道内的波动式增长趋势更加显著。

(3) 生产运输设备操作业进城务工人员

在迁居比例上(图6-18-1),生产运输设备操作业务工人员发生1次迁居比例最高的来宁时段为T＞30年(16.41%),迁居2次的最高比例出现在来宁5＜T≤10年(7.81%),迁居5次及以上的最高比例出现在来宁10＜T≤15年(10.16%);而且随来宁时间的增长,迁居1次的比例呈"先增后降"之特征,而迁居2次和5次及以上的比例呈"先增后降,复又微弱增减"之特征(T＞25年),说明该类务工人员来宁后的迁居经历了"快速增长和下降后又微弱升降"的过程。其中,街道间的迁居特征亦是如此,但其发生1次迁居的比例与来宁时间成反比;街道内的迁居则呈先增后降之特征。

在总迁居频次上(图6-18-2),最高的来宁10＜T≤15年,之后(15＜T≤25年)总迁居频次急剧下降,直至T＞25后才微弱升降。表明该类务工人员来宁后经历了"迁居快速和缓慢地复合增长、急速下降以及反复增减"的三个阶段化特征。其中,街道内和街道间的迁居特征亦如此,只是街道内的最高总迁居频次出现在来宁5＜T≤10年,直至T＞25年后才触底反弹。

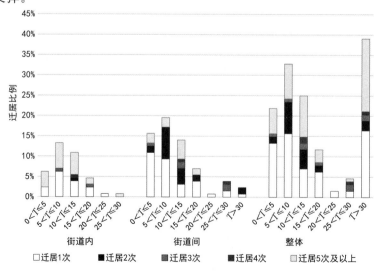

图 6-18-1　时间维度下各来宁时间的生产运输设备操作业进城务工人员迁居频次(结构图)

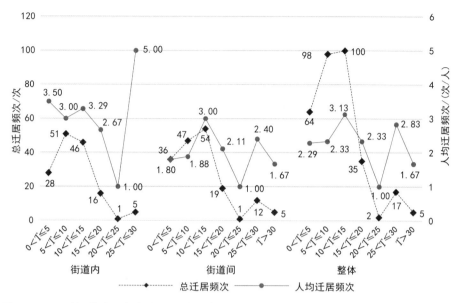

图 6-18-2　时间维度下各来宁时间的生产运输设备操作业进城务工人员迁居频次(变化图)

＊资料来源：笔者自制

在人均迁居频次上(图6-18-2)，来宁 $10<T\leqslant15$ 年的人均迁居频次最高(3.13次/人)，来宁 $25<T\leqslant30$ 年的次之(2.83 年次/人)，而来宁 $20<T\leqslant25$ 年和 $T>30$ 年的频次较低(分别为1次/人和1.67次/人)，说明该类务工人员随来宁时间的增长，人均迁居频次呈"大幅度波动式下降"特征。其中，街道间的迁居特征大体相似，但街道内的频次却呈"波动式先降后增"之特征。

6.3.1.3　总结

综上所述，在不同时间维度的共同作用下(连续年龄段所组成的生命历程和不同来宁时间所形成的生活经历)，分职业的进城务工人员形成了如下居住迁移特征(表6-3)：

表 6-3　时间维度下的不同职业进城务工人员居住迁移特征

时间维度		生命历程：随年龄增长			生活经历：随来宁时间增长		
分职业		总体	商业服务业	生产运输设备操作业	总体	商业服务业	生产运输设备操作业
迁居特征	整体	梯度上升—直线下降	与总体相似	先增后降波动式"倒V形"	快速增长—缓慢下降—急速降低—逐步稳定	与总体相似	快速增长—急速下降—反复增减
	街道间	主次双峰式"M形"	双峰式"M形"	同整体	同整体	同整体	同整体
	街道内	单峰式"倒V形"	单峰式"倒V形"	"倒V形"	同整体	快速增长—梯度下降	先增后降

＊资料来源：笔者自制

6.3.2 空间维度的居住迁移特征

同理,以当前进城务工人员居住的空间圈层为基础,按主要职业(总体—商业服务业—生产运输设备操作业)来分析务工人员发生过迁居的频次,依旧以 1 次、2 次和 5 次及以上迁居为主;同时,考虑到居住迁移在空间上亦存在区位和方向性(居住街道位于不同象限),进而从空间维度上解析进城务工人员在主城区各圈层和各方向(象限)上的居住迁移特征。

6.3.2.1 不同居住圈层中进城务工人员的居住迁移特征

分析发现,在由不同进城务工人员不同居住区位所组成的各空间圈层中,总体务工人员在主城区的居住迁移由内而外呈"先升后稳"的上升式特征,街道内呈"倒 V 形"上升趋势,而街道间则呈"持续渐缓上升"的迁居特征;商业服务业务工人员呈"倒 V 形"下降式的整体特征,其街道间呈"先稳后降"的迁居特征,但街道内迁居则从内向外呈"倒 V 形"稳定的特征;生产运输设备操作业务工人员呈现出"直线形"迅速增长的迁居特征,其街道内和街道间的迁居特征亦是如此,只是街道内的增长渐缓。同时,总体和商业服务业务工人员在内城外缘圈层迁居最频繁,而郊区内沿圈层迁居频次最高的是生产运输设备操作业务工人员(图 6-19)。

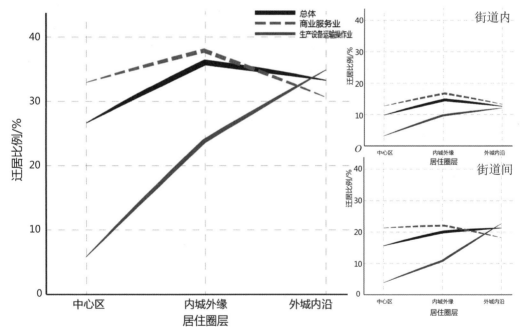

图 6-19 空间维度下各圈层的进城务工人员迁居特征示意图

* 资料来源:笔者自制

具体而言:

(1)总体进城务工人员

在迁居比例上(图 6-20 上),现居郊区内沿圈层的总体务工人员迁居 1 次的比例最高

(23.34%),发生 2 次迁居比例最高的现居中心区和内城外缘(均占 5.97%),迁居 5 次及以上比例最高的现居内城外缘(6.51%),说明总体务工人员在主城区由内而外整体呈增速减缓的上升式特征。其中,街道间的迁居比例从中心区向外围持续增长(1 次迁居比例从中心区的 10.04%增加到郊区内沿的 14.79%),而街道间的迁居比例则呈"先增后降"之特征。

在总迁居频次上(图 6-20 下),现居内城外缘圈层的总体务工人员迁居频次最高(544 次),郊区内沿次之(485 次),而中心区最低(357 次),说明随总体务工人员的现居地由中心区向外拓展,迁居总频次呈"先增后降的上升式"特征。其中,街道内的迁居亦是如此(内城外缘>郊区内沿>中心区);而街道间的总迁居频次则随现居地的外拓,而呈"持续增长"之特征(郊区内沿>内城外缘>中心区)。

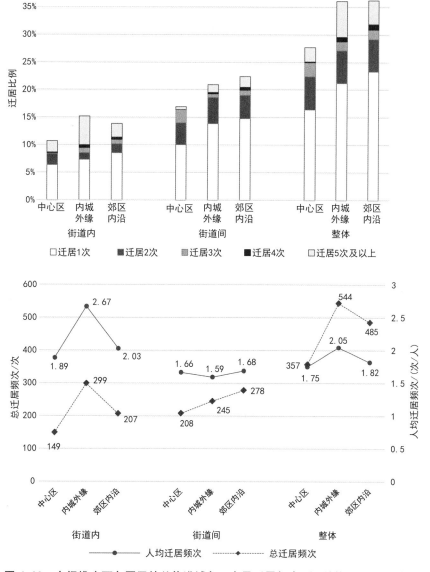

图 6-20 空间维度下各圈层的总体进城务工人员迁居频次(上:结构图;下:变化图)

* 资料来源:笔者自制

在人均迁居频次上(图6-20下),现居内城外缘的频次最高(2.05次/人),中心区最低(1.75次/人)。街道内的迁居频次起伏更为显著,且以内城外缘的迁居最为频繁(人均迁居频次为2.67次/人);而街道间的迁居恰好相反。

(2) 商业服务业进城务工人员

在迁居比例上(图6-21上),迁居1次比例最高(22.24%)的商业服务业务工人员现居于内城外缘圈层,迁居2次比例最高的现居中心区(6.62%),迁居5次及以上比例最高的亦现居内城外缘(6.07%),说明该类务工人员在主城区由内而外整体呈先增后降的迁移特征(内城外缘>中心区>郊区内沿)。其中,街道间的迁居特征亦是如此,其1次和5次及以上迁居比例均以内城外缘为高值(分别为14.34%和4.41%);而街道内的迁居比例呈"稳中微降"之特征。

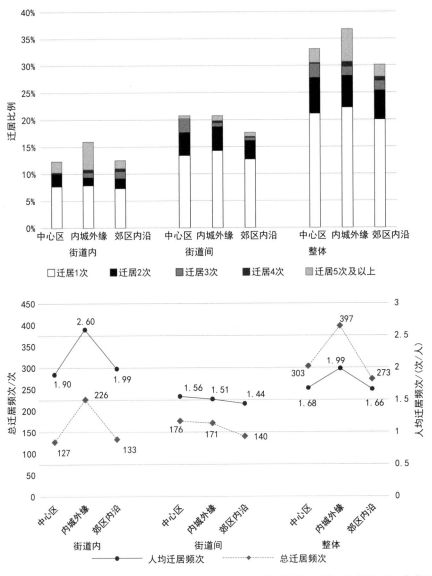

图6-21 空间维度下各圈层的商业服务业进城务工人员迁居频次(上:结构图;下:变化图)

* 资料来源:笔者自制

在总迁居频次上(图6-21下),现居内城外缘圈层的商业服务业务工人员总迁居频次最高(397次),其次为中心区(303次),郊区内沿最低(273次),说明该类务工人员随现居地由主城中心区向边缘拓展,迁居总频次呈"先增后降"之特征。其中,街道内迁居亦是如此,只是中心区的总迁居频次降为最低;而街道间的总迁居频次则随现居地从中心向外围延伸,呈持续下降之势(中心区＞内城外缘＞郊区内沿)。

在人均迁居频次上(图6-21下),现居内城外缘的频次最高(1.99次/人),中心区和郊区内沿次之(分别为1.68次/人和1.66次/人),表明该类务工人员在内城外缘的人均迁居频次更高。其中,街道内的迁居特征亦是如此且更加显著(内城外缘＞郊区内沿＞中心区);街道间的迁居则随圈层外扩而呈逐步下降之势。

(3) 生产运输设备操作业进城务工人员

在迁居比例上(图6-22-1),生产运输设备操作业务工人员迁居1次、2次和5次及以上的最高比例均现居于郊区内沿圈层,其占比分别为28.13%、7.81%和11.72%,说明该类务工人员的迁居比例在主城区由内而外整体呈迅速递增之势。其中,街道间和街道内的迁居特征均大体相似。

在总迁居频次上(图6-22-2),现居郊区内沿圈层的生产运输设备操作业务工人员总迁居频次最高(147次),内城外缘次之(103次),中心区最低(34次),说明该类务工人员迁居的总频次由内而外呈"急剧上升"之特征。其中,街道间的迁居特征亦是如此;而街道内的总迁居频次则随主城中心向外围延展,而呈"持续急增后缓降"的上升式特征(内城外缘＞郊区内沿＞中心区)。

在人均迁居频次上(图6-22-2),不同居住圈层之间的频次分布差异较大,且最高者现居于中心区(3.09次/人),最低者现居于郊区内沿(1.91次/人),表明该类务工人员的人均迁居频次随圈层由内向外而急速下降。其中,街道内和街道间的迁居特征亦是如此,但街道间的频次差异更小。

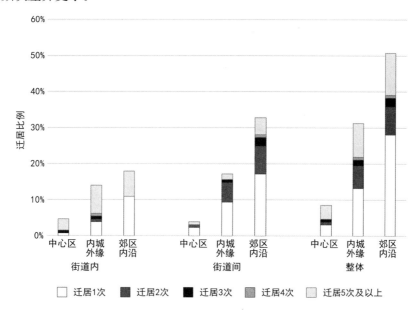

图6-22-1　空间维度下各圈层的生产运输设备操作业进城务工人员迁居频次(结构图)

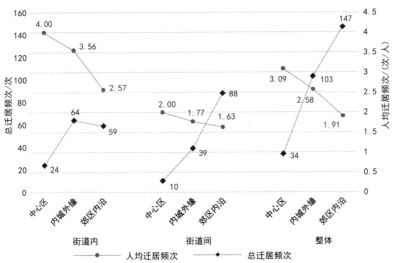

图 6-22-2　空间维度下各圈层的生产运输设备操作业进城务工人员迁居频次(变化图)

＊资料来源:笔者自制

6.3.2.2　不同迁居方向上进城务工人员的居住迁移特征

在解析进城务工人员所在圈层的迁居频次后,进一步对中心区—内城外缘—郊区内沿在不同方向(西北—东北—东南—西南)上发生的迁居频次进行统计,并且参照风玫瑰图的绘制方法进行图示化表达,以分析这一群体的在不同方向上的空间迁居特征。在具体绘制中,风向代表迁居方向,并通过城市中心(新街口)到各街道中心的路径来确定;而风速和风向频率则分别代表各街道的总迁居频次和人均迁居频次,且由城市中心(新街口)到各街道中心的距离来确定。

通过分析可发现:总体务工人员和生产运输设备操作业务工人员均在主城东北和西南方迁居频繁,呈"双边交叉型"特征,其发生街道内迁居的方向性特征亦如此,但两者发生街道间迁居较为频繁的地区均位于郊区内沿东北方;而商业服务业务工人员在东部迁居频繁,呈"单边对称型"特征,其中街道内迁居的方向性特征不变,但街道间迁居以主城东北方较频繁(图 6-23)。具体而言:

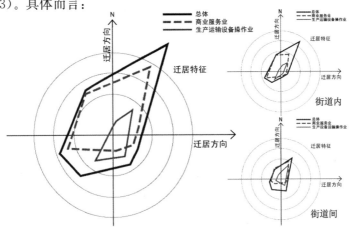

图 6-23　空间维度下各圈层不同迁居方向的进城务工人员迁居特征示意图

＊资料来源:笔者自制

(1) 总体进城务工人员

在总迁居频次上(图6-24上),现居于中心区的总体务工人员在西北方的宁海路(WN9)街道迁居频次最高(61次),其次为西南方的朝天宫(WS6)街道(40次);郊区内沿频次最高的位于东北方的迈皋桥(EN37)街道,燕子矶(EN40)街道和西南方的沙洲(WS39)街道次之(分别为69次和68次);而内城外缘频次(130次)最高的位于东北方的红山(EN26)街道,且远高于其他街道。由此可见,现居于主城区东北方和西南方的总体务工人员迁居更为频繁。

其中,街道内和街道间存在迁居频次的方向性差异,中心区的街道内迁居主要集中在西面靠近中心区处(包括西北WN9、WN5和西南WS6),郊区内沿以东北方的燕子矶(EN40)和西南方的沙洲(WS39)街道为高,但二者在街道间的迁居频次分布并无显著方向性(除郊区内沿的迈皋桥街道外);而内城外缘的街道内和街道间迁居则均集中于红山(EN26)街道。同时中心区和郊区内沿的街道间迁居较为频繁,内城外缘则相反。

在人均迁居频次上(图6-24下),现居中心区东北方玄武门(EN7)街道的总体务工人员频次最高(3.00次/人);内城外缘频次最高的位于东北方的红山街道(3.10次/人);而郊区内沿则以东北方的燕子矶街道为最高(2.38次/人)。由此可见,总体务工人员人均迁居最频繁的地区集中于东北方。

其中,各圈层街道内的人均迁居频次均普遍高于街道间:中心区街道内的人均迁居频次以东南方的洪武路(ES8)街道为最高,街道间则以玄武门(EN7)为最高;郊区内沿街道内迁居频次最高的包括东北方的玄武湖(EN38)和西南方的南苑(WS31)街道,街道间则以东北方的迈皋桥(EN37)街道为最高;而内城外缘的人均迁居频次均以红山(EN26)街道为最多(包括街道内和街道间迁居)。

(2) 商业服务业进城务工人员

在总迁居频次上(图6-25上),现居中心区的商业服务业务工人员仍以宁海路(WN9)街道的迁居频次为最高(55次);内城外缘也是红山(EN26)街道最高,且远高于其他街道;郊区内沿亦是迈皋桥(EN37)街道最高,其次为东北方的马群(EN41)街道和东南方的光华路(ES34)街道(分别为31次和30次)。由此可见,主城区商业服务业务工人员的迁居以东北方最为频繁,东南方次之。

其中,除宁海路街道外,中心区的街道间迁居主要集中在东北方的梅园新村(EN4)街道,街道内迁居则集中在中心附近的华侨路(WN5)街道(二者均为23次);郊区内沿的街道内迁居以东北方的马群(EN41)和东南方的光华路(ES34)街道为高,街道间迁居则较为分散(无明显方向性);而内城外缘仍以红山(EN26)街道的街道内和街道间迁居为最高。同时,各圈层的街道间迁居仍较频繁地发生于中心区和郊区内沿。

在人均迁居频次上(图6-25下),该类务工人员以中心区东北方的玄武门(EN7)街道为最高(3.00次/人);内城外缘也是东北方的红山街道(3.07次/人)最高;而郊区内沿的人均迁居频次以西南方的兴隆街道为最高(2.13次/人)。由此可见,这一群体人均迁居最频繁的地区仍位于主城区东北方,但西南方的迁居亦较频繁。

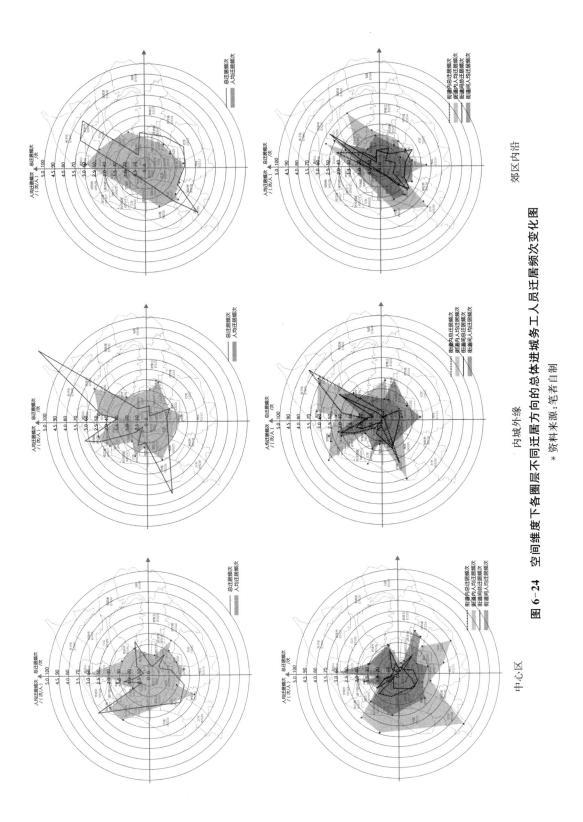

图 6-24 空间维度下各圈层不同迁居方向的总体进城务工人员迁居频次变化图
* 资料来源：笔者自制

6 居住时空轨迹：南京市主城区进城务工人员的个体择居效应

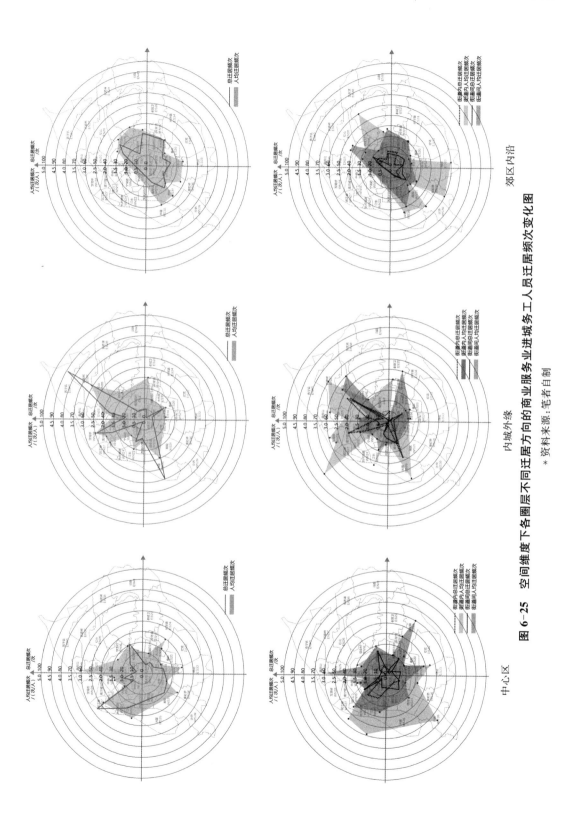

图 6-25 空间维度下各圈层不同迁居方向的商业服务业进城务工人员迁居频次变化图

*资料来源：笔者自制

其中,该类务工人员的街道内和街道间迁居频次存在差异:中心区的街道间迁居仍以玄武门(EN7)街道为最高,但街道内迁居却以西南方的朝天宫(WS6)街道为最高;内城外缘的街道间迁居以东北方的锁金村(EN16)街道为最高,街道内则以西北方的阅江楼(WN23)为最高;郊区内沿的街道间迁居仍以迈皋桥(EN37)街道为最高,而街道内迁居最高的包括东北方的玄武湖(EN38)、西南方的赛虹桥(WS36)、东南方的雨花(ES33)和红花(ES32)街道。

(3)生产运输设备操作业进城务工人员

在总迁居频次上(图6-26上),现居于中心区的生产运输设备操作业务工人员在西南方的朝天宫(WS6)街道迁居频次最高(12次);内城外缘的红山(EN26)街道总迁居频次远高于其他街道;而郊区内沿则以西南方的沙洲(WS39)和东北方的迈皋桥(EN37)街道为高(分别为31次和30次),说明这一群体的迁居以主城东北和西南方最为频繁。

其中,街道间和街道内总迁居频次较高的街道均分布在中心区东北方的夫子庙(EN14)和洪武路(EN8)街道、内城外缘东北方的红山(EN26)和西南方的中华门(WS21)街道,以及郊区内沿东北方的迈皋桥(EN37)和西南方的沙洲(WS39)街道。

在人均迁居频次上(图6-26下),该类务工人员以中心区西北方和东南方的中央门(EN13)和夫子庙(ES14)街道为最高(均为5.00次/人);内城外缘以东北方的小市街道(4.25次/人)为最高;而郊区内沿则以西南方的南苑街道为最高(4.25次/人)。由此可见,这一群体的人均迁居频次分布并无显著的方向性。

其中,街道内和街道间的迁居频次存在一定差异:中心区的街道间和街道内迁居分别以夫子庙(EN14)和西南方的朝天宫(WS6)街道为最高;内城外缘的街道间迁居以建宁路(WN23)街道为最高,街道内迁居则以西北方的宝塔桥(WN28)和西南方的莫愁湖(WS18)街道为最高;而郊区内沿的街道间和街道内迁居均以南苑(EN31)街道为最高。

6.3.2.3 总结

综上所述,在主城区不同圈层和不同方向所形成的空间维度作用下,分职业的进城务工人员形成了如下居住迁移特征(表6-4):

表6-4 空间维度下的不同职业进城务工人员居住迁移特征

空间维度		空间圈层:由内而外			空间方向:东北—西北—西南—东南		
分职业		总体	商业服务业	生产运输设备操作业	总体	商业服务业	生产运输设备操作业
迁居特征	整体	先升后稳上升式	"倒V形"下降式	直线形增长	东北和西南方双边交叉型	东北和西北方单边对称型	东北和西南方双边交叉型
	街道间	持续渐缓上升式	先升后降	同整体	东北方	东北方	东北方
	街道内	"倒V形"上升式	"倒V形"稳定式	同整体(增长渐缓)	西南和东北方	东北和西北方	东北和西南方

*资料来源:笔者自制

6 居住时空轨迹:南京市主城区进城务工人员的个体择居效应

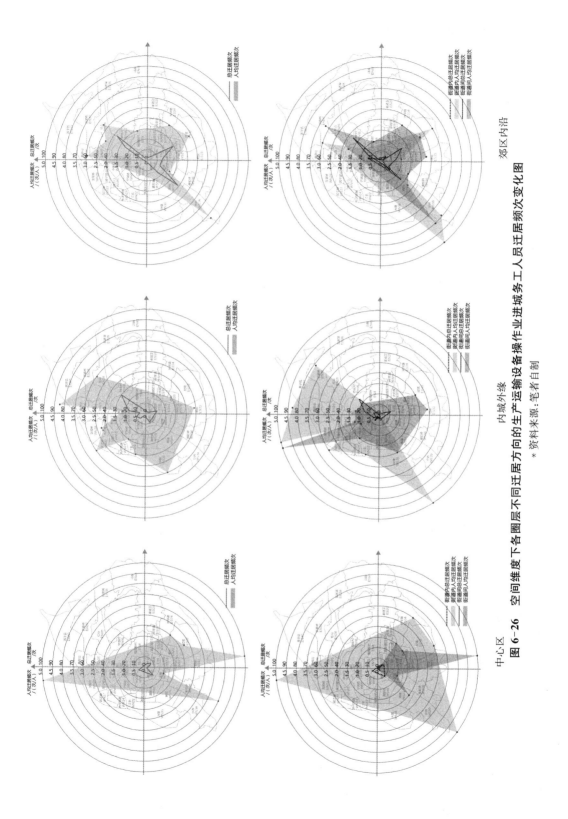

图6-26 空间维度下各圈层不同迁居方向的生产运输设备操作业进城务工人员迁居频次变化图

*资料来源:笔者自制

6.3.3 时空维度的居住迁移轨迹

6.3.3.1 迁居频次的时空特征

在时空综合维度下,对南京主城区进城务工人员来宁后的个体迁居频次进行全周期统计,可以看出:总体上这一群体的迁居行为在郊区内沿最为频繁,其次是内城外缘,中心区则最低,形成了"由内而外迁居行为逐渐频繁化"的特征(郊区内沿>内城外缘>中心区)。同时,在生命历程和来宁生活经历的共同作用下,南京市主城区内进城务工人员的迁居轨迹也会表现出更为丰富和差异化的一面来:

在不同生命历程中,随年龄的增长,总体务工人员和商业服务业务工人员在主城区各圈层的高频迁居行为均由内而外呈"先升后降"的整体特征,尤以商业服务业务工人员更为明显,总体务工人员在中心区和内城外缘圈层还存在局部反复;而生产运输设备操作业务工人员也由内而外基本呈"先升后降"的迁居特征,但其在中心区圈层的波动式迁居显著,具有明显的随机性(图6-27左)。

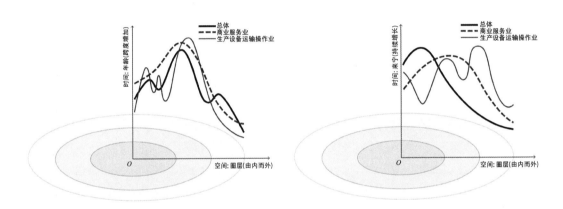

图6-27 进城务工人员居住迁居频次时空迁居特征示意图(左:分年龄段;右:分来宁时间)

*资料来源:笔者自制

在不同生活经历中,随来宁时间的增长,总体务工人员在主城各圈层的高频迁居行为均由内而外呈"短期增长—逐渐下降"的迁居行为特征;商业服务业务工人员的均呈"先升后降"的迁居特征;生产运输设备操作业务工人员则在中心区圈层呈"两极分化",内城外缘和郊区内沿圈层呈"先升后降复又微弱增长"的迁居特征(图6-27右)。

(1)总体进城务工人员

在不同的生命历程中(图6-28左),中心区的总体务工人员随年龄变化而呈现出"中频→高频→中频→低频"的"一主两副三波峰式"迁居特征(26～30岁、41～45岁和51～55岁年龄段为三个峰值,其占比分别为3.53%、4.48%和3.66%);而内城外缘呈现出"低频→中频→高频→低频"的"一主一副双波峰式"迁居特征,其中26～30岁和41～45岁年龄段的频次较高(分别为4.21%和6.78%);郊区内沿则呈现出"低频→中频→高频→低频"的"单波峰式"迁居特征(36～40岁年龄段占比6.65%为峰值)。由此可见,这一群体在中心区发生高频迁居行为的年龄跨度较大,内城外缘次之,郊区内沿则不仅集中且更趋年轻化。

在不同的来宁生活经历中(图6-28右),中心区和郊区内沿的进城务工人员随来宁时间变化而呈现出"中频→高频→低频"的"单波峰式"迁居特征(峰值均出现在来宁$5<T\leq10$年);而内城外缘则呈现出"高频→中频→高频→低频"的"波动式下降"迁居特征,其峰值出现在来宁$0<T\leq5$年和$11<T\leq15$年(分别为9.2%和9.0%)。由此可见,随来宁时间的增长,各圈层总体务工人员的迁居行为均呈"短期增长后逐渐减少"之特征,说明这一群体随来宁时间的增长已逐步适应城市生活。

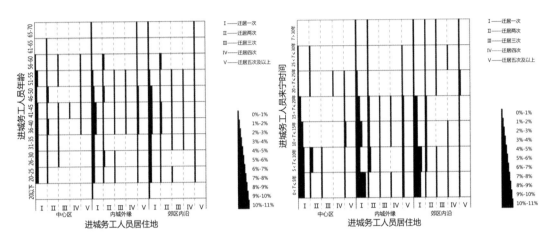

图6-28 总体进城务工人员居住迁居频次时空结构图(左:分年龄段;右:分来宁时间)

*资料来源:笔者自制

(2) 商业服务业进城务工人员

在不同的生命历程中(图6-29左),中心区的商业服务业务工人员随年龄变化而呈现出"中频→高频→低频"的"单波峰式"迁居特征(36~40岁和41~45岁年龄段为峰值,均为5.14%);内城外缘和郊区内沿均呈现出"低频→中频→高频→低频"的"一主一副双波峰式"迁居特征,且二者均在26~30岁和41~45岁年龄段达到峰值(分别为4.22%、8.07%和3.67%、5.50%)。由此可见,这一群体在中心区发生高频迁居行为的年龄较集中,而内城外缘和郊区内沿年龄跨度较大。

在不同的来宁生活经历中(图6-29右),各圈层商业服务业务工人员随来宁时间增长均呈现出"中频→高频→低频"的"单波峰式"迁居特征,中心区和郊区内沿迁居频次峰值出现在来宁$6<T\leq10$年(分别为9.72%和9.54%),而内城外缘则以来宁$11<T\leq15$年为最高(10.83%)。由此可见,随来宁时间的增长,各圈层商业服务业务工人员的迁居行为均呈"先增后降"之特征。

(3) 生产运输设备操作业进城务工人员

在不同的生命历程中(图6-30左),中心区生产运输设备操作业务工人员随年龄增长而呈现出"中频→低频→高频→中频→低频→中频"的"波动式"迁居特征(46~50岁年龄段的迁居频次最高,为4.69%);而内城外缘呈现出"低频→中频→高频→低频"的"一主一副

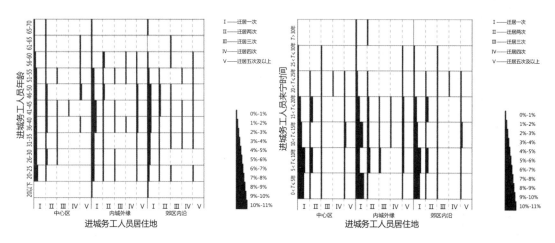

图 6-29　商业服务业进城务工人员居住迁居频次时空结构图（左：分年龄段；右：分来宁时间）
* 资料来源：笔者自制

双波峰式"迁居特征，在 26～30 岁和 46～50 岁年龄段为峰值（分别为 3.91％和 7.03％）；郊区内沿则呈现出"中频→高频→低频"的"单波峰式"迁居特征（以 36～40 岁年龄段为峰值，为 14.06％）。由此可见，这一群体在中心区发生高频迁居行为的年龄跨度较大，其次为内城外缘，郊区内沿的迁居行为则集中在青年成熟期。

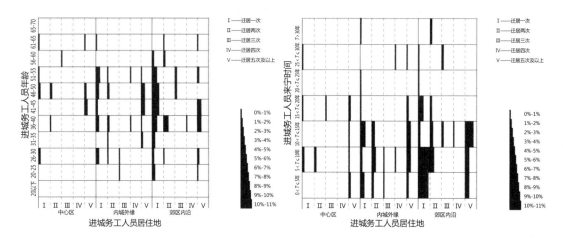

图 6-30　生产运输设备操作业进城务工人员居住迁居频次时空结构图（左：分年龄段；右：分来宁时间）
* 资料来源：笔者自制

在不同的来宁生活经历中（图 6-30 右），中心区的生产运输设备操作业务工人员随来宁时间增长而呈现出"中频→高频→低频→高频→低频"的"双波峰式"迁居特征（迁居频次峰值出现在来宁 $6<T\leqslant10$ 年和 $16<T\leqslant20$ 年）；而内城外缘和郊区内沿则呈现出"中频→高频→低频"的"单波峰式"迁居特征，前者峰值出现在来宁 $11<T\leqslant15$ 年（14.05％），而

后者出现在来宁 $6<T\leqslant 10$ 年(22.66%)。由此可见,随来宁时间的增长,该类务工人员在中心区的迁居行为呈"两极分化"特征,内城外缘和郊区内沿则呈"先增后降又增"之特征。

6.3.3.2 迁居距离的时空特征

在时空双维度下,进一步运用统计学方法,对南京主城区的进城务工人员个体迁居距离进行全周期分析(以街道间迁居为主①),以验证不同年龄和不同来宁时间务工人员所呈现出的空间迁移距离偏好。这需要先统计务工人员历次居住迁移时的年龄、迁移前和迁移后地点,然后测算样本迁移前后居住地与中心区(新街口)的距离,最终以前后距离差的平均数作为某一年龄段务工人员的迁移距离。从中可以看出:

在不同生命历程中,随年龄的增长,总体务工人员在迁居距离上呈"持续下降后微升"的特征,其对城市中心的空间依赖度经历了"低—中—高—较低"的反复过程;而商业服务业务工人员呈"持续下降"的特征,其对城市中心的空间依赖度持续增长;生产运输设备操作业务工人员则在迁居距离上并未表现出明显特征(图6-31左)。

在不同生活经历中,随来宁时间的增长,总体务工人员在迁居距离上呈"先增后降"的特征,其城市中心的空间依赖度经历了"中—低—高"的过程;而商业服务业务工人员呈波动式"先增后降"的特征,其对城市中心的空间依赖表现出"较低—中—低—高"的反复过程;生产运输设备操作业务工人员则呈"波动式缓降"的特征,且城市中心的空间依赖度经历了"较低—中—低—高—中"的反复过程(图6-31右)。

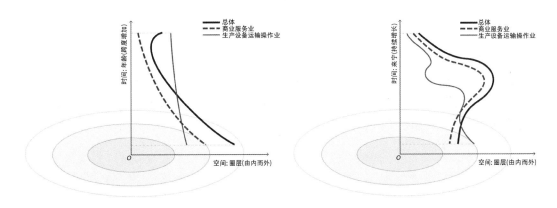

图6-31 进城务工人员迁居距离差时空迁居特征示意图(左:分年龄段;右:分来宁时间)

＊资料来源:笔者自制

(1) 总体进城务工人员

在不同的生命历程中(图6-32左),总体务工人员随年龄增长而在迁居距离上呈现"持续下降后微弱上升"的整体特征。其中,22岁以下和58岁以上的务工人员迁居距离起伏涨落明显,既存在长距离迁居(如21岁、59岁分别为6.6 km和5.8 km),又存在短距离迁居(如22岁和66岁分别为2.3 km和1.0 km);22~53岁的总体务工人员迁居距离相对稳定

---

① 此处迁居距离的计算,因调查数据限制(本次调查以街道为单元),故无法进行街道内的迁居距离分析。

(44岁除外),基本介于1.7~3.6 km之间;53~57岁的迁居距离最小(均小于1.7 km)。由此表明,总体务工人员对所在空间的依赖度,随年龄增长而呈"低度—中度—高度—较低度"的演化特征。

在不同的来宁生活经历中(图6-32右),总体务工人员随来宁时间的增长而在迁居距离上整体呈"先增后降"的空间迁移特征。其中,来宁20年内的总体务工人员迁居距离较稳定(2.0~3.9 km),但在来宁21~25年时出现峰值(距离差的平均数最高达6.6 km);来宁25年后其迁居距离又逐渐减少(最低为0.8 km)。这说明随来宁时间的增长,总体务工人员对空间的依赖程度表现出"中度—低度—高度"的演化特征。

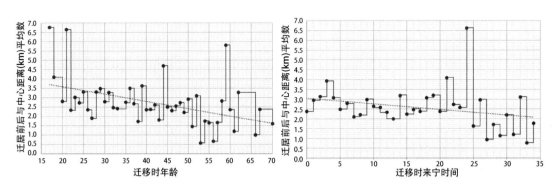

图6-32 总体进城务工人员迁居距离差时空结构图(左:分年龄段;右:分来宁时间)
＊资料来源:笔者自制

(2) 商业服务业进城务工人员

在不同的生命历程中(图6-33左),商业服务业务工人员随年龄增长而在迁居距离上呈现"连续下降"的整体特征。其中,21岁的务工人员迁居距离最长(6.6 km);22~52岁的迁居距离较为稳定(1.7~4.6 km);52岁以上的迁居距离则更短(0.7~3.3 km)。由此可见,商业服务业务工人员对其居住空间的依赖度,随年龄增长而呈"持续增长"的演化特征。

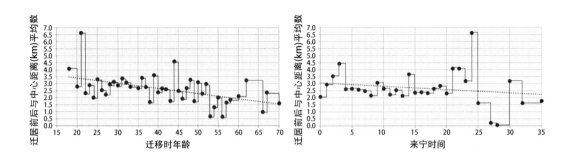

图6-33 商业服务业进城务工人员迁居距离差时空结构图(左:分年龄段;右:分来宁时间)
＊资料来源:笔者自制

在不同的来宁生活经历中(图 6-33 右),商业服务业务工人员随来宁时间的增长而在迁居距离上呈"波动式缓降"的整体特征。其中,此类务工人员在来宁 $0<T\leqslant 5$ 年时形成第一次迁居波动(从 2.1 km 增长到 4.5 km 又下降到 2.6 km);来宁 $5<T\leqslant 20$ 年内的迁居距离较为稳定($2.1\sim 3.7$ km);来宁 $21<T\leqslant 25$ 年间又出现了第二次波动(峰值为 6.6 km);来宁 27 年后则出现了第三次波动。由此可见,商业服务业务工人员对空间的依赖程度,随来宁时间的增长而呈"低度—中度—低度—中度"的波动演化特征。

(3) 生产运输设备操作业进城务工人员

在不同的生命历程中(图 6-34 左),生产运输设备操作业务工人员的迁居距离在波动中并未呈现明显特征。其中,40~50 岁的务工人员迁居距离相对较远($2.2\sim 5.0$ km);51~55 岁的迁居距离最短($0.1\sim 2.3$ km);其他年龄段的迁居距离则起伏差异较大(最高为 5.8 km,最低为 0 km)。由此可见,生产运输设备操作业务工人员对其居住空间的依赖度与年龄关系较弱。

在不同的来宁生活经历中(图 6-34 右),生产运输设备操作业务工人员随来宁时间增长而在迁居距离上呈"波动式下降"的整体特征。其中,此类务工人员在来宁 $0<T\leqslant 10$ 年间的迁居距离较为稳定($1.4\sim 3.8$ km);在来宁 $10<T\leqslant 20$ 年时形成第一次迁居波动(从 3.4 km 减少到 0.5 km,然后增长到 6.6 km,又再下降到 2.8 km);在来宁 $T>20$ 年后又出现了两次波动。由此可见,生产运输设备操作业务工人员对空间的依赖程度,随来宁时间的增长而呈"中度—高度—低度—高度"的反复演化特征。

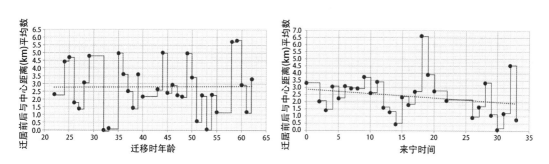

图 6-34 生产运输设备操作业进城务工人员迁居距离差时空结构图(左:分年龄段;右:分来宁时间)
* 资料来源:笔者自制

6.3.3.3 迁居轨迹的时空特征

以南京主城区的各街道分布为横轴,以进城务工人员来宁时间为纵轴,利用 Rhino 平台和 Grasshopper 插件绘制进城务工人员(街道间迁移)迁居时空轨迹图。整体来看,进城务工人员迁居轨迹并非那么清晰明了和便于分析,但通过锁定单一维度仍不难发现如下特征:

(1) 总体进城务工人员

总的来看,初来宁的总体进城务工人员多择居于中心区和郊区内沿,而择居内城外缘的相对较少,且总体务工人员以内城外缘和郊区内沿的圈层间流动为主,其次为中心区和内城外缘间的流动,而中心区和郊区内沿的联系则较少;同时郊区内沿圈层内的迁居比例也较高,但是内城外缘内部的迁居比例却最低,此外各圈层内的回迁比例亦较少。

锁定时间维度不变,仅从空间维度来看(图 6-35):总体进城务工人员的迁居轨迹多发生在内城外缘和郊区内沿之间,中心区和内城外缘以及郊区内沿内部的迁居轨迹也较多,但内城外缘内部的迁居则较少,即总体进城务工人员的迁居以"内—外"[①]联系为主,并在内城外缘和郊区内沿形成极为显著的迁移通道:迈皋桥—红山街道、莫愁湖—南苑街道和中华门—红花街道。中—内和外—外联系次之,且在郊区内沿圈层中存在多条明显的迁移通道:迈皋桥—燕子矶街道、赛虹桥—沙洲街道、沙洲—雨花街道和赛虹桥—雨花街道。同时还有部分"中—外"和"中—中"联系,而"内—内"联系则较低。

锁定空间维度不变,仅从时间维度来看(图 6-35):总体进城务工人员在来宁后的 $0<T\leqslant 10$ 年间迁居活动十分频繁;在来宁后的 $10<T\leqslant 20$ 年间,随时间增长其迁居频次开始逐渐减少;在来宁 $T>20$ 年后,其迁居频次有了急剧减少。

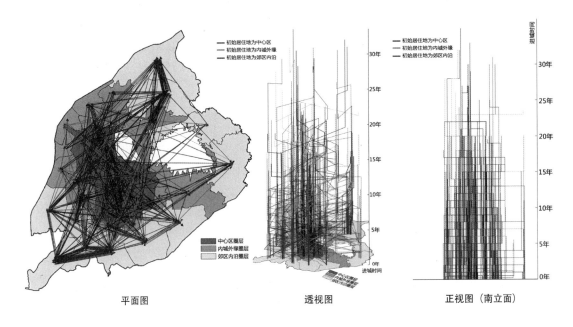

图 6-35 南京主城区总体进城务工人员迁居轨迹图

＊资料来源:笔者自制

进一步按总体进城务工人员来宁后的初始居住点将其居住迁移分为三类,即初始居住地为中心区、内城外缘和郊区内沿,并对这三类分别进行如下分析(表 6-5):

---

① 本小节中出现的"中、内、外"分别指代主城区的中心区圈层、内城外缘圈层和郊区内沿圈层。

表6-5 总体进城务工人员迁居轨迹时空特征

初始居住地		中心区	内城外缘	郊区内沿
迁居轨迹特征	整体特征	1. 择居人数较多; 2. 中心区—内城外缘及中心区内部迁居比例较高,但分布较为均匀; 3. 存在部分回迁现象	1. 择居人数最少; 2. 以内城外缘—郊区内沿迁居为主,迁居比例较高的单元分布均匀; 3. 回迁现象极少	1. 择居人数最多; 2. 圈层内部迁居比例最高,其次为郊区内沿—内城外缘,迁居轨迹多集中在主城南北; 3. 回迁现象几乎没有
	空间维度	1. 以"中—内"和"中—中"联系为主,即以中心区和内城外缘之间以及中心区内部为主; 2. 形成几条较为明显的迁移通道:新街口—中央门街道、夫子庙—双塘街道和中央门—宝塔桥街道	1. 以"内—外"联系为主,"内—中"和"内—内"联系逐次减少,即多发生在内城外缘和郊区内沿之间,其次在内部与中心区之间; 2. 形成较为显著的迁移通道:莫愁湖—南苑街道、中华门—双塘街道	1. 以"外—外"和"外—内"联系居多,"外—中"联系相对较少,即多发生在内部及郊区内沿与内城外缘之间,与中心区的联系较弱且分散; 2. 形成几条显著的迁移通道:迈皋桥—燕子矶街道、沙洲—雨花街道和迈皋桥—红山街道
	时间维度	1. $0<T\leq10$年迁居较频繁; 2. $10<T\leq20$年迁居频次逐渐下降; 3. $T>20$年后,迁居频次急剧减少	1. $5<T\leq10$年迁居活动最频繁; 2. $10<T\leq20$年迁居频次逐渐减少并趋于稳定; 3. $T>20$年后,迁居频次开始急剧减少	1. $0<T\leq5$年迁居活动最频繁; 2. $5<T\leq20$年迁居频次随时间增长经历了先增后减的变化过程; 3. $T>20$年后,其迁居频次开始急剧减少
迁居轨迹图				

* 资料来源:2015年南京进城务工人员的抽样调查数据

(2) 商业服务业进城务工人员

总的来看,商业服务业进城务工人员多择居于中心区和郊区内沿,但迁居比例较高的多发生在中心区和内城外缘,以及内城外缘和郊区内沿之间,且主城内整体的迁居轨迹较为分散,此外各圈层内的回迁比例亦较少。

锁定时间维度不变,仅从空间维度来看(图6-36):该类进城务工人员的迁居轨迹以"中—内"和"内—外"联系较多,并在主城北部形成一条内城外缘和郊区内沿之间的明显迁移通道:迈皋桥—红山街道。其次的迁移轨迹为"外—外""中—中"以及"中—外"联系,并在主城南部形成明显的迁移通道:沙洲—雨花街道和迈皋桥—燕子矶街道。而"内—内"联系则相对较低,且无明显方向性。

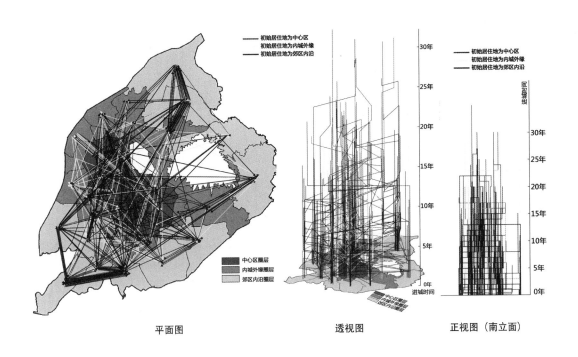

平面图　　　　　　透视图　　　　　正视图（南立面）

图6-36　南京主城区商业服务业进城务工人员迁居轨迹图

*资料来源:笔者自制

锁定空间维度不变,仅从时间维度来看(图6-36):该类进城务工人员在来宁后的 $0<T\leqslant10$ 年间迁居最为频繁;在来宁后的 $10<T\leqslant20$ 年间,随时间增长迁居频次反而逐渐减少;在来宁 $T>20$ 年后,迁居频次则开始急剧减少,表明该类进城务工人员随来宁时间的增长,迁居频次整体呈下降趋势。

进一步按商业服务业进城务工人员来宁后的初始居住点将其居住迁移分为三类,即初始居住地为中心区、内城外缘和郊区内沿,并对这三类分别进行如下分析(表6-6):

表 6-6　商业服务业进城务工人员迁居轨迹时空特征

初始居住地		中心区	内城外缘	郊区内沿
迁居轨迹特征	整体特征	1. 择居人数最多； 2. 迁居比例较高的发生在内部及中心区—内城外缘之间，迁居轨迹较分散； 3. 存在部分回迁现象	1. 择居人数最少； 2. 以内城外缘—郊区内沿迁居为主，迁居比例较高的多集中在主城西南部； 3. 回迁现象较少	1. 择居人次次多； 2. 以内部迁居为主，与内城外缘和中心区间的联系存在依次减弱的趋势，迁居轨迹多集中在主城南部； 3. 回迁现象几乎没有
	空间维度	1. 以"中—中"和"中—内"联系为主，"中—外"联系次之； 2. 在主城中北和中西部的部分街道形成较为明显的迁移通道：新街口—宝塔桥街道和华侨路—凤凰街道	1. 以"内—外"联系最多，其次为"内—中"和"内—内"联系； 2. 在主城南部形成较为明显的迁移通道：中华门—红花街道和中华门—双塘街道等	1. 以"外—外"联系最多，"外—内"联系次之，而与中心区的联系（"外—中"联系）则相对较少； 2. 在主城南北形成显著的迁移通道：沙洲—雨花街道、迈皋桥—红山街道和迈皋桥—燕子矶街道
	时间维度	1. $0<T\leqslant10$ 年迁居最频繁； 2. $10<T\leqslant20$ 年迁居频次逐渐下降并趋于平稳； 3. $T>20$ 年后，迁居频次则急剧减少	1. $5<T\leqslant10$ 年迁居活动最频繁； 2. $10<T\leqslant20$ 年迁居频次逐渐下降； 3. $T>20$ 年后，迁居频次急剧减少	1. $0<T\leqslant5$ 年间迁居活动最频繁； 2. $5<T\leqslant20$ 年迁居频次随时间增长呈微增后的逐渐下降趋势； 3. $T>20$ 年后，迁居频次则急剧减少
	迁居轨迹图			

* 资料来源：2015 年南京进城务工人员的抽样调查数据

(3) 生产运输设备操作业进城务工人员

总的来看,生产运输设备操作业进城务工人员多择居于郊区内沿和内城外缘,且此两圈层之间的迁居比例较高(该类进城务工人员的迁居多发生在内城外缘和郊区内沿之间),其中又以主城南北方向的迁居最为集中,而各圈层内的回迁比例较低。

锁定时间维度不变,仅从空间维度来看(图6-37):该类进城务工人员的迁居轨迹多发生在内城外缘和郊区内沿之间,其次在郊区内沿圈层内部,即以"内—外"和"外—外"联系为主,并在沙洲—赛虹桥街道之间形成明显的迁移通道;而"中—外""中—内"联系以及"中—中""内—内"联系则较低,且不存在明显的方向性。

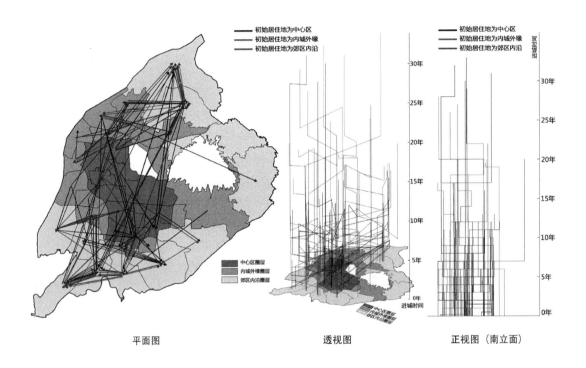

图6-37　南京主城区生产运输设备操作业进城务工人员迁居轨迹图

* 资料来源:2015年南京进城务工人员的抽样调查数据

锁定空间维度不变,仅从时间维度来看(图6-37):该类进城务工人员在来宁后的$5<T\leqslant15$年间迁居最为频繁;来宁$0<T\leqslant5$年间迁居频次次之;而在来宁$T>20$年后,其迁居频次则有急剧减少,表明该类进城务工人员随来宁时间的增长,迁居频次经历了先增后降的变化过程。

进一步按生产运输设备操作业进城务工人员来宁后的初始居住点将其居住迁移分为三类,即初始居住地分别为中心区、内城外缘和郊区内沿,并对这三类分别进行如下分析(表6-7):

表 6-7　生产运输设备操作业进城务工人员迁居轨迹时空特征

初始居住地		中心区	内城外缘	郊区内沿
迁居轨迹特征	整体特征	1. 择居人数最少； 2. 以圈层间迁居为主，圈层内的迁居比例较低； 3. 存在部分回迁现象	1. 择居人数较多； 2. 多发生在内城外缘—郊区内沿之间，迁居轨迹较明显； 3. 回迁现象几乎不存在	1. 择居人数最多； 2. 圈层内迁居比例高，尤以主城南部最明显； 3. 回迁现象几乎没有
	空间维度	1. 以"中—外"联系最多，"中—内"联系次之，"中—中"联系最少，迁居轨迹多集中于城南； 2. 在主城中并未形成明显的迁移通道	1. 以"内—外"联系为主，其次为"内—内"联系，与中心区各街道的联系则较弱； 2. 在主城中并未形成明显的迁移通道	1. 以"外—外"联系最多，其次为"内—外"联系，"中—外"联系几乎没有； 2. 在主城郊区内沿圈层形成迁移通道，迈皋桥—燕子矶街道、沙洲—赛虹桥街道等
	时间维度	1. $5<T\leq10$ 年迁居最频繁； 2. $T>15$ 年后，迁居频次则急剧减少	1. $0<T\leq15$ 年迁居活动较频繁（尤其是 5～10 年）； 2. $15<T\leq20$ 年迁居活动频次逐渐下降； 3. $T>20$ 年后，迁居频次急剧减少	1. $0<T\leq15$ 年迁居活动较为频繁，尤其是来宁 4～5 年和 11～13 年； 2. $T>20$ 年后，迁居频次则急剧减小
迁居轨迹图				

* 资料来源：2015 年南京进城务工人员的抽样调查数据

6.3.3.4 总结

综上所述,在不同时间和空间共同作用的时空综合维度下,主城区中分职业的进城务工人员形成了如下居住迁移特征(表6-8):

表6-8 时空综合维度下的不同职业进城务工人员居住迁移特征

时空综合维度			空间维度		时空轨迹	
			迁居频次(空间圈层由内而外)	迁居距离(迁居前后与新街口中心距离)		
分职业	总体	生命历程	先升后降(中心区和内城外缘局部波动)	持续下降后微升	整体特征	多居于中心区和郊区内沿,以内城外缘—郊区内沿间迁居为主,回迁较少
					空间维度	"内—外"联系为主,并形成迁移通道,如迈皋桥—红山街道等
		生活经历	短期增长—逐渐下降	先增后降	时间维度	迁居频繁期:$0<T\leq10$年
	商业服务业	生命历程	先增后降	持续下降	整体特征	多居于中心区和郊区内沿,以中心区—内城外缘和内城外缘—郊区内沿迁居为主,回迁较少
					空间维度	"中—内"和"内—外"联系较多,并形成迁移通道(迈皋桥—红山街道)
		生活经历	先升后降	波动式先增后降	时间维度	迁居频繁期:$0<T\leq10$年
	生产运输设备操作业	生命历程	先升后降(中心区波动显著,随机性强)	无明显特征	整体特征	多居于郊区内沿和内城外缘,以两圈层间迁居为主,回迁比例较低
					空间维度	"内—外"和"外—外"联系为主,并形成迁移通道(沙洲—赛虹桥街道)
		生活经历	中心区:两极分化 其他圈层:先升后降又微弱增长	波动式缓降	时间维度	迁居频繁期:$5<T\leq15$年

* 资料来源:笔者自制

6.4 本章小结

本章借鉴时间地理学研究方法,在时间、空间和时空综合维度下,分职业地对进城务工人员的迁居基本特征和居住迁移轨迹特征进行分析,以期发掘个体择居效应下从事不同职业的进城务工人员居住空间演化特征。主要结论包括:

(1) 迁居人员的基本特征

南京市主城区中发生迁居的进城务工人员整体呈现出如下特征:①迁居以中青年进城务工人员为主,其不仅人数多且比例高;②进城务工人员因来宁时间有差异,居住状态常处于迁就调整和稳定的不同时期;③婚姻状况对进城务工人员的迁居有一定影响,但户籍的影响不明显;④发生迁居的进城务工人员多为初中文化水平,同时大学及以上学历迁居比例较高;⑤家庭收入在2 500元以上的进城务工人员迁居者居多,但收入对整体的迁居影响较小。

（2）时间维度下的迁居特征

从时间维度出发，以连续的年龄段和来宁时间为基础，分析在不同生命历程和生活经历下，南京市主城区分职业进城务工人员的迁居特征，发现：

① 不同生命历程中，总体进城务工人员和商业服务业进城务工人员的居住迁移特征较为相似，均随年龄增长呈"梯度上升后直线下降"的迁居特征；而生产运输设备操作业务工人员则随年龄增长基本呈先增后降的"倒V形"迁居特征。

② 不同生活经历中，总体进城务工人员和商业服务业进城务工人员的居住迁移特征亦较相似，均随来宁时间的增长呈"快速增长—缓慢下降，后急速降低—逐步稳定"的阶段化迁居特征；而生产运输设备操作业务工人员则随来宁时间增长呈"快速增长—急速下降—反复增减"的阶段化迁移特征。

（3）空间维度下的迁居特征

从空间维度出发，以主城区各圈层和不同方位坐标为基础，分析在不同空间圈层和空间方向上，南京市主城区分职业进城务工人员的迁居特征，发现：

① 不同空间圈层中，总体进城务工人员由内而外呈"先升后稳"的上升迁居特征；商业服务业务工人员呈"先稳后降"的下降迁居特征；而生产运输设备操作业务工人员则呈"直线型"迅速增长的迁居特征。

② 不同空间方向上，总体务工人员和生产运输设备操作业务工人员均在主城东北和西南方迁居频繁，呈"双边交叉型"特征；而商业服务业务工人员在东部迁居频繁，呈"单边对称型"特征。

（4）时空双维度下的迁居特征

将时间和空间维度进行叠加形成时空综合维度，并通过迁居频次、迁居距离和时空轨迹三方面，来分析时空双维度下，南京市主城区不同职业进城务工人员的迁居特征，发现：

① 迁居频次方面，以不同生命历程为基准，各圈层中不同职业的进城务工员均由内而外呈"先增后减"的空间迁居特征；其中，总体进城务工人员和生产运输设备操作业进城务工人员在中心区的迁居波动性较大，尤其是后者表现出明显的随机性，而商业服务业务工人员先升后降的迁居特征十分显著。以不同生活经历为基准，各圈层中总体进城务工人员由内而外呈"短期增长—逐步下降"的空间迁居特征，商业服务业进城务工人员呈"先增后减"的特征，而生产运输设备操作业进城务工人员则在中心区呈"两极分化"，在内城外缘和郊区内沿呈"先增后减又微有增长"的复合化空间迁居特征。

② 迁居距离方面，以不同生命历程为基准，总体进城务工人员呈"不断下降后微升"的空间迁居特征，商业服务业进城务工人员呈"连续下降"的特征，生产运输设备操作业进城务工人员则在迁居距离上表现出明显的空间特征，表明总体和商业服务业进城务工人员随年龄增长对城市中心的空间依赖度也在持续增长。

③ 时空轨迹方面，总体进城务工人员呈现出来宁10年间迁居最频繁的时间维度特征，以"内—外"联系为主的空间迁居特征，以及中心区和郊区内沿为主要择居地、内城外缘—郊区内沿间迁居频繁的整体特征；商业服务业进城务工人员亦呈现出同样的时间维度特

征,但同时却呈现出"中—内"和"内—外"联系较多的空间迁居特征,以及多居于中心区和郊区内沿、以中心区—内城外缘和内城外缘—郊区内沿迁居为主的整体特征;生产运输设备操作业进城务工人员呈现出来宁5~15年间迁居最频繁,以"内—外"和"外—外"联系为主,以及多居于郊区内沿和内城外缘并以两圈层间迁居为主的时空整体特征。

7 居住条件演化：南京市主城区进城务工人员的个体择居效应

相比于第 4、5 章对进城务工人员居住空间的整体结构分析，基于个体择居效应的居住空间研究实际上是提供了不可或缺的互补视角。因此，本章将紧扣上一章中对南京市主城区分职业进城务工人员的迁居轨迹研究，继续从更微观的居住条件演化视角，进一步详解不同职业[①]（因为不同职业的进城务工人员往往会拥有不同的居住条件，并形成不同的居住空间及其演化规律）进城务工人员个体的居住空间演化——具体以 2016 年的补充抽样数据为基础，聚焦于该群体的居住权属、空间布局、户型条件和配套设施等，实现对南京市主城区进城务工人员个体居住条件演化的解析。

7.1 居住条件演化的研究思路

7.1.1 数据来源

本章的数据均来自 2016 年的补充抽样，该数据是在整理和分析 2015 年课题组大抽样数据（共有 2 103 份有效居住问卷）的基础上，进一步聚焦于不同职业的进城务工人员，并按照南京市主城区三圈层的划分，对迁居频率较高的街道进行初步筛选。然后，考虑到该群体居住地的建筑空间布局、户型条件以及周边配套设施等空间属性特征的微观信息的分析便利，为选取典型的街道作为最终问卷发放的样本，本章还具体遵循了如下要求：

① 所选街道的进城务工人员本身基数较大，且其住房的空间布局、户型条件具有多样性。

② 所选街道的建设开发阶段须尽量与南京整体建设阶段保持一致，以确保其居住条件演变能够部分反映该群体居住条件演化的特征。

③ 所选街道的空间区位应避免过于集中，而尽可能覆盖南京主城区的各个圈层及方向。

根据上述问卷发放标准，本章选取了南京市主城中心区东部的梅园新村街道、西部的宁海路街道、内城外缘东南部的光华路街道，以及郊区内沿北部的迈皋桥街道作为典型的抽样街道进行问卷配比发放（图 7-1），共计获得有效问卷 545 份；同时，通过对所选街道的

---

① 与第 6 章中的职业分类相同，即本章中遴选出的两类职业仍以商业服务业和生产运输设备操作业作为代表，并与总体状况一道参与分职业的比较分析。其中，商业服务业人员包括批发零售贸易餐饮业、金融、保险、房地产、社会服务人员；生产运输业设备操作人员则包括制造业、建筑业、运输业人员，而建筑业人员的居住条件为本章主要比较对象。

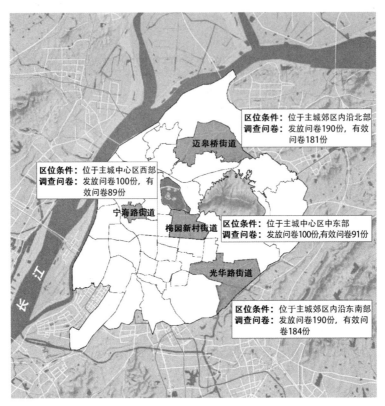

图 7-1 所遴选的四个典型街道分布图
* 资料来源:笔者自制

实地调研、文献查阅、专题访谈和问卷统计,可获得进城务工人员的具体居住情况和信息如下:

（1）居住权属 通过调查问卷对进城务工人员的住房权属进行回溯,主要包括商品房（购买/租用）、经济适用房（购买/租用）、公房（购买/租用）、平房（租用）、工地、宿舍、其他（私房、地下室、搭建房、门面房）等信息和数据。

（2）空间布局 通过实地调研和谷歌历史地图对进城务工人员居住地的空间特征进行回溯,主要包括居住地的路网密度、建筑肌理、建筑高度等信息和数据。

（3）户型条件 通过调查问卷对进城务工人员的居住户型进行回溯,主要包括住房的居住面积及房间数等信息和数据,并以此为基础进一步推断其居住的户型平面布局。

（4）配套设施 通过调查问卷、实地调研和历史地图等对进城务工人员居住地周边的配套设施进行回溯,主要包括商业、教育、医疗、便民服务设施等信息和数据。

7.1.2 研究方法

（1）时间阶段划分

本章是从微观视角发掘南京市主城区进城务工人员的居住条件演化规律,其不仅包括进城务工人员从来宁至今的个体属性,亦包括该群体居住的社区在这一时间长流中的演化,因此本章的时间阶段划分,需要考虑进城务工人员来宁时间的阶段划分,并且结合南京市主城区从进城务工人员出现至今的建设发展状况,如此才能更加全面地反映出该群体在社区层面上的居住条件演化。

故本章在时间阶段的划分上和上一章既有相同又有所差别,其具体包括两个层次:首先是根据第 6 章进城务工人员来宁时间的实际分布特征(每五年出现一次峰值)[①],以及本章抽查的数据时间节点(2016 年),将该群体的来宁时间以每五年作为基本单元进行第一层次的时间阶段划分;其次,以 1985 年农民开始有组织地涌入城市为时间基点,并结合南京主城区开发建设历程,参考刘坤、王建国等[②]关于改革开放以来南京老城居住空间发展的研究,将第二层次的时间归并划分为以下 4 个阶段(表 7-1):

表 7-1 居住条件演化研究时间阶段划分

阶段Ⅰ	阶段Ⅱ	阶段Ⅲ	阶段Ⅳ
1985—1995 年	1996—2005 年	2006—2010 年	2011—2016 年
农民开始有组织地涌入;城市住宅市场开始分化,分别是以中低收入家庭为对象、具有社会保障性的经济适用房和以高收入家庭为对象的商品房	大城市民工潮出现;国家已完全确立了市场经济条件下的住房商品化制度,城市住宅的开发建设量保持在一个稳定状态	城市进入大规模开发时期,城市住宅建设也进入飞速发展阶段,大量商品房开始出现	进城务工人员的增长趋于稳定;城市建设进入存量更新时期,不少老旧小区、城中村和边缘村落均面临着拆除再开发的过程

* 资料来源:宁昱西.个体迁居视角下南京市进城务工人员居住空间演变初探[D].南京:东南大学,2015:12.

(2)综合分析方法

对 2016 年的调研资料进行汇总,并梳理和分析相关数据,综合应用了问卷统计法、实地调研法、文献查阅法、专题访谈法、比较分析法等方法对不同职业的进城务工人员在各时间阶段中的居住权属、空间布局、户型条件、配套设施演化特征进行解析,并结合南京主城区建设和演化的时代背景分析其演化动因,以把握该群体居住条件演变特征的微观规律。

7.2 居住权属演化

7.2.1 居住权属演化特征

南京市主城区不同职业类型的进城务工人员在居住权属的演化过程中,呈现出了相似又相异的演化特征——总体进城务工人员和商业服务业进城务工人员的住宅权属随时间脉络均表现出显著的"私有化"特征,而生产运输设备操作业进城务工人员则更加倾向于集体居住的"公共化"特征。

---

① 具体内容见第 6 章 6.1.1 中时间维度设定的【来宁时间】的界定。
② 刘坤,王建国,唐芃.我国城市更新过程中的居住空间发展:以改革开放以来南京老城的城市更新为例[J].城市建筑,2011(8):40-42.

(1) 总体进城务工人员居住权属演化特征

南京市主城区总体进城务工人员的居住权属从 1985 年起多以租赁平房为主,但随时间演进而呈现出"住宅类型多样化、权属关系私有化"的演化特征(图 7-2)。具体而言:

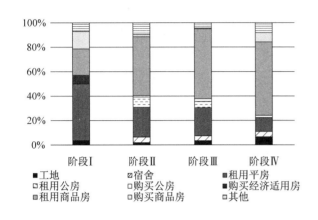

图 7-2　总体进城务工人员的住宅权属演化图

*资料来源:课题组关于南京进城务工人员的抽样调查数据(2016)

阶段Ⅰ:1985 年国家在户籍制度管理上有所松动,但因城市自身的建设发展状况,以及对于房源、租金和工作地的综合考量,来宁后的总体进城务工人员以租住平房(占比 46.43%)作为主导选择,其次为租赁商品房(占比 21.43%),只有少数居住在工地或选择其他居住类型。可见,这一时期的进城务工人员在房源类型的选择上(无论主动或被动)相对较为有限。

阶段Ⅱ:1996 年在大规模民工潮和南京主城区大规模开发建设的共同作用下,持续增长的总体进城务工人员在居住上也呈现出"住房需求持续上升且住宅类型多元化"的特征。选择租住商品房成为该群体的主流(占比 48.08%),而租住平房的比例下降至 24.36%,但亦出现了居住宿舍、租用公房和购买公房(分别占比 4.49%、8.33% 和 1.28%)的进城务工人员。

阶段Ⅲ:2006 年在主城区快速开发与改造的刺激下,租用商品房的进城务工人员比例不断增加(占比 57.30%),反之租用平房的人员则在持续下降(占比 23.03%),同时居住工地和宿舍的进城务工人员比例基本一致。可见,这一时期进城务工人员选择的住宅类型和居住权属已呈现出以租赁商品房为主的多样化趋势。

阶段Ⅳ:2011 年南京市主城区的大规模存量更新,在推动大量城中村拆迁和再开发的同时,也进一步压缩了租用平房的进城务工人员比例(占比 11.48%),同时促成租用商品房的人员比例持续增长(占比 60.11%);此外,居住工地和宿舍的进城务工人员亦有一定程度的增加。可见,这一时期进城务工人员选择的住宅类型已完全由商品房主导,呈现出"多样化背景下住房权属私有化"的演化特征。

(2) 商业服务业进城务工人员居住权属演化特征

与总体进城务工人员的住宅权属演化相似,南京市主城区商业服务业进城务工人员的居住权属从 1985 年起多以租赁商品房和平房为主,并随时间演进而呈现出"住宅类型多元化、权属关系私有化"的演化特征(图 7-3)。具体而言:

阶段Ⅰ:1985 年国家户籍制度开始有所松动,从事商业服务业的进城务工人员来宁后,绝大部分会在权衡考虑房源、工作地、租金等多种因素后,首选老城中的老旧小区或是城乡结合部的农村、城中村等租居。

阶段Ⅱ:1996 年南京开始出现大规模的民工潮,商业服务业进城务工人员的比重也在持续攀升,因此对居住的需求不断增加;同时主城区在这一阶段亦经历了大规模的改造建设活动,大量的新建小区随之诞生。正是在上述双重因素的作用影响下,该阶段进城务工人员择居的住宅类型及其居住权属也出现了多样化现象,虽然仍以租用商品房和租赁平房为主,但也出现了部分租用公房和购买公房的人员。

阶段Ⅲ:2006年随着主城区开发建设和更新改造的加速,租用商品房和平房的比例进一步增加,并出现了少数居住宿舍的进城务工人员,但租用公房的比例有所降低。可见,在该群体多样化的住宅类型和居住权属中,商品房已跃升为一种主流趋势(租用商品房比例高达63.95%)。

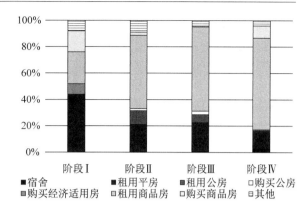

图7-3 商业服务业进城务工人员的住宅权属演化图

*资料来源:课题组关于南京进城务工人员的抽样调查数据(2016)

阶段Ⅳ:2011年南京市主城区已步入存量更新阶段,大部分的城中村均面临拆迁以及再开发的风险,因此租住平房的比例在不断减少(从21.77%下降至13.25%),但出现了更多选择租居的居住者(租用商品房占69.54%、居住宿舍占2.65%),以及越来越多的购房者(9.27%购买商品房)。可见,该群体在这一阶段可选择的住宅类型在不断丰富且房源的权属也在不断私人化。

(3) 生产运输设备操作业进城务工人员居住权属演化特征

南京市主城区生产运输设备操作业进城务工人员的居住权属自1985年起以租住平房为主、工地为辅,但随着时间演进而呈现出"住宅类型多样化、权属关系公有化"的演化特征(图7-4)。具体而言:

阶段Ⅰ:从事生产运输设备操作业的进城务工人员来宁伊始,绝大部分选择租住在城郊结合部的农村或是城中村等租金低且居住灵活性大的地区,并随施工地的变化而自行做出调整;同时还有部分进城务工人员集中居住于工地现场(多由单位统一提供)。可见,这一阶段该群体的居住类型及其权属状况较为单一。

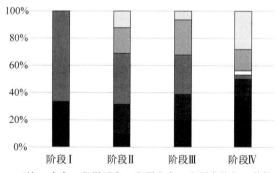

图7-4 生产运输设备操作业进城务工人员的住宅权属演化图

*资料来源:课题组关于南京进城务工人员的抽样调查数据(2016)

阶段Ⅱ:1996年南京开始出现的"民工潮"带来了更多从事生产运输设备操作业的进城务工人员,也带来了多样化的居住需求。虽然租住平房仍是主流(占比37.50%),但也出现了居住宿舍(多由单位或私人统一提供)、租用商品房及其他新的居住类型。可见,这一阶段该群体的居住类型及其权属关系开始出现多样化趋向。

阶段Ⅲ:生产运输设备操作业的进城务工人员在住房类型的选择上变得更加均质化,

租用商品房和平房的比例基本持平(前者增长到 25.81%,后者减少至 29.03%),而居住工地和宿舍的比例也大体相同(占比 19.35%)。可见,这一阶段该群体选择的住宅类型和居住权属在多元化中又融入了均质化的新特征。

阶段Ⅳ:2011 年南京市主城区进入存量更新阶段,城市产业的重新布局、大量城中村的拆迁改造,以及建设施工活动的专业化管理,均使工地现场(占比 37.50%)和宿舍(占比 12.50%)成为了大量生产运输设备操作业进城务工人员的共同选择,城市更新活动也迫使部分群体选择了租赁商品房和公房(占比 15.63%、3.13%)或其他类型的住房(占比 28.13%)。可见,这一阶段该群体选择的住宅类型虽不乏多元,但已呈现出"以集体居住和统一安排为主的公共化"特征。

7.2.2 居住权属演化解析

居住权属的演化,主要源于不同职业进城务工人员自身的内在因素,以及南京市主城区建设发展的外在影响。

首先,不同职业的进城务工人员生命周期对住房权属的演化存在阶段性的影响作用。大部分初来宁的进城务工人员受限于自身的经济、社会条件,加之年龄优势,故在居住选择上会更加倾向于单一与公有。但随着其在城市中的不断打拼,在资产积累(包括经济和社会)的同时也开始经历建立家庭、生儿育女等生命周期的必经阶段,并力图通过改变居住方式(租赁或购买更好的住宅)来获得更好的居住条件或是融入城市,从而在居住权属(租房为主)上更多地表现出私有化特征。但作为一种差异化的补充,部分进城务工人员(以生产运输设备操作业人员和单独进城的年轻人为主)却有着相反的选择,其在节约生活成本和生命周期的作用下,在居住权属上表现出了更加公共化(以统一安排的宿舍或工地现场为主)的特征。可以说,进城务工人员的个体生命历程是影响其阶段性居住权属演化的内在动因之一。

其次,不同时期城市的阶段性开发建设对住房权属的演化也发挥了至关重要的控制作用。南京主城区自 1990 年以来经历了城市发展中的两个显著阶段——"大规模建设"和"存量再开发"。其中,主城区的开发建设为进城务工人员的居住和工作提供了越来越多样化的选择,而 2010 年以后的城市更新改造、产业转型和土地再开发则又迫使进城务工人员搬离老城破败的老旧小区、城中村或城乡结合部的农村住宅,迁入居住环境更为优越的现代化居住小区。因此,主城区阶段性的开发建设亦是助推其居住权属演化的外在原因之一。

7.3 空间布局演化

7.3.1 空间布局演化特征

南京市主城区不同职业类型的进城务工人员因其差异化的居住方式,往往也会为其居住空间布局带来不同的演化特征,尤其是商业服务业中主动择居的进城务工人员和生产运

7 居住条件演化:南京市主城区进城务工人员的个体择居效应

输设备操作业中被动择居于工地或宿舍的进城务工人员。因此,下文将重点对上述两类进城务工人员的居住空间布局演化进行阶段性分析。

(1) 商业服务业进城务工人员空间布局演化特征

南京市主城区商业服务业进城务工人员的居住空间,随着租居地段的更新建设和用地功能的复合化,其布局经历了一个"从高密度小体量的传统村落布局向多高层板点结合的现代住区布局演化"的过程(表7-2)。

表7-2 商业服务业进城务工人员的居住空间布局演化

阶段		内容
阶段 I	空间布局模式图	
	简要说明	1. 房源:该类进城务工人员以租赁城乡结合部的农村或城中村或老城内的自建、私建住房为主; 2. 空间布局:此类住房建筑体量小、建设密度高、房屋高度以底层为主(多在1～2层之间),整体布局连绵成片、错落密集; 3. 结论:可见在这一阶段,该群体的居住空间拥有典型的村落式布局和密集型肌理
阶段 II	空间布局模式图	
	简要说明	1. 房源:随着大规模民工潮的出现,进城务工人员的居住地已不再限于城乡结合部的城中村或农村平房,还有不少人为寻求更好的居住条件或工作机会而迁入城市的老旧小区; 2. 空间布局:此类居住建筑体量中等、建设密度较高、房屋高度以多层为主(一般在4～6层之间),空间布局多为行列式,但较小的楼间距使整体布局相对拥挤; 3. 结论:可见在这一阶段,该群体的居住空间呈现出密集型传统肌理与密集型小区肌理共存的模式
阶段 III	空间布局模式图	
	简要说明	1. 房源:该类进城务工人员的居住选择除自建平房和老旧多层住宅外,还出现了部分品质较高的小高层现代化居住小区; 2. 空间布局:与城市早期的老旧多层居住小区相比,此类小区的楼间距更加合理、建筑密度有所减小且绿地率有所增加,建筑高度则以小高层为主(多在8～12层之间),居住空间布局虽多为行列式布局,但空间整体品质较高; 3. 结论:可见在这一阶段,该群体的居住空间呈现出密集型传统肌理、密集型小区肌理、现代小区肌理并存的模式

(续表)

阶段 Ⅳ	空间布局模式图	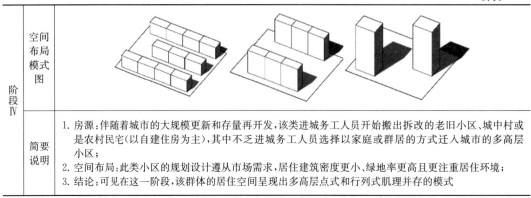
	简要说明	1. 房源：伴随着城市的大规模更新和存量再开发，该类进城务工人员开始搬出拆改的老旧小区、城中村或是农村民宅(以自建住房为主)，其中不乏进城务工人员选择以家庭或群居的方式迁入城市的多高层小区； 2. 空间布局：此类小区的规划设计遵从市场需求，居住建筑密度更小，绿地率更高且更注重居住环境； 3. 结论：可见在这一阶段，该群体的居住空间呈现出多高层点式和行列式肌理并存的模式

* 资料来源：课题组关于南京进城务工人员的抽样调查数据(2016)

（2）生产运输设备操作业进城务工人员空间布局演化特征

南京市主城区生产运输设备操作业进城务工人员的居住空间，因居住方式的不同也会表现出不同的空间布局特征：自租型的务工人员与商业服务业进城务工人员一样，多选择在城市的租赁市场中寻求住房，其居住空间布局的演化轨迹亦大体相同；而被动集中居住的生产运输设备操作业进城务工人员[尤其是择居工地现场（工棚型）和集体宿舍（宿舍型）的人员]，其居住空间的布局则呈现出很大的差异。总之，该群体的居住空间布局在整体上经历了一个"从高密度小体量的传统村落布局向大规模、集中式临时板房和已有建筑改建的宿舍式住房演化"的过程（表7-3）。

表7-3 生产运输设备操作业进城务工人员的居住空间布局演化

阶段 Ⅰ	空间布局模式图	自租型
	简要说明	1. 房源：该类进城务工人员以租赁城乡结合部的农村或城中村的自建住房为主； 2. 空间布局：此类住房的建筑体量小、密度高、房屋高度多为1～2层，整体布局呈现出密集错落的分布形态； 3. 结论：可见在这一阶段，该群体与前者类似，在空间布局上拥有典型的村落式布局和密集型肌理
阶段 Ⅱ	空间布局模式图	宿舍型
	简要说明	1. 房源："民工潮"的来临丰富了进城务工人员的居住需要，也使城乡结合部的城中村或农村平房不再是唯一选择，还有不少人接受了单位的统一安排(多居住于工地宿舍)； 2. 空间布局：此类居住建筑一般为临时性工棚或是改建的厂房、仓库等，建筑体量各异，房屋高度仍以1～2层为主，空间布局多与施工场所密切相关，通常呈行列式布局； 3. 结论：可见在这一阶段，该群体的居住空间呈现出密集型传统肌理与临时性大型房屋共存肌理的模式

（续表）

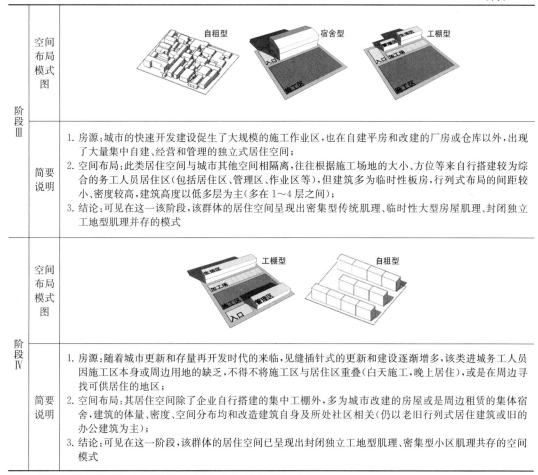

阶段Ⅲ	空间布局模式图	
	简要说明	1. 房源：城市的快速开发建设促生了大规模的施工作业区，也在自建平房和改建的厂房或仓库以外，出现了大量集中自建、经营和管理的独立式居住空间； 2. 空间布局：此类居住空间与城市其他空间相隔离，往往根据施工场地的大小、方位等来自行搭建较为综合的务工人员居住区（包括居住区、管理区、作业区等），但建筑多为临时性板房，行列式布局的间距较小，密度较高，建筑高度以低多层为主（多在1～4层之间）； 3. 结论：可见在这一该阶段，该群体的居住空间呈现出密集型传统肌理、临时性大型房屋肌理、封闭独立工地型肌理并存的模式
阶段Ⅳ	空间布局模式图	
	简要说明	1. 房源：随着城市更新和存量再开发时代的来临，见缝插针式的更新和建设逐渐增多，该类进城务工人员因施工区本身或周边用地的缺乏，不得不将施工区与居住区重叠（白天施工，晚上居住），或是在周边寻找可供居住的地区； 2. 空间布局：其居住空间除了企业自行搭建的集中工棚外，多为城市改建的房屋或是周边租赁的集体宿舍，建筑的体量、密度、空间分布均和改造建筑自身及所处社区相关（仍以老旧行列式居住建筑或旧的办公建筑为主）； 3. 结论：可见在这一阶段，该群体的居住空间已呈现出封闭独立工地型肌理、密集型小区肌理共存的空间模式

* 资料来源：课题组关于南京进城务工人员的抽样调查数据（2016）

7.3.2 空间布局演化解析

空间布局的演化，主要取决于不同职业进城务工人员对居住的选择和需求，以及南京市主城区在建设发展中所能提供的居住空间。

首先，不同职业的进城务工人员对居住空间选择的自主性和空间需求推动了居住空间布局的阶段性演化。具有自主选择权的进城务工人员可根据自身的需求和能力，随时间增长而不断地改善居住环境和推动居住空间布局的演化。这就像城市中的"过滤"机制，当中高社会阶层对现有住房条件不满并外迁时，就会不断形成梯度变化的空房链（Vacancy Chain），而被更低的社会阶层家庭（包括进城务工人员家庭）以租用为主的方式所占用，直至转入下一轮空房链，从而引发了一轮又一轮的梯度过滤和空间演化。

其次，城市不同时期的居住空间升级改造成为推动居住空间布局演化的另一主要原因。改革开放以来，南京主城的居住空间承担了大量旧城更新的任务，通过对原有居住空间的升级，不仅提升了城市土地的利用效率，也改善了城市居民的生活条件。对于其中的进城务工人员而言亦是如此,大多会因为居住空间布局的剧烈变化,而逐渐向多高层大体量的现代肌理转移;与此同时,建设项目的改变亦会作用于被动式集中居住的生产运输设备操作业进城务工人员,使其伴随着项目流转和施工区的增缩而不断改变着自身的居住空间布局。

7.4 户型条件的演化

7.4.1 户型条件的演化特征

南京市主城区不同职业类型的进城务工人员在户型条件的演化过程中,呈现出了相同和相反的两类趋向——总体进城务工人员和商业服务业进城务工人员在户型条件方面与城市的住宅发展基本呈正相关,并随着住宅套型和配套设施在各阶段的不断提升而表现出明显的"改善化"特征;而生产运输设备操作业进城务工人员的户型条件则完全相反,在城市住宅发生阶段性演化的同时,却仍然维系着以往的"固有化"特征。

(1) 总体进城务工人员户型条件演化特征

南京市主城区总体进城务工人员的户型条件随其来宁时间的不断增加,经历了持续的优化和改善过程而呈现出"住宅套型由单间向多间持续扩大,住宅配套由公用向私有不断完善"的演化趋势(图7-5、图7-6)。

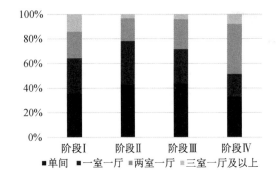

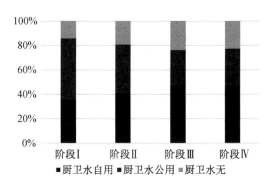

图7-5 总体进城务工人员的住宅套型演化图　　图7-6 总体进城务工人员的住宅配套演化图

* 资料来源:课题组关于南京进城务工人员的抽样调查数据(2016)

具体而言:

阶段Ⅰ:最初来宁的总体进城务工人员多租居在老旧小区或城乡结合部的城中村(部分住宅为私自搭建)以及部分农村的自建平房。该类住宅套型以单间或一室一厅为主(其占比分别为35.71%和28.57%),很少配备有独立的厨房、卫生间等设施,有二分之一的住房用的是公共厨房、卫生间和自来水,甚至还有部分住房缺乏相关配置。

阶段Ⅱ:总体进城务工人员的比重在持续上升,可选择的租住地和住宅套型较以往更加多样化,厨卫水等住宅配套设施也有了很大改观。该阶段的居住套型虽然仍以单间和一室一厅为主(占比分别达到42.95%和35.26%),但拥有独立厨房、卫生间和自来水的住宅套型已快速增至41.03%。

阶段Ⅲ：总体务工人员在住宅套型的选择上更趋广泛，也有更多人租住在了配套更为完善的多层住宅和小高层住宅。该阶段的住宅套型虽仍以单间为主（占比43.75%），但两室一厅的套型比例有显著增加（占比24.43%），拥有独立厨房、卫生间和自来水的住宅套型占比也提升至47.73%。

阶段Ⅳ：总体进城务工人员因城市更新改造和再开发，而大量搬离原有的老旧小区和城中村或是进一步外迁，迁入居住环境较好的居住区，甚至新建的高层公寓。在该阶段单间和一室一厅的比例均有所下降（分别为33.15%和18.23%），而两室一厅开始成为主流套型（占比高达40.88%），同时拥有独立厨房、卫生间和自来水的住宅套型比例也有了进一步增长。

(2) 商业服务业进城务工人员户型条件演化特征

南京市主城区商业服务业的进城务工人员对户型条件的选择与总体进城务工人员大体相同，也经历了住宅套型与配套设施不断优化的过程，并整体呈现出"由单间向套型更大、配套设施更完备的多间演化"的趋势（图7-7、图7-8、表7-4）。

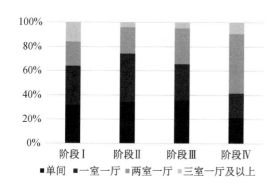 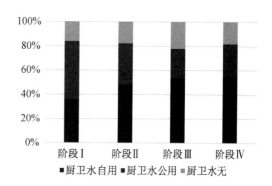

图7-7 商业服务业进城务工人员的住宅套型演化图　图7-8 商业服务业进城务工人员的住宅配套演化图

* 资料来源：课题组关于南京进城务工人员的抽样调查数据（2016）

具体而言：

阶段Ⅰ：商业服务业进城务工人员以租居城乡结合部城中村或农村的自建平房为主，套型以单间或一室一厅为多，经二次隔断和多人合租后已难以保证其居住条件和单独的厨卫水设施。在该阶段单间和一室一厅的占比均为32.00%，且厨房、卫生间和自来水公用的比重高达48.00%，其人均居住面积则在5.0~22.5 m²/人之间不等。

阶段Ⅱ：伴随商业服务业进城务工人员的大量涌入，其不仅在城乡结合部大量聚居，还有相当数量的务工人员因工作等原因在主城的多层老旧小区散租散居。该类住宅相较于平房而言，套型和房间数更多，厨卫水设施也更为完善。在该阶段一室一厅的比重明显增加（占比39.52%），且两室一厅的样本比例也有所提升（达21.77%），而拥有独立厨房、卫生间和自来水的户型则快速增长至48.39%；此外，还出现了大量选择合租或群租的务工人员，人均居住面积在4.0~21.7 m²/人之间。

表 7-4　商业服务业进城务工人员的居住空间典型住宅套型

	阶段Ⅰ	阶段Ⅱ	阶段Ⅲ	阶段Ⅳ
套型分布	平房住宅套型	老旧小区套型	多层住宅套型	高层住宅套型
	单间和一室一厅为主,少量三室一厅及以上	一室一厅和单间为主,两室一厅的比重增加	单间、一室一厅和两室一厅为主	两室一厅为主,其次为单间和一室一厅
主要套型	单间(32.00%) 一室一厅(32.00%)	一室一厅(39.52%)	两室一厅(29.66%)	两室一厅(48.99%)
人均面积	5.0～22.5 m²/人	4.0～21.7 m²/人	10.0～26.7 m²/人	13.3～30.0 m²/人
厨卫情况	多为公共厨房和卫生间	厨卫设施更为完善	拥有独立厨房和卫生间的比例增加	大多数拥有独立厨房和卫生间
典型平面				
调研照片				

* 资料来源:课题组关于南京进城务工人员的抽样调查数据(2016)

阶段Ⅲ:越来越多的进城务工人员开始择居(主动或被动)住宅楼,不仅包括多层板式住宅,还有部分小高层住宅,住宅户型与住房配套也得到进一步改善。这一阶段两室一厅的比例有大幅提升(占比 29.66%),而单间和一室一厅的比例却有大幅下降(前者降至 35.86%,后者降至与两室一厅占比相同);与之相反,拥有独立厨房、卫生间和自来水的住宅套型所占比则高达 53.79%,人均居住面积也有所增加,一般介于 10.0～26.7 m²/人之间。

阶段Ⅳ:随着南京主城范围内更新工作的推进,大量的老旧小区、城中村和农村得以改造和再开发,居住其中的商业服务业进城务工人员不得不迁至其他多高层小区或是城市更边缘的地区。这一阶段单间的比例降到最低(21.48%),而两室一厅的比例则反升至 48.99%,同时拥有独立厨房、卫生间和自来水的住宅套型比例进一步增加(达 54.36%),人均居住面积则进一步增加至 13.3～30.0 m²/人之间。

(3) 生产运输设备操作业进城务工人员户型条件演化特征

南京市主城区生产运输设备操作业的进城务工人员在户型条件的选择上,经历了住宅套型不断丰富而配套设施持续减少的过程,或许因为城市建设对该职业群体的强烈牵引效应和居住新要求,其整体呈现出"套型不断丰富、而配套设施依旧滞后"的演化趋势(图7-9、图7-10、表7-5)。具体而言:

阶段Ⅰ:生产运输设备操作业的进城务工人员或被动群居住于工棚和宿舍,或自主租居于城乡结合部的城中村或农村自建平房。这一阶段的住宅套型以单间群居为主(占比高达66.67%),少量以合租自居的两室一厅,厨房、卫生间和自来水(尤其是工地和宿舍的被动择居者)则是以公用为主,人均居住面积在1.6～10.0 m²/人之间。

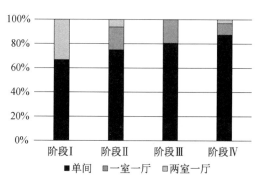

图7-9 生产运输设备操作业进城务工人员的住宅套型演化图

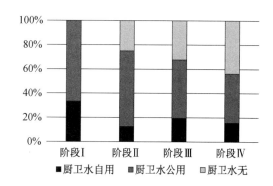

图7-10 生产运输设备操作业进城务工人员的住宅配套演化图

* 资料来源:课题组关于南京进城务工人员的抽样调查数据(2016)

阶段Ⅱ:虽然该类进城务工人员(多从事建筑业和制造业)的来宁规模在不断增长,但其居住方式仍然以集体居住为主(多由单位统一安排于工地现场或集体宿舍),同时也有部分自租型的务工人员在居住方式上的选择与商业服务业务工人员相差无几。因此,这一阶段的居住套型虽以单间为主(占比75.00%),但开始出现一室一厅(占比18.75%)等套型,住宅配套中也以公共厨房、卫生间和自来水为主,甚至出现了无配套户型(占比25.00%),人均居住面积则介于3.3～15.0 m²/人之间。

阶段Ⅲ:南京主城区大规模的开发建设在吸纳大批生产运输设备操作业人员(以建筑业为主)的同时,也吸引了大批进城务工人员聚居于工地现场的工棚或是集体宿舍,但限于其居住空间的临时性与短暂性,基本的配套难以保证。这一阶段的住宅套型基本为单间和一室一厅(占比分别为80.65%和19.35%),且生活配套极不健全,缺少厨房、卫生间和自来水的比例为32.26%;公用住宅比例虽有减少,但仍为主流(占比48.39%),人均居住面积有所减少,介于2.3～10.0 m²/人之间。

阶段Ⅳ:南京主城在进入城市更新和存量再开发时期后,大规模的城市建设作业已大幅度缩水,但生产运输设备操作业的进城务工人员在居住方式上并无根本性改变,仅仅是工棚型或宿舍型空间的总体规模有所减少(还出现了租居私人住宅用于工人临时住所的现象),部分自租型务工人员则因居住成本等因素多选择合租。这一阶段的住宅套型以单间比例为最高(87.50%),但是住宅套型的不完整程度(厨房、卫生间和自来水至少缺一)同样较高(占比 43.75%),人均居住面积则介于 3.0~10.0 m²/人之间。

表 7-5　生产运输设备操作业进城务工人员的居住空间典型住宅套型

	阶段Ⅰ	阶段Ⅱ	阶段Ⅲ	阶段Ⅳ
	平房式单室 (自租型)	宿舍式单室 (宿舍型)	工棚式单室 (工棚型)	单元式单室 (宿舍型)
套型分布	单间为主,存在少量两室一厅(自行租赁)	单间为主,一室一厅和两室一厅并存(多由厂房或仓库改建而成)	单间为主,有部分一室一厅(多由企业统一集中搭建而成)	单间为主,存在少量两室一厅和一室一厅(多由企业统一租赁居民住宅并改造而成)
主要套型	单间(66.67%)	单间(75.00%)	单间(80.65%)	单间(87.50%)
人均面积	1.6~10.0 m²/人	3.3~15.0 m²/人	2.3~10.0 m²/人	3.0~10.0 m²/人
厨卫情况	多为公共厨房和卫生间	厨卫设施更为完善	拥有独立厨房和卫生间的比例增加	大多数拥有独立厨房和卫生间
典型平面				
调研照片				

* 资料来源:课题组关于南京进城务工人员的抽样调查数据(2016)

7.4.2　户型条件的演化解析

户型条件的演化,主要源于不同职业进城务工人员内在的居住需求和特点,以及南京市主城区建设发展的外在影响。

首先,不同职业进城务工人员对于居住环境的差异化需求左右了户型条件的演化。对于进城务工人员而言,随着来宁时间的增加,物质与社会财富的积累、对居住品质的追求和来自家庭的刚性需求,均会促使其自主地改善居住环境和追求更好的户型条件,尤其是长期居住于城市的商业服务业进城务工人员;与之相比,生产运输设备操作业务工人员受限于自身的职业性质和居住临时性,加之不少企业都对其有统一的住宿安排,往往并不看重也难以实现居住条件的自主提升,这也是差异化的居住需求使然。

其次,不同时期城市住宅市场的发展动向也助推了户型条件的演化。改革开放以来城市住宅政策和市场的持续活跃,为进城务工人员提供了更加广泛的居住选择,尤其是住宅套型的多样化设计以及小户型的建设(成为收入水平较低的人群的主流选择),更让该群体有可能在有限的资金成本和较理想的居住环境之间达成平衡。根据调研数据显示,现阶段有超过60%的进城务工人员居住在一室一厅或两室一厅且面积不超过60 m^2 的小户型内,虽面积有限(往往也意味着租售价为有限),但拥有独立的厨卫设施。此类住宅的出现不但满足了进城务工人员的日常生活需求和基本品质,也使其在宁租房、购房成为一种经济上的可能。

7.5 配套设施的演化

7.5.1 配套设施演化特征

本章所提到的配套设施均指的是社区层面上进城务工人员可方便到达和使用的居住空间内部或周边的日常配套服务设施。因此,通过整理问卷数据可以发现,南京市不同职业类型的进城务工人员对配套设施的需求与使用存在着较为相似的特征——在配套设施门类方面,呈现持续丰富与健全的演化特征;在配套设施使用方面,整体使用率呈上升趋势;在配套设施布点方面,则表现出集中式分布向带状式延展的演化特征。

(1) 总体进城务工人员配套设施演化特征

南京市主城区总体进城务工人员的社区配套设施在经历四个阶段后,整体呈现出"配套设施门类不断丰富完善,配套设施整体使用情况一般但使用率有所提高"的演化特征(图7-11)。具体而言:

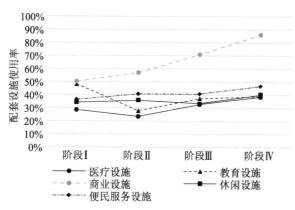

图7-11 总体进城务工人员的社区配套设施使用率演化图

*资料来源:课题组关于南京进城务工人员的抽样调查数据(2016)

在配套设施的门类方面,总体进城务工人员的社区配套随时间增长而在不断地充实与完善。如果说阶段Ⅰ的商业设施和便民服务设施还不够完备的话,到阶段Ⅳ时各大类设施中的小类均已填配完毕。

在配套设施的使用方面,总体上呈增加趋势。其中,商业设施的使用情况最为明显,使用率呈持续增长之势(从阶段Ⅰ到阶段Ⅳ增加了35.74%);其次为便民服务设施,使用率稳中有升(尤其在阶段Ⅲ到阶段Ⅳ时增加了6.05%);医疗设施和教育设施的使用率虽在阶段Ⅱ有所减少(分别下降至23.45%和27.85%),但到阶段Ⅳ时均增至38%以上;而休闲设施的使用率则基本保持稳定。说明进城务工人员在日常生活中对各类设施均有需求,但对商业设施和便民服务设施的关注更为密切。

(2) 商业服务业进城务工人员配套设施演化特征

南京市主城区商业服务业进城务工人员的社区配套设施在经历四个阶段后,呈现出"配套设施门类由单一化向多样化发展,配套设施整体的使用情况不佳且使用率提升有限,配套设施布点由集中式布局向沿街带状布局演化"的特征(图7-12、表7-6)。具体而言:

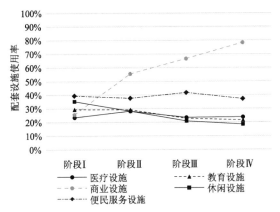

图 7-12　商业服务业进城务工人员的社区配套设施使用率演化图

＊资料来源:课题组关于南京进城务工人员的抽样调查数据(2016)

在配套设施的门类方面,随着时间的不断推移,商业服务业进城务工人员的社区配套也在不断地丰富和充实,不但原有的商业设施得以持续完善,便民服务设施也越来越丰富。如超市、网吧和熟食店、邮政所等服务设施在阶段Ⅰ中均无涉猎,但到阶段Ⅳ均慢慢地填补完整。

在配套设施的使用方面,进城务工人员对社区配套服务设施的使用情况也在逐渐上升,尤其是商业设施的使用率有显著增长(从阶段Ⅰ的25.58%增加到阶段Ⅳ的78.31%);而教育设施和休闲设施的使用率却在持续下降,尤以休闲设施最为明显(下降16.84%);医疗设施和便民服务设施的使用情况则较为稳定,在各阶段的使用率增减幅度较小。

在配套设施的布点方面,阶段Ⅰ的配套设施布局基本呈现计划经济时期的集中式配建特征(往往统建于社区入口或核心地段);阶段Ⅱ开始在居住组团内部出现散点式的服务设施(多为商业设施);阶段Ⅲ或集中或分散的配套设施沿街不断延展串联,渐成带状分布之势;发展到阶段Ⅳ时,其沿街呈带状分布的特征得以进一步强化,同时也出现了新社区设计理念下的局部点状聚集现象。

表7-6 商业服务业进城务工人员的社区配套设施演化

	配套设施		使用率(%)			配套设施		使用率(%)	
阶段Ⅰ	医疗设施		23.53		阶段Ⅱ	医疗设施		28.15	
	教育设施	中小学	11.76	29.41		教育设施	中小学	31.07	29.13
		幼儿园	47.06				幼儿园	27.18	
	商业设施	超市	—	25.58		商业设施	超市	63.11	55.52
		网吧	—				网吧	—	
		菜市场	41.16				菜市场	64.01	
		餐饮	100.00				餐饮	96.12	
		银行	29.40				银行	54.37	
	休闲设施		35.29			休闲设施		28.16	
	便民服务设施	粮油店	72.94	39.41		便民服务设施	粮油店	46.60	37.62
		熟食店	—				熟食店	—	
		美发店	64.71				美发店	89.32	
		邮政所	—				邮政所	14.56	

	配套设施		使用率(%)			配套设施		使用率(%)	
阶段Ⅲ	医疗设施		23.44		阶段Ⅳ	医疗设施		23.85	
	教育设施	中小学	23.08	22.71		教育设施	中小学	21.04	21.44
		幼儿园	22.34				幼儿园	21.84	
	商业设施	超市	69.23	66.64		商业设施	超市	80.36	78.31
		网吧	39.44				网吧	67.35	
		菜市场	68.50				菜市场	77.75	
		餐饮	94.14				餐饮	93.79	
		银行	61.90				银行	72.34	
	休闲设施		20.88			休闲设施		18.45	
	便民服务设施	粮油店	25.12	41.67		便民服务设施	粮油店	10.31	37.10
		熟食店	36.78				熟食店	38.09	
		美发店	94.51				美发店	91.78	
		邮政所	10.26				邮政所	8.22	

* 资料来源:课题组关于南京进城务工人员的抽样调查数据(2016)

（3）生产运输设备操作业进城务工人员配套设施演化特征

南京市主城区生产运输设备操作业的进城务工人员在经历四个阶段后，其社区配套设施呈现出"配套设施门类的完善进展缓慢，配套设施整体的使用情况较好且使用率增加明显，配套设施布点同样由集中式布局向沿街带状布局演化"的特征（图7-13、表7-7）。具体而言：

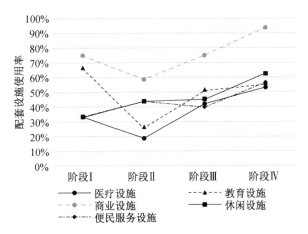

图7-13 生产运输设备操作业进城务工人员居住空间
周边配套设施使用率演化图

*资料来源：课题组关于南京进城务工人员的抽样调查数据（2016）

表7-7 生产运输设备操作业进城务工人员的社区配套设施演化

	配套设施		使用率（%）			配套设施		使用率（%）	
阶段Ⅰ	医疗设施		33.33		阶段Ⅱ	医疗设施		18.75	
	教育设施	中小学	66.67	66.67		教育设施	中小学	28.13	26.57
		幼儿园	66.67				幼儿园	25.00	
	商业设施	超市	100.00	75.00		商业设施	超市	56.25	58.60
		网吧	—				网吧	—	
		菜市场	33.33				菜市场	46.88	
		餐饮	100.00				餐饮	78.13	
		银行	66.67				银行	53.13	
	休闲设施		33.33			休闲设施		43.75	
	便民服务设施	粮油店	33.33	33.33		便民服务设施	粮油店	37.50	43.75
		熟食店	—				熟食店	—	
		美发店	33.33				美发店	78.13	
		邮政所	—				邮政所	15.63	

222

（续表）

	配套设施		使用率(%)			配套设施		使用率(%)	
阶段Ⅲ	医疗设施		41.94		阶段Ⅳ	医疗设施		53.13	
	教育设施	中小学	38.71	51.62		教育设施	中小学	53.13	56.26
		幼儿园	64.52				幼儿园	59.38	
	商业设施	超市	80.65	75.00		商业设施	超市	100.00	93.75
		网吧	—				网吧	—	
		菜市场	54.84				菜市场	90.63	
		餐饮	80.65				餐饮	100.00	
		银行	83.87				银行	84.38	
	休闲设施		45.16			休闲设施		62.50	
	便民服务设施	粮油店	48.39	39.79		便民服务设施	粮油店	59.38	56.46
		熟食店	—				熟食店	—	
		美发店	54.84				美发店	75.00	
		邮政所	16.13				邮政所	25.00	

* 资料来源：课题组关于南京进城务工人员的抽样调查数据(2016)

在配套设施的门类方面，生产运输设备操作业进城务工人员的社区配套设施种类，随阶段Ⅰ—阶段Ⅳ的时间变化增长并不明显，如商业设施的网吧、便民服务设施的熟食店等，就始终未得到良好配备，邮政所也是到后期才出现。

在配套设施的使用方面，进城务工人员对社区配套服务设施的使用情况整体良好，使用率表现出"一定程度的下降后又明显增长"的演化特征。其中，商业设施、医疗设施和教育设施的使用情况大体相似，使用率均在阶段Ⅱ有显著减少（分别下降至58.60%、18.75%和26.57%），但到阶段Ⅳ时三类设施的使用率又先后增加了29%～36%；而休闲设施和便民服务设施的整体使用率有所上升，但中途增减幅度较小；此外，商业设施的使用情况要显著优于其他设施。

在配套设施的布点方面，阶段Ⅰ的社区配套设施布局基本保持了计划经济时期的集中配置特点（多位于城中村或农村核心地段）；阶段Ⅱ由于工棚型或宿舍型的居住空间多为自建或利用已有建筑，其配套设施的布局仍然集中，但自租型与商业服务业进城务工人员的社区配套情况相似，多呈散点式布局；阶段Ⅲ该群体仍以工棚型和宿舍型为主，且自建、经营和管理的居住空间更大更集中，其内部的自我配套多以集核式围绕公共活动区域而布置；到阶段Ⅳ工棚型和宿舍型内部自行配建的社区配套规模不断减小，并且出现了与自租型社区相似的配套设施布点形式，即由周边社区提供和共享，因此该阶段生产运输设备操作业务工人员居住的社区配套布点不仅包括自配集核式布局，也包括沿街呈带状分布，以及局部点状集中布局。

7.5.2 配套设施的演化解析

配套设施的演化，主要源于城市对配套设施门类和标准的不同规定、进城务工人员对设施使用的差异化需求，以及住区建设中配套布局理念的转变等因素的共同作用：

首先，不同时期城市建设关于社区配套设施门类和标准的不同规定，对于配套设施的阶段性演化起到了推动作用。改革开放以来城市经济的快速增长，使得社区配套从早期仅仅满足于人们日常生活的刚性需求向更加丰富多样的弹性需求拓展，而如今市场经济的转型也带来了劳动分工的精细化和居民需求的多元化，并推动了社区建设和配套设施的进一步结合。除了必需的社会性配套设施外，各类盈利性的社区配套也与日俱增且更加复合多元，共同满足和方便着人们的生活需求。

其次，不同时期进城务工人员受到的制度性排斥以及该群体的消费偏好，对于社区配套设施存在侧面反馈作用。一方面，进城务工人员作为城市中的弱势群体，因长期受到城乡二元结构和户籍制度的排斥和制约，而无法获得部分配套设施的使用权（尤其是社会性的医疗、教育设施的使用率普遍较低），在实际中产生一系列如农民工看病难、农民工子女上学难、农民工保障房申请难等社会问题；而另一方面，进城务工人员在城市中大多从事经济收入有限的劳动密集型产业，如何压缩生活成本、满足基本需求是其首先要考虑的问题，于是社区周边价位不高、档次日常、布点广泛的商业和便民设施便成为其高使用率对象，这也从侧面反映出该群体在社区配套使用上的差异和偏好。

最后，不同时期住区规划模式与理念的变化成为社区配套布局演化的原始动力。受城市居住市场快速发展与转型的作用，我国城市住区规划的理念也在不断地演进，经历了由"邻里单位""成街成坊"（20世纪50年代至60年代）—"居住小区"（20世纪70年代至90年代）—"新型住宅区规划"（21世纪后）的三个阶段，相较于早期统一设计、统一分配、统一管理的规划理念，新型住宅区规划的配套设施面临着市场的竞争和资金的选择，因此与城市其他功能区联系更为紧密，门类配备、空间布局、功能组织等也更为复合多样[①]。

7.6 本章小结

本章综合运用问卷统计法、实地观察法、访谈法等数据统计方法，从微观视角出发重点探讨了两个主要问题：一是，南京市主城区不同职业的进城务工人员究竟在居住

---

① "邻里单位"模式下社区配套设施多位于居住区中心广场、绿地或入口区域；"居住小区"模式下社区配套设施逐渐开始沿街道分布；"新型住宅区规划"模式下配套设施则开始具有城市功能，并与城市其他配套设施的联系更加紧密。

条件方面发生了哪些变化;二是,进城务工人员居住条件发生演化的背后动因是什么。具体从进城务工人员的居住权属、空间布局、户型条件和配套设施四个方面分别进行了分析。

针对上述问题,本章主要结论如下:

(1) 居住条件演化特征

① 从居住权属来看,南京市主城区进城务工人员的居住权属整体表现出私有化与公共化并存的特征。其中总体和商业服务业务工人员以租赁为主,并随时间增长呈"住房类型多样、权属关系私有"的演化态势;而生产运输设备操作业务工人员则呈"住房类型多样但权属关系公有"的演化特征。

② 从空间布局来看,南京市主城区进城务工人员的居住空间布局因职业的不同存在较大差异。商业服务业务工人员经历了"从高密度小体量的传统村落向多高层板点结合的现代住区演化"的过程;而生产运输设备操作业务工人员则经历了"从传统村落向大规模集中式临时板房和改建的宿舍式住房演化"的过程。

③ 从户型条件来看,南京市主城区进城务工人员在各阶段对户型的选择具有不同职业下的差异化特征。其中总体和商业服务业务工人员呈"单室向更大、配套更完备套房演化"的趋势;而生产运输设备操作业务工人员则呈"套型不断丰富但配套依旧滞后"的演化特征。

④ 从配套设施来看,南京市主城区进城务工人员居住地的社区级配套设施随不同阶段均呈"设施门类多样化,设施使用情况一般但使用率提高,设施布点由集中向沿街带状布局演化"的特征。其中,商业服务业务工人员居住地的社区配套设施使用情况不佳且使用率有限。

(2) 居住条件演化解析

① 进城务工人员生命周期的影响:随着各职业进城务工人员来宁时间的不断增长,其会在城市中经历生命周期中的各种重要阶段(如结婚、生子等),而这些重要的时间转折点均会对该群体居住条件的演化起到决定性影响。

② 城市阶段性开发建设的控制作用:南京市自1990年起的大规模城市开发建设,以及2010年后如火如荼的城市内部存量再开发,均使城市整体居住空间布局发生改变,从而对南京市主城区进城务工人员居住条件的演化产生了深远影响。

③ 进城务工人员居住需求的影响:南京市主城区进城务工人员的就业机会和收入水平,随社会经济的发展和来宁时间的增加已逐步提升,对居住的需求也不断多元化,从而对居住条件的演化起到了侧面推动效应。

④ 城市住宅市场发展动向的助推作用:城市住房市场的活跃性发展,以及住房政策的不断变化,为进城务工人员提供了更多的居住选择,尤其是小户型的产生和发展对该群体的居住条件演化产生了积极的推动作用。

⑤ 制度性排斥及消费偏好的反馈作用:城市政府多年来推行的许多保障政策,往往将进城务工人员拒之门外(近年来虽有所囊括但依旧有门槛限制);而且该群体自身因职业、经济等因素,也多偏好于择居且使用生活成本低但可满足基本需求的住房和设施,故制度政策和消费偏好亦对其居住条件的演化存在侧面的影响。

⑥ 住区规划模式和理念转变的影响：相较于我国早期统一规划设计、分配管理的住区规划理念，现今新型的住区规划（尤其是配套设施）面临复杂市场竞争和资金选择，与城市整体的空间布局和功能组织也更加紧密多样，对进城务工人员居住条件的演化亦有所影响。

8 南京市主城区进城务工人员居住空间优化策略探讨

前文通过建构进城务工人员居住空间演化机理的理论诠释框架,对该群体居住空间的演化机理和阶段性特征进行了理论解析和揭示;然后结合南京市主城区的实证研究,从空间集聚、空间分异、个体迁居、居住条件等方面入手验证和诠释了进城务工人员居住空间的演化规律。因此,本章将以上述分析结果为基础,重点关注南京市主城区进城务工人员居住空间所存在的主要问题和制约因素,并在遵循进城务工人员居住空间演化的客观规律基础上,提出切实可行的建议和优化策略。

8.1 南京市主城区进城务工人员居住空间的现存问题

南京市主城区进城务工人员居住空间的现存问题,不仅关乎该群体自身的发展,也与城市社会经济的发展息息相关——首先,进城务工人员居住空间是其在城市中立足与生活的基础,是实现农业人口城乡转移的基础和前提,也是其维护个人基本生存权利的重要内容;其次,进城务工人员的居住空间作为城市整体结构不可分离的组成部分之一,其复杂多元的占有和使用方式也会对城市的整体空间结构和自身的居住空间结构(空间集聚与分异、迁居轨迹等)产生影响,并关系到城市整体社会是否和谐、环境质量是否提升等问题,也关系到政府"关注民生、以人为本"的城市建设理念。因此,关于进城务工人员居住空间的问题分析,应着眼于该群体的居住空间结构、居住空间需求以及居住条件改善等相关政策与空间规划,并结合前文的研究提出该群体现存的下列三大居住问题。

8.1.1 问题一:进城务工人员居住空间不断被排斥与剥夺

改革开放初期,大规模涌入城市的进城务工人员作为廉价劳动力,因城市政策(住房政策、社保政策)等外部因素和自身条件(经济能力、社会关系)的多重限制,往往会在城市择居的过程中不断遭遇城市空间生产过程的多重剥夺。以自租型进城务工人员为例,该群体进城之初通常会基于房源、租金、通勤、管控等方面的考量,而主动择居于城乡结合部的农村和城中村民宅。但伴随着快速的城镇化进程和持续的城市扩张式建设,原有的城市边缘地带逐渐被纳入城区而使成片的农村和城中村面临着拆迁和二次开发,于是迫使大批居住于此的进城务工人员或外迁至更远的新城市边缘地带,或内迁至城内"过滤"效应下的老旧小区、棚户区等,加之各种内外因素的制约,该群体在城市中最初落脚的居住空间第一次被剥夺和挤压。

其后,进城务工人员的居住空间依然要面临着一轮轮的排斥和剥夺:外迁新边缘地带的自租型空间,将随着城市的继续扩张和开发而不断外迁;内迁城内旧居住空间的进城务工人员,同样会因为近年来城市发展的转型和空间解耦股的调整(由蔓延式外拓转为内涵提升为主的存量更新)而遭遇剥夺。像2011年的新版南京市总体规划,就为经济发展新常态下的南京城市建设提供了方向和指引:重点推行改善居民生活、优化城市空间的项目建设,大量改造和拆建城市内部老旧小区、棚户区等,不断通过再开发将城内衰败用地置换为城市商业、办公高档公寓、公共开放空间等。其中,以2013年老城的拆迁规模为最大(43.6万m^2),而2014开展的明城墙景观改造项目则带来了玄武区的大拆迁量,秦淮区的南捕厅拆迁项目虽然早已于2009年启动,但由于社会影响较大一直到2013年底才告完成①(图8-1、图8-2)……于是在城市扩张和旧城更新的内外挤压下,适合进城务工人员集聚的居住空间不断减小和碎化(相关数据显示②,因拆迁导致进城务工人员居住迁移的比例为38.9%),其结果就是,该群体在城市中的生存空间反复被其他空间所演替、挤压和剥夺。

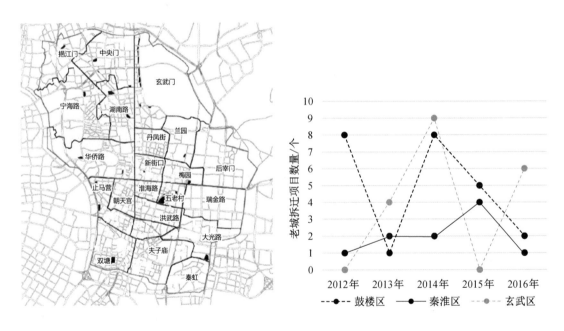

图8-1　2012—2016年南京老城拆迁地块位　　图8-2　2012—2016年南京老城拆迁地块项目统计

* 资料来源:薛杰.南京市老城被动迁居式人口的社会空间变迁:以保障性住区为迁入地的考察[D].南京:东南大学,2019:26.

---

① 薛杰.南京市老城被动迁居式人口的社会空间变迁:以保障性住区为迁入地的考察[D].南京:东南大学,2019:26.
② 课题组2015年做的关于进城务工人员居住空间的调查问卷统计结果。

8.1.2 问题二：进城务工人员居住空间与自身需求不匹配

中国的城市居民购买城市不动产，就相当于购买了城市的"股票"①。同理，从进城务工人员安居乐业、融入城市的角度而言，该群体从"半城市化"转变为完全"城市化"的前提，不仅需要有相对稳定的职业与收入，更重要的是需要有符合自身的、可永久滞留城市的居住空间，即需先进行空间融合才有望实现社会融合。但如今进城务工人员获取居住空间的来源主要为自行租赁（占比68.34%）或是单位统一安排（集体宿舍或工地工棚），真正实现购房的务工人员少之又少。因此，城市为其提供多元化的房源和住房保障就显得尤为重要和迫切。此外，关于进城务工人员调查问卷（2015年）的结果也显示，该群体在自我认知调研中亦认为住房困难和子女教育问题是影响其城市生活体验和"农业人口市民化"的主要障碍所在。

首先是居住困难问题。其一，在住房政策方面，城市住房政策和住房市场对进城务工人员居住空间的排斥由来已久，其在制定保障房政策和住房建设配置时，往往也较少考虑进城务工人员这类非户籍、收入较低的常住人口。近年来虽然保障房政策几经探索和调整，已开始考虑进城务工人员的需求，但总体上依旧存在着较高的门槛限制。如南京市规定：本市连续缴存社会保险和住房公积金5年及以上的进城务工人员，方可由单位统一申请政府投资建设（筹集）的公共租赁住房保障②。其二，在住房建设量方面，城市已建或在建的保障房、公租房等项目往往总量有限、供不应求，而且进城务工人员只是其供给的群体之一，更多的房源是用来安置拆迁户、失地农民等群体的。其三，在空间分布方面，南京市大规模的保障性住房均建设在主城边缘区或更远的区域，如2010年开建的迈皋桥创业园、花岗、西善桥岱山西侧、江宁上坊四大片区保障房项目总面积约970万 m^2，共计8.28万套③；2015年基本建成的丁家庄大型保障房项目，总建筑面积也达到了168万 m^2（图8-3）。但调研发现，进城务工人员（尤其是自租型的人员）大多在主城甚至老城内就业。如此一来，需要职住均衡的该类群体就在自身就业机会和城市提供的保障住房之间出现了空间错位，从而导致现有的住房保障对进城务工人员而言实际使用效果大打折扣。

其次，子女教育问题。现今长期滞留城市的进城务工人员社会构成更加复杂，调查显示，留在南京市主城区的务工人员多为20～40岁的已婚人口，因此大多数将经历或正在经历生命周期中的家庭过程，不但居住迁移的数量和比例均较高，对居住空间的需求也不再

---

① 赵燕菁.土地财政：历史、逻辑与抉择[J].城市发展研究，2014，21(1)：1-10.
② 《南京市公共租赁住房管理办法》第三十三条明确规定：外来务工人员申请政府投资建设（筹集）的公共租赁住房保障，应同时具备下列条件：(一)在本市连续工作5年及以上；(二)在本市连续缴存社会保险和住房公积金5年及以上；(三)家庭人均年收入低于上一年度本市城市居民人均可支配收入的50%；(四)本人、配偶及未成年子女在本市无住房。在本市务工期间获得市级及以上表彰，职工职业技能竞赛活动市级及以上技术能手称号或竞赛综合成绩前三名，取得技师及以上职业资格证书或高级工资格证书，经相关部门认定的，在我市连续工作年限、缴存社会保险和住房公积金最低年限放宽至2年。（南京市人民政府办公厅，2015年4月29日）
③ 杭兰旅、钱存华.南京市保障房建设情况分析及建议[J].商业经济，2013(13)：21-24.

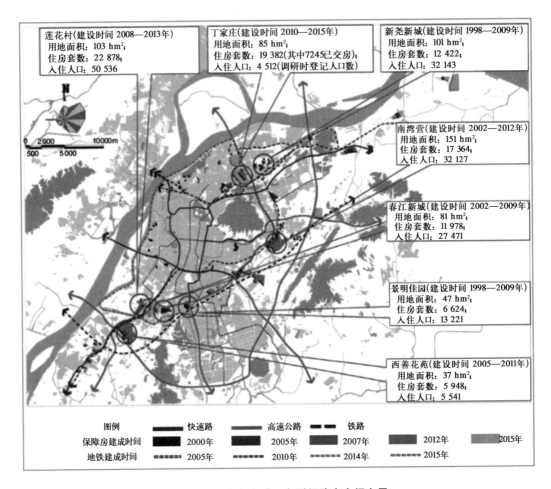

图 8-3　南京市主城区大型保障房空间布局

＊资料来源：王承慧，张丹蕾，汪徽.大型保障房住区贫困集聚测度及其发展对策[J].规划师，2017，33(12)：93-100.

只是满足基本居住即可，而开始更多地考虑子女的教育问题。南京市在2003年①明确要求了进城务工人员的子女教育应以全日制公办中小学为主，2007年又指出符合"五证"②要求的进城务工人员子女才可享受当地学生待遇，并统筹安排其在指定公办学校接受义务教育，且不收取择校费(表8-1)。但目前过高的就读门槛和空间布点的不均衡，仍难以吸引大多数进城务工人员法长期留在城市——前者因证件要求(多数进城务工人员无法开具齐全的相关证明)致使许多家庭与公办学校无缘，后者则由于城市优质教育资源过多集中于老城(尤其是玄武、鼓楼和秦淮区)，而使得该群体同市民相比毫无竞争优势，通过购房而获取就读机会的难度更是可望而不可即。

---

① 《南京市流动人口子女接受义务教育的暂行办法(试行)》
② 即就业证、暂住证、户口本、劳动合同和独生子女证。

表 8-1　南京市进城务工人员随迁子女义务教育就学状况

年份	总人数	公办学校人数	公办学校人数占比	民办学校人数	民办学校人数占比	民办进城务工人员学校数
2006	6.77万	5.55万	81.98%	1.22万	18.02%	23所（经过审批的16所）
2011	6.82万	6.51万	95.45%	0.31万	4.55%	5所
2016	9.06万	8.93万	98.57%	0.13万	1.43%	1所

* 资料来源：南京市教育局.2016年进城务工人员随迁子女义务教育市级转向基金绩效评估报告①

8.1.3　问题三：进城务工人员居住条件与环境相对较差

进城务工人员作为我国改革开放后、快速城市化进程中涌现出的一支新型劳动力大军，为城市的繁荣、农村的发展以及国家的现代化建设做出了重大贡献②。但与此形成反差的是，该群体的居住条件与居住环境相较于城市居民而言却明显处于劣势地位。国家统计局数据显示③，2018年除19%的进城务工人员购买住房外，租赁住房的进城务工人员最多，占比高达61.3%，由雇主或单位提供宿舍的占比12.9%，将生产经营场所作为居住地（包括居住工地或工棚）的占3.9%，还有2.9%的进城务工人员居住在保障性住房中，其中1.3%租住公租房；而且，该群体的居住环境普遍表现为"脏、乱、差"，通常会面临着人口拥挤、公共设施破坏、通风采光不足、生活设施缺乏（如没有厨、卫、水等，或不够齐全，或几家合用）等问题④。

具体就南京而言，调查问卷统计（2015年）显示，主城区的进城务工人员有76.6%租房居住，6.4%住在工地，11.65%由雇主或单位提供住房，其中选择合住的人员高达61.7%；与此同时，该群体中大多数人的人均居住面积都在5~10 m² 之间（占比38.7%），生活设施配套也以公用为主（厨卫和自来水）（表8-2）；而且，其所居住的房屋因公租房的数量和门槛限制，多为老旧小区、工棚或是厂房、仓库改建的宿舍，其在住宅户型、布局、质量及其周边的社区配套设施和环境上，与城市居民相比均处于明显的弱势地位（2015年南京城镇人均居住面积达到35.4 m²）。

表 8-2　不同职业进城务工人员的住房配套设施占比

		总体进城务工人员/%	商业服务业/%	生产运输设备操作业/%
厨房	自用	35.03	38.22	11.84
	公用	46.18	43.12	68.42
	无	18.79	18.66	19.74

---

① http://www.njedu.gov.cn/default.php?mod=article&do=detail&tid=770144（南京市教育局网站网址变更为：edu.nanjing.gov.CN）
② 吴群莉,桑黎阳,李雨钊.农民工住房保障现状调查报告：以南京市为例[J].科技创新导报,2009(19):3.
③ 国家统计局.2018年农民工监测调查报告[EB/OL].[2019-04-29].http://www.stats.gov.cn/tjsj/zxfb/201904/t20190429_1662268.html.
④ 俞林伟.居住条件、工作环境对新生代农民工健康的影响[J].浙江社会科学,2016(5):75-83.

(续表)

		总体进城务工人员/%	商业服务业/%	生产运输设备操作业/%
卫生间	自用	32.32	35.33	10.53
	公用	65.45	62.14	89.47
	无	2.23	2.53	0
自来水	自用	39.81	43.12	15.79
	公用	58.76	55.25	84.21
	无	1.43	1.63	0

* 资料来源：课题组关于进城务工人员的抽样问卷(2015年)

8.2 南京市主城区进城务工人员居住空间引导优化策略

进城务工人员在城市中面临的各种居住困难实际上反映的是城市社会经济增长和进城务工人员非市民化待遇间的强烈反差——一方面，进城务工人员作为城市建设大军的重要组成部分，为城市社会经济的增长和繁荣做出了不可或缺的重大贡献，本应获得与城市市民同等的待遇(如住房保障、社会福利、就业机会等)；而另一方面，城市在制定和执行相关公共政策时，也须遵循公平、公正之原则和兼顾城市中各个阶层、各种类型群体的利益，进城务工人员也不能例外，更何况进城务工人员在城市中的居住问题本就是我国城市化进程中关涉社会稳定、和谐及发展的重要问题之一，是真正实现进城务工人员融入城市以及市民化的基础保障。然而在当前环境下，该群体却在城市中面临着社会生活多被隔离、居住空间多被剥夺、居住分异不断扩大、居住环境标准偏低、公共配套设施和活动场所缺乏等现实困境。因此，根据上文对进城务工人员居住空间演化的规律分析，笔者将针对进城务工人员的居住空间问题，分别从三方面入手对该群体居住空间的改善提出引导建议。

8.2.1 打破城乡结构与提升个体能力相结合，以保障进城务工人员必要的居住空间

(1) 改革户籍制度

当前，我国实行的户籍制度严重阻碍了人口的自由流动，亦是造成进城务工人员这一特殊群体在城市中遭遇很多不公平待遇的根本原因所在，并成为该群体及城市真正实现"城市化"的重大障碍。于是2000年以来，我国各地开始进行户籍制度改革的尝试，许多中等城市和小城镇均放宽了农村落户条件①，但北京、上海等特大城市的户籍改革仅仅是针

---

① 2001年公安部颁布《关于推进小城镇户籍管理制度改革的意见》，要求全国各地全面改革小城镇户籍管理制度，这是我国实行二元户籍制度以来最彻底的一次改革尝试。该意见使全国有两万多小城镇只要求农村人口在小城镇有稳定收入和合法住所即可入户，到2007年我国已有12个省市率先取消城乡二元户籍制度，取消了农业户口和城市户口的差别。

高层次人才放开,对进城务工人员提高了进入门槛,还有不少地方的户籍改革也没有得到实质性的落实与推进,其症结的关键在于:户籍中所夹带的利益附加功能并没有根本性的改变,致使居于城市的进城务工人员只是获得了"市民荣誉"却依旧面临着教育、福利、就业、居住等不公平的社会问题[1]。这传导到空间上即表现为:进城务工人员的居住和就业空间因户籍等相关制度的排斥和制约而表现出以非正规居住和就业为主、在城市特定区域内集聚的空间状态。

因此,在新型城镇化背景下推行户籍制度的改革势在必行,但考虑到农村与城市、各地区间的差异和具体情况,需采取分步骤渐进式的改革策略,以避免引起社会的动荡与不稳定——首先,政府需调整财政支出政策,优先支持进城务工人员的农业人口实现市民化。像南京市就是通过综合考虑进城务工人员在南京的工作年限、为城市建设和发展做出的实际贡献以及自身留城意愿等因素,更多元化地量化确定了其落户政策;而湖州的做法则是降低该群体的进入门槛,简化行政手续,之后再按标准逐步规范。然后,需加大农村人口的福利保障,逐步在农村配备公共资源,以达到农村和城市社会保障标准的统一以及公共资源的接轨,像广州市就采取了"积分制"户籍改革模式,设计了城乡建设用地统一市场基础上的经营性住房和保障性住房用地"打捆"出让的创新思路[2]。最后,应实现人口迁移的自由化,即彻底打破户籍差别(农村户口和城市户口),实施身份证登记等制度来实现人口的自由流动与劳动资源的优化配置。

(2) 完善就业政策

目前,我国的劳动力就业市场面临着城市下岗职工、毕业大学生、进城务工人员等多重压力,而且由于学历和身份等因素,进城务工人员只能进入次级劳动力市场寻求就业,同时长期的劳动力城乡分割状态,也阻碍了进城务工人员在劳动力市场的公平竞争,还出现了例如针对进城务工人员的就业歧视、就业合同签订不规范等行为,由此而造成的就业难和待遇低问题则从根本上引发了该群体的住房难困境。

因此,政府首先需要发挥宏观调控和微观监督等相结合的方式,来完善和规范劳动力市场(建立城乡统一的劳动力市场),为该群体创造良好的市场环境;其次,需要取消农村劳动力进城和跨地区就业的限制,建立覆盖城乡劳动力的平等就业环境;再次,需要严格调整最低工资标准,加强对进城务工人员集中用人单位的工资发放监控,为其住房改善提供经济基础;最后,需要提高进城务工人员自身的就业和收入水平,大力加强该群体从业技能培训,通过"培训券"等直接补贴法,完善进城务工人员的培训补贴政策,以提高其适应生产自动化、建筑工业化和城市新兴服务业发展的用工需要[3],有效推动这一群体的"市民化"进程。

---

[1] 田喜民.新生代农民工市民化的政策障碍与对策研究[D].信阳:信阳师范学院,2011:38.
[2] 李育林,张玉强.新型城镇化背景下的大城市户籍制度改革模式研究:基于广州、上海和重庆的比较[J].湖南广播电视大学学报,2014(3):64-68.
[3] 朱东风.半城市化中的农民工住房问题与对策思考:以江苏省为例[J].现代城市研究,2011(8):16-20.

8.2.2 完善住房保障与改善住房供给并存，以匹配进城务工人员的居住需求

(1) 进城务工人员居住空间

① 构建完善的住房保障体系

目前，南京市已实施的公共租赁住房政策①虽因租金低廉而对进城务工人员有着巨大的吸引力，但在实际的住房申请中却仍存在着诸多限制——如短期流动性工作的进城务工人员申请会受限（建筑业、装修业等工期常以项目计算），因其无法满足连续工作5年的要求；非正规就业的进城务工人员（雇主往往未能完全为其缴纳保障金）会受到门槛较高的社保和公积金相关政策的限制，因其无法满足连续缴纳社会保险和住房公积金五年的要求；还有低收入的核实难度较大，因其缺乏完善的个人收入申报制度及信用制度等。

为此，地方政府在落实进城务工人员的住房保障时需重点考虑政策的实效性——首先，需要扩大公租房租赁制度的覆盖范围。为促进该群体在城市中的稳定居住，应将进城务工人员的住房保障制度细化为长期与短期并存模式加以推行：对仅有暂住证的零工、散工，或随项目而流动的短期服务型务工人员等，可以考虑适当降低在本市连续工作五年及以上的规定，或是为其寻求、筹划中短期的租赁公寓模式，这已经有部分城市（天津开发区②、山东临沂③）做出了尝试。其次，需要为其降低申请门槛，制定科学的社保和公积金标准。为加强公租房租赁的可行性，需要强制性要求各用人单位（无论大小、行业）将进城务工人员纳入住房保障范围，并为之建立完善的投诉、维权通道，这可借鉴山东省莱芜市的做法，采取政府住房补贴直接兑付给农民工的形式，为符合条件的进城务工人员按南京市平均住房标准进行租房补贴核算。同时综合考虑进城务工人员在城市的就业、居住年限等情况，调整现有的住房申请标准、申请方式和租金支付方式。最后，需要完善审核体制并加强监督管理。建议政府整合各部门（如财政、税务、银行等）建立统一的信息网络平台，并健全申请者的个人收入申报及信用审查体系，通过提高房源分配的透明度、开通公示、检举等通道来加强监管。

② 寻求多元化的房源供给渠道

适合进城务工人员居住的保障性住房（目前以公租房为主）作为一类公共物品④，并不能单纯依靠市场机制来解决房源供给问题，但完全由政府来包揽供给则又会面临资金

---

① 2016年南京市已经落实实施公廉租房并轨，统称为公共租赁住房。并轨后，《南京市公共租赁住房管理办法》第三十三条规定，外来务工人员申请政府投资建设（筹集）的公共租赁住房保障，应同时具备四个条件，即在南京市连续工作5年及以上，在本市连续缴存社会保险和住房公积金5年及以上，家庭人均年收入低于上一年度本市城市居民人均可支配收入的50%，本人、配偶及未成年子女在本市无住房。

② 天津开发区建设的建筑工人新村，将居住和服务隔离，但配套设施齐全，并在村内的宿舍实行建筑工人"一卡通"管理制度，不仅改善了农民工居住条件且加强了其自身的身份管理。

③ 山东临沂专门为进城务工人员拨款建设了招工公寓，用低价提供住宿等服务，招工企业可在公寓内招工，以解决短期流动性务工人员的居住问题。

④ 公共物品是指具有排他性和非竞争性的产品，是相对私人物品而言的。保障性住房具有排除其他不具备申请资格人群使用的排他性特征，同时该类住房的使用者不能完全占有产权，具有非竞争性，属于准公共物品的范畴。

不足和效率不高等问题，因此现今多采用政府供给和市场供给相结合的途径来解决：前者主要是通过政府土地划拨、减免税费的方式委托开发商代建，或是由政府直接购买市场上的商品存量房；后者则是通过政府补贴低收入家庭现金，让其在市场中自行寻找房源（主要针对城市低收入群体）。但即使如此，目前真正筹集到的保障性住房依然规模有限，其中能真正配给于进城务工人员的更是少之又少（其中仅有部分城市将公共租赁房面向保障进城务工人员开放），扩大和丰富进城务工人员其他的房源供给渠道已迫在眉睫。

为此，政府一方面需要健全财政转移支付同进城务工人员市民化的挂钩机制，来改善地方政府提供保障房的意愿与能力，即通过健全与常住人口挂钩的财政转移支付制度，来改善地方政府因缺乏财力和动力，而无法全面为进城务工人员改善公共服务和提供保障房的现状。另一方面，政府则需要支持各类社会组织和市场主体为进城务工人员多渠道地提供保障性住房——如鼓励有能力的用工单位利用企业办公及生活服务设施用地为进城务工人员建设集体宿舍，以增加该群体过渡性住房的有效供给；通过发行债券、信托等方式，筹集社会资金收购二手房；通过税费补贴、以房换地等方式，换取社会部分空置的商品房进行改造（图8-4）；不但支持私营企业和非营利社会机构成为国家保障性住房政策重要的实施单位（公私合营），还鼓励其成为管理者、供应者和所有者（图8-5），以多渠道、多主体、多形式地解决进城务工人员的住房供给问题①。

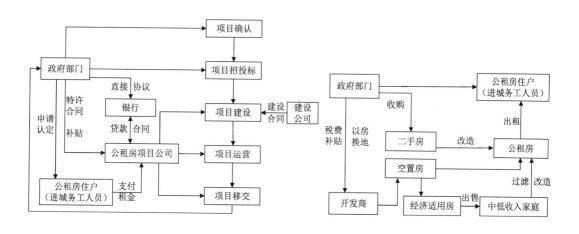

图8-4 公租房公私合营模式运作图　　**图8-5 公租房政府收购、置换模式运作图**

* 资料来源：笔者自制

③ 完善城市空间规划制度

现今保障性住房的建设因政府财政支出大、城市用地紧张、融资困难以及分流中心城区人口等方面的难题与考量，往往选址较为偏远，交通基础设施和公共服务设施不尽完善，如南京市2010年开始建设的岱山等四大保障房住区就距离城区较远，周边的公共交通线路

---

① 牛婷.低收入人群住房供给模式研究：以西安市为例[D].西安：西安建筑科技大学，2008：35-42.

较少,必要的生活配套服务设施(如医院和学校)也不健全,这样无形中就增加了进城务工人员的交通成本和生活成本;同时在空间的梯度"过滤"效应下,面向进城务工人员开放的公租房片区也会逐步成为低收入群体的集聚区,而最终造成空间分异、贫困集聚、居住模式和区位上的边缘经济与边缘文化现象。

为此,政府需要将进城务工人员居住问题作为城市规划的一部分,统筹完善城市相关的空间安排和总体布局——首先,可通过保障性住房布局与城市总体用地规划的结合,来完善其周边的基础设施和公共服务水平,由此而带来的生活成本提高问题,可由政府通过补贴方式加以解决,像香港1992年推出的"租金援助计划"就通过对经济困难户免除租金25%～50%的方式提供补贴①。其次,除了相对集中的保障性住房规建外,还可借鉴美国的混居政策和模式(表8-3),这一方面可以通过扩大和发展社会房源供给,将进城务工人员的居住空间混融于城市现有的整体环境之中(或改造棚户区和翻新旧房,或重新规划和利用烂尾楼、旧厂房,并更新周边的配套设施);另一方面则可以在新建地区直接引入"大混居、小聚居"的居住混建模式,以避免在城市内部出现严重的空间分异和居住隔离现象。最后,在法定规划层面上,城市总体规划还需要确定进城务工人员的住房资源配置,并在详细规划中将其居住用地(包括保障性住区、集体宿舍区、混居区等)落实在空间上,衡量和确定具体的空间选址和规模,然后采用建设标准和具体用地落实相结合的规划方法,将其完整地纳入城市建设之中。

表8-3 美国不同混居政策主导下的混居建设模式②

	Inclusionary Zoning	HOPE 计划	CNI 计划
区域条件	住宅价格居高不下的城市;中产住区集中连片建设;新一轮经济增长带来就业人口;农业观光、养老度假地的农村地区	极度衰败(居民生活陷入绝境,居住质量差,经济环境萧条)的原公共住宅区,多位于内城	原公共住宅所在社区,多位于内城;住宅空置率、犯罪率均高于当地平均标准50%,学校质量差;城市总体经济活力较强
建设形式	新开发:涉及所有住宅项目,部分地区有非住宅	重建项目:包括全部重建、部分拆除、部分翻新或改造	重建项目:原地建设和异地补建,接受住房券的居民可就近搬迁
建设目标	避免可负担住宅集中建设并促进其高房价地区的供给	可归纳为四点:①疏散贫困人口,建设混合住区;②促进组织合作和公众参与;③帮助贫困家庭改善经济状况;④促进住区和周边环境的融合	三大核心目标:①重建高质量的混合住区。响应周边社区需求;②提高教育质量,为青少年即其家庭提供服务;③促进公共和私人投资建设学校等各种服务设施

① 吴靖洲.我国保障性住房供给研究[D].上海:华东师范大学,2011:35-36.
② 表中的部分文字和图片分别来自如下参考文献:Developing Choice Neighborhoods: An Early Look at Implementation in Five Sites, Interim report[R]. The Urban Institute, Sep., 2013; Jones R W, Paulsen D J. HOPE Ⅵ Resident Displacement: Using HOPE Ⅵ Program Goals to Evaluate Neighborhood Outcomes[J]. Cityscape,2011,13(3):85-102; Department of City Planning, New York. Inclusionary Zoning Program[EB/OL]. http://www.nyc.gov/html/dcp/html/zone/zh_inclu_housing.shtml; Vale L J. From the Puritans to the Projects: Public Housing and Public Neighbors[M]. Cambridge, MA: Harvard University Press, 2000.

（续表）

		Inclusionary Zoning	HOPE 计划	CNI 计划
建设模式	建设规模	郊区新住区：规模中等，几十套到几百套；乡村及小城镇包容性开发：规模较小且规定多变	混居开发：除少数规模上千套的住区外，多数为几百套住宅的住区	混居社区：重建规模更大，涉及人口达数万人
			无法满足全部居民回迁要求，住宅数量减少且密度降低	全部"拆一建一"住宅数量不变或提高，居住密度提高
	高度混合	楼层毗邻混合模式（以纽约 DAP 为例）	组团分散混合模式	社区分散混合模式（以橡树公园住区为例）
	低度混合	组团集中模式（以科斯塔帕洛玛住区为例）	组团集中模式	社区集中模式（以昆西走廊为例）
规划设计		新城市主义：回归美国传统住区形式	TOD：倡导公共交通	建筑：无差别设计
		均匀混合（有地区不要求）	可防卫空间	
			部分采用 LEED—ND	采用 LEED—ND
			混合使用	深化混合使用

备注：LEED—ND 是涵盖精明增长、新城市主义及绿色建筑标准一体化综合社区发展指导评级系统，由一系列非强制性可持续社区规划与设计条款组成。

* 资料来源：李甜，宋彦，黄一如.美国混合住区发展建设模式研究及其启示[J].国际城市规划，2015，30(5)：83-90.

（2）进城务工人员子女教育空间

① 设置多种类型的学校

在当前环境下，短期内可采取"以公办学校接收为主，以逐步扶持民办学校为辅"的进城务工人员随迁子女义务教育模式。但考虑到南京市现有的公办学校吸纳能力有限，首先，需扩大公办中小学对进城务工人员子女的吸收比例，并整合与挖掘全日制公办中小学的资源和潜力，切实扩大招生规模；其次，需要鼓励并支持民间兴办针对进城务工人员子女的民办学校，可以在规范该类民办学校办学标准的同时，适当放宽其设立的条件，扶持和发展由私人、企业或社会团体合法创办的进城务工人员子女学校，并给予其合法地位，但对办学者和教师的素质、教学活动和教学质量则需要进行有效的监督和管理。

② 规划均衡的空间布点

因进城务工人员的子女具有流动性大、流动时间无序等特点,其就学规划难以纳入城市中小学的整体规划之中,而使得包含该群体的基础教育资源整合与安排具有了一种不可预期性。因此在通过前述渠道扩大其子女招生规模的同时,还可以考虑借助社区的信息网络,建立16岁以下进城务工人员的子女的信息录入管理系统,从而准确掌握进城务工人员子女的实际信息,以科学地实施教育统筹策略。同时,依据进城务工人员子女教育的需要,加强针对该群体子女教育的学校布点规划:一方面可根据进城务工人员的现状居住分布特征及其内部的差异化需求(子女的教育差异化),对全市存量教育资源统一调配,采取针对该群体子女教育的跨区资源配置;另一方面可将较多承担进城务工人员子女教育的学校建设纳入城市基础建设规划中,以增加教育资源短缺区域的供给,并与进城务工人员居住空间规划引导相结合,及时调整不同区域学校的布点[①],以实现总体需求的均衡。

8.2.3 提升居住标准与各类居住要求,以提供符合进城务工人员特点的居住条件

不同职业的进城务工人员对住房有显著的差别性需求,比如居住于工地现场的建筑业人员多需要临时性住所,而制造业人员多居于集体宿舍(一般由用人单位统一提供),从事商业服务业的人员则更多的是在住房租赁市场上寻求合适的住房;同时,进城务工人员因自身的社会经济状况、个人发展意愿、家庭生命周期的不同而对住房也存在不同的需求。因此,需根据不同职业和不同居住方式的进城务工人员需求,为其提供多层次的、可满足不同特点的居住空间。

根据进城务工人员的职业类型以及其相应的居住空间供给模式和居住方式,可将其居住空间主要划分为工地配建工棚型、单位配建宿舍型和市场租赁自住型三类(其他一些占比较小的零星居住方式,如寄住亲友家和暂居旅馆等,这里则不再专门研讨)。下面就根据其各自不同的特点,从社区层面和单元层面对其改造建设、规模控制、设计标准等提出相应的具体策略。

(1) 市场租赁自住型(自租型)

该类型居住空间是以往市场主导下进城务工人员所能选择的最主要居住方式,并拥有形式多样、空间混杂、类型庞杂(与租赁个体的复杂性息息相关)等不同于其他两类空间的诸多特点。同时,考虑到公共租赁住房作为政府为进城务工人员提供的新居住方式,却常常面临着数量有限(进城务工人员只是其中一类)、空间偏远(大规模建设在远离城市的地区)、配套不足(缺乏配套基础设施)等问题,实际上无法完全满足进城务工人员的需求。因此,政府应根据自租型进城务工人员的居住需求,一方面不断完善城市住房的租赁体系,为其在市场主导条件下从社会上自行租房创造便利条件和规范环境;另一方面则是或集中或分散地建设、收购和筹集社会新老房源用作进城务工人员的公共租赁住房,以建立政府主导下的又一房源供给渠道。

其中,就公共租赁住房的规划建设而言,政府在社区层面上不仅需要提供包括进城务工人员在内的大型集中式的保障房住区,还需要见缝插针地分散建设小规模的进城务工人

---

① 吴瑞君.农民工子女教育问题及解决思路[J].教育发展研究,2009(10):1-6.

员公寓(可借鉴上海、重庆等许多城市的农民工公寓建设),同时也可利用城中村、棚户区改造项目建设符合进城务工人员特点的公共租赁住房,此类住房的建设管理可与民间资本、企业、村委会等合作,既可减轻政府压力又可为进城务工人员提供更多更合适的可租赁住房。在单元层面上,考虑到进城务工人员对住宅户型的需求较城市居民要低,则需要专门为之设计面积有限但空间灵活、功能复合的户型,如"集约式"廉租住宅,其居住面积不大且没有过多的固定空间分割,但采用模块化设计、标准化建造、工业化生产,功能适应性和空间弹性强,具体的集约策略包括:①通过对住宅竖向空间组织方式的改进(互相借用上下层来压缩总高度),来实现面积指标到体积指标的转化;②利用同一空间功能的时间差异性(不同时间转换为不同功能),来满足住户的多种需求;③进行功能模块与家具的复合设计(将固定家具和储藏空间等作为分割界面做模块化设计),来实现空间利用最大化;④采用多变组合式的家具设计,来提升空间的利用率(表 8-4)。

表 8-4 "集约式"住宅案例——"7m^2"多适应性微型住宅

	住宅方案特点	住宅方案图示
住宅面积	该微型住宅的投影占地面积为 7.6 m^2,净高 3.6 m,容积 24.5 m^3。其中,一层使用面积约 6 m^2,分为地台、厨房、洗漱和交通四个空间;夹层面积约 5 m^2,为卧室空间,但使用面积约 11 m^2	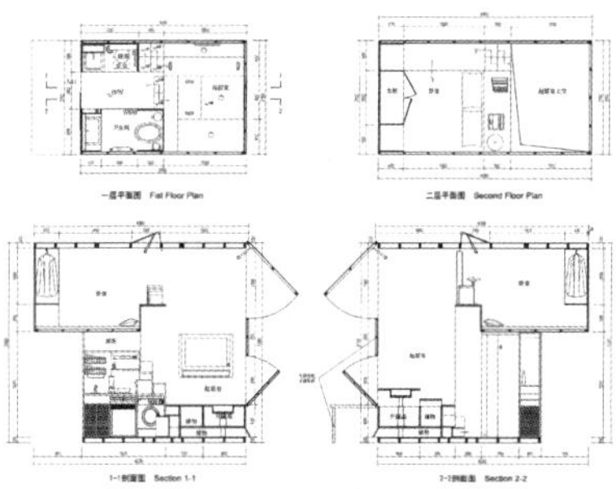 "7 m^2"微型住宅图
住宅功能	采用模块化设计,分为厨房、卫生间、多功能平台和卧室四大功能模块(阳台模块选择外挂)。其中,卫生间和厨房模块有完善的功能,并预留了洗衣机和冰箱的位置;入口空间设置了玄关功能;卧室空间提供了 2 m× 1.5 m 的床铺、衣柜和工作平台;多功能地台则在 2 m×1.5 m×0.6 m 的空间内一体化设计了兼具餐桌、书桌、书架、收纳柜等功能的多变家具①,并利用功能"时差",尽可能地减少家具所占的地面空间②	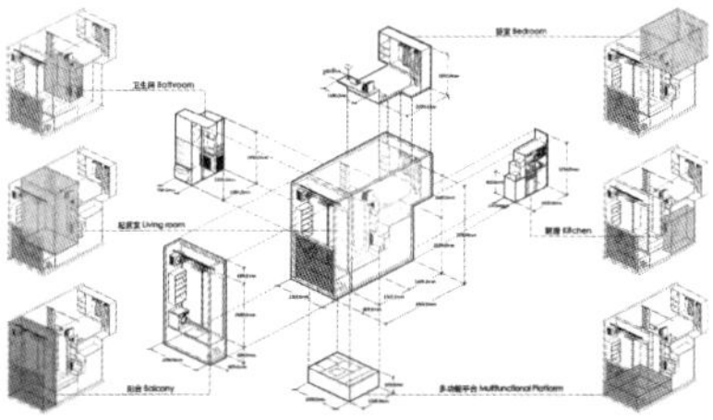 功能模块示意图  多功能地台不同使用场景

---

① 曾虎.小户型住宅多样性空间设计策略研究[D].武汉:武汉理工大学,2009:33-34.
② 周雪冰.折叠式多功能家具设计研究[D].长沙:中南林业科技大学,2012:60.

(续表)

	住宅方案特点	住宅方案图示
住宅用途	目前社会环境背景下,该微型住宅在极小的空间内创造了相当于一室一厅一厨一卫的功能配置,可满足两人居住的基本生活空间。既可作为独立住宅单独使用(易于运输和现场拼装),也可作为集合住宅的组成单元(可在水平和垂直方向上进行拼接生长)	高效空间利用设计

* 资料来源:王朝霞,张艺杰.极限住居户内空间设计及集约策略研究:以"7m²"极限住居为例[J].西部人居环境学刊,2014,29(6):70-75.

(2) 单位配建宿舍型(宿舍型)

该类型居住空间多为资本主导下由建设主体面向进城务工人员统一进行封闭式运营管理的一类居住方式。现有的集体宿舍出于职住一体化的考虑而多分布在大型企业内部或是周边,但企业因性质和规模差异多位于城市较偏远的工业区和开发区,致使随企业布点的集体宿舍不仅存在着空间配比不足、交通出行不便、配套设施先天不足、公共活动空间缺乏等问题,而且还存在着住房户型单一、人均居住面积小(部分企业宿舍进城务工人员的人均居住面积不足 3 m²)、缺乏个人隐私空间等问题。因此,在社区层面上,不仅需要以进城务工人员为主要员工的大型劳动密集型企业(如纺织、服装以及电子制造类等)统筹考虑厂区布局,将建造企业员工宿舍纳入建设中,还应要求自身无空间或能力的企业通过向员工提供住房补贴或租用开发区其他形式的住房,来解决员工(以进城务工人员为多)的居住问题;同时,政府需要通过制定相关优惠政策来引导鼓励园区、企业、集体、房地产开发商等多元化的集体宿舍开发模式,建造一批供企业和进城务工人员租赁使用的规模化、标准化集体宿舍点;此外,还需要按居住区标准配套基本的公共服务设施和公共活动空间,并兼顾进城务工人员的差异化需求,如对商业服务、休闲娱乐、医疗教育等设施的需求。

在单元层面上,需要根据进城务工人员的年龄、性别结构和家庭特点,差别化、多样化地研讨和提供集体宿舍的户型设计和建筑形式。同时,确定住房设计的适宜标准,建议单身或单独进城的务工人员可在集体宿舍内集中统一地设置卫生间,每间宿舍以不超过 20 m² 为宜,关键应严格控制居住人数及建筑密度,保证每人一床的最低生理卫生需求;对"家庭式"外来务工人员则应考虑成套设计,形成一室一厅一厨一卫的完整套型,面积在 20~30 m² 左右①,这类户型可借鉴香港的公屋建设作为设计进城务工人员集体宿舍的参考(表 8-5)。

---

① 张彧.流动人口城市住居—住区共生与同化[D].南京:东南大学,1999.

8 南京市主城区进城务工人员居住空间优化策略探讨

表 8-5 香港不同时期的公屋典型平面

年代	特征	公屋平面特征	户型平面示意
1950年代的公屋特点	单一长廊式	● 住宅楼一般七层高,在外廊的串联下多采用条式布局,两端各设有一部楼梯; ● 每户只有一个大空间,内部由住户自己分隔,没有各户独用的厨房和厕所; ● 外廊既是交通空间,也是煮食和起居空间,公用厕所一般设在联结部分; ● 住宅标准按人计,成人2.2 m²/人,儿童减半	
1988年以来的公屋特点	和谐公屋模块组合	● 和谐式公屋的平面布局希望达到最广的适应性和最高的灵活性,以满足家庭多样化的需求; ● 4种基本模块,其中1个"核模块"和3个附加模块按照不同组合,形成系列化的、多样化的套型; ● 进一步强调设计和各个细部及配件的标准化和模数化,在建筑中采用了标准构件及统一的模数; ● 以"模块"作为组织住宅空间的基本单位,在标准化的基础上,尽可能把多种建筑构件进行预制,以确保更高的建筑装配工业化程度	

* 资料来源:贾倍思.稳步前进的10年[J].建筑师,1997(6);贾倍思.香港公屋本质、公屋设计和居住实态[J].时代建筑,1998:58-62;赵强.香港集合住宅—公屋研究[D].天津:天津大学,2008.

(3) 工地配建工棚型(工棚型)

该类型居住空间多为资本主导下和建设施工项目制约下、面向进城务工人员临时搭建和统一安排的居住方式,往往在空间上具有职住一体、临时性、面积紧张、缺乏日常生活设施和公共活动空间等特点和问题。因此,在社区层面上可根据区位和场地条件等因素的不同,而构建出多种不同的、灵活的工棚布局形式(需遵循相关规范和安全要求);同时完善其配套服务设施,但由于施工现场的临时随机性和复杂性,若按规范标准的严格规定来完善服务设施配套显然并不符合工棚临时性社区的特点,可根据施工现场的工棚型空间布局,进行分层级的弹性控制和设施配建①(表8-6)。

表 8-6 工地配建工棚型空间的服务设施配套控制层级

严格控制层级	《建设工程施工现场环境与卫生标准》	施工现场应设置办公室、宿舍、食堂、厕所、盥洗设施、淋浴房、开水间、文体活动室、密闭式建筑垃圾站(或容器)等临时设施
引导鼓励层级	《城市居住区规划设计规范》	文化娱乐设施——文化活动室(包括书报阅览、看电视、上网、茶座交流等) 体育活动设施——体育活动站(包括室内小型球类和室外篮球、排球等简易地) 医疗保健设施——根据工地规模布置卫生室、流动医疗工作站等

* 资料来源:建设工程施工现场环境与卫生标准:JGJ146—2013[S].

---

① 具体可分为两个层级:第一层级指需严格控制的进城务工人员日常生活必需的配套服务设施,其控制内容可参考住房和城乡建设部在2013年颁布的《建设工程施工现场环境与卫生标准》(JGJ146—2013)相关规定;第二层级是指提升进城务工人员生活质量和品质的配套服务设施,如在条件允许的工地建设文体活动室、室外电影放映平台、篮球场等,这个层级的服务设施配套需引导、鼓励和弹性控制。

在单元层面上,需要在满足居住空间健康和安全性(住房的采光、通风以及施工现场的安全情况)的前提下,设计出多类灵活多变可拼装的单元组合模板,如采用院落式、单元式等布局方式(表8-7);同时,适当分割室内空间,为建筑工人提供相对私密的生活空间(尤需加强夫妻房的建设),并严格控制最低的户型使用标准。根据调研情况以及结合国际最低人均居住面积标准($2m^2$)和活动板房模数,可制定工棚型空间改造或建设的参考指标,即人均居住建设面积分别为$3\sim6\ m^2$/人和$3\sim10\ m^2$/人,户型面积为$20\sim80\ m^2$和$20\sim70\ m^2$。

表8-7 工地配建工棚型空间的单元设计案例

布局方式	院落式	单元式
设计思路	封闭环境可带来安全感,院落空间有助于交流、凝聚向心力,与传统民居尺度相差不大,增加亲近感	融入城市需认知城市空间的功能、规则与习惯,故通过空间明确划分,将城市生活中的规范与习惯加以细节呈现,以提供参考
实现形式	集装箱作为主要实现载体	集装箱和板房相结合
空间功能	空间错位形成院落和部分屋顶平台,可供娱乐、晾衣等活动;可减少内部活动的交叉影响,降低上下干扰的噪音	考虑到空间动静分布,将私密空间放置最里面,活动空间靠近工地,以最小尺度构建出丰富的建筑功能
设计方案		

＊资料来源:章林富,黄洁,张晓瑞.建筑农民工临时性居住空间的现存问题及重新构建策略:以合肥为例[J].华中建筑,2014,32(6):109-114.

8.3 本章小结

本章重点总结和分析了当前南京市主城区进城务工人员居住空间存在的问题,并根据进城务工人员居住空间演化的客观规律,提出了有针对性且切实可行的引导建议和优化策略。具体结论如下:

(1) 南京市主城区进城务工人员的居住空间现存三大主要问题

首先,进城务工人员的居住空间在城市空间的生产过程中受到多重排挤和剥夺,主要表现为进城务工人员在城市中的居住空间反复被城市持续扩张建设和内部更新改造的浪潮所演替、挤压和剥夺;其次,在政府和市场共同作用下,可供进城务工人员居住的空间与该群体自身的需求存在不匹配和空间错位现象,主要表现为政府提供的保障房(以公租房为主)不仅数量有限且空间位置较偏远,而市场运作下的"过滤"居住空间也不断远离城市中心,造成进城务工人员职住成本增加(居住与就业存在空间错位)且边缘化(远离城市主流群体),不仅如此,该群体子女的教育也同样存在上述问题(教育资源缺乏且分布不均衡);最后,当前进城务工人员的居住条件和居住环境虽有所改善,但与城市市民相比仍然较为恶劣,主要表现为居住标准普遍较低、住区配套较缺乏且住宅多样性也较差。

(2) 从城市政策与空间结构出发,提出进城务工人员居住空间的三大优化策略

首先,需要通过改革城乡户籍制度来打破城乡间的壁垒,使进城务工人员真正获得城市户籍中所附加的利益功能;而且,需要改善进城务工人员的就业空间、完善城市劳动力市场与法律机制,以防止进城务工人员再次面临就业不平等、歧视等问题,并进一步通过各种渠道来鼓励、补贴进城务工人员的自我学习与培训,以帮助该群体提升个人的就业能力,从而在城市制度和个人能力方面保障进城务工人员获得必要居住空间的可能性。

其次,不仅需要将进城务工人员纳入城市住房保障体系中,还需根据其短期性、流动性特征适当地降低门槛,并与企业、开发商、私人等通力合作,以确保和提供更多(不仅是政府提供的保障房,还包括企业自建、民间筹建等类型住房)符合进城务工人员的住房来源;同时,考虑到该群体就业与居住间的相对平衡,以及居住空间过于集中造成的空间分异与边缘化问题,需要将其居住空间的选址与城市的空间发展规划相结合来统筹考虑,使其空间布点更加合理;此外,需要考虑到进城务工人员随迁子女的教育问题,对中小学的容量规模、空间布点等同样需进行全市教育资源的统一调配,并将其纳入城市基础设施建设中,进行整体的规划与安排,从而与进城务工人员的居住需求相匹配。

最后,需要根据不同职业进城务工人员所形成的差别性居住需求,以及该群体因自身社会经济状况、个人发展意愿和生命周期等影响而形成的差异化居住需求,来提供针对性较强、选择性较多且满足不同进城务工人员特点的居住空间。具体而言,在社区层面和单元层面上,依据进城务工人员的居住供给模式和居住方式(自租型、宿舍型和工棚型)不同,需要提出不同的空间布局、户型设计、居住标准以及配套设施等居住条件的规划设计建议,以满足不同进城务工人员的居住需求。

9 结论与展望

本书对进城务工人员的居住空间演变化机理和规律进行了系统的探讨，并以此为基础对南京市主城区进行了实证分析，研究和验证了进城务工人员居住空间的演化特征，并归纳出了主要结论。但关于进城务工人员居住空间的研究是一个涉及广泛且复杂的现实问题，本书因相关数据资料、时间精力以及文章篇幅的限制，对该群体居住空间演化的研究存在局限性，而势必无法做到面面俱到。因此，本章会对未来进城务工人员居住空间就业研究的方向提出相应的建议，也为以后的研究提供初步的思路。

9.1 主要结论

本书以南京市主城区进城务工人员居住空间演化为研究主题，研究结论主要由理论研究和实证分析两部分组成。

9.1.1 理论研究结论

（1）进城务工人员居住空间的演化机理

本书通过借鉴国内外的城市社会空间结构理论、居住空间演化理论，以及与进城务工人员居住空间直接相关的理论工具，构建了进城务工人员居住空间的演化机理。通过提出进城务工人员居住空间形成与演化的三个层次架构和两个过程，来详细地解析该群体居住空间演化的特征和规律。其中，三个层次包括：基础层（居住空间的需求方——进城务工人员）→调控层（居住空间的管控方——住房市场与相关政策）→响应层（居住空间的形成——居住空间结构），而进城务工人员居住空间的演变过程即是上述三个层次各自变动又交互调整融合的过程。两个过程则包括进城务工人员择居的"外显"空间化过程和"内生"的个体化过程，前者关注进城务工人员居住受城市影响后的空间转换过程，主要通过"空间排斥"和"空间剥夺"来影响进城务工人员居住空间的演化；后者侧重进城务工人员个体择居中的主观理性调节与决策过程，主要通过"生命周期"和"迁居行为"来展现进城务工人员居住空间演化规律。

（2）进城务工人员居住空间演化的主要阶段和特征

随着居住空间需求方（进城务工人员）和居住空间管控方（城市住房市场和相关政策）在城市中的阶段性变化（进城务工人员的代际变化和城市的开发建设发展），各类进城务工人员的居住空间不断受到排斥和剥夺，加之自身生命周期和迁居行为的影响，该群体在城市中居住空间形成了较为明显的阶段性特征。为此,本书结合我国城市化进程的现状,以及上文构建出的进城务工人员居住空间演化机理,将该群体的居住空间演化划分为初始阶段(1992年以前)、分异阶段(1992—2008年)和分化阶段(2009年至今)三个阶段,并从其宏观层面的空间集聚和空间分异演化,与微观层面的个体居住迁移和居住条件演化两个层面入手,对各阶段进城务工人员的居住空间特征进挖掘。

初始阶段:改革开放后,我国农村经济体制改革、乡镇企业转型等逐步打破了城乡壁垒,使得曾在政策制约下长期受到管制的农村剩余劳动力,汇集成了规模宏大且势不可挡的进城农民大军,并因城乡间在社会经济条件方面的显著差距(如就业机会、经济收入等),造成农村剩余劳动力在城乡之间不断地流动,并在1990年代掀起了声势浩大的"民工潮"。但城市的诸多调控政策(如户籍制度、土地制度、住房制度、社保制度等)对该群体的大规模进城多有排斥和阻碍,使其在居住空间上或主动或被动择居于条件有限、环境差强人意之居所;加之,农村剩余劳动力内外条件和竞争力的制约(如文化程度低、经济实力差和人际关系少等),因此大批人员被劳动密集型工厂、建筑队和装修队所吸纳,亦有少数成了流动摊贩或受雇(自雇)于集贸市场等场所,从而形成了以被动择居(宿舍型)为主、主动择居(自租型)为辅的居住格局:

在空间集聚和分异方面,该阶段主动择居的进城务工人员(以自租型的个体户、打工者为主)规模有限,但大多在综合考量房源、租金、通勤、管理等因素后聚居于城市边缘地带;而占主体规模的被动择居人员(以工棚型、宿舍型的建筑业、制造业等从业人员为主),或随城市扩张和开发而统一安排在城市边缘地带(该阶段主要包括城市近郊内沿及相邻的部分外缘区域)的工地现场,或由企业统一安排在邻近的集体宿舍中而混融在工业、居住相交织的城市空间中,从而形成了以散布混融于同质化城市空间为主,并在城区或郊区局部点状集聚的空间结构。与此同时,该阶段的进城务工人员除"职业类型和居住方式"的分异影响外,其个体社会经济属性大多类似且趋同(如以青壮年为主、文化教育程度低、以体力劳动为主等),因此其居住空间分异虽在某些层面上若隐若现,但并不显著和普遍。

在个体迁居和居住条件方面,该阶段的进城务工人员尚处于进城初期的适应和摸索阶段,其迁居较为频繁和不稳定(该阶段并非迁居频率最高的时期),除生命周期所诱发的同城迁居外,该群体通常还需要根据农业作息周期(农忙和农闲)在城乡间进行钟摆式迁移,从而同步形成了农闲进城务工、农忙回乡务农的城乡迁居特征。同时,该阶段的进城务工人员对农村土地和传统生产方式依然有很高的依赖度和运作惯性,因此大多数人员仅把城市就业机会作为提高收入和过渡农闲期的临时性工作,对城市临时居所的要求也不高且相对单一,从而导致其以底线需求为度的居住条件整体有限且趋于同质化。

分异阶段:快速经济增长和城市化进程,推动了各地城市建设开发的浪潮(如开发区建设和基础设施升级),不仅促使老一代进城务工人员被城市二、三产业所吸纳,同时也吸引了大批新生代务工人员涌入城市寻找更好的就业机会。其中,制造业吸收的进城务工人员最多且比例逐年增加;服务行业虽吸纳务工人员基数有限,但增长比例最快;而建筑业等行业随着城市建设规模的增加,吸纳人员的绝对规模也增速可观。如此选择不同职业和居住方式的进城务工人员在居住空间上呈现出了被动择居(宿舍型为主流)依然是主体,但主动择居比例增势迅猛、大有后来者居上之势(自租型人员持续增长)的新动向和新特征:

在空间集聚和分异方面，该阶段以被动择居为主体的进城务工人员，内部发生了新的变化和分化，其中工棚型（以建筑业从业人员为主）随城市的继续扩张和开发，多分布在活跃多变的城市边缘地带各大工地现场；宿舍型（以制造业和部分建筑业从业人员为主）在城市"退二进三"政策和级差地租的引导下，随工业企业纷纷外迁至城市外围分片聚居。而主动择居人员（以自租型为主）却呈现出了明显两极分化的居住空间状态：一部分在城市扩张的空间剥夺下进一步外迁至新的城市边缘地带，另一部分则在城市住宅的梯度"过滤"效应下逐渐填充了城市内部的旧居住空间，并形成"一主一副"的双中心空间结构。与此同时，该阶段进城务工人员居住空间的内部分异除了"职业类型和居住方式"这一因素的基础差异外，其在收入、来源地、进城时间、居住环境等指标上也呈现出越来越广泛和明显的差异，甚至在某一亚群（如商业服务业务工人员）内部也产生了较复杂的居住分异（尤其是常住自雇者）现象，如此诸多的异质化要素的迭合也促使该群体的居住空间分异开始变得显著和普遍。

在个体迁居和居住条件方面，与上一阶段同城迁居和城乡周期性的迁移相互混杂的迁居模式不同，该阶段进城务工人员因进城时间明显增长，以及工作地的改变和生命周期的变化（结婚、生子等），以发生同城迁居（老一代进城务工人员的迁居频率在该阶段最高）为主；而且因该群体对择居的考量因素发生了阶段性变化（从成本低、灵活度高、管理宽松等逐渐向职住综合成本低、稳定性高、配套基本设施等转变），其迁居频率和时空轨迹也发生了明显差异（迁居规模更大、方向更多、频率也更高）。同时，该阶段因城市的大规模开发和建设，带来了整体环境和居住条件的改善与提升，进城务工人员的居住空间相较于以往也有了一定提升（虽在居住条件上仍无法同市民基准水平相比），加之该群体自身居住结构的变化（从个体进城为主逐渐向个体与家庭混合的模式转变），更是在居住空间上呈现出多样化的新特征。

分化阶段：进城务工人员随着城市的建设和发展不断地经历着更新换代，如今文化水平更高、对城市生活更向往、期望永久定居城市并为之努力打拼的新生代进城务工人员已成为其主流，并伴随城市职业结构的分化而被大量低端服务业和密集型制造业所吸纳。其中，以商业服务业对进城务工人员的吸纳能力最为明显；而制造业因劳动密集型企业的衰减和转型，对进城务工人员的吸收能力有所降低；建筑业则因其不仅与城市的建设规模相关，还具有更为专业的技能门槛，对进城务工人员的吸收规模相对稳定。因此在居住空间上，被动择居的人员逐渐减少（以宿舍型人员衰减为显），主动择居（自租型）的进城务工人员则在持续增长之下成了代表性主体，并由此带来了前所未有的变化和分化：

在空间集聚和分异方面，该阶段被动择居衰减明显的宿舍型进城务工人员，在产业"退二进三"中继续外迁，并在城市外围形成或扩生了一片片聚居区；规模稳定的工棚型进城务工人员则在分布上出现了分化，要么因老旧小区和棚户区改造而内渗、碎化散布于旧城各更新单元，要么随城市扩张和开发而被统一安排在边缘地带的新工地。而自租型进城务工人员的居住空间在多轮次的空间剥夺下，同样表现出了明显的分化状态，即聚居于城市边缘随城市的继续扩张而进一步外迁至新的边缘地带聚居，在梯度"过滤"效应下填充城内旧居住空间的自租型人员，则因旧城更新而面临着再次剥夺和挤压，如此造成了该群体的居住空间在城区与郊区均呈现出日益碎化和分散的多片集聚状态（多中心）。与此同时，城市产业结构的调整与分割(尤其是商业服务业和制造业的不断分化),以及城市住房市场和相关住房政策的调整(如有的城市住房保障体系开始向进城务工人员开放),也导致进城务工人员无论是居住方式还是居住空间均有了明显分化和丰富变化,即使同一职业和居住方式内部(如商业服务业的自租型人员)也产生了不同的分化,使得其总体空间分异特征呈现出比上一阶段更为彰显和普遍的态势。

在个体迁居和居住条件方面,该阶段进城务工人员的个体迁居行为依然以生命周期和职业条件变化而促成的同城迁居为主,但相比于迁居频率达到最高值的上一阶段而言,老一代进城务工人员迁居的频率与方向尽管活跃依旧,但已经在递减中逐渐趋于稳定,直至进城20年以上的迁居频率骤降。同时,城市扩张、"退二进三"、旧城更新等在该阶段的交织并存和内外开花,虽然挤压和剥夺了许多进城务工人员的居住空间,但也促使进城务工人员的居住条件得到大幅度的改善,各类职业的务工人员居住环境也多有了明显的改善。

9.1.2 实证研究结论

本书在上述理论研究的基础上,以南京市主城区为实证解析区域,分别从宏观和微观层面的视角出发,对其第三阶段内的进城务工人员居住空间演化进行分析,得出如下结论:

(1) 南京市主城区进城务工人员的居住空间集聚呈现出由强弱分明的主副"双中心"结构向影响较为均衡的一主双副"多中心"空间结构演化的特征。

本书通过借鉴国内外相关人口空间化分析方法,在对南京市主城区传统行政空间单元进行格网化空间单元转换的基础上,运用一系列空间集聚的定量研究方法,对该群体的宏观居住空间集聚和结构的演化做出分析和验证。

首先,进城务工人员居住空间的集聚程度在2009—2015年呈现出微弱的增长趋势,其在中心区和郊区内沿圈层的集聚程度逐渐下降,而在内城外缘则不断上升;其次,进城务工人员居住空间的集聚分区从2009年到2015年表现为空间向心收缩的演化特征,在中心区圈层基本保持集聚稳定的前提下,其他圈层不断向内聚拢,并在老城和主城西部近郊形成高度集聚的空间演化态势;最后,进城务工人员的居住空间结构体系在此六年间从"双中心"逐步演化形成了"多中心",且其居住中心在空间上不断远离城市中心(CBD),呈现出整体南移的空间特征。

总的来看,进城务工人员居住中心的演化模式(2009—2015年)是一种不断"外移并分裂"的过程——2009年该群体的居住主中心位于城市中心(CBD)圈核结构的阴影区,到2015年则外移至老城边缘(中华门);同时2009年形成的主次中心强弱显著且内部差异化不明显(主要因居住成本低廉而集聚形成),但2015年则分裂形成了因职业差异而集聚的特征较为明显的独立中心。

(2) 南京市主城区进城务工人员居住空间分异呈现出"影响因子复合聚焦+空间结构清晰集聚"的演化特征,其中居住方式和住房条件是主要影响因素。

以可获得的进城务工人员社会经济数据为基础,选取适宜的居住评价因子,并采用"因子生态分析法",对空间格网单元下南京市主城区进城务工人员宏观居住空间进行分异研究与验证。

首先,影响 2009 年进城务工人员居住空间分异的主要因素(按照重要程度)包括住房条件、迁居特征、职业状况、经济地位和来源地五个维度,2015 年主要包括住房条件、迁居特征、经济地位和集聚方式四个维度,而职业状况和来源地两因素则被分解、重构和替换,最终形成了三类相似的影响因素;其次,上述三类相似因素在演化过程中(2009—2015 年)形成了不同的类型,即住房条件改善型和维持型、迁居特征稳定型和转变型,以及经济地位上升型和下降型,并经历了不同的空间分布演化模式:①住房条件改善型和维持型表现出空间内迁集聚和外迁集中的演化特征;②迁居特征稳定型和转变型表现出分裂扩散和内迁扩散的演化特征;③经济地位上升型和下降型表现出分化集聚和内迁扩散的演化特征。

进一步对其居住影响因素进行聚类分析显示,2009 年进城务工人员的居住空间可划分为四类空间上呈"扇形散点+半环"的社会区,分别为四川省收入高的商业服务业务工人员集聚区、居住工地的安徽省务工人员集聚区、住房条件较差的务工人员集聚区和居住宿舍的生产运输设备操作业务工人员集聚区;2015 年同样可划分为四类社会区,但空间上呈"扇形+散点"分布,分别为居住宿舍初来宁的务工人员集聚区、省内及安徽省收入高的务工人员集聚区、住房条件好的高学历商业服务业务工人员集聚区,以及住房条件差的低学历生产运输设备操作业务工人员集聚区。

总的来看,南京主城区进城务工人员居住空间分异(2009—2015 年),整体表现为主导影响因素更加复合与聚焦,空间分异结构更加清晰和集聚的演化特征。尤其是通过不断分解、转换、演替最终凸显出的居住方式和住房条件,成为影响该群体居住空间分异的最主要因素,前者呈现出主导因子同质化、空间分布内外集中化的演化特征,后者则呈现出主导因子分异化、空间边缘化的演化特征。

(3)南京市主城区进城务工人员的个体迁居特征与从事的职业特征密切相关,且不同生命历程和生活经历是影响不同职业进城务工人员迁居特征差异化的主要因素。

通过借鉴时间地理学的相关研究方法,从微观个体角度,对不同职业的进城务工人员在时间、空间和时空综合维度下的居住迁移轨迹特征进行分析,以验证个体择居效应下南京市主城区分职业的进城务工人员居住空间演化特征。

首先,不同生命历程(由年龄表征的生命周期的不同阶段)和不同生活经历(由来宁时间表征的城市生活的不同时期)所共同形成的时间维度下,各类进城务工人员的居住迁移特征不同。前者随年龄和来宁时间的增长,在总体和商业服务业务工人员中表现出"阶梯式上升后直线式下降"和"快速增长和缓慢下降,后急速降低并逐步稳定"的阶段化迁居特征,而生产运输设备操作业务工人员表现出先增后降的"倒 V 形"和"复合增长后急速下降"的阶段化迁居特征,表明进城务工人员的居住迁移符合生命周期规律,即随生命周期过程呈现对居住需求不断增长后逐渐下降的迁居特征,且其迁居行为亦与个体的理性迁居决策过程大体一致。

其次,在不同空间圈层(由主城区形成的三大圈层表征)和不同空间方向(由城市中心为基点并参照风玫瑰图形成的坐标方向为表征)所共同交织形成的空间维度下,不同职业的进城务工人员形成了不同的空间迁居特征。在主城各圈层中,总体务工人员的迁居表现出由中心到外围先急后缓持续上升式的迁居特征,商业服务业务工人员表现出"倒 V 形"下降的迁居特征,而生产运输设备操作业务工人员则表现出直线式增长的迁居特征。在主城不同方向上,总体和生产运输设备操作业务工人员均在主城的东北方和西南方表现出"双边交叉型"的频繁迁居特征,而商业服务业务工人员则在主城东北方和西北方表现出"单边对称型"的频繁迁居特征。

最后,在时空综合维度对进行分析,发现南京主城区各圈层不同职业的进城务工人员,在不同生命历程(随年龄增长)和不同生活经历(随来宁时间增长)中,分别表现出不同特征:①迁居频次上,各类进城务工人员虽有部分差异(生产运输设备操作业务工人员的迁居波动性较大),但整体表现出先升后降的迁居特征。②迁居距离(迁居前后居住地到新街口中心区的距离)上,总体和商业服务业进城务工人员表现出局部有所上升但整体持续下降的迁居特征,而生产运输设备操作业务工人员的迁居距离则较随机,无明显迁居特征。③迁居时空轨迹上,各类进城务工人员的迁居均多以"内—外"关联为主,其中总体务工人员在迈皋桥—红山街道、莫愁湖—南苑街道和中华门—红花街道形成较为显著的迁居通道,商业服务业务工人员在迈皋桥—红山街道 形成明显迁居通道,而生产运输设备操作业务工人员则在沙洲—赛虹桥街道形成明显迁居通道;同时,总体和商业服务业务工人员来宁 $0<T\leq10$ 年内迁居最频繁,生产运输设备操作业务工人员则在来宁 $5<T\leq15$ 年内迁居频繁。总的来看,绝大多数各类进城务工人员的迁居多发生其来宁时间不长的中青年时期,总体和商业服务业务工人员随年龄增长和来宁时间增加,对空间的依赖程度也在逐渐增加,而且各类进城务工人员在主城区中均形成了显著的迁居轨迹通道。

(4)南京市主城区不同职业的进城务工人员,居住条件整体表现出部分提高与改善的演化特征,尤其是在居住的空间布局和户型条件方面。

在把握上述进城务工人员宏观居住空间的基础上,从微观个体视角抽取典型的进城务工人员居住区,并利用各种数据统计方法,对不同职业进城务工人员居住条件的空间演化进行分异与验证。

对南京市主城区各类进城务工人员的居住条件演化,主要从四个方面进行分析,分别为:①居住权属方面,总体和商业服务业务工人员随时间增长逐渐表现出对住房类型选择多样化和产权私有化的演化特征,而生产运输设备操作业务工人员则表现出住宅类型多样化的同时,住房权属却公有化的演化特征。②空间布局方面,商业服务业务工人员的居住空间随时间变化经历了"从高密度小体量的传统村落布局向多高层板点结合的现代住区布局演化"的过程,而生产运输设备操作业务工人员则经历了"从高密度小体量的传统村落布局向大规模集中式临时板房和已有建筑改建的宿舍式住房布局演化"的过程。③户型条件方面,总体和商业服务业务工人员的住房表现出"由单室平房向空间更大、配套更完善的套房演化"的特征,而生产运输设备操作业务工人员则表现出"单间为主且配套设施仍较差"的演化特征。④配套设施方面,各类进城务工人员居住社区级配套设施均表现出"配套门类由单一化向多样化拓展,整体使用情况一般但使用率有所上升,配套布点由集中布局向沿街带状布局演化"的特征。

对其原因进行解析发现:首先居住权属的演化,与城市改革开放后的快速开发建设,以及老旧居住小区的升级改造密切相关,并且进城务人员自身所处的不同生命周期阶段和来宁时间长短,均对其居住权属变化产生了显著的影响。其次居住空间布局的演化,主要是因城市住房市场转型下在住区规划模式和理念上的转变,与早期统一设计、分配、管理的规划理念不同,新型住宅区规划的空间布局和功能组织更为复杂多样,且城市向外扩张和内部改造均对集聚进城务工人员的居住地进行了空间优化,使其居住空间得以被动性提升。再次户型条件的演化,主要与当前城市住房市场与政策对住宅小户型的建设和提倡有关,同时进城务工人员自身经济收入的提高和居住需求的提升,均影响了其居住户型条件的改善。最后配套设施的演化,多因城市对进城务工人员的制度排斥等外部因素,以及进城务工人员因自身条件限制,致使其对城市公共服务设施的可获得性和可进入性大幅降低,而且其选择居住的社区配套设施也多匮乏。

(5) 可从进城务工人员居住空间演化规律及城市现状居住空间政策入手,对进城务工人员的居住空间改善策略提出引导建议。

南京市主城区进城务工人员居住空间现存的三大问题,首先是进城务工人员的居住空间在城市空间中反复受到城市持续扩张建设和内部更新改造的多重排挤和剥夺;其次是政府和市场的共同作用造成可供进城务工人员居住的空间与该群体自身需求存在不匹配和空间错位现象;最后是当前进城务工人员的居住条件和居住环境虽有所改善,但与城市市民相比仍然表现出居住标准普遍较低、住区配套较缺乏且住宅多样性也较差等问题。

针对上述进城务工人员的居住空间问题,可提出如下三点优化居住空间的引导建议:

首先,需要通过改革城乡户籍制度来打破城乡间的壁垒,使进城务工人员真正获得城市户籍中所附加的利益功能;而且,需要改善进城务工人员的就业空间、完善城市劳动力市场与法律机制,以防止进城务工人员再次面临就业不平等、歧视等问题;并进一步通过各种渠道来鼓励、补贴进城务工人员的自我学习与培训,以帮助该群体提升个人的就业能力,从而在城市制度和个人能力方面保障进城务工人员获得必要居住空间的可能性。

其次,不仅需要将进城务工人员纳入城市住房保障体系中,还需根据其短期性、流动性特征适当地降低门槛,并与企业、开发商、私人等通力合作,以确保和提供更多(不仅是政府提供的保障房,还包括企业自建、民间筹建等类型住房)符合进城务工人员的住房来源;同时,考虑到该群体就业与居住间的相对平衡,以及居住空间过于集中造成的空间分异与边缘化问题,需要将其居住空间的选址与城市的空间发展规划相结合来统筹考虑,使其空间布点更加合理;此外,需要考虑到进城务工人员随迁子女的教育问题,对中小学的容量规模、空间布点等同样需进行全市教育资源的统一调配,并将其纳入城市基础设施建设中,进行整体的规划与安排,从而与进城务工人员的居住需求相匹配。

最后,需要根据不同职业进城务工人员所形成的差别性居住需求,以及该群体因自身社会经济状况、个人发展意愿和生命周期等影响而形成的差异化居住需求,来提供针对性较强、选择性较多,且满足不同进城务工人员特点的居住空间。具体而言,在社区层面和单元层面上,依据进城务工人员的居住供给模式和居住方式(自租型、宿舍型和工棚型)不同,需要提出不同的空间布局、户型设计、居住标准以及配套设施等居住条件的规划设计建议,以满足不同进城务工人员的居住需求。

9.2 未来展望

进城务工人员作为城市中的特殊弱势群体之一，其居住空间演化不仅与自身息息相关，亦涉及城市的方方面面，因此尽管作者力争构建一个合理的研究框架体系，来对其演化规律和特征进行较为全面的解析，但由于时间精力、数据资料和个人能力等方面的限制，存在许多方面的不足，有待进一步更加细致化的研究。

（1）需进一步验证进城务工人员居住空间演化机理和规律

本书采用国内外相关的理论研究工具，对南京市主城区进城务工人员居住空间的演化机理进行了初步推演，并结合相关研究的成果推导出进城务工人员居住空间的演化规律，从而通过南京市主城区的实际空间地域进行了相应的验证。但演化机理的推导过程还是较为粗糙和宽泛，缺乏针对关键环节的进一步（如进城务工人员在三层次中的居住空间形成，其排斥和剥夺效应具体的空间作用点等）的详细验证。此外，在对演化规律的实证分析中，尽管选取了较为典型的案例（南京市），但实证区域的覆盖范围有限（仅为南京市主城区），有且只有这一个案例，因此对其普遍的演化规律探究，还需更多的案例以及更加广的研究范围。

（2）需将进城务工人员的居住空间演化与其就业空间进行关联性分析

随着城市不断地产业转型改革和城市空间优化升级，大量的城市劳动密集型产业不断外迁，城中村等城市内部空间不断更新改造，致使进城务工人员不仅在居住空间上被持续剥夺和挤压，其就业空间亦同样面临着被逐步压缩的困境，且进城务工人员的居住与就业往往是相互影响和制约的，因此对其关联性的研究就显得尤为重要。进城务工人员的居住空间和就业空间是否匹配，其通勤状况如何，居住空间是否影响其就业机会等问题的探讨和分析，不仅能对进城务工人员居住空间选择的演化动因给予更全面的解释，更能对进城务工人员改善居住空间并实现市民化予以更加针对性的建议和补充。但这一研究涉及到诸多数据搜集和相关的量化模型构建，可留待下一步进行研究。

（3）需进一步将家庭式进城务工人员居住空间纳入居住迁移研究

当前的进城务工人员随其滞留城市时间的增长以及思想观念的转变（城市可获取更好的就业、生活及代际培养等机会），已表现出从个体化迁移向家庭化转变的特征，其居住迁移亦不仅仅是个人决策的结果，需考虑到家庭成员共同的利益，如就业机会、居住条件、公共设施获得、子女教育问题等均与进城务工人员的居住迁移选择密切相关。本书仅通过个体视角对进城务工人员的居住迁移和住房条件演化进行了探讨，并未深入挖掘其个人背后家庭其他成员的影响作用，这对单身或独自来城市的进城务工人员而言较为准确，但对已婚或家庭共同迁居的进城务工人员来说，在其居住空间的选择、决策以及需求上必然会存在一定的差异性，因此这也是未来需要细化和加强的研究重点之一。

参考文献

1. 外文文献

Badcock B, 2001. Thirty Years on: Gentrification and Class Changeover in Adelaide's Inner Suburbs, 1966-96[J]. Urban Studies, 38(9):1559-1572.

Benenson I, 2004. Agent-Based Modeling: From Individual Residential Choice to Urban Residential Dynamics. [M]//Goodchild M F, Janelle D G. Spatially Integrated Social Science: Examples in Best Practice. Oxford : Oxford University Press: 67-95.

Boddy M, 2007. Designer Neighbourhoods: New-Build Residential Development in Nonmetropolitan UK Cities: The Case of Bristol[J]. Environment and Planning A, 39(1): 86-105.

Bridge G, 2003. Time-Space Trajectories in Provincial Gentrification[J]. Urban Studies, 40(12): 2545-2556.

Broadway M J, 1987. Changing Patterns of Urban Deprivation in Wichita, Kansas 1970 to 1980[J]. Business and Economic Report, 17(2):3-7.

Brown D L, Moore E G, 1970. The Intra-Urban Migration Process: A Perspective[J]. Geografiska Annaler: Series B, Human Geography, 52(1):1-13.

Burgess E W, 1924. The Growth of the City: An Introduction to a Research Project[M]// Urban Ecology. Boston, MA. Springer US, 71-78.

Cai Q, Rushton G, Bhaduri B, et al, 2006. Estimating Small-area Populations by Age and Sex using Spatial Interpolation and Statistical Inference Methods[J]. Transactions in GIS, 10(4):577-598.

Clark W A V, Deurloo M C, Dieleman F M, 1994. Tenure Changes in the Context of Micro-Level Family and Macro-Level Economic Shifts[J]. Urban Studies, 31(1): 137-154.

Clark W A V, Dieleman F M, 1996. Households and Housing: Choice and Outcomes in the Housing Market [Z]. The State University of New Jersey: Center for Urban Policy Research.

Davidson M, Lees L, 2005. New-Build 'Gentrification' and London's Riverside Renaissance[J]. Environment and Planning A, 37(7): 1165-1190.

Dieleman F M, 2001. Modelling Residential Mobility: A Review of Recent Trends in

Research[J]. Journal of Housing and the Built Environment, 16(3/4):249-265.

Glass R, 1964. Introduction: Aspects of change[M]//Gibbon M Kee. Centre for Urban Studies. London: Aspects of Change.

Glick P C, 1947. The Family Cycle[J]. American Sociological Review, 12(2):164-174.

Greig A, El-Haram M, Horner M, 2010. Using Deprivation Indices in Regeneration: Does the Response Match the Diagnosis? [J]. Cities, 27(6):476-482.

Hamnett C, 1991. The Blind Men and The Elephant: The Explanation of Gentrification [J]. Transactions of the Institute of British Geographers, 16(2):173.

Harris C D, Ullman E L, 1945. The Nature of Cities[J]. The Annals of The American Academy of Political and Social Science, 242(1):7-17.

Hastings A, 2007. Territorial Justice and Neighbourhood environmental Services: A Comparison of the Provision to Deprived and Better-off Neighbourhoods in the UK[J]. Environment and Planning C: Government and Policy, 25(6):896-917.

He S J, 2010. New-Build Gentrification in Central Shanghai: Demographic Changes and Socioeconomic Implications[J]. Population, Space and Place, 16(5): 345-361.

He S J, 2007. State-Sponsored Gentrification Under Market Transition: The Shanghai[J]. Urban Affairs Review, 43(2):171-198.

Herbert D T, 1975. Urban Deprivation: Definition, Measurement and Spatial Qualities [J]. The Geographical Journal, 141(3):362-372.

Herkommer S, Jonsson I (eds.), 1999. Social Exclusion in Europe: Problems and Paradigms[M]. Aldershot: Ashgate Publishing Limited.

Holtermann S, 1975. Areas of Urban Deprivation in Great Britain: An Analysis of 1971 Census Data[J]. Social Trend (6):33-47.

Hoyt H, 1939. The Structure and Growth of Residential Neighbourhoods in American Cities [M]. Washington, D. C.: Federal Housing Administration.

Koko L, Yuji M, 2009. A GIS Approach to Estimation of Building Population for Micro-spatial Analysis[J]. Transactions in GIS, 13(4):401-414.

Kwok H L, 2009. A GIS-based Stochastic Approach to Generating Daytime Population Distributions for Vehicle Route Planning[J]. Transactions in GIS, 13(5/6):481-502.

Langlois A, Kitchen P, 2001. Identifying and Measuring Dimensions of Urban Deprivation in Montreal: An Analysis of the 1996 Census Data[J]. Urban Studies, 38(1):119-139.

Lee S W, 1999. A Multi-Level Analysis of Residential Mobility: Role of Individual, Housing, and Metropolitan Factors[C]. 39th Congress of the European Regional Science Association, Dublin:225.

Lees L, Ley D, 2008. Introduction to special issue on gentrification and public policy[J]. Urban Studies, 45(12): 2379-2384.

Lees L, Shin H B, López-Morales E, 2016. Planetary Gentrification[M]. Bristol: Polity

Press.

Lees L, 2000. A Reappraisal of Gentrification: Towards a 'Geography of Gentrification'[J]. Progress in Human Geography, 24(3): 389-408.

Lees L, 1994. Rethinking Gentrification: Beyond the Positions of Economics or Culture[J]. Progress in Human Geography, 18(2): 137-150.

Lees L, 2012. The Geography of Gentrification: Thinking Through Comparative Urbanism[J]. Progress in Human Geography, 36(2): 155-171.

Lemanski C, 2014. Hybrid Gentrification in South Africa: Theorising Across Southern and Northern Cities[J]. Urban Studies, 51(14): 2943-2960.

Ley D, 1996. The New Middle Class and the Remaking of the Central City[M]. Oxford: Oxford University Press.

Littlewood P, Herkommer S, 1999. Identifying Social Exclusion: Some Problems of Meaning[M]//Littlewood P, Glorieus I, Herkommer S, et al. Social Exclusion in Europe: Problems and Paradigms. Aldershot: Ashgate Publishing Limited: 1-21.

Mayer K, Tuma N, 1990. Event History Analysis in Life Course Research[M]. Madison: University of Wisconsin Press.

Morris E W, Winter M, 1975. A Theory of Family Housing Adjustment[J]. Journal of Marriage and The Family, 37(1): 79-88.

Murdie R A, 1969. The Factorial Ecology of Metropolitan Toronto, 1951-1961: An Essay on the Social Geography of the City[M]. Chicago: Chicago University of Department of Geography.

Pacione M, 1995. The Geography of Multiple Deprivation in Scotland[J]. Applied Geography, 15(2): 115-133.

Percy-Smith J, 2000. Introduction: the Contours of Social Exclusion[M]//Janie Percy-Smith. Policy Responses to Social Exclusion. Buckingham: Open University Press: 1-21.

Rindfuss R R, Rosenfeld R A, Swicegood C G, 1987. Disorder in the Life Course: How Common and Does It Matter?[J]. American Sociological Reviews, 52(6): 785-801.

Schlichtman J J, Patch J, 2014. Gentrifier? Who, me? Interrogating the Gentrifier in the mirror[J]. International Journal of Urban and Regional Research, 38(4): 1491-1508.

Shevky E, Willian M, 1949. The Social Areas of Los Angeles[M]. Los Angeles: University of California Press.

Sim D, 1984. Urban Deprivation: Not Just the Inner City[J]. Area(16): 299-306.

Smith D P, 2005. 'Studentification ication': The Gentrification Factory?[M]//Atkinson R, Bridge G. Gentrification in a Global Context: The New Urban Colonialism. London: Routledge: 72-89.

Smith N, 2002. New Globalism, New Urbanism: Gentrification as Global Urban Strategy

[J]. Antipode,34(3):427-450.

Song W X,Wu Q Y,2010. Gentrification and Residential Differentiation in Nanjing, China[J]. Chinese Geographical Science,20(6):568-576.

Speare A,1974. Residential Satisfaction as An Intervening Variable in Residential Mobility[J]. Demography,11(2):173-188.

Townsend P,1987. Deprivation[J]. Journal of Social Policy,16(2):125-146.

Townsend P,1993. The International Analysis of Poverty[M]. New York:Harvester Wheatsheaf.

Waley P,2016. Speaking Gentrification in The Languages of the Global East[J]. Urban Studies,53(3):615-625.

Williams C C,Windebank J,2002. The "Excluded Consumer":A Neglected Aspect of Social Exclusion[J]. Policy and Politics,30(4):501-513.

Witten K,Exeter D J,Field A,2003. The Quality of Urban Environments:Mapping Variation in Access to Community Resources[J]. Urban Studies,40(1):161-177.

Wolpert J,1964. The Decision Process in Spatial Context[J]. Annals of the Association of American Geographers,54(4):537-558.

2. 中文文献

著作

国都设计技术专员办事处,2006.首都计划[M].王宇新,王明发,点校.南京:南京出版社.
冯健,2004.转型期中国城市内部空间重构[M].北京:科学出版社.
南京市地方志编纂委员会办公室,2013.南京年鉴·2013[M].南京:南京年鉴编辑部.
南京市统计局,国家统计局南京调查队,2010.南京市统计年鉴·2009[M].南京:南京出版社.
南京市统计局,国家统计局南京调查队,2010.南京市统计年鉴·2010[M].南京:南京出版社.
南京市统计局,国家统计局南京调查队,2011.南京市统计年鉴·2010[M].南京:凤凰出版社.
南京市统计局,国家统计局南京调查队,2012.南京市统计年鉴·2012[M].北京:中国统计出版社.
南京市统计局,国家统计局南京调查队,2013.南京市统计年鉴·2013[M].北京:中国统计出版社.
南京市统计局,国家统计局南京调查队,2014.南京市统计年鉴·2014[M].北京:中国统计出版社.
南京市统计局,国家统计局南京调查队,2015.南京市统计年鉴·2015[M].北京:中国统计出版社.
石彤,2002.城市"最低收入保障"政策过程的社会排斥[M]//王思斌.中国社会工作研究:第一辑.北京:社会科学文献出版社:36-55.

苏则民,2008.南京城市规划史稿[M].北京:中国建筑工业出版社.

田艳平,2009.旧城改造与城市社会空间重构:以武汉市为例[M].北京:北京大学出版社.

吴晓,等,2010.我国大城市流动人口居住空间解析:面向农民工的实证研究[M].南京:东南大学出版社.

学位论文

窦小华,2011.武汉市居民居住空间结构研究[D].武汉:华中师范大学:26-27.

洪程楚,2010.我国城镇居民住房选择行为与住房消费的影响因素分析[D].杭州:浙江工商大学.

李金滟,2008.城市集聚:理论与证据[D].武汉:华中科技大学.

梁绍连,2008.上海住宅价格空间分异与居住空间结构演变[D].上海:华东师范大学.

刘坤,2011.南京市近六十年城市建成区扩展与居住空间形成过程[D].南京:东南大学.

马小红,2013.家庭生命周期、结构变动与老年人贫困研究:以6个家庭为个案[D].长沙:中南大学:4.

宁昱西,2015.个体迁居视角下南京市进城务工人员居住空间演变初探[D].南京:东南大学.

牛婷,2008.低收入人群住房供给模式研究:以西安市为例[D].西安:西安建筑科技大学.

任帅,2012.南京市建筑业外来务工人员的居住空间探析:以房屋工程建筑业和建筑装饰业为例[D].南京:东南大学.

盛楠,2014.合肥城市内部人口迁居行为研究[D].芜湖:安徽师范大学.

田喜民,2011.新生代农民工市民化的政策障碍与对策研究[D].信阳:信阳师范学院:38.

王慧,2018.外来务工人员就业的集聚性解析:以南京主城区为实证[D].南京:东南大学.

吴靖洲,2011.我国保障性住房供给研究[D].上海:华东师范大学.

吴瑞芹,2006.上海市居住社区空间分异探讨[D].上海:华东师范大学.

吴文钰,2005.1990年代上海人口分布与郊区化兼与北京的比较研究[D].上海:华东师范大学.

薛杰,2019.南京市老城被动迁居式人口的社会空间变迁:以保障性住区为迁入地的考察[D].南京:东南大学.

杨娟娟,2012.浙江省台州市外来人员住房选择研究[D].重庆:西南大学.

银平均,2006.社会排斥视角下的中国农村贫困[D].天津:南开大学.

曾虎,2009.小户型住宅多样性空间设计策略研究[D].武汉:武汉理工大学.

张彧,1999.流动人口城市住居:住区共生与同化[D].南京:东南大学.

赵强,2008.香港集合住宅—公屋研究[D].天津:天津大学.

周文娜,2006.上海市郊区县外来人口社会空间结构及其演化的研究[D].上海:同济大学.

周雪冰,2012.折叠式多功能家具设计研究[D].长沙:中南林业科技大学.

期刊、会议、论文

杜国明,张树文,张有全,2007.城市人口分布的空间自相关分析:以沈阳市为例[J].地理研究,26(2):383-390.

范一大,史培军,辜智慧,等,2004.行政单元数据向网格单元转化的技术方法[J].地理科学,24(1):105-108.

冯健,刘玉,2007.转型期中国城市内部空间重构:特征、模式与机制[J].地理科学进展(4):93-106.

符海月,李满春,赵军,等,2006.人口数据格网化模型研究进展综述[J].人文地理,21(3):115-119.

杭兰旅,钱存华,2013.南京市保障房建设情况分析及建议[J].商业经济(13):21-24.

何深静,刘玉亭,2010.市场转轨时期中国城市绅士化现象的机制与效应研究[J].地理科学,30(4):496-502.

扈传荣,姜栋,唐旭,等,2009.基于洛伦兹曲线的全国城市土地利用现状抽样分析[J].中国土地科学,23(12):44-50.

贾倍思,1998.香港公屋本质、公屋设计和居住实态[J].时代建筑:58-62.

蒋乃华,封进,2002.农村城市化进程中的农民意愿考察:对江苏的实证分析[J].管理世界(2):24-28.

蒋宗伟,李放,2017.深圳非户籍人口市民化社区治理探析:基于社会排斥理论视角[J].特区经济(2):7-10.

焦利民,李泽慧,许刚岩,等,2017.武汉市城市空间集聚要素的分布特征与模式[J].地理学报,72(8):1432-1443.

金君,李成名,印洁,等,2003.人口数据空间分布化模型研究[J].测绘学报,32(3):278-282.

李斌,2002.社会排斥理论与中国城市住房改革制度[J].社会科学研究(3):106-110.

李景治,熊光清,2006.中国城市中农民工群体的社会排斥问题[J].江苏行政学院学报(6):61-66.

李君,李小建,2008.农村居民迁居意愿影响因素分析[J].经济地理,28(3):454-459.

李强,2004.社会学的"剥夺"理论与我国农民工问题[J].学术界(4):7-22.

李甜,宋彦,黄一如,2015.美国混合住区发展建设模式研究及其启示[J].国际城市规划,30(5):83-90.

李育林,张玉强,2014.新型城镇化背景下的大城市户籍制度改革模式研究:基于广州、上海和重庆的比较[J].湖南广播电视大学学报(3):64-68.

李月娇,杨小唤,王静,2014.基于景观生态学的人口空间数据适宜格网尺度研究:以山东省为例[J].地理与地理信息科学,30(1):97-100.

刘坤,王建国,唐芃,2011.我国城市更新过程中的居住空间发展:以改革开放以来南京老城的城市更新为例[J].城市建筑(8):40-42.

刘瑞,蒋旭,赵静,等,2018.基于GIS的深圳市违法建筑居住人口密度空间分布研究[J].国土资源遥感,30(1):233-237.

刘艳彬,王明东,袁平,2008.家庭生命周期与消费者行为研究:国际进展与展望[J].中国管理信息化,11(4):103-105.

罗仁朝,王德.基于聚集指数测度的上海市流动人口分布特征分析[J].城市规划学刊,2008(4):81-86.

马戎,1988."摆动人口"与我国农村劳动力的转移[J].中国农村观察(4):33-38,62.

马忠东,周国伟,王海仙,2010.市场化下城市居民的住房选择:以广州为例[J].人口与发展,16(2):97-107.

宁昱西,吴晓,顾萌,2016.南京市进城务工人员的居住空间融入问题及规划应对[J].规划师,32(11):16-23.

彭长生,2013.城市化进程中农民迁居选择行为研究:基于多元Logistic模型的实证研究[J].农业技术经济,(3):15-25.

齐心,2011.国外人口迁居研究综述[J].城市管理与科技,13(2):26-29.

强欢欢,吴晓,王慧,2014. 2000年以来南京市主城区居住空间的分异探讨[J].城市发展研究,21(1):68-78.

秦波,王新峰,2010.探索识别中心的新方法:以上海生产性服务业空间分布为例[J].城市发展研究,17(6):43-48.

阿马蒂亚·森,王燕燕,2005.论社会排斥[J].经济社会体制比较(3):1-6.

宋伟轩,陈培阳,徐旳,2013.内城区户籍贫困空间剥夺式重构研究:基于南京10843份拆迁安置数据[J].地理研究,32(8):1467-1476.

宋伟轩,刘春卉,汪毅,等,2017.基于"租差"理论的城市居住空间中产阶层化研究:以南京内城为例[J].地理学报,72(12):2115-2130.

宋伟轩,毛宁,陈培阳,等,2017.基于住宅价格视角的居住分异耦合机制与时空特征:以南京为例[J].地理学报,72(4):589-602.

宋伟轩,吴启焰,朱喜钢,2010.新时期南京居住空间分异研究[J].地理学报,65(6):685-694.

宋伟轩,朱喜钢,吴启焰,2010.中国中产阶层化过程、特征与评价:以南京为例[J].城市规划,34(4):14-20.

田莉,王博祎,欧阳伟,等,2017.外来与本地社区公共服务设施供应的比较研究:基于空间剥夺的视角[J].城市规划,41(3):77-83.

汪丽,李九全,2014.西安城中村改造中流动人口的空间剥夺:基于网络文本的分析[J].地域研究与开发,33(4):148-152.

王朝霞,张艺杰,2014.极限住居户内空间设计及集约策略研究:以"7 m^2"极限住居为例[J].西部人居环境学刊,29(6):70-75.

王承慧,张丹蕾,汪徽,2017.大型保障房住区贫困集聚测度及其发展对策[J].规划师,33(12):93-100.

王静,杨小唤,石瑞香,2012.山东省人口空间分布格局的多尺度分析[J].地理科学进展,31(2):176-182.

王培震,石培基,魏伟,等,2012.基于空间自相关特征的人口密度格网尺度效应与空间化研究:以石羊河流域为例[J].地球科学进展,27(12):1363-1372.

王兴中,王立,谢利娟,等,2008.国外对空间剥夺及其城市社区资源剥夺水平研究的现状与趋势[J].人文地理,23(6):7-12.

吴启焰,崔功豪,1999.南京市居住空间分异特征及其形成机制[J].城市规划,23(12):23-26.

吴群莉,桑黎阳,李雨钊,2009.农民工住房保障现状调查报告:以南京市为例[J].科技创新导报,6(19):3.

吴瑞君,2009.农民工子女教育问题及解决思路[J].教育发展研究,29(10):1-6.

吴文钰,马西亚,2006.多中心城市人口模型及模拟:以上海为例[J].现代城市研究,21(12):39-44.

闫庆武,卞正富,王红,2011.利用泰森多边形和格网平滑的人口密度空间化研究:以徐州市为例[J].武汉大学学报(信息科学版),36(8):987-990.

闫庆武,卞正富,2007.基于GIS的社会统计数据空间化处理方法[J].云南地理环境研究,19(2):92-97.

杨存建,白忠,贾月江,等,2009.基于多源遥感的聚落与多级人口统计数据的关系分析[J].地理研究,28(1):19-26.

杨俊宴,史北祥,2012.城市中心区圈核结构模式的空间增长过程研究:对南京中心区30年演替的定量分析[J].城市规划,36(9):29-38.

叶靖,杨小唤,江东,2010.乡镇级人口统计数据空间化的格网尺度效应分析:以义乌市为例[J].地球信息科学学报,12(1):40-47.

俞林伟,2016.居住条件、工作环境对新生代农民工健康的影响[J].浙江社会科学(5):75-84.

袁雯,朱喜钢,马国强,2010.南京居住空间分异的特征与模式研究:基于南京主城拆迁改造的透视[J].人文地理,25(2):65-69.

袁媛,吴缚龙,许学强,2009.转型期中国城市贫困和剥夺的空间模式[J].地理学报,64(6):753-763.

袁媛,吴缚龙,2010.基于剥夺理论的城市社会空间评价与应用[J].城市规划学刊(1):71-77.

张四维,2015.基于GIS平台的1990—2008年间南京宏观城市居住形态演化特征初探[J].现代城市研究,30(4):126-132.

章林富,黄洁,张晓瑞,2014.建筑农民工临时性居住空间的现存问题及重新构建策略:以合肥为例[J].华中建筑,32(6):109-114.

周长洪,2005.人口集聚度与区域经济发展关联性研究[C].2015年中国区域人口与发展学术讨论会:485-486.

朱东风,吴立群,2011.半城市化中的农民工住房问题与对策思考:以江苏省为例[J].现代城市研究,26(8):16-20.

其他文献

城市规划与发展:南京篇[EB/OL].[2013-12-20].https://wenku.baidu.com/view/

dd730e16482fb4daa58d4b5b.html.

国家统计局.2015年农民工监测调查报告[R/OL].[2016-04-08].http://www.stats.gov.cn/tjsj/zxfb/201604/t20160428_1349713.html.

南京城市发展历程：从原始部落到现代都市[EB/OL].[2016-03-08].https://max.book118.com/html/2016/0308/37144631.shtmm.

南京市统计局网上公开统计年鉴(1949—1978)[EB/OL].http://www.njtj.gov.cn/2004.

王重阳.南京城市居住空间分异的历史回顾[EB/OL].[2014].http://blog.sina.com.cn/s/blog_63a60aae0102v729.html.

附录 1

2009 年南京市主城区进城务工人员调查问卷

工作地街道编码_____　　居住地街道编码_____

1. **个人基本信息**：性别_____　年龄_____　民族_____
2. **您在此居住时间**：□三个月以下　□三个月到半年　□半年到一年　□一年到三年
   □三年到五年　□五年以上

   来源地：□江苏其他市　□北京　□天津　□河北　□陕西　□内蒙古　□辽宁　□吉林
   □黑龙江　□上海　□浙江　□安徽　□福建　□江西　□山东　□河南　□湖北
   □湖南　□广东　□广西　□海南　□重庆　□四川　□贵州　□云南　□西藏
   □山西　□甘肃　□青海　□宁夏　□新疆　□港澳台

3. **婚姻状况**：□未婚　□初婚有配偶　□再婚有配偶　□离婚　□丧偶
4. **教育程度**：□没上过学　□小学　□初中　□高中、中专　□大学或专科　□大学以上
5. **您目前的工作单位或经营活动**：□无业　□土地承包者　□机关团体事业单位
   □国有及国有控股企业　□集体企业　□个体工商户
   □私营企业　□外商、港澳台投资企业　□其他类型单位
   □其他_____
6. **您目前的职业身份**：□管理阶层　□专业技术人员　□办事人员　□商业服务业人员
   □农林牧渔人员　□生产运输设备操作业人员　□其他_____
7. **家庭月收入**：□低于 500 元　□500~1 500 元　□1500~2 500 元　□2 500~5 000 元
   □5 000 元以上
8. **迁移原因（来宁原因）**：□务工经商　□工作调动　□分配录用　□学习培训　□拆迁搬家
   □婚姻嫁娶　□随迁家属　□投亲靠友　□其他_____
9. **居住基本信息**：合住人数_____　总面积_____　房间数（厨卫除外）_____
10. **居住方式**：□工地现场　□集体宿舍　□宾馆旅店　□亲友家中　□租赁房屋
    □其他_____

    住房来源：□自建住房　□购买商品房　□购买经济适用房　□购买原有公房
    □租用公有住房　□租用商品房
11. **您住房的厨房**：□室内自用　□室内公用　□室外自用　□室外公用　□无厨房
12. **您住房的厕所**：□室内自用　□室内公用　□室外自用　□室外公用　□无厕所
13. **您住房的自来水**：□室内自用　□室内公用　□室外自用　□室外公用　□无自来水
14. **您的房屋用途**：□居住兼工作　□纯居住　□纯工作
15. **搬迁意愿及原因**：_____

附录 2

2015 年数据采集单元范围

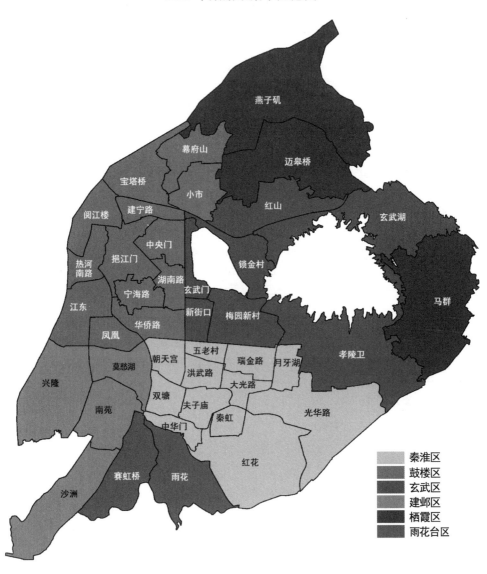

附录 3

2015 年南京市主城区进城务工人员调查问卷

调查地点_____ 调查日期_____ 调查人员_____ 问卷编号_____
居住地街道编码_____ 工作地街道编码_____

1. 个人基本信息：性别 □男 □女 年龄_____ 民族 □汉 □其他_____（请注明）
2. 婚姻状况：□已婚 □未婚 □离异 □丧偶
3. 您的文化程度：□没上过学 □小学 □初中 □高中 □中专 □大学或专科 □大学以上
4. 您的户籍所在地：_____省_____市
5. 来宁原因：□务工经商 □工作调动 □分配录用 □学习培训 □拆迁搬家 □婚姻嫁娶
   □随迁家属 □投亲靠友 □其他_____
6. 家庭月收入：□低于500元 □500～1 500元 □1 500～2 500元 □2 500～5 000元 □5 000元以上
7. 您目前的工作单位或经营活动：□无业 □土地承包者 □机关团体事业单位
   □国有及国有控股企业 □集体企业 □个体工商户
   □私营企业 □外商、港澳台投资企业
   □其他类型单位 □其他_____
8. 您目前的职业身份：□管理阶层 □专业技术人员 □办事人员 □商业服务业人员
   □农林牧渔人员 □生产运输设备操作业人员 □建筑业 □其他_____
9. 您来宁时间是_____（年/月）；到目前为止，您在南京换过_____次工作

就业变迁情况（在南京市内）

编号	务工地点	务工时间（哪年至哪年）如 2005—2013 年	从事职业（具体描述）	如何获得工作			离开原因
				是否是单独外出（独自一人）	在到工作地之前就已找到工作	是否为亲戚朋友介绍的工作	
1	____区____街道			□是 □否	□是 □否	□是 □否	
2	____区____街道			□是 □否	□是 □否	□是 □否	
3	____区____街道			□是 □否	□是 □否	□是 □否	

10. 居住基本信息：住房人数_____；是否与他人合住_____（人）；总面积_____ 房间数（厨卫除外）_____

居住变迁情况(在南京市内)，您在南京换过_____次住房

编号	居住地点	居住时间	住房设施									搬迁原因
			厨房			厕所			自来水			
1	___区___街道		□自用	□公用	□无	□自用	□公用	□无	□自用	□公用	□无	
2	___区___街道		□自用	□公用	□无	□自用	□公用	□无	□自用	□公用	□无	
3	___区___街道		□自用	□公用	□无	□自用	□公用	□无	□自用	□公用	□无	

11 住房来源： □自建住房 □购买商品房 □购买经济适用房 □购买原有公房
□租用公有住房 □租用商品房 □工地 □宿舍 □其他_____（请注明）

12 您的房屋用途： □居住兼工作 □纯居住 □纯工作

13 您的未来职业打算是： □近期换工作(1~3年) □远期换工作(3年以上)
□打算长期从事这一工作 □其他_____（请注明）

14 您从住所到工作地需要_____分钟？您通常选择的交通方式是：
□步行 □自行车 □公交 □自己开车 □地铁 □出租 □其他_____（请注明）

15 您对未来生活的意愿是：
□想留南京(自己有留下的条件/自己没有留下的条件)
□想离开南京(回家乡/回当地小城市/去其他地方)_____（请注明）

16 您觉得与农村比，城市最吸引你的地方是什么？
□挣钱更多 □更有利于子女的培养 □生活更方便 □医疗卫生条件更好 □其他_____
（请注明）

17 如果让您在城市定居，您认为在城市生活最大的困难是什么？
□没有固定的工作 □没有固定的住所 □生活费用高 □子女教育问题
□受到城市人歧视 □其他_____（请注明）（限选3项）

附录 4

2016 年南京市主城区进城务工人员典型社区居住变迁调查问卷

调查地点_____ 调查日期_____ 调查人员_____ 问卷编号_____
居住地街道编码_____ 工作地街道编码_____

1　个人基本信息：性别□男　□女　年龄_____　民族　□汉　□其他_____（请注明）
2　婚姻状况：□已婚　□未婚　□离异　□丧偶
3　您的文化程度：□没上过学　□小学　□初中　□高中　□中专　□大学或专科　□大学以上
4　您的户籍所在地：_____省_____市
5　来宁原因：□务工经商　□工作调动　□分配录用　□学习培训　□拆迁搬家　□婚姻嫁娶
　　　　　　□随迁家属　□投亲靠友　□其他
6　家庭月收入：□低于500元　□500~1 500元　□1 500~2 500元　□2 500~5 000元
　　　　　　　□5 000元以上
7　您目前的工作单位或经营活动：□无业　□土地承包者　□机关团体事业单位
　　　　　　　　　　　　　　　□国有及国有控股企业　□集体企业　□个体工商户
　　　　　　　　　　　　　　　□私营企业　□外商、港澳台投资企业
　　　　　　　　　　　　　　　□其他类型单位　□其他_____
8　您目前的职业身份：□管理阶层　□专业技术人员　□办事人员　□商业服务业人员
　　　　　　　　　　□农林牧渔人员　□生产运输设备操作业人员　□建筑业　□其他_____
9　您来宁时间是_____（年/月）；到目前为止，您在南京换过_____次工作
10　居住变迁情况（在南京市内），您在南京换过_____次住房

编号	居住地点	居住时间	住房面积	户型	住房人数	是否合租	厨房	厕所	自来水	其他设施
1	____区____街道____小区（村）						□自用 □公用 □无	□自用 □公用 □无	□自用 □公用 □无	□宽带　□电视 □热水器　□空调 □洗衣机　□其他_____（请注明）
	住房来源						住区配套设施			
	□购买商品房　□购买经济适用房　□购买公房 □租用公房　□租用商品房　□工地　□宿舍 □其他_____（请注明）						□卫生站（医疗服务中心）　□中小学　□幼儿园 □超市　□菜市场　□银行（ATM）　□粮油店　□餐饮 □美发店　□棋牌室　□体育设施　□公园　□公交站 □邮政所　□其他_____（请注明）			
2	____区____街道____小区（村）						□自用 □公用 □无	□自用 □公用 □无	□自用 □公用 □无	□宽带　□电视 □热水器　□空调 □洗衣机　□其他_____（请注明）
	住房来源						住区配套设施			
	□购买商品房　□购买经济适用房　□购买公房 □租用公房　□租用商品房　□工地　□宿舍 □其他_____（请注明）						□卫生站（医疗服务中心）　□中小学　□幼儿园 □超市　□菜市场　□银行（ATM）　□粮油店　□餐饮 □美发店　□棋牌室　□体育设施　□公园　□公交站 □邮政所　□其他_____（请注明）			

(续表)

编号	居住地点	居住时间	住房面积	户型	住房人数	是否合租	厨房	厕所	自来水	其他设施
3	____区____街道____小区(村)						□自用 □公用 □无	□自用 □公用 □无	□自用 □公用 □无	□宽带　□电视 □热水器　□空调 □洗衣机　□其他 _____(请注明)
	□购买商品房　□购买经济适用房　□购买公房 □租用公房　□租用商品房　□工地　□宿舍 □其他_____(请注明)							□卫生站(医疗服务中心)　□中小学　□幼儿园 □超市　□菜市场　□银行(ATM)　□粮油店　□餐饮 □美发店　□棋牌室　□体育设施　□公园　□公交站 □邮政所　□其他_____(请注明)			
4	____区____街道____小区(村)						□自用 □公用 □无	□自用 □公用 □无	□自用 □公用 □无	□宽带　□电视 □热水器　□空调 □洗衣机　□其他 _____(请注明)
	□购买商品房　□购买经济适用房　□购买公房 □租用公房　□租用商品房　□工地　□宿舍 □其他_____(请注明)							□卫生站(医疗服务中心)　□中小学　□幼儿园 □超市　□菜市场　□银行(ATM)　□粮油店　□餐饮 □美发店　□棋牌室　□体育设施　□公园　□公交站 □邮政所　□其他_____(请注明)			

附录 5

图表索引

图

图 1-1	我国流动人口数量变化图	1
图 1-2	2000—2014 年全国不同从业人员暂住人口居住状况百分比（以务工、务农、经商、服务、保姆为例）	2
图 1-3	流动人口的概念界定	5
图 1-4	进城务工人员居住空间研究主要内容及视角	6
图 1-5	国内流动人口空间论文数量的年度变化	15
图 1-6	研究技术路线框架	32
图 2-1	伯吉斯同心圆模型	35
图 2-2	霍伊特扇形模型	35
图 2-3	多核心模型	36
图 2-4	Murdie(1969)社会空间结构分异解释模型	37
图 2-5	Smith 的住宅贬值周期和"租差"演变	39
图 2-6	修正后的"租差"模型	39
图 2-7	社会排斥理论主要包含的五个维度	40
图 2-8	转型期时期城市贫困和剥夺的空间模式图	43
图 2-9	Clark 和 Onaka(1983)家庭生命周期迁居模式	44
图 2-10	Speare 的居住满意度模型	46
图 2-11	进城务工人员的居住空间演化机理层次构建	51
图 2-12	家庭生命周期住房需求螺旋图	53
图 2-13	进城务工人员分阶段居住空间特征	61
图 2-14	进城务工人员居住空间演化影响因素与实证核心章节的结构性关联	62
图 3-1	1979—2008 年南京市全社会新建房屋和住宅竣工面积图	67
图 3-2	南京市城市建设斑块发展状况图	71
图 3-3	研究范围(上左:整体空间范围;上右:街道单元范围;下:空间圈层范围)	71
图 3-4	数据采集过程图	72
图 3-5	进城务工人员的性别比例比较	75
图 3-6	进城务工人员的年龄构成比较	75
图 3-7	进城务工人员的婚姻状况比较	75

图 3-8	进城务工人员的文化程度比较	75
图 3-9	进城务工人员的来宁时间比较	76
图 3-10	进城务工人员的来源地比较	76
图 3-11	进城务工人员的职业构成比较	77
图 3-12	进城务工人员的收入状况比较	77
图 3-13	进城务工人员的单位性质比较	77
图 3-14	进城务工人员的居住密度空间分布图(左:2009年;右:2015年)	79
图 3-15	进城务工人员的居住地域别比率空间分布图(左:2009年;右:2015年)	80
图 3-16	进城务工人员的人均居住面积比较	81
图 3-17	进城务工人员的住房合住人数比较	81
图 3-18	进城务工人员的住房配套设施比较	81
图 3-19	进城务工人员的居住方式比较	82
图 3-20	进城务工人员的住房用途比较	82
图 3-21	进城务工人员的总体迁居频次比较	82
图 3-22	进城务工人员的分街道迁居频次比较	83
图 4-1	南京市主城区进城务工人员居住空间的集聚演化特征研究思路	85
图 4-2	格网单元的面积权重内插法示意图	87
图 4-3	不同格网尺寸下 Moran 指数 I 的变化图	90
图 4-4	不同格网尺寸下 Moran 指数 I 的检验 Z 值变化图	90
图 4-5	不同格网尺寸下局部空间关联图示例	91
图 4-6	400 m×400 m 格网空间单元(左:格网单元;右:圈层叠加后的格网单元)	91
图 4-7	2009 年进城务工人员居住集聚分区	98
图 4-8	2015 年进城务工人员居住集聚分区	99
图 4-9	2009—2015 年进城务工人员居住集聚分区图(左:2009年;右:2015年)	100
图 4-10	进城务工人员居住空间的中心识别步骤	102
图 4-11	进城务工人员居住的局部 Moran 空间关联类型图(左:2009年;右:2015年)	106
图 4-12	进城务工人员居住空间单中心回归残差的局部 Moran 关联类型图(左:2009年;右:2015年)	109
图 4-13	进城务工人员居住空间第一次多中心回归残差的局部关联类型图(左:2009年;右:2015年)	112
图 4-14	进城务工人员居住空间第二次多中心回归残差的局部关联类型图(左:2009年;右:2015年)	115
图 4-15	进城务工人员居住中心结构的演化比较(左:2009年;右:2015年)	116
图 5-1	南京市主城区进城务工人员居住空间的分异演化特征研究思路	121
图 5-2	2009 年主因子1:住房条件	143
图 5-3	2009 年主因子2:迁居特征	144
图 5-4	2009 年主因子3:经济地位	144

图5-5	2009年主因子4:职业状况	145
图5-6	2009年主因子5:来源地	145
图5-7	2015年主因子1:住房条件	146
图5-8	2015年主因子2:迁居特征	147
图5-9	2015年主因子3:经济地位	147
图5-10	2015年主因子4:集聚方式	148
图5-11	2009年进城务工人员居住空间聚类图	153
图5-12	2015年进城务工人员居住空间聚类图	155
图5-13	2009—2015年进城务工人员居住方式同质化示意图	158
图5-14	2009—2015年进城务工人员住房条件分异化示意图	158
图6-1	南京市主城区进城务工人员居住时空轨迹的分职业研究思路	161
图6-2	南京进城务工人员来宁时间及数量分布	162
图6-3	南京主城区街道分层图	163
图6-4	一维化空间编码图	163
图6-5	不同年龄段的进城务工人员居住迁移的问卷数及占比	166
图6-6	不同来宁时间的进城务工人员居住迁移的问卷数及占比	167
图6-7	不同属性进城务工人员居住迁移的问卷数及占比(左:婚姻状况;右:户籍所在地)	168
图6-8	不同文化程度的进城务工人员居住迁移的问卷数及占比	168
图6-9	不同家庭月均收入的进城务工人员居住迁移的问卷数及占比	169
图6-10	进城务工人员迁居行为总频次	170
图6-11	时间维度下各年龄段的进城务工人员迁居特征示意图	171
图6-12-1	时间维度下各年龄段的总体进城务工人员迁居频次(结构图)	171
图6-12-2	时间维度下各年龄段的总体进城务工人员迁居频次(变化图)	172
图6-13	时间维度下各年龄段的商业服务业进城务工人员迁居频次(上:结构图;下:变化图)	173
图6-14	时间维度下各年龄段的生产运输设备操作业进城务工人员迁居频次(上:结构图;下:变化图)	174
图6-15	时间维度下各来宁时间的进城务工人员迁居特征示意图	175
图6-16	时间维度下各来宁时间的总体进城务工人员迁居频次(上:结构图;下:变化图)	176
图6-17	时间维度下各来宁时间的商业服务业进城务工人员迁居频次(上:结构图;下:变化图)	177
图6-18-1	时间维度下各来宁时间的生产运输设备操作业进城务工人员迁居频次(结构图)	178
图6-18-2	时间维度下各来宁时间的生产运输设备操作业进城务工人员迁居频次(变化图)	179
图6-19	空间维度下各圈层的进城务工人员迁居特征示意图	180

图6-20 空间维度下各圈层的总体进城务工人员迁居频次
（上：结构图；下：变化图）·· 181

图6-21 空间维度下各圈层的商业服务业进城务工人员迁居频次
（上：结构图；下：变化图）·· 182

图6-22-1 空间维度下各圈层的生产运输设备操作业进城务工人员迁居频次
（结构图）·· 183

图6-22-2 空间维度下各圈层的生产运输设备操作业进城务工人员迁居频次
（变化图）·· 184

图6-23 空间维度下各圈层不同迁居方向的进城务工人员迁居特征示意图 ············ 184

图6-24 空间维度下各圈层不同迁居方向的总体进城务工人员迁居频次变化图 ······ 186

图6-25 空间维度下各圈层不同迁居方向的商业服务业进城务工人员迁居频次
变化图·· 187

图6-26 空间维度下各圈层不同迁居方向的生产运输设备操作业进城务工人员
迁居频次变化图··· 189

图6-27 进城务工人员居住迁居频次时空迁居特征示意图
（左：分年龄段；右：分来宁时间）·· 190

图6-28 总体进城务工人员居住迁居频次时空结构图
（左：分年龄段；右：分来宁时间）·· 191

图6-29 商业服务业进城务工人员居住迁居频次时空结构图
（左：分年龄段；右：分来宁时间）·· 192

图6-30 生产运输设备操作业进城务工人员居住迁居频次时空结构图
（左：分年龄段；右：分来宁时间）·· 192

图6-31 进城务工人员迁居距离差时空迁居特征示意图
（左：分年龄段；右：分来宁时间）·· 193

图6-32 总体进城务工人员迁居距离差时空结构图
（左：分年龄段；右：分来宁时间）·· 194

图6-33 商业服务业进城务工人员迁居距离差时空结构图
（左：分年龄段；右：分来宁时间）·· 194

图6-34 生产运输设备操作业进城务工人员迁居距离差时空结构图
（左：分年龄段；右：分来宁时间）·· 195

图6-35 南京主城区总体进城务工人员迁居轨迹图 ·································· 196

图6-36 南京主城区商业服务业进城务工人员迁居轨迹图 ························· 198

图6-37 南京主城区生产运输设备操作业进城务工人员迁居轨迹图 ············· 200

图7-1 所遴选的四个典型街道分布图·· 206

图7-2 总体进城务工人员的住宅权属演化图··· 208

图7-3 商业服务业进城务工人员的住宅权属演化图································· 209

图7-4 生产运输设备操作业进城务工人员的住宅权属演化图····················· 209

图7-5 总体进城务工人员的住宅套型演化图··· 214

图 7-6	总体进城务工人员的住宅配套演化图	214
图 7-7	商业服务业进城务工人员的住宅套型演化图	215
图 7-8	商业服务业进城务工人员的住宅配套演化图	215
图 7-9	生产运输设备操作业进城务工人员的住宅套型演化图	217
图 7-10	生产运输设备操作业进城务工人员的住宅配套演化图	217
图 7-11	总体进城务工人员的社区配套设施使用率演化图	219
图 7-12	商业服务业进城务工人员的社区配套设施使用率演化图	220
图 7-13	生产运输设备操作业进城务工人员居住空间周边配套设施使用率演化图	222
图 8-1	2012—2016 年南京老城拆迁地块位	228
图 8-2	2012—2016 年南京老城拆迁地块项目统计	228
图 8-3	南京市主城区大型保障房空间布局	230
图 8-4	公租房公私合营模式用作图	235
图 8-5	公租房政府收购、置换模式用作图	235

表

表 1-1	流动人口居住空间的形式与分布比较	3
表 1-2	主要研究方向的统计数据	8
表 1-3	"流动人口空间分布与演化"类文献的数量统计	10
表 1-4	"流动人口居住状况"类文献的数量统计	11
表 1-5	"流动人口居住分异与隔离"类文献的数量统计	12
表 1-6	"流动人口社会融合"类文献的数量统计	13
表 1-7	"流动人口居住选择"类文献的数量统计	14
表 1-8	"流动人口行为研究"类文献的数量统计	14
表 1-9	研究者类别与研究取向的关系分析表	15
表 1-10	人口迁移研究的主要理论	18
表 1-11	城市居住空间研究的主要学派	19
表 1-12	主要研究方向的统计数据	19
表 1-13	"人口迁移研究"类文献的数量统计	21
表 1-14	"移民聚居区研究"类文献的数量统计	22
表 1-15	"移民社会融合"类文献的数量统计	24
表 1-16	"移民居住隔离"类文献的数量统计	25
表 1-17	"移民择居行为"类文献的数量统计	26
表 1-18	研究方法	31
表 2-1	家庭生命周期理论与居住区位选择	45
表 2-2	不同居住方式形成的居住空间总结	49
表 2-3	初始阶段进城务工人员的主要择居类型、居住方式及规模	56
表 2-4	分异阶段进城务工人员的主要择居类型、居住方式及规模变化	58
表 2-5	分化阶段进城务工人员的主要择居类型、居住方式及规模变化	60

表 3-1	《首都计划》中各类住宅区的划分	65
表 3-2	1949—1978 年南京地区新建房屋竣工面积及人均居住面积概况	66
表 3-3	1979—2008 年南京市住宅建设发展阶段	68
表 3-4	2012 年南京市四大保障房片区住房开竣工情况	68
表 3-5	2009—2015 年南京市分区土地出让统计表	69
表 3-6	南京市城区和近郊常住人口和非户籍人口分布	70
表 3-7	南京市地域范围划分（以主城区为界）	72
表 3-8	研究范围内各统计单元居住有效问卷数量统计	73
表 4-1	ArcGIS 中利用"行政单元面积权重法"实现人口数据格网化	89
表 4-2	居住空间的洛伦兹曲线定义	92
表 4-3	2009 年进城务工人员居住空间的集中化程度指数和不均衡指数	94
表 4-4	2015 年进城务工人员居住空间的集中化程度指数和不均衡指数	95
表 4-5	2009—2015 年进城务工人员居住空间集聚度的演化比较	96
表 4-6	居住集聚区类型划分表	97
表 4-7	2009 年进城务工人员集聚分区空间分布表	98
表 4-8	2015 年进城务工人员集聚分区空间分布表	99
表 4-9	2009—2015 年进城务工人员居住集聚分区的演化比较	101
表 4-10	单中心模型表达式和参数限定	104
表 4-11	南京市主城区进城务工人员居住的全局 Moran 指数 I 统计表（2009 年和 2015 年）	105
表 4-12	2009 年南京市主城区进城务工人员居住空间高—高关联单元 LISA 值	106
表 4-13	2015 年南京市主城区进城务工人员居住空间高—高关联单元 LISA 值	107
表 4-14	2009 年南京市主城区进城务工人员居住空间的单中心模型回归结果	108
表 4-15	2015 年南京市主城区进城务工人员居住空间的单中心模型回归结果	108
表 4-16	进城务工人员居住单中心模型残差的全局 Moran 指数 I 统计表（2009 年和 2015 年）	109
表 4-17	2009 年南京市主城区进城务工人员居住单中心残差的高—高关联单元 LISA 值	110
表 4-18	2015 年南京市主城区进城务工人员居住单中心残差的高—高关联单元 LISA 值	110
表 4-19	2009—2015 年进城务工人员居住空间的多中心模型参数估计值	111
表 4-20	进城务工人员居住多中心模型残差的全局 Moran 指数 I 统计表（2009 年和 2015 年）	112
表 4-21	2015 年南京市主城区进城务工人员多中心回归残差的高—高关联单元 LISA 值（第一次）	113
表 4-22	2009—2015 年进城务工人员居住空间的多中心模型残差参数估计值（第一次）	114

表4-23	进城务工人员居住多中心残差第二次的全局Moran指数I统计表（2009年和2015年）	114
表4-24	2009—2015年进城务工人员居住中心的识别结果比较	116
表5-1	本书选取的指标体系表	121
表5-2	2009—2015年选取的18个输入变量一览表	123
表5-3	2009年进城务工人员居住单因子表	124
表5-4	2015年进城务工人员居住单因子表	127
表5-5	2009—2015年社会集聚度差值与空间分布	129
表5-6	2009—2015年来宁时间差值与空间分布	130
表5-7	2009—2015年文化程度（低等教育）差值和空间分布	131
表5-8	2009—2015年来源地（安徽省）差值和空间分布	132
表5-9	2009—2015年家庭月均收入差值和空间分布	133
表5-10	2009—2015年商业服务业差值和空间分布	134
表5-11	2009—2015年生产运输设备操作业差值和空间分布	135
表5-12	2009—2015年户均人数差值和空间分布	136
表5-13	2009—2015年人均面积差值和空间分布	137
表5-14	2009—2015年居住方式（集体宿舍）差值和空间分布	138
表5-15	2009—2015年卫生间室内自用/室外公用差值和空间分布	139
表5-16	2009—2015年厨房室内自用差值和空间分布	140
表5-17	2009—2015年居住兼工作差值和空间分布	141
表5-18	2009年南京市主城区进城务工人员居住空间结构的因子分析	142
表5-19	2015年南京市主城区进城务工人员居住空间结构因子分析	145
表5-20	2009—2015年南京市主城区进城务工人员居住主因子演化	148
表5-21	2009—2015年南京市主城区进城务工人员居住条件演化	150
表5-22	2009—2015年南京市主城区进城务工人员迁居特征演化	151
表5-23	2009—2015年南京市主城区进城务工人员经济地位演化	152
表5-24	2009年南京市主城区进城务工人员居住空间特征判别表	154
表5-25	2015年南京市主城区进城务工人员居住空间特征判别表	155
表5-26	2009—2015年南京市主城区进城务工人员居住影响变量演化特征	156
表5-27	2009—2015年南京市主城区进城务工人员居住结构模式演化特征	157
表6-1	街道空间单元编码	164
表6-2	南京主城各街道有效问卷数和居住迁移问卷数统计表	165
表6-3	时间维度下的不同职业进城务工人员居住迁移特征	179
表6-4	空间维度下的不同职业进城务工人员居住迁移特征	188
表6-5	总体进城务工人员迁居轨迹时空特征	197
表6-6	商业服务业进城务工人员迁居轨迹时空特征	199
表6-7	生产运输设备操作业进城务工人员迁居轨迹时空特征	201
表6-8	时空综合维度下的不同职业进城务工人员居住迁移特征	202

表 7-1	居住条件演化研究时间阶段划分	207
表 7-2	商业服务业进城务工人员的居住空间布局演化	211
表 7-3	生产运输设备操作业进城务工人员的居住空间布局演化	212
表 7-4	商业服务业进城务工人员的居住空间典型住宅套型	216
表 7-5	生产运输设备操作业进城务工人员的居住空间典型住宅套型	218
表 7-6	商业服务业进城务工人员的社区配套设施演化	221
表 7-7	生产运输设备操作业进城务工人员的社区配套设施演化	222
表 8-1	南京市进城务工人员随迁子女义务教育就学状况	231
表 8-2	不同职业进城务工人员的住房配套设施占比	231
表 8-3	美国不同混居政策主导下的混居建设模式	236
表 8-4	"集约式"住宅案例——"7m^2"多适应性微型住宅	239
表 8-5	香港不同时期的公屋典型平面	241
表 8-6	工地配建工棚型空间的服务设施配套控制层级	241
表 8-7	工地配建工棚型空间的单元设计案例	242

后　　记

　　本书是在我博士论文的基础上修订而成的，出版将近，感慨良多。自2011年求学于东南伊始，我就跟随吴晓教授进行特殊弱势群体居住空间的相关课题研究，例如硕士期间的新就业人员居住空间。到博士期间又将研究群体进一步聚焦到了进城务工人员。此类课题研究八年多，至今仍觉才薄智浅，没能将研究做到深入浅出、面面俱到的境界。研究课题本身的独特性和跨学科交叉理论的复杂性，远超出我最初的构想，以至于遇到困难时惰性放大，致使我经常驻足不前。所幸的是，吴老师不以浅陋，孜孜不倦地给予我悉心教导，尤其是在论文研究与写作的各个阶段，总是在我迷茫时指引我，倦怠时督促我，灰心丧气时激励我，更是精心于我的每一步进展，支撑我突破重重困难，使得最终的研究得以成文。吴老师严谨的科研治学态度、忘我致知的精神更是成为我未来治学之路的目标。在此，谨向恩师致以最诚意的感谢！

　　在课题研究过程中，东南大学建筑学院的胡明星教授、王承慧教授、孙世界副教授和周文竹副教授给了热心的指导和帮助，在研究构思方面给了我诸多启发；南京工业大学施梁教授、东南大学建筑学院孔令龙教授等提出了修改和完善论文框架的宝贵建议；以及中国科学院南京地理与湖泊研究所沈道齐教授、南京林业大学李志明教授、东南大学建筑研究所王彦辉教授、东南大学的胡明星教授和孔令龙教授，百忙中抽出时间对我的论文进行了评审，并提出修改和完善的建议。这里向他们深表谢意！

　　南京市统计局和相关街道办事处的工作人员在论文数据采集获取时也给予了热心的帮助，为课题研究调研提供了相关的基础资料。徐卞融师姐、王松杰师兄和其他项目组成员提供了多年积累的实证分析数据库，为更深入地研究搭建了基础和平台。王慧师姐和汤林浩、胡智行、刘佳、顾萌、宁昱西、范居正等师弟师妹与我一起在炎炎夏日历经了半个多月的问卷调研，且之后汤林浩、胡智行、刘佳、顾萌、宁昱西又帮助我在社区内部进行了为期一周的典型样本问卷调研，上述两次调研为研究提供了关键的数据支撑。此外，与我朝夕相处的博士师姐王慧以及王兴鸿建筑师更是在我写作的整个过程中给予了我莫大的帮助，不仅与我探讨论文的研究方法、写作技巧，而且在我写作陷入迷茫和困惑时，不厌其烦地同我深度交流，给了我诸多的鼓励与大量的技术协助。在此一并表示感谢！

　　最后，感谢一直在背后默默付出的亲爱的家人，特别是我刚出生的宝宝，陪着妈妈度过了最困难的时期，你们的理解和支持才是我前进的动力！

强欢欢
于鼓楼区家中